中国廉政史鉴

李洪峰题

思想理论卷 3

李洪峰 主编

文化艺术出版社
Culture and Art Publishing House
国家图书馆出版社

第六章　唐代廉政思想

唐高祖李渊于公元 618 年建立了唐朝，以长安（今陕西西安）为首都。公元 690 年，武则天改国号“唐”为“周”，迁都洛阳，史称“武周”，也称“南周”，直到公元 705 年唐中宗李显恢复大唐国号。唐朝在天宝十四载（755 年）安史之乱后日渐衰落，至天祐四年（907 年）梁王朱温篡位灭亡，共延续了二百八十九年。唐朝在文化、政治、经济、外交等方面都有辉煌的成就，是当时世界上最强大的国家之一。

唐朝是我国封建社会的极盛时期。这一时期的廉政思想，尤以用人和纳谏方面的论述最为系统和深刻，极具新意。

概述

唐朝时期，廉政言论主要集中在民本思想、节俭、用人和纳谏、廉洁四个方面，许多论述在广度和深度上远远超过前代王朝。

一、民本思想

重民是中国政治思维的重要特征之一，也是历朝历代统治者比较重视的廉政层面之一。从盘庚的“重民”、周公的“保民”、孔子的“爱民”到孟子的“民贵君轻”、荀子的“君舟民水”，再到汉朝以来形形色色的不断丰富充实的民本思想，无一不反映出古代政治思想家们对民众地位和作用的深刻认识。及至唐代，唐王朝的政治家、思想家都有浓厚的民本思想，他们把百姓看成国家的根本，认为治理好国家必须要使百姓安居。

唐代的重民思想与开国两代皇帝李渊和李世民有密切关系。短命的隋王朝，是唐代帝王的一面镜子。隋朝的盛衰兴亡之快，不能不引起李渊和李世民的认真思考。他们目睹隋末农民起义对封建统治的致命打击，认识到农民的反抗是迫于“赋重役繁，官吏贪求，饥寒切身”所致。记载唐太宗李世民及其大臣治国方针的《贞观政要》，就集唐代民本思想的大成。早在贞观之初，李世民就对大臣说：“为君之道，必须先存百姓。”〔1〕并把“国以人为本”作为执政的根基：“凡事皆须务本。国以人为本，人以衣食为本，凡营衣食，以不失时为本。”〔2〕后来他进一步解释道：“夫治国犹如栽树，本根不摇，则枝叶茂荣。君能清净，百姓何得不安

〔1〕 吴兢撰，裴汝诚等译注：《贞观政要译注》卷第一《君道第一》，上海古籍出版社2006年版（下同），第1页。

〔2〕《贞观政要译注》卷第八《务农第三十》，第376页。

乐乎?”[1]《贞观政要》中唐太宗李世民的民本思想表现得尤为突出:“国以民为本,人以食为命。”[2]

作为开唐第二代皇帝的李世民,他的民本思想对后代帝王有很深的影响。武则天曾对此阐释道:“夫衣食者人之本也,人者国之本。人恃衣食,犹鱼之待水;国之恃人,如人之倚足。鱼无水则不可以生,人无足则不可以步。”[3]

此外,唐代的思想家对民本思想也多有论述。孔颖达认为:“政之所为,在于养民。养民者,使水、火、金、木、土、谷此六事惟当修治之;正身之德、利民之用、厚民之生,此三事惟当谐和之。”[4] 他把“利民之用”和“厚民之生”作为重要的“三事”中的“两事”来对待。“天子之在天位,职当牧养兆民。”[5]“民惟邦国之本,本固则邦宁。”[6] 都是对民富则国兴的论述。陆贽也认为:“人者,邦之本也。”[7]“是以人为本,以财为末,人安则财赡,本固则邦宁。”[8] 也和孔颖达的认识基本一致。白居易则作了较深入的论述:“臣观前代:邦之兴,由得人也;邦之亡,由失人也。得其人,失其人,非一朝一夕之故,其所由来者渐矣。天地不能顿为寒暑,必渐于春秋;人君不能顿为兴亡,必

〔1〕《贞观政要译注》卷第一《政体第二》,第30页。
〔2〕《贞观政要译注》卷第八《务农第三十》,第378页。
〔3〕武则天:《臣轨·利人章》,《诸子集成续编十》,四川人民出版社1998年版(下同),第164页。
〔4〕孔安国传,孔颖达正义:《尚书正义》卷第四《虞书·大禹谟第三》,上海古籍出版社2007年版(下同),第127页。
〔5〕《尚书正义》卷第七《夏书·五子之歌第三》,第263页。
〔6〕同上书,第264页。
〔7〕陆贽著,刘泽民校点:《陆宣公集》卷十一《论两河及淮西利害状》,浙江古籍出版社1988年版(下同),第94页。
〔8〕《陆宣公集》卷二十二《均节赋税恤百姓第一条》,第247页。

渐于善恶。善不积，不能勃焉而兴；恶不积，不能忽焉而亡。善与恶，始系于君也；兴与亡，终系于人也。”[1] 他从国家兴亡的角度阐释了民本思想的重要性。

二、节俭

唐代帝王及思想家对于节俭是相当重视的，这与唐初两代帝王唐高祖李渊、唐太宗李世民的提倡密不可分。唐太宗李世民曾说：“奢侈者可以为戒，节俭者可以为师矣。”[2] 并对于帝王的节俭品德作了论述：“夫圣世之君，存乎节俭。富贵广大，守之以约；睿智聪明，守之以愚。不以身尊而骄人，不以德厚而矜物。”[3] 唐朝后代皇帝对于节俭也多有论述。代宗李豫曾说：“爱人之体，先以博施；富国之源，必均节用。”[4] 文宗李昂曾下诏：“俭以足用，令出惟行，著在前经，斯为理本。”[5]

对于园陵制度，唐高祖李渊在死前曾下诏曰：“园陵制度，务从俭约。”[6] 这就给园陵制度作了一个规定。唐朝后代帝王都遵循这一原则。李世民曾下诏：“至如雕镂器物，珠玉服玩，若恣其骄奢，则危亡之期可立待也。自王公已下，第宅、车服、婚嫁、丧葬，准品秩不合服用者，宜一切禁断。”[7] 李隆基的规定更为

---

[1] 丁如明、聂世美校点：《白居易全集》卷第六十二，上海古籍出版社 1999 年版（下同），第 854 页。

[2] 《贞观政要译注》卷第六《俭约第十八》，第 299 页。

[3] 李世民：《帝范·崇俭第八》，《诸子集成续编十》，四川人民出版社 1998 年版（下同），第 25 页。

[4] 《旧唐书·本纪第十一》，第 284 页。

[5] 《旧唐书·本纪第十七下》，第 537 页。

[6] 《旧唐书·本纪第一》，第 18 页。

[7] 《贞观政要译注》卷第六《俭约第十八》，第 295 页。

严格："宜令所司据品令高下，明为节制：冥器等物，仍定色数及长短大小；园宅下帐，并宜禁绝；坟墓茔域，务遵简俭；凡诸送终之具，并不得以金银为饰。如有违者，先决杖一百。"〔1〕

三、用人和纳谏

中国封建社会的专制统治，从根本上说就是"人治"。贞观之治就是用人之治，说明用人是非常重要的，是涉及江山安危、人民祸福的大事，如果不予以高度重视，就会蹈隋炀帝之覆辙。

唐太宗鉴于隋亡的教训，充分认识到官吏是"治乱所系"，用人是国家兴亡的关键。他对于用人极其重视："致治之本，惟在于审。量才授职，务省官员。……若得其善者，虽少亦足矣；其不善者，纵多亦奚为？古人亦以官不得其才，比于画地作饼，不可食也。"〔2〕且认为用人得当与否关系到国家兴亡，必须谨慎："用得正人，为善者皆劝；误用恶人，不善者竞进。赏当其劳，无功者自退；罚当其罪，为恶者戒惧。故知赏罚不可轻行，用人弥须慎择。"〔3〕对于人尽其才，李世民论述道："故明主之任人，如巧匠之制木，直者以为辕，曲者以为轮；长者以为栋梁，短者以为栱角。无曲直长短，各有所施。明主之任人，亦由是也。智者取其谋，愚者取其力，勇者取其威，怯者取其慎，无智愚勇怯，兼而用之。故良匠无弃材，明主无弃士。"〔4〕

---

〔1〕《旧唐书·本纪第八》，第174页。
〔2〕《贞观政要译注》卷第三《择官第七》，第129页。
〔3〕同上书，第134页。
〔4〕《帝范·审官第四》，《诸子集成续编十》，第15—16页。

唐代重要的政治家、思想家对用人思想也作过自己的思考，对于唐代帝王的用人思想也有重大影响。孔颖达认为：“人之在位者有才能、有所为，当褒赏之，委任使进其行，汝国其将昌盛也。凡其正直之人，既以爵禄富之，又复以善道接之，使之荷恩尽力。汝若不能使正直之人有好善于汝国家，是人于此其将诈取罪而去矣。于其无好德之人，谓性行恶者，汝虽与之福，赐之爵禄，但本性既恶，必为恶行，其为汝臣，必用恶道以败汝善。言当任善而去恶。”〔1〕认为任善而去恶是帝王重要的用人之道。魏徵认为所任用之人的才行是最需看重的：“知人之事，自古为难，故考绩黜陟，察其善恶。今欲求人，必须审访其行。若知其善，然后用之，设令此人不能济事，只是才力不及，不为大害。误用恶人，假令强干，为害极多。但乱世惟求其才，不顾其行。太平之时，必须才行俱兼，始可任用。”〔2〕唐代重要思想家陆贽更进一步，认为核才取吏有三种方法：“夫核才取吏，有三术焉：一曰拔擢以旌其异能，二曰黜罢以纠其失职，三曰序进以谨其守常。如此则高课者骤升，无庸者亟退。其余绩非出类，守不败官，则循以常资，约以定限。故得殊才不滞，庶品有伦。”〔3〕

唐代在纳谏方面的论述集历代之大成，且为后代所范。这与唐太宗李世民有密切关联，他和臣下的关系为进谏与纳谏作了一个很好的典范。李世民曾说：“夫为人臣，当进思尽忠，退思补过，将顺其美，匡救其恶，所以共为治也。”〔4〕对大臣的职责进

〔1〕《尚书正义》卷第十一《周书·洪范第六》，第463页。
〔2〕《贞观政要译注》卷第三《择官第七》，第134页。
〔3〕《陆宣公集》卷二十一《论朝官阙员及刺史等改转伦序状》，第240—241页。
〔4〕《贞观政要译注》卷第一《君道第一》，第13页。

行了界定。思想家陆贽认为："是知谏而能从，过而能改，帝王之美，莫大于斯！"[1] 他把帝王能否纳谏作为帝王思想评定的重要方面。

四、廉洁

唐朝极其重视大臣的廉洁，许多政治家和思想家对于廉洁多有论及。唐太宗李世民曾说："朕尝谓贪人不解爱财也，至如内外官五品以上，禄秩优厚，一年所得，其数自多。若受人财贿，不过数万，一朝彰露，禄秩削夺，此岂是解爱财物？规小得而大失者也。昔公仪休性嗜鱼，而不受人鱼，其鱼长存。且为主贪，必丧其国；为臣贪，必亡其身。"[2] 对于贪污的危害作了分析，并且从道德上进行了探讨："大丈夫岂得苟贪财物，以害及身命，使子孙每怀愧耻耶？卿等宜深思此言。"[3]

唐文宗李昂曾论及卿大夫职业操守："卿大夫者，下人之所视，远方之所仿，若非恭俭克己，廉直任人，而望其服从，固不可得。"[4] 武则天的《臣轨》专辟《廉洁》一章，论及廉洁的重要性："清静无为，则天与之时；恭廉守节，则地与之财。君子虽富贵，不以养伤身；虽贫贱，不以利毁廉。知为吏者，奉法以利人；不知为吏者，枉法以侵人。理官莫如平，临财莫如廉。廉平之德，吏之宝也。非其路而行之，虽劳不至；非其有而求之，虽

〔1〕《陆宣公集》卷十三《奉天请数对群臣兼许令论事状》，第116页。
〔2〕《贞观政要译注》卷第六《贪鄙第二十六》，第338页。
〔3〕同上书，第340页。
〔4〕《旧唐书·本纪第十七下》，第551页。

强不得。知者不为非其事，廉者不求非其有，是以远害而名彰也。故君子行廉以全其真，守清以保其身。富财不如义多，高位不如德尊。”[1] 重在从道德的角度，对大臣的廉洁情操进行论述。

思想家孔颖达指出了人贪财的本性：“财利，人之所贪，非义而取，谓之苟得，故记人戒之。今有财利，元非两人之物，两人俱临而求之，若苟得入己，则伤廉隅，故郑云：‘为伤廉也。’”[2] 认为对财利要取之有道。思想家、政治家陆贽指出了帝王也需廉洁，这对于中国古代廉政思想是极其重要的一个进步：“圣人之立教也，贱货而尊让，远利而尚廉。天子不问有无，诸侯不言多少，百乘之室，不畜聚敛之臣。夫岂皆能忘其欲贿之心哉？诚惧贿之生人心而开祸端，伤风教而乱邦家耳。是以务鸠敛而厚其帑椟之积者，匹夫之富也；务散发而收其兆庶之心者，天子之富也。天子所作，与天同方：生之长之，而不恃其为；成之收之，而不私其有。付物以道，混然忘情，取之不为贪，散之不为费，以言乎体则博大，以言乎术则精微。”[3] 他认为帝王和臣下的廉洁都是应该而且必需的。而唐德宗认为适当接受下属的小贿是可行的，并且劝陆贽可以接受。对此，陆贽作了详细的论述：“陛下责臣以清慎太过，斯谓圣明；陛下虑事之不通，有乖理道。或恐贪婪之辈，务逞无厌之求，巧陈异端，惑乱圣听，稽诸事实，则甚不然。夫以胥吏末流，苞苴微贶，苟或违道，臣犹知惭，况乎公卿大臣之间，方岳连帅之任，岂资纳贿，然后致诚？若因财利交欢，是

〔1〕《臣轨·廉洁章》，第158—159页。

〔2〕孔安国传，孔颖达正义：《曲礼上第一》，《礼记正义》卷第一，上海古籍出版社2008年版（下同），第10页。

〔3〕《陆宣公集》卷十四《奉天请罢琼林大盈二库状》，第126页。

以姑息为事，既乖直道，必有过求，遂之则法度浸隳，阻之则觖望弥甚，为害如此，国何赖焉！”[1] 这就是历史上著名的帝王让贪污都不贪污的陆贽。

政治家、文学家白居易在《策林》中，分析了大臣贪污的原因，认为主要是俸禄不均，为此，要去除贪污，就需“厚其禄”，较早地提出了高薪养廉的思想：“臣闻为国者，皆患吏之贪，而不知去贪之道也；皆欲吏之清，而不知致清之由也。臣以为去贪致清者，在乎厚其禄、均其俸而已。夫衣食阙于家，虽严父慈母不能制其子，况君长能捡其臣吏乎？冻馁切于身，是巢、由、夷、齐不能固其节，况凡人能守其清白乎？臣伏见今之官吏，所以未尽贞廉者，由禄不均而俸不足也。不均者，由所在课料重轻不齐也；不足者，由所在官长侵刻不已也。其甚者，则有官秩等而禄殊，郡县同而俸异。或削夺以过半，或停给而弥年，至使衣食不充，冻馁并至。如此，则必冒白刃、蹈水火而求私利也，况可使抚人字物，断狱均财者乎？夫上行则下从，身穷则心滥。今官长日侵其吏，而望吏之不日侵于人，不可得也。盖所谓渴马守水，饿犬护肉，则虽日用刑罚，不能惩贪而劝清必矣。陛下今欲革时之弊，去吏之贪，则莫先于均天下课料重轻，禁天下官长侵刻，使天下之吏，温饱充于内，清廉形于外，然后示之以耻，纠之以刑。如此，则纵或为非者，百无一二也。”[2]

在唐代帝王中，唐太宗李世民和武则天的廉政言论是值得注意的。记载唐太宗及大臣间言论的《贞观政要》，体现了许多政治家的治国思想，为后世留下了重要的典范。并且，唐太宗李世民

---

〔1〕《陆宣公集》卷十七《谢密旨因论所宣事状》，第 182 页。
〔2〕《白居易全集》，第 878 页。

专门写了《帝范》一书，作为唐朝后代帝王学习的范本，对于如何加强帝王的思想修养、如何治国都作了较为详细的论述。所以，唐朝后代帝王的许多治国、安民、反腐思想，都深受《帝范》的影响。武则天专门写了《臣轨》一书，对于大臣的节操作了规定。全书二卷十篇，分国体、至忠、守道、公正、匡谏、诚信、慎密、廉洁、良将、利人十章，以儒家传统道德观念为基础，论述为人臣者需正心、诚意、爱国、忠君之道，作为臣僚的座右铭。

在唐代政治家、思想家中，孔颖达、魏徵、陆贽的廉政思想较为重要。他们的廉政思想，在上面的论述中已有所体现，这里不再赘述。

第一节　唐太宗李世民

【人物简介】

唐太宗李世民（599— 649），唐高祖李渊次子。隋末与其父起兵推翻隋王朝。公元 618 年李渊即帝位后，建国号为唐。李渊封李世民为尚书令。不久，又立李建成为皇太子。在唐朝统一全国的过程中，李世民建功甚多，但身为次子，不能继承皇位。公元 626 年，李世民发动“玄武门之变”被立为太子，逼唐高祖李渊退位，自己称帝，是为唐太宗。次年（627 年）改元贞观。唐太宗即位后，居安思危，任用贤良，实行轻徭薄赋、疏缓刑罚的政策，并且进行了一系列政治、军事改革，终于促成了社会安定、生产发展的升平景象。在位二十三年，其统治时期被誉为“贞观之治”。

唐太宗的廉政思想主要反映在《贞观政要》、《资治通鉴》以及他所撰写的《帝范》等书中。他对于君民关系、纳谏、倡俭反奢方面都有较深刻的论述，他的廉政思想开唐朝历代帝王风气，为唐朝后代帝王留下了大量的相关言论和著述。其《帝范》作为唐王朝皇家必读经典，对唐朝后代帝王的影响深远。

为君之道，先存百姓

【原文】

为君之道，必须先存百姓；若损百姓以奉其身，犹割股以啖腹，腹饱而身毙。若安天下，必须先正其身，未有身正而影曲，上治而下乱者。朕每思伤其身者不在外物，皆由嗜欲以成其祸。若耽嗜滋味，玩悦声色，所欲既多，所损亦大，既妨政事，又扰生民。且复出一非理之言，万姓为之解体，怨讟①既作，离叛亦兴。朕每思此，不敢纵逸。[1]

【注释】

①怨讟（dú）：痛恨而发出怨言。

【译文】

做君主的法则，必须首先要让百姓存活；假如损害百姓的利益来奉养自身，就好比割掉大腿上的肉来填充肚子，尽管肚子吃饱了，人却死了。如果想要安定天下，必须首先端正自身，从来

---

〔1〕《贞观政要译注》卷第一《君道第一》，第1页。

不会有身子端正而影子歪斜，上层治理良好而下层动乱的。我经常想，能伤害自己身体的并非身体外面的东西，而都是由于内心贪婪成性、过度放纵自身的欲望才酿成祸患。如果一味追求口腹之欲，沉溺于声色，欲望越多，损害也就越大。这样做不仅妨碍政事，而且又侵扰百姓。如果再说出一些不合事理的话来，百姓就会因此而人心涣散，怨言四起，叛乱的事情也会发生。每当我想到这些，就不敢放纵自己，贪图安逸享乐了。

【评述】

这是唐太宗和魏徵之间的对话，体现了唐太宗的国家治理观。唐太宗显然接受了儒家的仁政爱民思想，提出治理国家要以百姓生存为先。对于君主自身行为而言，他信奉孔子提出的“其身正，不令而行”，“子帅以正，孰敢不正”的观念，认为君主应该克制自己的欲望，为民表率，如此才能做到万众归心，国家安定。难能可贵的是，唐太宗不仅认识到了这点，更是身体力行，成为后世君主的典范。

人臣需直言进谏

【原文】

朕闻晋武帝自平吴已后，务在骄奢，不复留心治政。何曾退朝，谓其子劭曰：“吾每见主上不论经国远图，但说平生常语，此非贻厥子孙者，尔身犹可以免。”指诸孙曰：“此等必遇乱死。”及孙绥，果为淫刑所戮。前史美之，以为明于先见。朕意不然，谓曾之不忠，其罪大矣。夫为人臣，当进思尽忠，退思补过，将顺其美，匡救其恶，所以共为治也。曾位极台司①，名器崇重，当直辞正谏，论道佐时。今乃退有后言，进无廷诤，以为明智，不亦谬乎！危而不持，焉用彼相？公之所陈，朕闻过矣。当置之几案，事等弦、韦②。必望收彼桑榆③，期之岁暮，不使康哉良哉④，独美于往日，若鱼若水，遂爽于当今。迟复嘉谋，犯而无隐⑤。朕将虚襟静志，敬伫德音。[1]

【注释】

①台司：指三公之位。

②弦、韦：弦指弓弦，韦指兽皮。古人佩弦以自警性缓，佩韦以自警性急。后来就用弦韦比喻朋友规劝。

③桑榆：本指日落时余光所在。此借指晚年。

④康哉良哉：典出《尚书·益稷》。指诸事安宁、大臣贤能。

⑤犯而无隐：语出《礼记》。对君王直言相劝。

【译文】

我听说晋武帝在灭吴统一中国之后，就变得骄奢淫逸，不再留心治理国家。大臣何曾在一次退朝后回家对他对儿子何劭说："我每每看到皇上不再谈论治理国家的长远打算，只是说一些日常俗事，不像把江山传给后代的样子，你还可以免祸吧。"然后指着几个孙子说："到你们这代必定要在大乱中丧生了。"后来他的孙子何绥，果然被人滥用刑罚处死。过去的史书上都曾赞美过何曾，说他有先见之明。我却觉得不然，何曾是个犯有不忠大罪的人。

〔1〕《贞观政要译注》卷第一《君道第一》，第13页。

因为作为一个臣子，应当在上朝时考虑如何尽忠，退朝后想着如何补过，君王有美政时顺势引导，有过错之处时则加以匡正，这样君臣才能共同治理好国家。而何曾位列三公，名高权重，理应直言进谏，以正道辅佐时政，但他却在背后发出那番议论，进见君王时不直言进谏。后人把他的言行看成明智的事情，这不是太荒谬了吗！如果国家在危险时还袖手旁观，那还要你这个宰相干什么！现在看到你奏疏中的陈述，我认识到问题所在。我要把它放在案头，当成良友的规劝，让它在我的晚年也充分发挥作用。我希望“大臣是多么贤能，诸事是多么安宁”的赞颂之声，不仅仅出现在古代虞舜时代，而像刘备对诸葛亮所说的“犹鱼之得水”的情景出现在我们面前。对于你的嘉言良谋我已答复迟了，希望你直言进谏不必隐讳，我一定会虚心地静下心来，恭敬地等待着你提出的宝贵意见。

【评述】

魏徵在上疏中告诫唐太宗要以历代兴亡为殷鉴，勤于修身，持正守公，推行仁政，爱护百姓。他提出了“十思”的观点：“见可欲则思知足以自戒，将有作则思知止以安人，念高危则思谦冲而自牧，惧满溢则思江海下百川，乐盘游则思三驱以为度，忧懈怠则思慎始而敬终，虑壅蔽则思虚心以纳下，想谗邪则思正身以黜恶，恩所加则思无因喜以谬赏，罚所及则思无因怒而滥刑。”对此唐太宗虚心接受，并盛赞他的直谏行为。他以西晋何曾为例，后人以为何曾具有先见之明，唐太宗则对其持否定与批判态度，认为他的行为不是人臣之举。他认为真正的人臣应该如魏徵一般“犯而无隐”，从而鼓励臣子进谏。

徭役不兴，百姓安乐

【原文】

贞观九年，太宗谓侍臣曰："往昔初平京师，宫中美女珍玩，无院不满。炀帝意犹不足，征求无已，兼东西征讨，穷兵黩武，百姓不堪，遂致亡灭。此皆朕所目见，故夙夜孜孜①，惟欲清净，使天下无事，遂得徭役不兴，年谷丰稔②，百姓安乐。夫治国犹如栽树，本根不摇，则枝叶茂荣。君能清净，百姓何得不安乐乎？"[1]

【注释】

①夙夜孜孜：日夜不停地劳碌。夙，早。孜孜，勤勉不怠。

②丰稔（rěn）：丰收。稔，庄稼成熟。

【译文】

贞观九年，唐太宗对侍从的大臣们说："当年隋朝刚刚平定京都长安时，宫中的美丽女子、珍奇异宝充盈各个宫院。即使这样，隋炀帝还不满足，仍搜求不止，再加上连年用兵，东征西讨，穷兵黩武，百姓实在无法忍受，这就导致了隋朝的灭亡。这些都是我亲眼所见，所以我总是日夜不停地劳碌，只求能够做到清静无为，使得天下没有动乱之事。于是没再大兴徭役，粮食年年丰收，百姓安居乐业。治国就好比种树，如果树根牢固而不动摇，那么

〔1〕《贞观政要译注》卷第一《政体第二》，第30页。

枝叶就会繁茂。如果君主能够做到清心寡欲，百姓怎么会不安居乐业呢?”

【评述】

唐太宗曾说：“凡理国者，务积于人，不在盈其仓库。”这是他从隋炀帝征求无已、穷兵黩武而最终导致灭亡的历史中得到的教训。因此，他即位后极力倡导清静无为、与民休息的为政思想，减轻了繁重的徭役、赋税。他在即位之初，还曾前后放免宫女三千余人，这不仅使隋末以来被幽闭深宫的女子获得婚配，而且也节省了宫廷费用。种种措施，大都贯彻了他的治国理念，对于积累社会财富、维护社会稳定起到了决定性作用。

致治之本，惟在于审。 量才授职，务省官员

【原文】

致治之本，惟在于审[①]。量才授职，务省官员。故《书》称：“任官惟贤才。”又云：“官不必备，惟其人。”若得其善者，虽少亦足矣；其不善者，纵多亦奚为？古人亦以官不得其才，比于画地作饼，不可食也。《诗》曰：“谋夫孔多，是用不就。”又孔子曰：“官事不摄，焉得俭?”且“千羊之皮，不如一狐之腋”。此皆载在经典，不能具道。当须更并省官员，使得各当其任，则无为而治矣。卿宜详思此理，量定庶官员位。……自此傥有乐工杂类，假使术逾侪辈[②]者，只可特赐钱帛以赏其能，必不可超授官

爵，与夫朝贤君子比肩而立，同坐而食，遣诸衣冠③以为耻累。[1]

【注释】

①审：审慎，慎重。

②侪（chái）辈：同辈。

③衣冠：此指士大夫。

【译文】

使国家在政治上安定清平的根本，只在于审慎地选拔官员。根据才能授予官职，务必减省官员的数目。所以《尚书》说："任用官员要选取贤才。"又说："官员不一定要齐备，只要任用恰当的人才就可以了。"如果选用的是贤才，即使少也足够；如果选用的是庸人，纵然多又有什么用处？古人也把选官却得不到恰当的人才比作在地上画饼却不能吃。《诗经》说："参与谋划的庸人虽然很多，事情却办不成。"还有，孔子说："管仲的家人一人一职而不兼任，怎么谈得上节俭?"而且"一千张羊皮，不如一只狐狸腋下的毛皮珍贵"。这些话都是经典上所记载的，不能一一道来。现在应进一步合并官职，省减官员，使他们能各自担当自己的职责，这样就可以实现"无为而治"的目标了。你们要仔细地思索这个道理，衡量制定百官的员数。……今后如有乐工及从事其他杂务的人，其技艺超过同行，只能赐予钱帛来奖赏他的技能，一定不能破格授予他们官爵，让他们和朝廷上的贤良君子们并肩而立，一同坐着吃饭，（因为）这样会让士大夫们感到耻辱。

〔1〕《贞观政要译注》卷第三《择官第七》，第129—130页。

【评述】

所谓“得人才者得天下”，自古治国，即重视人才的选拔，《尚书》等典籍中言之凿凿。应该说，历代君主都能认识到这个问题的重要性，关键是能否落到实处。唐太宗同样着重指出了选拔人才的重要性，他指示要选拔得人，精简官吏，为此房玄龄等人将文武大臣定员为六百四十人。唐太宗进一步下令，对于掌握一定技能的百工，只可给予赏赐，切不可授予官职。这体现了官吏精英化的理念。联想到历史上某些人仅凭一技之长就位居高官（如宋代高俅），有的人无才无德，而对国家治理造成严重恶果，我们更能感到唐太宗的这一规定所具有的重要意义。

治乱所系，尤须得人

【原文】

朕每夜恒思百姓间事，或至夜半不寐。惟恐都督、刺史堪养百姓以否。故于屏风上录其姓名，坐卧恒看，在官如有善事，亦具列于名下。朕居深宫之中，视听不能及远，所委者惟都督、刺史，此辈实治乱所系①，尤须得人。[1]

【注释】

①所系：有关系的……关键人物。

---

〔1〕《贞观政要译注》卷第三《择官第七》，第132页。

【译文】

我每天晚上常常想着百姓的事情，有时候要到半夜三更还睡不着觉，只是担心都督、刺史能不能安抚百姓。所以，我就在屏风上写下他们的名字，或坐或躺都时常观看，如果他们在任时做了善事，我也要记录在他们的名字下面。我住在深宫之中，所能看到的和听到的都不会太远，所依靠的就是这些各地的都督和刺史，他们都是关系到国家治乱的关键人物，所以在选择的时候要特别得当。

【评述】

唐太宗曾说："致安之本，惟在得人。"[1] 唐太宗认为，都督、刺史直接面对百姓，他们对百姓的态度关系到国家的兴亡，所以他经常担心都督、刺史是否能安抚百姓。唐太宗在治理国家时，充分意识到下层官吏的重要性，这在封建社会中是难能可贵的。从某些方面来讲，这既体现了他的官吏考核观和人才选拔观，也是他的民本思想的根本反映。

用人弥须慎择

【原文】

古人云，王者须为官择人，不可造次①即用。朕今行一事，则为天下所观；出一言，则为天下所听。用得正人，为善者皆劝；误用恶人，不善者竞进。赏当其劳，无功者自退；罚当其罪，为

〔1〕《贞观政要译注》卷第三《择官第七》，第132页。

恶者戒惧。故知赏罚不可轻行，用人弥须慎择。[1]

【注释】

①造次：轻率，仓促。

【译文】

古人说，君主必须根据官职来选用人才，决不可以仓促任用。我现在每做一件事情，都会被天下人所看到；每说一句话，都会被天下人所听到。如果我任用了好人，做好事的人就会得到劝勉；如果误用了坏人，行为不端的人就会争先恐后地到官场来钻营。赏赐与功劳相当，没有功劳的人就会自动退避；惩罚与罪恶相称，为非作歹的人就会有所警戒畏惧。所以说，赏罚不可以随便使用，用人更应当慎重选择。

【评述】

由于帝王处于政治金字塔的最顶端，其一言一行、一举一动都会备受关注，甚至会对下层民众产生直接影响，因此，帝王必须谨言慎行，以身作则。就选拔官吏而言，需要用得其人，劝善惩恶；就奖惩人物而言，需要赏当其劳，罚当其罪。唯有如此，方能使众心归服。

〔1〕《贞观政要译注》卷第三《择官第七》，第134页。

赏罚不可轻行

【原文】

国家大事，惟赏与罚。赏当其劳，无功者自退，罚当其罪，为恶者咸惧，则知赏罚不可轻行也。今计勋行赏，玄龄等有筹谋帷幄、画定社稷之功，所以汉之萧何，虽无汗马，指纵①推毂②，故得功居第一。叔父于国至亲，诚无爱惜，但以不可缘私滥与勋臣同赏矣！〔1〕

【注释】

①指纵：用手指点猎物，纵放猎犬去追杀。

②推毂（gǔ）：推车前行。

【译文】

国家的大事，就在于奖赏和惩罚。所赏和其功劳相当，没有功的人自然就会退后；处罚和其罪相当，作恶的人就都会感到害怕。由此可知赏罚是绝不可以随便施行的。如今我们按照功勋的大小进行赏赐，房玄龄等人有为国家运筹帷幄、安定天下的大功劳，就像汉朝的萧何，虽然他没有骑马打仗，但是他指挥行军作战，对于定夺天下起了重要作用，所以确定他功劳第一。叔父您是我的至亲，我当然不是吝啬而舍不得赏你，而是不能因为亲私的缘故而随便与功勋卓著的大臣同样赏赐！

〔1〕《贞观政要译注》卷第三《封建第八》，第149页。

【评述】

贞观元年（627 年），唐太宗赏赐了一批功臣，如封中书令房玄龄为邗（按：其他史籍均为“邢”）国公，工部尚书杜如晦为蔡国公，吏部尚书长孙无忌为齐国公，将他们列为一等功臣，食邑一千三百户。唐太宗的从叔李神通心中不服，认为房玄龄等人不过是舞文弄墨的文人，不应该享此大功，唐太宗遂对李神通说了如上一段话。他重申了赏罚对于国家治理的重要作用，强调要赏当其劳，罚当其罪，并将房玄龄等人与西汉萧何作比，指出他们的功劳足堪其赏，表明自己不会因徇私情而滥行赏赐。此举收到了良好效果，群臣皆叹服太宗的至公而无私，不再妄自申诉。

君人者，以天下为公，无私于物

【原文】

古称至公者，盖谓平恕无私。……故知君人者，以天下为公，无私于物。昔诸葛孔明，小国之相，犹曰“吾心如称①，不能为人作轻重”，况我今理大国乎？朕与公等衣食出于百姓，此则人力已奉于上，而上恩未被于下，今所以择贤才者，盖为求安百姓也。用人但问堪否，岂以新故异情？凡一面尚且相亲，况旧人而顿忘也！才若不堪，亦岂以旧人而先用？今不论其能不能，而直言其嗟怨，岂是至公之道耶？[1]

---

〔1〕《贞观政要译注》卷第五《公平第十六》，第 252 页。

【注释】

①称：同“秤”。

【译文】

古代所说的大公无私，是说公平宽恕没有私心。……所以治理百姓的君主，应以天下为公，不讲私情。过去的诸葛亮只是一个小国的丞相，尚且说“我的心好像一杆秤，不会因为亲疏不同而忽轻忽重”，何况我现在治理的是一个大国呢！我和你们的衣食都是来自老百姓，就是说百姓已经把他们的力量奉献给朝廷了，而现在帝王的恩泽还没有施于百姓，所以现在选拔贤才，就是为了让他们去安抚百姓。任用人才要看是否胜任职务，怎么能够因为是新相识或老熟人而不一样对待呢？有一面之交的人尚且表示亲热，何况对老熟人怎么能一下子就忘记了呢？如果才能不能胜任的话，又怎么能因为他是老熟人而加以任用呢？如今你不去说他们能否胜任，而只是说他们有怨言，这难道是最公平的道理吗？

【评述】

唐太宗刚刚即位时，曾提拔过一批官员，而他当秦王时的许多老部下却未能升官，所以中书令房玄龄曾上奏道：“秦府旧左右未得官者，并怨前宫及齐府左右处分之先己。”〔1〕唐太宗听说后，对有怨气的老部下给予了严厉批评。他认为君王应做到以天下为公，没有私心。只要是对国家有用的人才，就可以任用。不能因为曾是自己的旧下属就喜爱有加，不考查其才能就委以重任。可

〔1〕《贞观政要译注》卷第五《公平第十六》，第252页。

以看出，唐太宗在用人上能做到不论亲疏、不念旧恶、不宠故旧。这无疑是十分正确并值得效法的用人观。

君者政源，宜行直

【原文】

流水清浊，在其源也。君者政源，人庶犹水。君自为诈，欲臣下行直，是犹源浊而望水清，理不可得。朕常以魏武帝多诡诈，深鄙其为人，如此，岂可堪为教令①？〔1〕

【注释】

①教令：教化。

【译文】

流水的清与浊，关键在于源头。国君就是政教的源头，老百姓就像流水。如果君主自己就先以诈术骗人，还想让臣下能行正道，这就好像源头污浊而希望流水清澈一样，在道理上是行不通的。我常常以为魏武帝为人多行诡诈，所以很看不起他，因为他自己这样做，还怎么配去教化百姓呢？

【评述】

这段话体现了唐太宗的君王道德观。贞观初年，曾有人上书说应去除佞臣。太宗问："我所任用的，都是贤臣，你知道谁是佞

〔1〕《贞观政要译注》卷第五《诚信第十七》，第285页。

臣吗?”那人说:“臣居草泽,不的(dí,确实,确切)知佞者,请陛下佯怒以试群臣,若能不畏雷霆,直言进谏,则是正人,顺情阿旨,则是佞人。”[1] 对此,唐太宗深不以为然,认为这不是人君应当采取的做法,只有君王行正道,臣下和百姓才能得到教化,否则只能是源流并浊。他还以魏武帝为例,对其多行诡诈的人品表示鄙夷不齿。在中国古代君王的言论具有某种法律效力,君主言论的正确与否,对于社会将产生巨大的影响。唐太宗能认识到这一点,是难能可贵的。

不见可欲,使民心不乱

【原文】

自古帝王凡有兴造,必须贵顺物情。昔大禹凿九山①,通九江②,用人力极广,而无怨讟者,物情所欲,而众所共有故也。秦始皇营建宫室,而人多谤议者,为徇其私欲,不与众共故也。朕今欲造一殿,材木已具,远想秦皇之事,遂不复作也。古人云:“不作无益害有益。”“不见可欲,使民心不乱。”固知见可欲,其心必乱矣。至如雕镂器物,珠玉服玩,若恣其骄奢,则危亡之期可立待也。自王公已下,第宅、车服、婚嫁、丧葬,准品秩不合服用者,宜一切禁断。[2]

【注释】

①九山:泛指天下之山。

---

〔1〕《贞观政要译注》卷第五《诚信第十七》,第285页。
〔2〕《贞观政要译注》卷第六《俭约第十八》,第295页。

②九江：泛指天下江河。

【译文】

自古以来，帝王凡是修建工程，必须重视顺应民意。过去大禹开凿九山，疏通九江，使用的人力非常多，但没有人埋怨和痛恨，因为百姓希望这样做，这些工程都是大家共有的缘故。秦始皇营造宫室，人们却都加以指责，是因为这些工程是为了满足他的私欲，不为大家所共有的缘故。我近来想营建一座宫殿，木料都已经准备好了，但想到过去秦始皇的教训，就不再建了。古人说："不要做无益的事来损害有益的事。""不要让人们看到那些刺激他们私欲的东西，那么民心就不会乱。"由此可知，人们看到一些引起私欲的东西，他们的心就一定会乱。至于像各种雕琢镂刻的贵重器物，珠玉制成的服饰珍玩，如果放纵人们在这上面骄纵奢侈，那么国家危亡的日子也就很快到来了。从王公以下，住宅府第、车马舆服、婚嫁、丧葬等，凡是和他的官品秩禄不相称的，应当一律严格禁止。

【评述】

唐太宗重视节俭。他总结了历史上各朝代兴亡的教训，尤其是隋朝三十余年即遭覆灭的教训，认为主要原因就是朝政腐败。他认识到君王的欲望应加以控制，享用必须有度，顺应人心的重大工程是可行的，为私欲而大兴土木只会引起百姓的指责和怨愤。所以他对各级官吏的住宅府第、车服、婚嫁、丧葬等各种事情，作了详细的规定，并严禁越级。"由是二十年间，风俗简朴，衣无锦绣，财帛富饶，无饥寒之弊。”[1]

奢侈者可以为戒，节俭者可以为师矣

【原文】

奢侈者可以为戒，节俭者可以为师矣。朕居四海之尊，承百王之弊，未明思化，中宵战惕。虽送往之典，详诸仪制，失礼之禁，著在刑书，而勋戚之家多流遁于习俗，闾阎①之内或侈靡而伤风，以厚葬为奉终，以高坟为行孝，遂使衣衾棺椁，极雕刻之华，灵輀②冥器③，穷金玉之饰。富者越法度以相尚，贫者破资产而不逮，徒伤教义，无益泉壤，为害既深，宜为惩革。其王公已下，爰及黎庶，自今已后，送葬之具有不依令式④者，仰州府县官明加检察，随状科罪。在京五品已上及勋戚家，仍录奏闻。[2]

【注释】

①闾阎：指民间。

②灵輀（ér）：灵车。

③冥器：也作明器，用木材或陶土做成小型的婢仆、侍从和其他器物，为死人的陪葬品。

④令式：法规及有关细则。

【译文】

（纵观历史，薄葬可以让逝者安卧于九泉之下，而厚葬极易招

〔1〕《贞观政要译注》卷第六《俭约第十八》，第295页。
〔2〕同上书，第299—300页。

来盗墓暴尸之祸。由此看来,）要以奢侈厚葬而招祸的人为前车之鉴，而以节俭薄葬的人为师。我位处四海之尊，承接隋末群雄大乱之弊，未明了如何去教化，半夜里常常战栗忧虑。虽然丧葬的典章都已详细地记载在仪制之中，违礼的处分也写明在刑书之上，但是元勋贵族之家大多习惯了耽乐放纵，民间百姓也因奢侈而伤风败俗，把厚葬当做奉老送终，把建高坟当做行孝，因而使得敛尸的衣被棺椁都雕刻华丽到极点，灵车冥器全都是金玉装饰。富有的人家超越法度来相互炫耀，贫穷的人家即使变卖家产也赶不上，徒然损害教化之义，也无益于地下死者，为害已经很深，应该加以惩治革除。凡王公以下，直至黎民百姓，从今以后，送葬的物品如果有不遵守法令规定的，望各州、府、县官认真检查，根据情节来定罪。在京五品以上官员和元勋贵戚之家，要录罪奏知。

【评述】

古代中国人讲究“事死如生”（《中庸》），厚葬之风由来已久。春秋以降，厚葬的风俗时见于史书记载。厚葬必然会耗费大量资财，不过上行而下效，蔚然成风，对于处于底层的百姓来说，厚葬必然带来沉重的经济负担。历代亦不乏反对厚葬的言论出现，如《墨子》、《吕氏春秋》等著作中提出了节葬的观念，三国时期的曹操更是身体力行。唐太宗同样看到了厚葬之风对社会资财的浪费以及对于民风的败坏。他在全国上下推行节葬，并加以制度性的约束，为后世子孙立下了“因山为陵，容棺而已”的临终之制。这对形成节俭之风、积累社会财富无疑具有积极意义。

备尽忠直，益国利人

【原文】

人有明珠，莫不贵重，若以弹雀，岂非可惜？况人之性命甚于明珠，见金钱财帛，不惧刑网①，径即受纳，乃是不惜性命。明珠是身外之物，尚不可弹雀，何况性命之重，乃以博财物耶？群臣若能备尽忠直，益国利人，则官爵立至。皆不能以此道求荣，遂妄受财物，赃贿既露，其身亦殒，实可为笑。帝王亦然，恣情放逸，劳役无度，信任群小，疏远忠正，有一于此，岂不灭亡？隋炀帝奢侈自贤，身死匹夫之手，亦为可笑。〔1〕

【注释】

①刑网：指法网。

【译文】

人们有了明珠，没有不珍重的，如果用它去打鸟雀，岂不是太可惜了？何况人的性命比明珠还要贵重，如果见到金钱财帛就不惧怕刑法，立即收受，这就是不顾惜性命。明珠是身外之物，尚且不能用它来弹射鸟雀，何况人的性命要贵重得多，竟能用来博取财物吗？诸位大臣如果能竭尽忠心，益于国利于民，那就会很快得到官职爵位。若不能以此正道求取荣禄，而妄受财物，一旦贪赃受贿的事情败露，自身亦就丧失性命，实在是可笑。帝王

〔1〕《贞观政要译注》卷第六《贪鄙第二十六》，第337页。

也是如此，尽情放纵享乐，征用徭役没有限度，信任小人，疏远忠良正直的人，有其中之一，怎么会不使国家灭亡？隋炀帝极度奢侈还自以为贤明，最终死在匹夫手中，也是可笑的。

【评述】

对于隋王朝三十余年即被颠覆，唐太宗认为主要原因是其朝政腐败、奢华无道。有鉴于此，他始终把政治的清明放在首要位置上。他揭示了官吏腐败的内在因素，就是人皆有逐利之心，但如果取之无道，见到财物便不惧怕刑法而接受，那就是不顾性命。臣下如竭尽忠心，做事有利于国家和人民，那么官爵等利益就会自然来到身边。唐太宗认识到君王要放弃过度享乐的欲望，做事顺从民心，国家就会兴盛。

贪人不解爱财

【原文】

朕尝谓贪人不解[①]爱财也。至如内外官[②]五品以上，禄秩优厚，一年所得，其数自多。若受人财贿，不过数万，一朝彰露，禄秩削夺，此岂是解爱财物？规小得而大失者也。昔公仪休[③]性嗜鱼，而不受人鱼，其鱼长存。且为主贪，必丧其国；为臣贪，必亡其身。《诗》云："大风有隧，贪人败类。"固非谬言也。昔秦惠王欲伐蜀，不知其径，乃刻五石牛，置金其后。蜀人见之，以为牛能便金。蜀王使五丁力士拖牛入蜀，道成，秦师随而伐之，蜀国遂亡。汉大司农田延年赃贿三千万，事觉自死。如此之流，何可胜记！朕今以蜀王为元龟，卿等亦须以延年为覆辙也。[1]

【注释】

①解：懂得。

②内外官：指内朝官和外朝官。内朝官，也称中朝官，由皇帝的近臣组成；外朝官，指宰相属下的各行政机构的官员。

③公仪休：春秋时鲁国贤相。

【译文】

我曾经说过，贪婪的人是不懂得爱惜财物的。比如说当今五品以上的内外朝官，俸禄优厚，一年之内所得到的，数量自然也很多。如果收受别人的财物贿赂，也不过只有数万而已，一旦罪行败露，俸禄、品秩就被剥夺，这难道是懂得爱惜财物吗？这是谋取小利而损失大利呀！从前公仪休喜欢吃鱼，可从不接受别人送的鱼，所以他就能长久地吃上鱼。而且作为君主如果很贪婪，他的国家一定会丧失；作为臣子的很贪婪，一定会招来杀身之祸。《诗经》上说："大风因隧道而生成，贪婪的人败坏同类。"这确实不是错话。古代秦惠王准备征伐蜀国，但不知道进入蜀国的道路，就雕刻了五只石牛，把金子放在牛的屁股后面。蜀国人见了之后，认为这些石牛可以屙出金子。蜀国君王就派出五名大力士凿开一条通道，把石牛拖回蜀国。道路凿开之后，秦国的军队跟在后面进攻，于是蜀国就灭亡了。汉朝大司农田延年收受贿赂三千万银子，事情败露后自刎身亡。像这样的人，数也数不清！我

〔1〕《贞观政要译注》卷第六《贪鄙第二十六》，第338页。

今天把那蜀国国王作为警戒，你们也应该把田延年当做前车之鉴。

【评述】

这是唐太宗对廉洁的进一步阐释。对于贪图贿赂的官吏，唐太宗认为他们是不懂爱惜财物的，并结合《诗经》上的话和前代的史实为例作了论述，以此规劝官吏要廉洁守法。唐时官吏的俸禄颇丰，但如果受贿一旦被发现，俸禄就会被剥夺，并且受到严惩。可见唐时已有高薪养廉的雏形。唐太宗不仅从制度上防止官吏腐败，而且还从言论上对官吏进行思想教育。

大丈夫不宜苟贪财物

【原文】

朕终日孜孜，非但忧怜百姓，亦欲使卿等长守富贵。天非不高，地非不厚，朕常兢兢业业，以畏天地。卿等若能小心奉法，常如朕畏天地，非但百姓安宁，自身常得欢乐。古人云："贤者多财损其志，愚者多财生其过。"此言可为深诫。若徇私贪浊，非止坏公法，损百姓，纵事未发闻，中心岂不常惧？恐惧既多，亦有因而致死。大丈夫岂得苟贪财物，以害及身命，使子孙每怀愧耻耶？卿等宜深思此言。[1]

【译文】

我一天到晚孜孜不倦地工作，不仅仅是忧虑、怜惜百姓，也

〔1〕《贞观政要译注》卷第六《贪鄙第二十六》，第339—340页。

是想让你们能够长久地保持富贵。天并不是不高，地也不是不厚，然而我仍然常常兢兢业业地工作，对天地十分敬畏。你们如果能够小心地奉公守法，就像我敬畏天地一样，不但能够使百姓安宁，就是你们自身也会常常得到欢乐。古人曾说："贤明的人如果钱财多了，就会损害他的志向；愚蠢的人如果财产多了，就会造成他们的过错。"这话非常值得我们深以为戒。如果徇私贪赃，不但是触犯国法，损害百姓的利益，纵然事情还没有败露，事情无人知晓，自己的心里还不是经常怀有恐惧？如果心里的恐惧多了，也会因此而死。大丈夫怎么能够苟且贪图财物，以致危害到身家性命，使得子孙后代常常感到羞愧耻辱呢？你们应当好好地想想这个道理。

【评述】

这是唐太宗对官吏的告诫。他详细论述了如果官吏腐败可能产生的后果。唐太宗晓之以理、动之以情地从自身谈起，说明了自己兢兢业业勤劳的原因，是为了使众爱卿长久保持富贵。为此，他认为，为官者应爱惜百姓，这样臣下和君王才能长久保持富贵。官吏如果受贿，一旦被发现，就会身败名裂，且为子孙抹黑；即使没有被发现，也会忐忑不安，甚至忧惧而死。唐太宗在此以身作则，从内在道德层面强调官员要廉政奉公。

纳嘉言，进善事

【原文】

朕贵为天子，是事无所少之。惟须纳嘉言，进善事，有益于百姓者。且国家剩①得数百万贯钱，何如得一有才行人？不见卿推贤进善之事，又不能按举不法，震肃权豪，惟道税②鬻银坑以为利益！昔尧、舜抵璧于山林，投珠于渊谷，由是崇名美号，见称千载。后汉桓、灵二帝好利贱义，为近代庸暗之主。卿遂欲将我比桓、灵耶？[1]

【注释】

①剩：多。

②税：收取税租。

【译文】

我凭着天子之尊，金钱并不缺乏。现在只需采纳好的建议，施行善事，做有益于百姓的事情。况且国家多得数百万贯金钱，又怎能和得到一个有才有德的人相比呢？现在我没有见到你推荐贤才、实施善举，也不见你检举违法之人，使权贵们受到震惊而敬肃，却只是建议出租出售银矿坑来获得厚利。从前尧、舜把玉璧抛进山林，把明珠投入深谷之中，因此崇高完美的名声被千古称颂。后汉桓帝、灵帝贪图财物，轻视道义，是近代昏庸愚昧的国君，你是想让人们把我与汉桓帝、灵帝相提并论吗？

【评述】

贞观十年（636 年），治书侍御史权万纪上疏唐太宗说，宣州和饶州两地有很多银矿坑，如果加以开采，每年可以得到数百万

---

〔1〕《贞观政要译注》卷第六《贪鄙第二十六》，第 341 页。

贯的利润。唐太宗看到奏疏之后，发表了上述言论，并当天诏令权万纪停职回家。唐太宗的举措，深刻地反映了他对人才的重视。在他看来，作为朝廷官员，其职责应是推贤进善和纠察不法，而不是建议君主聚敛财物；而作为君主而言，应该好义贱利，不应醉心于聚敛财物。

人臣之守，忠正公清

【原文】

古人云："鸟栖于林，犹恐其不高，复巢于木末；鱼藏于水，犹恐其不深，复穴于窟下。然而为人所获者，皆由贪饵故也。"今人臣受任，居高位，食厚禄，当须履忠正，蹈公清，则无灾害，长守富贵矣。古人云："祸福无门，惟人所召。"然陷其身者，皆为贪冒财利，与夫鱼鸟何以异哉？卿等宜思此语为鉴诫。[1]

【译文】

古人说："鸟住在树林里，还担心树林不够高，在树梢上又筑巢；鱼藏在水中，还担心泉水不够深，又于洞窟下作穴。然而它们仍然为人所捕获，都是由于贪吃饵食的缘故。"现在的臣子受君主任用，身居高位，享受厚禄，应当做事忠心公平，行为公正清廉，这样就可以没有祸害，长守富贵了。古人说："祸福无门，惟人所召。"然而损害自身的，都是为了贪图财物，这和鱼、鸟有什么不同呢？你们应当好好地思考这些话作为鉴诫。

---

〔1〕《贞观政要译注》卷第六《贪鄙第二十六》，第342页。

【评述】

唐太宗继续对从政廉洁作了论述。他以鱼和鸟为例，说明欲望是要加以节制的，否则会祸及自身，以此来说明人臣需廉洁。唐朝实行的俸禄类似于高薪养廉，对此，唐太宗认为人臣只要忠正廉洁，就可以长守富贵，而绝不可以贪图贿赂，以免身败名裂。

国以人为本，人以衣食为本

【原文】

凡事皆须务本。国以人为本，人以衣食为本，凡营衣食以不失时为本。夫不失时者，在人君简静乃可致耳。若兵戈屡动，土木不息，而欲不夺农时，其可得乎？[1]

【译文】

处理各种事情，都必须抓住它的根本。国家以人民为根本，人民以衣食为根本，凡是经营衣食的以不失农时为根本。而不失农时，只有帝王简约清静才能做到。如果连年征战，不断大兴土木，而想不夺农时，这怎么可能呢？

【评述】

“国以人为本”，是唐太宗民本思想的本质反映，说明了他对百姓利益的重视。唐太宗注重农时，给百姓以休养生息的机会，既不发动战争，又不大兴土木，所以才形成历史上有名的“贞观

〔1〕《贞观政要译注》卷第八《务农第三十》，第376页。

之治”。这是唐太宗最著名的爱民惜民言论，和历代的爱民言论一脉相承。

人以谷为命，当无害百姓

【原文】

人以谷为命，而汝食之，是害于百姓。百姓有过，在予一人。尔其有灵，但当蚀我心，无害百姓。[1]

【译文】

人们把粮食当做生命，而你们却吃掉粮食，这是在祸害百姓。百姓有过错，责任在我一人身上。你们如果有灵性，应当只吃我的心，不要祸害百姓。

【评述】

贞观二年（628 年），长安城大旱，蝗灾四起。以上这段话，是唐太宗进入禁苑查看禾苗，捉住几只蝗虫对其发的祝词。古人信奉天人感应之说，董仲舒更是将其神秘化与系统化。这套理论认为，天和人同类相通，相互感应，天能干预人事，人亦能感应上天。天被视为至上的人格神，认为天子违背了天意，不仁不义，天就会降下灾异进行谴责和警告。京师出现蝗灾，唐太宗认为责任在他自己身上，在发出上述祝词之后，不顾大臣吃生蝗虫会生病的劝说，将蝗虫吞吃了。此一举动反映了唐太宗畏天爱民的观念。

---

〔1〕《贞观政要译注》卷第八《务农第三十》，第 377 页。

勿耽农时

【原文】

阴阳①拘忌，朕所不行。若动静必依阴阳，不顾理义，欲求福祐，其可得乎？若所行皆遵正道，自然常与吉会。且吉凶在人，岂假阴阳拘忌？农时甚要，不可暂失。[1]

【注释】

①阴阳：指阴阳家，为古代九流之一，以研究阴阳、历律为专业。

【译文】

阴阳家的那些拘泥的忌讳，我不准备照着去做。如果一举一动一定要按照阴阳家的规矩去做，而不顾情理道义，以此想求得福祐，难道就可以得到吗？如果我们所做的事情都合乎道理和正义，自然就会常常与吉利相合。况且吉凶取决于人的行动，怎么能靠阴阳禁忌来决定呢？农时是最关紧要的事情，一时一刻也不能耽误。

【评述】

贞观五年（631 年）正月，有司上奏说，皇太子将行冠礼，宜在二月为吉。唐太宗说："二月皇太子行冠礼，会妨碍农时，应

〔1〕《贞观政要译注》卷第八《务农第三十》，第 378 页。

改在十月。”太子少保萧瑀奏称：“从阴阳家的角度来说，还是以二月为最佳。”对此，唐太宗说了上面这番话。唐太宗重视农时，可以看出对百姓利益的关心，此外，在唐太宗身上也体现了一定的科学精神。

国以民为本，人以食为命

【原文】

国以民为本，人以食为命。若禾黍不登①，则兆庶②非国家所有。既属丰稔若斯，朕为亿兆人父母，唯欲躬务俭约，必不辄为奢侈。朕常欲赐天下之人，皆使富贵。今省徭役，不夺其时，使比屋之人恣其耕稼，此则富矣。敦行礼让，使乡闾之间，少敬长，妻敬夫，此则贵矣。但令天下皆然，朕不听管弦，不从畋猎，乐在其中矣！[1]

【注释】

①登：（谷物）成熟。

②兆庶：指百姓。

【译文】

国家把百姓作为根本，人们把粮食视为生命。如果粮食歉收，那么百姓就不会为国家所有了。既然现在粮食这样丰收，我作为百姓的父母，只想着厉行节约，一定不随意奢侈挥霍。我常常想

〔1〕《贞观政要译注》卷第八《务农第三十》，第378—379页。

赐予天下百姓以恩惠，让他们全都富贵起来。现在减省徭役，不侵夺他们的农时，使房屋相连的农人都能尽心耕耘收获，这样就会富足了。督促他们守礼谦让，使得乡亲邻里之间，年少的尊重年长的，妻子尊敬丈夫，这样就会尊贵了。只要让天下都成为这个样子，我就是不听歌乐，不去游猎，也会乐在其中啊！

【评述】

这还是唐太宗爱惜农时的言论。他认为百姓是国家的根本，而粮食又是百姓的根本，所以对于百姓所关心的事情，他也应关心和重视，并且厉行节俭，减省徭役。唐太宗采用轻徭薄赋、劝课农桑等措施来清静抚民，这也和他的言论一致。贞观元年（627年），山东大旱，唐太宗下令免去全年租赋。作为一位封建帝王，能将自己的爱民言论付诸实践，这是难能可贵的。

大辟之罪，皆令议之

【原文】

古者断狱，必讯于三槐、九棘之官①，今三公②、九卿③，即其职也。自今以后，大辟④罪，皆令中书、门下四品已上及尚书九卿议之，如此，庶免冤滥。[1]

【注释】

①三槐、九棘之官：古代的高官。据说周天子的朝堂前有三株槐树，三公朝见前站在下面等候；左右各有九株棘树，卿、大

〔1〕《贞观政要译注》卷第八《刑法第三十一》，第380页。

夫等朝见前分别站在下面等候。

②三公：泛指共同负责军政的最高长官。

③九卿：泛指专管一部分军政事务的高级官员。

④大辟（pì）：古代指死刑。

【译文】

古时候断案，都要去询问三槐、九棘等高官，如今的三公、九卿就是这样的职务。从今以后，遇有死刑，都要让中书省、门下省的四品以上官员以及尚书省的九卿共同议决。这样，才有可能避免冤案滥刑。

【评述】

为了防止冤假错案，唐太宗规定了死刑必须由中书省、门下省的四品以上官员以及尚书省的九卿共同议决的规定，这也是保持吏治清明的做法，体现了唐太宗慎用刑罚尤其是死刑的治国理念。此举取得了良好的社会效果："由是至四年，断死刑，天下二十九人，几致刑措。"[1]

凡事需谏诤；死刑需五覆奏

【原文】

公等食人之禄，须忧人之忧，事无巨细，咸①当留意。今不问则不言，见事都不谏诤，何所辅弼？如蕴古身为法官，与囚博戏，

〔1〕《贞观政要译注》卷第八《刑法第三十一》，第380页。

漏泄朕言，此亦罪状甚重，若据常律，未至极刑。朕当时盛怒，即令处置。公等竟无一言，所司又不覆奏，遂即决之，岂是道理。

……

凡有死刑，虽令即决，皆须五覆奏②。

……

守文定罪，或恐有冤。自今以后，门下省覆，有据法令合死而情可矜者，宜录奏闻。[1]

【注释】

①咸：都。

②覆奏：覆审和重奏。

【译文】

你们拿着朝廷的俸禄，就要为国家和人民分忧，不论事情是大是小，都应留意。现在我不问你们就不说，看到有事都不提出劝谏，这是如何进行辅弼的呢？比如说张蕴古这件事吧，他身为法官，竟然与囚徒一起赌博游戏，并且泄露我的话给囚徒听，应当说罪行也是相当重的了，但如果按照正常的法律来量刑的话，还不至于判处死刑。我当时盛怒之下，就下令处死了他，你们竟然都一言不发，主管部门也不覆审和重奏，于是就处决了。这样岂是做臣子的道理？

……

今后凡是判处死刑的，即使已下令立刻处决，也要经过五次

〔1〕《贞观政要译注》卷第八《刑法第三十一》，第381—382页。

覆审和重奏。

……

依照法律来确定罪状，也可能存在冤情。从今以后，由门下省来负责覆审和重奏，有按照法令应当处死而情有可原的，应将案情抄录奏报。

【评述】

贞观五年（631 年），张蕴古任大理寺丞。相州人李好德向来患有癫狂病，讲了一些妖妄违碍的话，唐太宗下令让张蕴古审判。张蕴古上奏说："李好德患癫狂病是有案可查的，按照法律不应当治他的罪。"唐太宗答应将要宽恕他。张蕴古私自把唐太宗的旨意告诉了李好德，并且还和他一起赌博游戏。持书侍御史权万纪向唐太宗劾奏张蕴古。太宗听后大怒，下令把张蕴古斩于东市，过后又悔恨这样做，这才有了对房玄龄所说的这番话。从唐太宗的这番话中，可见他是积极纳谏的，并且从这件事情中，也反思死刑需慎重。同时，虽然继承隋文帝时期对死刑犯要经过"三覆奏"的做法，但负责行刑的机关往往在很短时间内就将这一过程结束了，以致朝廷都没有时间认真思考，由此唐太宗才有了五次覆审和重奏的诏令。

奏决死囚，多次覆奏

【原文】

在京诸司，比来[①]奏决死囚，虽云三覆，一日即了，都未暇审思，三奏何益？纵有追悔，又无所及。自今后，在京诸司奏决死囚，宜二日中五覆奏，天下诸州三覆奏。[1]

【注释】

①比来：近来。

【译文】

在京城的各执法官署，近来奏请处决死囚，虽说覆奏了三次，但在一天之内就审理结束，都没有时间去仔细思考，三次覆奏又有什么用处呢？纵使有所后悔，也已经来不及了。从今以后，在京城的各执法官署奏请处决死囚，应该在两天以内五次覆奏，天下各州应在两天内三次覆奏。

【评述】

为了防止死刑的草率处理，唐太宗又下诏规定了死囚处理的程序，即在京城的各执法官署奏请处决死囚，应该在两天以内五次覆奏，天下各州应三次覆奏。这样就使朝廷有充足的时间去审理和思考，充分说明了唐太宗慎用死刑的观念。

不赦功臣，执法公正

【原文】

虽是藩邸旧劳，诚不可忘，然理国守法，事须画一，今若赦之，使开侥幸之路。且国家建义太原①，元从及征战有功者甚众，

〔1〕《贞观政要译注》卷第八《刑法第三十一》，第388页。

若甑生获免，谁不觊觎？有功之人，皆须犯法。我所以必不赦者，正为此也。[1]

【注释】

①建义太原：建大义于太原。指的是在太原起兵反隋。

【译文】

虽然高甑生是当年秦王府的有功之臣，确实不应忘记，然而治理国家必须遵守法纪，万事都要一致，如今要是赦免了他，便开了侥幸免罪的道路。况且国家在太原起兵，一开始就跟随的人和作战有功的人很多，如果高甑生获得赦免，谁不会存在非分之想？这样一来，有功的人，都会去犯法。我之所以一定不赦免他，正是由于这个原因。

【评述】

贞观九年（635年），盐泽道行军总管、岷州都督高甑生，由于违抗行军大总管李靖的节制调遣，又诬告李靖谋逆，被判处死刑，后免去死刑而流放到边远地区。当时有人上书说："高甑生是当年秦王府有功之臣，请从宽处理他的罪过。"对此，唐太宗说了上面这番话。从中可以看出，他认为即使对有功之臣，也应依法行事，这样才能体现法律的公平。

---

〔1〕《贞观政要译注》卷第八《刑法第三十一》，第389页。

深宜禁止，务在宽平

【原文】

夫作甲者欲其坚，恐人之伤；作箭者欲其锐，恐人不伤。何则？各有司存①，利在称职故也。朕常问法官刑罚轻重，每称法网宽于往代。仍恐主狱之司，利在杀人，危人自达，以钓声价。今之所忧，正在此耳！深宜禁止，务在宽平。[1]

【注释】

①司存：职守所在。

【译文】

制造铠甲的人希望他的铠甲坚固，怕使用的人受伤；制作箭矢的人希望他的箭矢锐利，担心射不伤人。这是为什么呢？是因为他们各有所从事的职事，只有称职才能获利的缘故。我常常询问司法官刑罚的轻重怎样，他们总是说执法比起以往朝代来都要宽缓许多。但我仍然担心主管刑案的官署为追求自己的利益而滥施刑罚杀人，通过危害他人来使自己名声显达，以此来沽名钓誉。我现在所担忧的，正是这一点。应该大力禁止这类事情，量刑的时候一定要宽缓公平。

〔1〕《贞观政要译注》卷第八《刑法第三十一》，第399页。

【评述】

对于执法部门是否滥用职权，唐太宗是比较重视的，他三番五次地对此进行过论述。唐太宗从各有司的职责出发，意识到司法官可能会为了追求自己的利益而滥施刑罚。为避免这种情况，他认为在量刑时，务必要宽缓公平，这样才能使天下没有冤情，吏治才能清明。

国家法令，惟须简约

【原文】

国家法令，惟须简约，不可一罪作数种条。格式既多，官人不能尽记，更生奸诈，若欲出罪①即引轻条，若欲入罪②即引重条。数变法者，实不益道理，宜令审细，毋使互文③。[1]

【注释】

①出罪：断案官吏判有罪为无罪或判重罪为轻罪。

②入罪：断案官吏判无罪为有罪或判轻罪为重罪。

③互文：互有歧义的法律条文。

【译文】

国家的法令，一定要简明扼要，切不可对同一种罪制定数种条款。因为条款一多，官吏不能都完全记住，更容易发生欺诈违法之事。如果想开脱罪名就引用轻判的条文，如果想判处有罪就

〔1〕《贞观政要译注》卷第八《赦令第三十二》，第401页。

引用重判的条文。一再变更法令，对于国家法纪有害无益，应当仔细地审定法律条文，不要再出现互有歧义的现象。

【评述】

对于法律的制定，唐太宗是比较注意的。他反对对同一种罪制定几种轻重不同的条款，以免在判定的时候出现执法不公的情况。为此，他下诏审慎仔细地制定法律条文，不准出现一罪数条的情况。在封建帝王中，唐太宗从法律制定到法律执行，都是比较重视的，且多有论述。

奉先思孝，处位思恭

【原文】

夫人者国之先，国者君之本。人主之体，如山岳焉，高峻而不动；如日月焉，贞明而普照。兆庶之所瞻仰，天下之所归往。宽大其志，足以兼包；平正其心，足以制断。非威德无以致远，非慈厚无以怀人。

抚九族以仁，接大臣以礼；奉先思孝，处位思恭；倾己勤劳，以行德义：此乃君之体也。[1]

【译文】

百姓是国家存在的前提条件，国家又是君主存在的根本。君主其人，像山岳一样，高大挺拔而岿然不动；也像日月一样，正

〔1〕《帝范·君体第一》，《诸子集成续编十》第8页。

大光明而普照大地。他是百姓所尊敬和信仰的人，也是天下人向往并愿意归顺的人。君主要让自己的志向宽广远大，能够兼收并蓄，容纳四海；也要使自己的心胸公平正直，能够判断是非，作出决断。君主如果没有威望和好的德行，就不能让远方的人归服；如果没有慈和温厚的性情，就不能安抚万众。

用仁爱之心去安抚皇亲国戚，以礼仪制度去对待诸位大臣；敬奉祖先一定要想到孝顺，身居高位一定要记着谦虚谨慎；君王应该以身作则，勤于政事，以彰显自己的德义。这些是君王治理国家的根本。

【评述】

这段话表明唐太宗心目中理想的帝王应具有的品德和素养。主要集中于以下几个方面：第一，君主的外在形象应该是伟大光辉，让万民敬仰的。第二，从内在素养上讲，君主应具备开阔的心胸，能够公正地处事。第三，在执政驭民方面，应该恩威并施。事实上，恩威并用本就是历代统治者惯用的统治手段。第四，在处理宗族关系上，要用仁爱之心加以安抚，因为宗族关系十分重要，处理不好极容易造成政局不稳。对大臣要以礼相待，君待臣以礼，臣子才会心甘情愿地为国家出力。

任使得人，天下自治

【原文】

夫国之匡辅，必待忠良。任使得人，天下自治。故尧命四岳，舜举八元，以成恭己之隆，用赞钦明之道。

士之居世，贤之立身，莫不戢翼隐鳞，待风云之会；怀奇蕴异，思会遇之秋。是明君旁求俊乂，博访英贤，搜扬侧陋。不以卑而不用，不以辱而不尊。[1]

【译文】

济时匡世，辅佐君主，一定要靠贤明忠正的大臣。只要任用了贤明的大臣，天下自然就会大治。所以尧帝任命了“四岳”作为大臣，舜帝起用了“八元”来治理国家，从而成就了他们为后世尊崇的声名，后世亦以此来赞颂严谨节用、谋虑明达的治国之道。

学识之士、贤达之才，其立身处世，莫不像鱼鸟一样敛藏羽翼隐匿鳞甲，等待可以一展才华的时机；他们具有卓异的品行与才能，等待与圣主相遇的机会。所以贤明的君王，应该多方面寻找奇能异行之士，广泛地察访英明贤达之人，并搜寻那些隐逸不露的人才。不要因为他们地位卑贱而不加任用，也不要因为他们受过摧辱而不加尊重。

【评述】

治国需要人才，特别是由乱到治时，更需要贤才。官吏素质的好坏，是为政能否廉明的重要条件。唐太宗十分重视对官吏的选拔，为此他广开贤路，接纳贤才。唐太宗还从人才的角度，说明了他们也想为国家尽力，去施展他们的才华。他认为，要让贤士人尽其才，各尽其能，对他们安排、使用得当是非常重要的。

---

〔1〕《帝范·求贤第三》，《诸子集成续编十》第12—13页。

人尽其才，各尽其能

【原文】

夫设官分职，所以阐化宣风。故明主之任人，如巧匠之制木，直者以为辕，曲者以为轮，长者以为栋梁，短者以为栱角。无曲直长短，各有所施。明主之任人，亦由是也。智者取其谋，愚者取其力，勇者取其威，怯者取其慎，无智愚勇怯，兼而用之。故良匠无弃材，明主无弃士。不以一恶忘其善，勿以小瑕掩其功。割政分机，尽其所有。

……君人御下，统极理时，独运方寸之心，以括九区之内，不资众力，何以成功？必须明职审贤，择材分禄。得其人则风行化洽，失其用则亏教伤人。故云则哲惟难，良可慎也！〔1〕

【译文】

设立官位，划分职责，是用来阐扬教化、宣导风俗的。所以圣明的君王任用人才，就好比能工巧匠选用木料一样，直的就用来做车辕，弯的就用来做车轮；长的就用来做栋梁，短的就用来做斗拱边角。无论是直的还是弯的，长的或是短的，都得到了很好的利用。贤明的君主在任用人才的时候，也是这样。聪明的人就运用他的计谋，愚笨的人就运用他的气力；勇敢的人就运用他的威武，胆小的人就运用他的谨慎，总之，无论是聪明的、愚笨的、勇敢的、胆小的人，都能得到任用。所以能工巧匠不会有废

〔1〕《帝范·审官第四》，《诸子集成续编十》第15—17页。

弃的木材，贤明的君王也不会抛弃任何人才。不能因为他做过一件坏事而不顾他的善行，也不能因为他有一点儿失误而掩盖他的功劳。把政事分开，把权力分配给大臣们，让他们把自己的才能全部施展发挥出来。

……君王治理天下万民，统御万事万物，只凭自己的一己之力，来料理天下的事务，如果不借助众人的力量，怎么能获得成功？所以贤明的君王一定要明确职责，审察臣下贤明与否，区分不同的材质，分别给予俸禄。任用大臣得当，那么就能使教化施行，风俗更新；任用不当，则会有损教化，伤害民众。所以说，知人善任是一件很难的事情，应该好好地谨慎安排呀！

【评述】

这是唐太宗选拔人才的标准。他说："人不可以求备，必舍其所短，取其所长。"在他看来，只要充分发挥每位贤士的才干，就能收到万事理、国家兴的功效。他在位期间，就贯彻自己的这种选拔理念：像房玄龄多谋，谋划时就多听他的意见；杜如晦善于决断，决断时就多听他的意见。唐太宗的这一思想是颇有见地的，更重要的是，他能将这一思想贯穿于行动之中。

臣无隔情于上，君能遍照于下

【原文】

故云忠者沥其心，智者尽其策。臣无隔情于上，君能遍照于下。[1]

【译文】

所以说要使忠诚的大臣竭尽其忠心，使有智谋的大臣尽献其谋略。这样，大臣的意见都能够上达于君主，君主的恩德就会普照天下。

【评述】

这是唐太宗对理想君臣关系的描述。君臣之间没有隔阂，可以互相直言，如此，则忠者尽其心，智者尽其谋。然而在封建时代，君主和臣下的关系决定了二者不可能没有隔阂，所以唐太宗的话仅是一种理想状态，只是尽可能使君臣融洽，这样才有利于国家治理。

砥躬砺行，莫尚于忠言

【原文】

砥躬砺行，莫尚于忠言；败德败正，莫逾于谗佞。[2]

【译文】

君主要想磨炼自己的品行节操，没有比崇尚忠直之言更为有效的了；要败坏道德、背离正理，也没有比听信谗佞之言更为有害的了。

---

〔1〕《帝范·纳谏第五》，《诸子集成续编十》第19页。
〔2〕同上书，第21页。

【评述】

贞观年间，政治所以清明，是与唐太宗的虚怀纳谏分不开的。他把纳谏看成他生活中不可缺少的事情，对纳谏的重要性有着深刻的认识。所以他认为，要磨炼自己的品行节操，再没有比听忠直之言更有效的了。反之，如果拒绝纳谏，就会像秦、隋一样，使唐朝成为短命王朝。

夫君者，俭以养性，静以修身

【原文】

夫君者，俭以养性，静以修身。俭则人不劳，静则下不扰。人劳则怨起，下扰则政乖。人主好奇技淫声、鸷鸟猛兽，游幸无度，田猎不时。如此则徭役烦，徭役烦则人力竭，人力竭则农桑废焉。人主好高台深池，雕琢刻镂，珠玉珍玩，黼黻绨绤。如此则赋敛重，赋敛重则人才遗，人才遗则饥寒之患生焉。乱世之君，极其骄奢，恣其嗜欲。土木衣缇绣，而人裋褐不全；犬马厌刍豢，而人糟糠不足。故人神怨愤，上下乖离，佚乐未终，倾危已至。此骄奢之忌也。[1]

【译文】

作为君主，应该俭约以陶冶自己的性情，清静自守以加强自己的修养。君王节俭，百姓就不会困顿疲惫；清静自守，百姓就不会受到扰乱。如果百姓感到困顿疲惫，就会发出埋怨之声；如

〔1〕《帝范·诫盈第七》，《诸子集成续编十》第23—25页。

果百姓受到搅扰难以安生，政治就出现了差错。如果君主爱好奇技淫巧，沉溺于靡靡之音，喜欢玩鸟斗兽，耽于游玩而不加节制，外出狩猎而不顾农时，这样的话就一定会加重百姓的徭役。徭役太多就会导致民力衰竭，民力衰竭就会使农业生产遭到废弃。如果君王喜欢建造高大的台榭和深广的水池，在上面雕绘刻琢，到处搜求奇珍异宝，穿着华美的服饰，那就必然会加重赋税。赋税加重了，人才就会流离失所。人才流离失所，就会出现饥寒交迫的忧患了。动乱之世的昏君，没有一个不是极其骄横奢侈。他们肆意地放纵自己的嗜好和欲望。房屋建筑都极其豪华，而百姓却连粗布衣裳也穿不上；狗马都吃厌了精美的食物，而百姓却连糟糠之食也没有。这样就使得天怒人怨，上下相离，民心涣散。寻欢作乐的日子还未到头，就马上面临倾覆的危险了。因此一定要以骄奢二字为戒！

【评述】

这是唐太宗对君主保持节俭、力戒骄奢的详细阐述。他从历代朝政的得失利弊中总结出一条教训：“为主贪，必丧其国；为臣贪，必亡其身。”他认为，秦二世而亡，隋王朝三十多年即覆灭，主要原因就是朝政腐败，君王奢侈无度。为此，他主张节俭从政，从自身出发，戒除对珍奇宝石、豪华宫殿、美味的欲望，享用有度，不搅扰下属和百姓的生活，加强自身的道德修养，来培养自己的心性。民众得到安宁了，国家政权才能长久维持下去。

圣世之君，存乎节俭

【原文】

夫圣世之君，存乎节俭。富贵广大，守之以约；睿智聪明，守之以愚。不以身尊而骄人，不以德厚而矜物。茅茨不剪，采椽不斫，舟车不饰，衣服无文，土阶不崇，大羹不和。非憎荣而恶味，乃处薄而行俭。

故风淳俗朴，比屋可封。斯二者，荣辱之端。—奢俭由人，安危在己。五关近闭，则嘉命远盈；千欲内攻，则凶①源外发。是以丹桂抱蠹，终摧荣耀之芳；朱火含烟，遂郁凌云之焰。以是知骄出于志，不节则志倾；欲生于心，不遏则身丧。故桀纣肆情而祸结，尧舜约己而福延，可不务乎？[1]

【注释】

①凶：同“凶”。

【译文】

圣明时代的君主，心中应该常存节俭之念。虽然富有天下，贵为天子，但仍然以节俭为原则；即使聪明仁睿，智识无比，也仍然表现出愚厚的样子。不因为位居尊位而骄横待人，更不会因为道德高尚而傲物。用茅草盖的房子不加修剪，用柞木立的柱子不加砍削，所坐船只车辆不加装饰，穿戴的衣服一点儿也不华丽。

〔1〕《帝范·崇俭第八》，《诸子集成续编十》第25—26页。

他们也不建造高大的厅堂，吃的东西非常简单，不求美味。他们不是憎弃荣华，厌恶美味，而是恪守俭薄，奉行节俭。

如果君主能够做到这样，就会使天下风俗淳朴，人人都具有高尚的品性。因此，骄奢和节俭，是荣辱的开端。奢侈还是节俭，关乎安全还是危难，全都由人自己掌握。如果能够清心寡欲，那么美好的命运就会持续下去；如果欲望横流，那么一定会生出祸乱。因此，丹桂虽然芳华美丽，生了虫害就会变成朽木；红色的火苗尽管明亮，受到烟尘阻隔，终究也会熄灭。由此可以知道，骄奢和恶欲都生于人的内心，如果得不到有效遏制，防微杜渐，就会导致身死国灭的下场。因此，桀纣放纵情欲而导致国家败亡，尧舜约己修身而福业延续，难道君王还不应躬行节俭吗？

【评述】

这是唐太宗对节俭较为详细的论述。在君王的道德修养中，唐太宗对节俭极其重视。慎所好就是其中一项内容，他时刻告诫自己要节制欲望，享用有度。为此，他在言论中多次提到“弘俭约”、“恶侈靡”，并以身作则。唐太宗的言行对下属影响极大，正因如此，才有了历史上有名的“贞观之治”。

仁爱为心，显罚明赏

【原文】

夫天之育物，犹君之御众。天以寒暑为德，君以仁爱为心。寒暑既调，则时无疾疫；风雨不节，则岁有饥寒。仁爱下施，则人不凋弊；教令失度，则政有乖违。防其害源，开其利本。显罚以威之，明赏以化之。威立则恶者惧，化行则善者劝。适己而妨于道，不加禄焉；逆己而便于国，不施刑焉。故赏者不德君，功之所致也；罚者不怨上，罪之所当也。[1]

【译文】

上天养育天下万物，就像君王统治百姓一样。如果说上天以寒冷和酷暑为德行的话，那么君王应以仁爱为本心。寒来暑往得到调和，那么一年四季就不会有疾病灾疫；如果风不调雨不顺，那么人们就容易挨饿受冻。如果君主把仁义慈爱之心广施下民，那么民众也就不会生活凋零苦痛。如果君主施行的教化法令偏离正道，那么政治制度就会错乱反常。因此，要从祸害产生的根源上加以防范，从利益产生的根本处进行开化。实施惩罚以显示政令的威严，表明奖赏用来教化天下百姓。威严一旦确立，就能使作恶者感到恐惧；教化实行起来，就会使行善者更加积极。有的大臣专会迎合君主的旨意，却于国事无补，对这样的官员不要给以奖赏；有的大臣行事忤逆君主，却有益于国家，对这样的大臣不要加以刑罚。所以受到奖赏的人不必感激君主，是他们自己的功劳所致；而那些受到惩罚的人也不能怨恨君主，是他们罪有应得。

【评述】

中国古代的治国之道，最主要的体现为两种思想：一是儒家的“德治”，二是法家的“法治”。德治以仁爱为本，法治以刑罚

〔1〕《帝范·赏罚第九》，《诸子集成续编十》第26—27页。

为重。在儒家作为主流意识形态的时代，历代君主所采取的多是以儒为本，儒法并用，刑德相须。唐太宗的治国思想亦是如此：他首先提出“仁爱”的重要性，强调君主要以仁爱为本，只有施行仁爱，百姓的正常生活才有保证；接着论述赏善罚恶的重要意义，并强调赏罚要公平分明，不能因为君主的好恶而滥施赏罚。应当说，大多数君主都能够认识到这点，所谓“知易行难”，在对君主权力缺乏有效制衡的情况下，实行得如何，只有依靠君主本人了。在这个意义上，唐太宗是个典范。

以人为镜，可以明得失

【原文】

以铜为镜，可以正衣冠；以古为镜，可以知兴替；以人为镜，可以明得失。朕尝保此三镜，以防己过。〔1〕

【译文】

以铜作为镜子，可以端正自己的衣帽；以历史为镜子，可以知道历代王朝兴废的原因；以忠贞进谏的人为镜子，可以认识到自身的正确和错误。我曾保有这三种镜子，用来防止自身的过错。

【评述】

这是唐太宗著名的“以人为鉴”的论述。这段话是他在魏徵死后所说的，主要表达他对魏徵的肯定和对失去他后的惋惜。可

〔1〕《旧唐书·列传第二十一》，第2561页。

以看出，唐太宗对于纳谏是非常重视的，正因为如此，他认为魏徵的去世使他失去了一面可以纠正自己错误的“镜子”。贞观年间，政治所以清明，是与唐太宗的虚怀纳谏分不开的。他把纳谏看成他生活中不可缺少的事情，以此来正确地治理国家。

第二节　唐睿宗李旦

【人物简介】

唐睿宗李旦（662—716），唐高宗李治第八子。文明元年（684 年）、景云元年（710 年）两次称帝，共在位八年，在位时间是公元 684— 690 年和 710—712 年。母亲为武则天。公元 712 年，让位于唐玄宗，自称太上皇，716 年病逝。

李旦初封殷王，不久改封豫王、冀王，又改封相王，高宗末年，仍封豫王。嗣圣元年（684 年）二月，武则天废中宗为庐陵王，于同月己未日立睿宗为帝，改年号为“文明”。睿宗立，武则天仍命帝居住于深宫，不得参与朝政，所有军国大事由她处理。690 年九月，武则天称帝，改国号为周。废睿宗，封他为皇嗣，改姓武。705 年，中宗复位，封其为相王。710 年五月，中宗被毒杀，同年六月，临淄王李隆基发动羽林军攻入宫中，与太平公主一起拥立睿宗复位，废黜殇帝李重茂，改年号为“景云”。

措刑由于用刑，去杀存乎必杀

【原文】

朕闻措刑由于用刑，去杀存乎必杀。明罚峻典，自古而然；

立制齐人，于是乎在。自我朝建国，仅将百年，天下和平，其来已久。往承隋季，守法颇专；比袭时安，持纲日缓。况朕薄德，甚莫逮先；惟人难理，远不如昔。粤从守位，三载于兹，庶务烦劳，不损晷景。尝谓自我作则，感而成化；痛乎迷俗忘返，不威罔惩。将至纯风，先归重典。比者赃贿不息，渝滥公行，放心未宁，禁犯无惧。此焉暂革，期于承平，遂割小慈，以崇大体。自今已后，造伪头首者斩，仍没一房资财，同用荫者并停夺。非头首者绞。其承前造伪人，限十日内首使尽。官典主司枉法受赃一匹已上，先决杖一百。其缘赃及恶状被解及与替者，非选时不得辄入京城。纵家贯在京，不得辄至朝堂，妄有披诉。如有此色，并决杖仍加贬斥。其先在京城者，限三日内勒还。上下官僚辄缘私情相嘱者，其受嘱人宜封状奏闻。成器已下，朕自决罚。其余王公已下，并解见任官，三五年间不须齿录。其进状人别加褒赏。御史宜令分察诸司。[1]

【译文】

我听说提出弃置刑罚，是由于使用刑罚的缘故，提出去掉杀伐，是因为必须杀伐的缘故。严明刑罚，施行峻法，自古以来都是这样；建立法制，治理百姓，就要依靠这些。自从我朝建国，已经接近百年，天下太平也是为时已久。开国之初承接隋朝的制度，法制非常严苛；承平日久，社会愈趋安定，法制观念也日益淡薄起来。况且我的德行浅薄，远远赶不上先人；百姓难以治理，更有甚于往昔。自从我即位以来，到现在已有三年了。各种日常

〔1〕《旧唐书·本纪第七》，第159—160页。

事务非常烦杂辛劳，我没有浪费片刻时光。我曾经认为只要以身作则，就可以感化百姓；谁曾想百姓迷恋旧俗而不知悔改，不怕刑法的惩戒。可见要达到风气纯正，就必先使用严刑重法。以前贪赃贿赂的行为屡禁不止，公然进行，泛滥嚣张，官吏放纵之心得不到满足，也不惧怕刑典的禁止。如今我们要革除时弊，进行改良，以期能够天下太平，为了顾全天下大局，只好放弃小恩小惠。从今以后，为首造伪的人斩首示众，并没收一房资财，一同使用门荫的人都停止其使用资格。造伪而不是为首的人绞死。那些先前造伪的人，限十天以内全部自首。主管官员执法受贿一匹以上的，先判决杖打一百下。那些由于贪赃以及有恶行而被解除官职和被替换的人，不到考核选拔人才的时候不能随意进入京城。即使籍贯在京城，也不能随便到朝堂上诉。如果有这类人，都要判处杖刑并加以贬斥。那些先前已在京城的人，限三天内勒令离京回还。上下官吏随意用私情相托的，接受请托的人应该向上检举奏报。李成器以下的各王，我会亲自判决处理。其余王公以下，都解除现任官职，三五年内不得录用。检举人另行奖赏。应该命令御史分别检察各有关部门。

【评述】

睿宗李旦执政时，州县官吏腐败较为严重。为了制止这种情况，革除弊端，李旦进行了一系列整顿。为此，他强调刑罚在治理国家中的重要性，借鉴古人的“措刑由于用刑”思想，制定严刑峻法对于官吏贪污受贿等弊端进行严惩。这些措施在当时起到了一定的作用，然而却并未出现睿宗所说的“不用刑罚”的理想状态。

第三节 唐玄宗李隆基

【人物简介】

唐玄宗李隆基（685—762），为睿宗李旦第三子，庙号玄宗，谥号为至道大圣大明孝皇帝，故亦称唐明皇。公元712—756年在位，这是唐代由盛变衰的关键时期。

玄宗早年英明果断。他深知安定升平的政局来之不易，所以即位以后，励精图治，采取一系列措施，稳定政局，安定人心，改善民生。他擢同州刺史姚崇为相。在开元初年提倡节俭、毁乘舆服玩，沙汰僧尼，禁民间铸佛像写经，选京官有才识者为地方都督、刺史；以后又在行政、财政、军事诸方面进行了一系列改革，促进经济的发展和社会繁荣。但与此同时，土地兼并盛行，农民逃亡日多，社会政治危机也已经伏下。

从开元末年起，玄宗在长期升平殷富的盛世中逐渐发生变化。在政治上，他以为天下无复可忧，便深居宫中，怠问政事。自开元二十二年（734年）起，奸臣李林甫专权达十九年之久，加之玄宗热衷于发动战争，财政不足，又加紧对人民加紧搜括，终于酿成了“安史之乱”。玄宗于公元762年去世后，葬于泰陵。

严禁厚葬，务遵简俭

【原文】

自古帝王皆以厚葬为诫，以其无益亡者，有损生业故也。近代以来，共行奢靡，递相仿效，浸成风俗，既竭家产，多至凋弊。……宜令所司据品令高下，明为节制：冥器等物，仍定色数及长短大小；园宅下帐，并宜禁绝；坟墓茔域，务遵简俭；凡诸送终之具，并不得以金银为饰。如有违者，先决杖一百。州县长官不能举察，并贬授远官。[1]

【译文】

自古以来帝王都以厚葬为诫，这是由于厚葬对于死者没有好处，却有损于百姓生活的缘故。近代以来，丧葬多行奢靡，人们纷纷效仿，渐成厚葬之风。严重的耗尽了家产，生活变得凋零落魄。……应令主管部门根据官职品位的高低，明确丧葬的制度：陪葬用的冥器等物品，需规定种类、数目以及长短大小；墓外所建园宅及墓中所建帷帐，都应该禁绝；修造坟墓，务必遵守简易节俭的原则；凡是各种送终的器具，都不能以金银作为装饰。如果有违反的人，先判处杖打一百下。如果州县长官不能检举监察的，要贬到边远之地。

【评述】

这是唐玄宗对于薄葬的论述。唐玄宗执政时，官吏及民间的厚葬习俗再次泛滥。他对于厚葬的风俗明令禁止，并规定了官职品位高低陪葬品的等级，对于违反者惩罚严厉，这体现了他节俭的意识和作风。州县长官如果不能检举监察的，要贬放到远地任官，惩罚措施比较严厉。

---

〔1〕《旧唐书·本纪第八》，第174页。

第四节 唐代宗李豫

【人物简介】

唐代宗李豫（726—779），唐肃宗长子。初名俶，封广平王，在位十七年。

天宝十五载（756 年），安禄山叛军攻占潼关，玄宗逃至马嵬驿，当地民众挽留肃宗，于是护送肃宗北上灵武即帝位。乾元元年（758 年），被立为皇太子。宝应元年（762 年），宦官李辅国杀死张皇后，肃宗受惊吓而死。代宗即位。次年，安史之乱平定，唐朝开始转为衰落。当时，东有诸多藩镇割据，北方又有回纥不断勒索，西面有吐蕃侵扰。代宗又迷信佛教，寺院多占有田地，国家政治经济进一步恶化。

公元 779 年，唐代宗去世，谥号睿文孝武皇帝。

爱人之体，先以博施；富国之源，必均节用

【原文】

古者量其国用，而立税典，必于经费，由之重轻。公田之籍，可谓通制；履亩而税，斯诚弊法。所期折中，以便于时。亿兆不康，君孰与足？故爱人之体，先以博施；富国之源，必均节用。朕自临宸极，比属艰难，尝欲阐淳朴之风，守冲俭之道，每念黎庶，思致和平。而边事犹殷，戎车屡驾，军兴取给，皆出邦畿。九伐之师，尚勤王略；千金之费，重困吾人。乃者遵冉有之言，

守周公之制，什而税一，务于行古。今则编户流亡，而垦田减税，计量入之数，甚倍征之法，纳隍①之惧，当宁轸怀②。虑失三农，忧深万姓，务从省约，稍冀蠲除，用申勤恤之怀，以救茕嫠③之弊。京兆府今年合征八十二万五千石数内，宜减放一十七万五千石，青苗地头钱宜三分取一。在京诸司官员久不请俸，颇闻艰辛。其诸州府县官，及折冲府官职田，据苗子多少，三分取一，随处粜货，市轻货以送上都，纳青苗钱库，以助均给百官。[1]

【注释】

①纳隍：出民于水火的迫切心情。

②轸（zhěn）怀：悲痛地思念。轸，悲痛。

③茕嫠（qióng lí）：无依无靠的人。茕，没有兄弟的人。嫠，寡妇。

【译文】

古时候衡量国家的用度，建立起税收制度，必须计算出国家所需的经费，收多收少据此制定。公田征税，可以说是历代通制；私田按亩收税，实在是一种不好的办法。期望能对这两种制度加以折中，以适应时代的需要。如果百姓生活不能小康，君主又怎能会满足呢？所以爱惜民众的根本，在于首先要广施恩惠；国家富裕的源泉，在于必须节俭用度。我自从即位以来，接连遇到困难，想要弘扬淳厚朴实的风气，遵从恬淡节俭的道理，每每念及百姓，就会想到使国家长治久安。但边境仍然事件频发，屡屡派

［1］《旧唐书·本纪第十一》，第284页。

兵作战，军队所需物资，都是出自国家。征伐的军队，能够尽职国事；大量的费用，却严重困扰了百姓。从前我遵守冉有的言论，恪守周公的制度，征什一税，务必实行古法。如今人民流离失所，在编人口减少，而开垦田地减少税收，据此计算税收之数，却比以前的税收增加数倍。拯救百姓于水火之中的忧惧，让我心中伤痛。我担心丧失农时，深深忧虑天下百姓，所以务必进行节省，希望能够稍稍减除百姓的负担，用来表明我的怜恤之心，救助黎民的困顿。在京兆府今年应征收的八十二万五千石的数目内，应减免十七万五千石，青苗地头钱也只收取三分之一。在京各部门官员长期未领俸钱，听说生活很是艰难。诸州府县官，以及折冲府官的职田，根据苗子多少，三分取一，随时随地出售，再购买轻巧的货物送给上都，纳入青苗钱库，用作补助发给百官。

【评述】

唐代宗在位期间，唐朝已由盛而衰。彼时“安史之乱”刚刚平定，藩镇的势力依然很强，边防征战不断，人们生活困苦，国家开支严重不足。唐代宗针对这种现状，对税制进行了改革，大幅度地减少税收，由履亩而税改成了按青苗收税。此举被视为王安石青苗法的滥觞。不过，税制改革或能缓解一时的危机，所谓大厦将倾，独木难支，唐朝末期的积弊已多，积重难返，很难再重振盛世雄风了。

计人置官，度事赋任

【原文】

夫计人而置官，度事而赋任，因时立制，损益在焉。吏足以理人，人足以奉吏，则官称其禄，禄当其秩，然后上下相乐，公私不匮。昔汉光武时及魏太和中，并减吏员，兼省乡邑，致理之道，此其一隅。今连岁治戎，天下凋瘵，京师近甸，烦苦尤重，比屋流散，念之恻然。人寡吏多，困于供费，欲其苏息，不可得也。设令廉耻守分，以奉科条，犹有禄廪之烦，役使之弊；而况贪猾纵欲，而动逾典章，作威以虐下，厚敛以润己者乎！古者县置大夫一员，足以为治，奚必贰佐分掌而后治耶？且京畿户口，减耗大半，职员如旧，何以堪之？岂可以重困之人，供不给之费？使人不倦，其在变通，制事之宜，式从省便。其京兆府长安、万年宜各减丞一员、尉两员，馀县各减丞、尉一员。馀委吏部条件处分。[1]

【译文】

根据人口数量来设置官位，衡量事务并且赋予职责，根据时势建立官制，官员的增减就基于此。官吏足能治理百姓，百姓足以奉养官吏，如此则官职的大小与俸禄的多少就会相称，俸禄的多少与品位的高低就会相符，这样一来，在上在下都会满意，于公于私都不会匮乏。过去汉光武帝时期与魏太和年间，都减少了官吏的数量，还减省合并了乡邑。治理国家的方法，这是其中之一。如今连年用兵，天下凋敝，京城附近的区域，尤受其苦，成片地流散逃亡，想到这种情况令人悲伤。百姓少而官吏多，供养官吏的费用就会困乏，想让百姓休养生息是不可能的。即使官吏知廉耻守本分地执行法令，还是会有俸禄的烦忧、役使的弊端。

〔1〕《旧唐书·本纪第十一》，第292页。

何况贪官污吏放纵欲求，随意地违反法令制度，作威作福虐待百姓，横征暴敛以中饱私囊呢！古代一个县设置一名大夫，就可以治理好这个县，何必还要再委任两个副职分别掌管才能治理呢？况且京城以及近郊人口，已经减少了大半，而官吏数量却和以前一样，如何承担得起呢？怎能使深受困顿的百姓来供给拿不出的费用？要使百姓不觉疲倦，就需要变通，各项制度以及相关事务，应该简便从事。京兆府长安县、万年县应各减去县丞一员、县尉两员，其他各县都应减去县丞、县尉各一员。其他的委派吏部逐一处理。

【评述】

唐朝至代宗时期，由于连年兵荒马乱，人口大大减少。代宗认为，与此相对应，官员的数量也应减少，以减轻百姓的负担。这段论述中，与廉政思想相关的主要有两点：一是爱民思想。唐代宗意识到自己执政时，百姓生活艰苦，为此采取休养生息的政策以惠及百姓。二是减省官吏。官吏过多，既加重了百姓负担，也容易滋生腐败。

第五节 唐宪宗李纯

【人物简介】

唐宪宗李纯（778—820），初名淳，唐顺宗长子，先被封为广陵王，顺宗在位时，被立为太子。宦官俱文珍等于公元 805 年 8 月逼迫顺宗退位后，立他为帝，第二年改年号为“元和”。

宪宗继位后，刚明果断，能用忠谋。力图削平藩镇割据，恢复唐朝的统一。他在位初期，利用藩镇之间的矛盾，先后平定了四川节度使刘辟、江南李锜的叛乱，招降了河北强大的藩镇、魏博节度使田弘正，任用名将李愬，消灭了淮西节度使吴元济，使其他藩镇相继归顺朝廷，从而结束了自肃宗以来，各地藩镇专横跋扈，自行任免官吏，不向朝廷贡赋的局面，全国出现了短暂的统一。

但是，在和藩镇的战争中，宪宗又重用宦官，使宦官势力大大增长。他在取得了一些成就以后，就自以为立下了不朽之功，渐渐骄侈。任用皇甫博、李吉甫而罢贤相裴度，政治日见衰败。他还信仙好佛，想求长生不老之药。公元820年，他被宦官陈弘正杀害。葬于景陵。

左降官及责授正员官等，宜从到任经五考满

【原文】

今后左降官及责授正员官①等，宜从到任经五考满，许量移；如未满五考遇恩赦者，从节文处分；如犯十恶大逆、赃贿缘坐，奏取进止。[1]

【注释】

①左降官及责授正员官：左降官是在唐玄宗以后大量出现的一种贬官形式，特指因罪被贬至边远地区任职的京官，具有流放

〔1〕《旧唐书·本纪第十五》，第460页。

的性质。唐代地方长官中拥有实际职权的官吏，如刺史、县令等长官，参军等佐贰官，都属正员官。贬至边远地区任正员官的，称为“责授正员官”。

【译文】

今后被贬外任的官员以及降职处理的正员官等，应从到任起经五次考核满数，允许酌情移往近地任职；如果不满五次考核遇上恩赦的，依照赦文有关内容处理；如果犯的是十恶不赦大罪、贪赃受贿牵连坐罪，要奏报听候决定。

【评述】

对于左降官和责授正员官，唐宪宗作了规定，必须要满五次考核才允许移地任职；而对于贪赃受贿的官吏，要奏报听候决定。这说明唐宪宗对于官员受贿的惩罚要比其他罪行严厉一些，这样就增加了腐败的成本，让官吏心中有所顾忌，以此防止官吏腐败。

第六节　唐文宗李昂

【人物简介】

唐文宗李昂（809—840），初名涵，唐穆宗次子，敬宗之弟。宦官先后杀死敬宗和绛王李悟之后，立他为帝，在位十四年。

唐文宗在位期间，朝臣朋党相互倾轧，官员调动频繁，甚至皇帝的废立生杀，均掌握在宦官手中。文宗一心想铲除宦官势力，夺回政权，便从下层提拔了郑注、李训为节度使和宰相作为心腹，意欲铲除宦官。大和九年（835 年），李训引诱宦官参观所谓“甘露”，企图将其一举消灭，但事情败露，反而导致宦官大肆屠杀朝官，史称“甘露之变”。随后，文宗就被宦官软禁，宦官集团专权，朝中宰相只是行文书之职而已，文宗对此一筹莫展。公元 840 年正月，文宗病死于长安宫中的太和殿。

圣祖之诫，慈俭为宝

【原文】

君天下者，莫尚乎崇淡泊，子困穷，遵道以端本，推诚而达下。故圣祖之诫，以慈俭为宝；大《易》明训，垂简易之文。未有上约而下不丰，欲寡而求不给。朕……夙夜震兢。思所以克己复礼，修政安人，宵兴匪宁，旰食劳虑。夫俭过则酌之以礼，文胜则矫之以质。庶乎俗登太古，道洽生灵，仪刑家邦，以化天下。内庭宫人非职掌者，放三千人，任从所适。长春宫斛斗诸物，依前户部收管。鄠县渼陂、凤翔府骆谷地还府县。教坊乐官、翰林待诏、伎术官[①]并总监诸色职掌内冗员者共一千二百七十人，并宜停废。总监中一百二十四人先属诸军，并各归本司。馀七百三人，勒纳牒身，放归本管。先供教坊衣粮一百分，厢家及诸司新加衣粮三千分，并宜停给。五方鹰鹞并解放。今年新宣附食度支衣粮小儿一百人，并停给。别诏宣索纂组雕镂不在常贡内者，并停。度支、盐铁、户部及州府百司应供宫禁年支一物已上，并准贞元元额为定。先造供禁中床榻以金筐瑟瑟宝钿者，悉宜停造。东头御马坊、球场，宜却还龙武军。其殿及亭子，所司毁拆，馀舍赐本军。应行从处张陈，不得用花蜡结彩华饰。[1]

【注释】

①伎术官：指医官、太史官等具有某种技艺或术数的官吏。

【译文】

君临天下的帝王，莫过于崇尚淡泊，抚育贫困之人，遵循大道以端正本源，推行诚信而达于百姓。所以圣祖留下训诫，要以慈爱、节俭为宝；《易经》上有明确的训诫，传示宽简方便的教化。从来没有君主节俭而百姓却不富足，欲望微小而需求不充裕的。我……日夜胆战心惊，考虑如何克己复礼，修政安民，所以废寝忘食，忧劳思考。如果俭约过度，就用礼法加以参酌调整；如果文饰太盛，就用朴实进行矫正。期望民风能合于上古，道义能洽化百姓，为家国树立法则，以教化天下百姓。内廷宫人没有事情可做的，放出三千人，任凭她们选择去处。长春宫的粮食等物，依照前例由户部收管。鄠县渼陂、凤翔府骆谷之地归还给府县。教坊的乐官、翰林待诏、伎术官并总监等各种执掌内宫的冗员共一千二百七十人，都予以裁减。总监中的一百二十四人原先划属诸军，现在让他们都各自回到本部门。其余的七百零三人，限令缴纳任职文书，返回本地。原先供给教坊的一百份衣粮，厢家及诸司新增的三千份衣粮，都应停止供给。五坊的鹰鹞一概释放。今年新宣布由度支供给衣粮的小儿一百人，一概停止供给。另行下诏宣旨索取的编织雕刻物品，凡是不在常贡之内的，一概

〔1〕《旧唐书·本纪第十七上》，第523—524页。

取消。度支、盐铁、户部及州府各衙署供应宫内每年支出一物以上，都按照贞元时所定数额为准。原先制作供奉宫中的床榻采用金筐瑟瑟宝钿的，都应停止制作。东头的御马坊、球场，应退还给龙武军。该处的殿宇以及亭子，由主管部门拆毁，其余屋舍赐给龙武军。凡是我行经之处的布置，不得使用花烛结彩过度装饰。

【评述】

这是唐文宗有关节俭的言论。他登基之初，极其重视节俭。他秉承圣祖的训诫，以慈爱节俭为宝，爱惜民力，颁布了一系列节俭举措。从所颁布的具体措施来看，唐文宗还是认真思考并执行了的。不过大唐气数已尽，文宗此举只能收一时之功，却无法力挽狂澜。

俭以足用，令出惟行

【原文】

俭以足用，令出惟行，著在前经，斯为理本。朕自临四海，愍元元之久困，日昃忘食，宵兴疚怀。虽绝文绣之饰，尚愧茅茨之俭。亦谕卿士，形于诏条。如闻积习流弊，馀风未革。车服第室，相高以华靡之制；资用货宝，固启于贪冒之源。有司不禁，侈俗滋扇。盖朕教导之未敷，使兆庶昧于耻尚也。其何以足用行令，臻于致理欤！永念惭叹，追兹申敕。自今内外班列职位之士，各务素朴，弘兹国风。有僭差尤甚者，御史纠上。[1]

---

〔1〕《旧唐书·本纪第十七下》，第537页。

【译文】

节俭是为了满足用度，命令颁出就一定要执行，这些都写进了前代的法典，是治理国家的根本。我自从君临天下以来，怜悯百姓久处贫困，每天很晚了都忘记吃饭，夜间醒来心生愧疚。虽然已杜绝华美的修饰，但仍然愧对俭朴的房屋。所以再次告谕臣下，写明在诏令之中。我听说奢侈的积习流弊，馀风至今未改。车服宅第，竞相采用豪华的规制；器用宝物，实为开启贪求的根源。有关部门不能禁止，奢侈之风越发蔓延。这是我的教导不够，致使百姓不明白羞耻与崇尚。这如何能满足用度，行使法令，使天下得以治理呢？这些萦绕于我的心中并惭愧感叹，如今严令申明：从今以后，朝廷各级官吏，人人务必朴素，弘扬国家风气。如有严重超越规制者，御史要弹劾上报。

【评述】

唐文宗时期，承接了长庆、宝历年间的奢靡之风，官员竞相浮华的现象非常严重。文宗锐意革除积弊，行节俭之道，主要表现为两个方面：一是他躬行俭素，身为表率；二是在制度上打压奢侈之风，提出如有严重逾越规制的，御史需弹劾上报，加以惩处。应该说，这两个方面都是值得肯定的廉政之举。

恭俭克己，廉直任人

【原文】

其公卿士族子弟，明年已后，不先入国学习业，不在应明经进士限。其进士举宜先试帖经[1]，并略问大义，取经义精通者放及第。卿大夫者，下人之所视，远方之所仿，若非恭俭克己，廉直任人，而望其服从，固不可得。况朕不宝珠玉，不御纤华，逮于六宫，皆务俭薄。卿大夫得不叶朕此志，率先兆人？比年所颁制度，皆约国家令式，去其甚者，稍谓得中。而士大夫苟自便身，安于习俗，因循未革，以至于今。百官士族，起今年十月，其衣服舆马，并宜准大和六年十月七日敕，如有固违，重加黜责。[1]

【注释】

①帖经：唐代科举考试的一种方法。《通典·选举三》云："帖经者，以所习经，掩其两端，中间开唯一行，裁纸为帖。凡帖三字，随时增损，可否不一，或得四、得五、得六者为通。"

【译文】

公卿士族子弟，自明年以后，如果不先进入国学学习，就不能参加明经及进士科考试。进士科应先考试帖经，并且简略地考问其大义，择取精通经义的宣布考中。朝廷中的大臣，受到百姓的关注以及远方人们的仿效，如果不恭敬节俭地约束自己，廉洁正直地任用别人，而希望别人服从，肯定是不行的。况且我不喜欢珍珠宝玉，不享用纤巧华丽的衣饰，包括整个后宫，都崇尚节俭。大臣们怎能不顺从我的这一心愿，为百姓作出表率呢？近几年所颁布的制度，都在国家条令中明确规定，除去其中过分的，可以说大体上适中。而有些官员苟安于自己的利益，习惯了旧的习俗，奉行而未改，一直到今天。百官士族，从今年十月起，衣

〔1〕《旧唐书·本纪第十七下》，第551页。

服车马，都应按照大和六年十月七日的诏命，如果执意违反，要重加惩罚。

【评述】

唐文宗的这段言论主要涉及廉政的两个层面：一是规范进士科考试。为了选拔有利唐王朝统治的人才，规定公卿士族子弟必须先进国学，才有资格参加明经及进士科考试。二是倡导节俭。对于朝廷大臣，他要求廉洁任人，节俭戒奢，并对大臣的衣服车马标准作了规定，对违犯者给以严惩。

第七节 唐武宗李炎

【人物简介】

唐武宗李炎（814—846），唐穆宗第五子，文宗之弟，曾被封为颍王。文宗病重时，宦官仇士良等伪造诏书，立他为皇太弟，于公元 840 年正月文宗死的当天继位，第二年改年号为“会昌”。武宗继位后，采纳仇士良的建议，杀死了文宗的太子李成美、弟弟安王李溶等，以巩固其皇位。他后又任李德裕为宰相，对宦官、藩镇稍加抑制，籍没了仇士良的家财，收复了昭义军，制止了东方节度使扩大割据的举动。

当时寺院僧侣的势力严重膨胀。唐武宗认为“使吾民穷困的是佛”，于是在会昌五年（845 年）下诏“废浮屠法”，规定西京长安留四寺，每寺留僧十人，东京洛阳留二寺，其余节度观察使所治州三十四处可以留一寺，留僧照西京例。其他刺史所在州不得留寺。这对佛教势力是沉重的打击，史称“会昌灭佛”。会昌末年，全国两税户比宪宗“元和中兴”时增加了两倍多，比穆宗时期增加了三分之一，是安史之乱以后国家最盛时期。

但是，武宗迷信道教，好服金石，公元846年三月病死于长安大明宫，葬于端陵。

中外官员，过为繁冗，量宜减省，以便军民

【原文】

中外官员，过为繁冗，量宜减省，以便军民。宜令吏部条疏合减员数以闻。[1]

【译文】

内外官员，过于繁多冗杂，应当酌量减裁，以利军民。应命令吏部详列条疏，将该裁减的官员数目上报。

【评述】

唐武宗李炎时期，国库空虚。为解决这一问题，他裁减官吏，这样既减少了国库的开支，也减轻了百姓的负担。当然，唐武宗裁减官吏有其政治目的。唐宪宗以来，官员分外官（朝官）、中官（宦官），政权分南司（外官）、北司（中官），犯禁于南，则亡命于北，外官定刑，中官破之，法出多门，人无所措，而宦官势力尤大。唐宪宗、敬宗都为宦官所杀。唐文宗时，“甘露之变”使宦

〔1〕《旧唐书·本纪第十八上》，第598页。

官权力更甚。直到唐武宗李炎即位后，裁减冗员一千多人，朋党之争才告平息。

第八节　李百药

【人物简介】

李百药（565—648），字重规，定州安平（今属河北）人，唐朝史学家。其父李德林曾任隋内史令，预修国史，撰有《齐史》。隋文帝时百药仕太子舍人、东宫学士。隋炀帝时仕桂州司马职，迁建安郡丞。后归唐，拜中书舍人、礼部侍郎、散骑常侍。李百药为人耿直，曾直言上谏唐太宗取消诸侯，为太宗采纳。曾受命修订五礼、律令。贞观元年（627 年）奉诏撰《齐书》，据父旧稿，兼采他书，经十年，成五十卷。后宋朝人为区别于萧子显的《南齐书》而改为《北齐书》。

《北齐书》贯彻了以史为鉴的宗旨。李百药自身经历过朝代更迭的盛衰变化，善于总结政治得失的经验教训。

爵非世及，用贤之路斯广；民无定主，附下之情不固

【原文】

内外群官，选自朝廷，擢士庶以任之，澄水镜以鉴之[①]，年劳[②]优其阶品，考绩明其黜陟。进取事切，砥砺情深，或俸禄不入私门[③]，妻子不之官舍[④]。班条之贵[⑤]，食不举火；剖符之重[⑥]，居惟饮水。南阳太守，弊布裹身[⑦]；莱芜县长，凝尘生甑[⑧]。专云为

利图物，何其爽欤！总而言之，爵非世及，用贤之路斯广；民无定主，附下之情不固。[1]

【注释】

①澄水镜以鉴之：澄清水镜以鉴别。水镜，常用以表示知人之明。

②年劳：任职的年数和劳绩。

③俸禄不入私门：指东汉时杨秉为豫章太守，按日受禄，多余的俸禄不入私门。

④妻子不之官舍：指东汉时魏霸为巨鹿太守，何并为颍川太守，他们到任办公时，妻子儿女不入官舍。

⑤班条之贵，食不举火：指东汉时冀州刺史左雄经常不烧火做饭，只吃干粮。

⑥剖符之重，居惟饮水：指晋朝邓攸为吴郡太守，自己带米到任，不受俸禄，只饮当地的水。

⑦南阳太守，弊布裹身：指东汉南阳太守羊续平常总穿破衣服。

⑧莱芜县长，凝尘生甑：指东汉范冉，曾被任命为莱芜县令，后辞官，很贫穷，有时断炊。甑，指煮饭瓦器。

【译文】

如果内外群官都由朝廷选拔，在士庶中加以任用，这样就如同以清澈的水面照人那样的知人之明来鉴别官吏，根据任职的年

[1]《贞观政要译注》卷第三《封建第八》，第160页。

数和劳绩提高官员的阶品，考察官员的政绩来决定他们的升降，这样一来，他们一定会急切进取，磨炼自己的。有的官吏按日享受俸禄，却不把多余的俸禄拿回家；有的官吏不带妻子儿女进入官府；有的官吏虽然身居高官，却常吃干粮；有的官吏虽然肩负重任，却只饮当地的水。东汉南阳太守常常穿着破衣，莱芜县令经常断粮。如果说他们做官是为了图利，这是多么错误的说法呀！总而言之，只有官爵不是世袭的，任用贤才的道路才能宽广；百姓如果没有固定的君主，依附于其下的感情就不会巩固。

【评述】

在这段话中，李百药对于官吏的考核、官吏的品德、人才的任用等提出了自己的看法。首先他认为，要选拔有才能的官吏，并且考核他们的政绩来决定升降，这样任用贤才的路才会宽广，百姓也能安居乐业。其次，官吏的道德情操要高，并以历史上的廉洁人物为例，说明为官者不能贪图私利。最后，他建议唐太宗要从下层选取有才能的人，而靠世袭是不行的。他上书不久，“太宗并嘉纳其言。于是竟罢子弟及功臣世袭刺史”。[1]

第九节 王珪

【人物简介】

王珪（570— 639），字叔玠，隋朝至唐初祁县（今属山西）

〔1〕《贞观政要译注》卷第三《封建第八》，第168页。

人，出身于世代官宦之家。隋开皇十三年（593 年），奉召入秘书省，从事图书校订工作，任太常治礼郎。仁寿四年（604 年），王珪与汉王谅谋废杨广，谅获罪被杀，他受到牵连，遂隐匿于南山中。大业十三年（617 年），李渊占据长安。经丞相府司录李纲引荐，被任命为李渊世子李建成的咨议参军。

唐武德元年（618 年），李渊称帝，立世子建成为太子，王珪转授东宫舍人。李建成欲发动政变被揭发后，王珪被流放到嶲州（今四川西昌）。武德九年（626 年）六月，“玄武门之变”发生，李世民杀太子李建成及齐王元吉，李渊让位于李世民。李世民惜王珪之才，捐弃前嫌，召回授以谏议大夫职，留做身边顾问。王珪从此知恩图报，深受太宗信任。贞观二年（628 年）被任命守侍中，贞观四年（630 年）实授侍中，行宰相之职。贞观十一年（637 年），受命与诸儒正定“五经”。王珪一生崇尚儒学，以儒家忠孝仁义礼等自励，是唐初有名的诤臣之一，与房玄龄、杜如晦、李靖、魏徵等人同为“贞观名臣”。贞观十三年（639 年），病卒于长安。

借亡隋之辙，得安人之道

【原文】

昔秦皇、汉武，外则穷极兵戈，内则崇侈宫室，人力既竭，祸难遂兴。彼岂不欲安人乎？失所以安人之道也。亡隋之辙，殷鉴[①]不远，陛下亲承其弊，知所以易之，然在初则易，终之实难。

伏愿慎终如始，方尽其美。[1]

【注释】

①殷鉴：出自《诗·大雅·荡》：“殷鉴不远，在夏后之世。”原指殷人灭夏，殷的子孙应以夏的灭亡作为鉴戒。后泛称可作借鉴的往事。

【译文】

过去秦始皇、汉武帝，对外穷兵黩武，对内大造宫殿，人力用尽，灾祸也就来了。他们难道不想让人民安定吗？只是违背了安定人民的规律罢了。隋朝灭亡的教训，就近在眼前，陛下亲自看到并意识到它的弊端，也知道怎样去改变它。然而开始比较容易做到，要坚持下去就难了。我真诚地希望陛下能够始终谨慎从事，方能把事情做得更好。

【评述】

唐朝建国之初，王珪即提出了借鉴历代王朝衰亡的教训，认为君王要清心寡欲，使民心安定，天下才可太平。对此，太宗说：“公言是也。夫安人宁国，惟在于君。君无为则人乐，君多欲则人苦，朕所以抑情损欲，克己自励耳。”[2] 在王珪的论说中，他远从秦汉谈起，近则选择前代隋朝灭亡的教训，极有说服力。唐太宗完全接受了王珪的建议。

[1][2]《贞观政要译注》卷第八《务农第三十》，第376页。

选公直良善人断狱

【原文】

但选公直良善人，断狱允当者，增秩赐金，即奸伪自息。[1]

【译文】

只要选拔公正、善良的人才，凡是断狱公平允当的，就增加其俸禄并赏赐其金帛，那么断狱中的奸伪情节自然就会停止的。

【评述】

贞观元年（627 年），唐太宗对侍从的大臣说："人死了就不会复生，所以运用刑法务求宽大简便。古人曾经说过，卖棺材的人，希望每年发生瘟疫，并不是因为他对人们有什么仇恨，而是因为发生瘟疫有利于棺材出售。如今司法部门核实审理一件狱案，必定追求把案子办得严峻苛刻，想用来完成他自己的考核成绩。现在有什么办法，可以使得断狱更加公平充当些?"对此，作为谏议大夫的王珪就提出了上述建议。他认为应该选拔公正、善良的人来断狱，体现了王珪的人才选拔观。

〔1〕《贞观政要译注》卷第八《刑法第三十一》，第 379 页。

第十节　孔颖达

【人物简介】

孔颖达（574—648），唐冀州衡水（今属河北）人，孔子第三十二代孙。唐代著名儒家学者、经学家。孔颖达出身官宦人家，自幼受到传统的儒学教育。隋炀帝大业初年（605 年），举明经高第，授河内郡博士。隋末农民起义时，避居虎牢。入唐后，被李世民聘为秦王府文学馆学士，成为李世民智囊团中重要人物，是著名的“十八学士”之一。历任国子博士、国子司业、国子祭酒等职。曾与魏徵受命撰写《隋书》，为太子李治撰《孝经章句》。

唐朝统一天下之后，“文治”成了当务之急。“锐意经术”的唐太宗，有鉴于儒经文字多有异同，经义师出多门，繁杂而歧见迭出，颇不利于政治上的一统。为统一经义以有利于科举取士，孔颖达奉诏与颜师古、王琰、司马才章等撰写“五经义训”，定名为《五经正义》——《周易正义》、《尚书正义》、《毛诗正义》、《礼记正义》和《春秋左传正义》，共计一百八十二卷。他的《五经正义》被唐王朝颁为经学的标准解释，从而完成了中国经学史上从纷争到统一的演变过程，唐代用此书作为科举取士的标准。孔颖达的廉政思想主要表现在《五经正义》中。在这部宏大的著作中，他进一步阐发了儒家的礼治和王道理论，对唐初的政治及后来的廉政思想影响极大，在我国古代廉政思想史上占有相当重要的地位。

内蕴神明，外须玄默

【原文】

圣人设教，欲人谦光①。己虽有能，不自矜大，仍就不能之人，求访能事。己之才艺虽多，犹病以为少，仍就寡少之人更求所益。己之虽有，其状若无；己之虽实，其容若虚。非惟匹庶，帝王之德，亦当如此。夫帝王内蕴神明，外须玄默②，使深不可知。故《易》称“以《蒙》养正，以《明夷》莅众”，若其位居尊极，炫耀聪明，以才陵人，饰非拒谏，则上下情隔，君臣道乖，自古灭亡，莫不由此也。[1]

【注释】

①谦光：即“谦尊而光”。指尊者谦虚而显示其光明美德。谓人谦虚而更加光明。

②玄默：指沉静寡言。

【译文】

圣人实行教化，是要使人能够因为谦虚而更显光明美德。自己虽然有才能，却不骄傲自大，仍然去向无才能的人求访他所知道的事情。自己的才艺虽然很多，但还怕懂得太少，还是去向才艺少的人讨教，以求更多的补益。自己虽然很有知识，但外表好像没有知识；自己虽然很充实，表面上却好像是很空虚。不只是

---

〔1〕《贞观政要译注》卷第六《谦让第十九》，第304页。

庶民百姓应当这样，帝王的德行也应当如此。帝王内心蕴藏着神明大智，外表仍需保持沉默，使人感到高深莫测。所以《周易》上讲："要表现得蒙昧无知自养正道，要隐藏明智以治理百姓。"如果身居于最高的尊位，炫耀自己的才能，掩饰过错，拒绝劝谏，那么上情和下情就会阻隔，君臣之间就会背离。自古以来的王朝灭亡，无不由于这个原因。

【评述】

这段话充分体现了孔颖达的王道思想。所谓"王道"就是主张以德服人，即通过尚贤使能、节用裕民等政治措施，争取人民的拥护。他认为帝王要加强自身的修养，虚怀若谷，大智若愚，不能自炫聪明，应内心蕴藏着神明大智，外表仍需保持沉默，这样君臣之间才会没有间隔，不会背离。帝王要虚心接受臣下的意见，才能成为一个明君，否则会"上下情隔，君臣道乖"，以致酿成亡国的大祸。

古之王者，慎其言行

【原文】

古之王者，事总万机，发号出令，义非一揆[①]：或设教以驭下，或展礼以事上，或宣威以肃震曜，或敷和而散风雨。得之则百度惟贞，失之则千里斯谬。枢机之发，荣辱之主，丝纶[②]之动，不可不慎。所以辞不苟出，君举必书，欲其昭法诫，慎言行也。[1]

【注释】

①揆：道理，准则。

②丝纶：出自《礼记·缁衣》："王言如丝，其出如纶。"孔颖达疏："王言初出，微细如丝，及其出行于外，言更渐大，如似纶（较粗的丝线）也。"后因称帝王诏书为"丝纶"。

【译文】

古代的帝王，掌管天下大事，发出号令并非遵循一种原则：或者设立教化以统驭百姓，或者制定礼仪以侍奉上级，或宣扬威严使社会稳定，或平心静气使人民安居。处理得当就会一切安宁，稍有差池则能酿成大错。帝王的命令，是事情成败的关键，关乎人的荣辱，不能不慎重。所以，帝王不可随意发言吐辞，一举一动都要记录下来，意在使其昭明后世，让帝王谨言慎行。

【评述】

对于为君之道，孔颖达主张用儒家的政治标准来衡量皇帝的所作所为，君王要对自己的言行负责。因为君王的言行关乎教化，所以应谨言慎行。在中国古代社会，帝王的一言一行都与国家的治乱兴衰有着直接关系，所以孔颖达提出帝王一定要以身作则，做到"昭法诫，慎言行"。只有这样才能稳定封建秩序，达到治国安邦的目的。

---

〔1〕《尚书正义序》，《尚书正义》第1页。

公平通远，举事审谛

【原文】

帝者，谛也。言天荡然无心，忘于物我，言公平通远，举事审谛，故谓之帝也。五帝道同，于此亦能审谛，故取其名。若然，圣人皆能同天，故曰“大人”。大人者与天地合其德，即三王亦大人。不得称帝者，以三王虽实圣人，内德同天，而外随时运，不得尽其圣，用逐迹为名，故谓之为王。《礼运》曰“大道之行，天下为公”，即帝也；“大道既隐，各亲其亲”，即王也。则圣德无大于天，三皇优于帝，岂过乎天哉？然则三皇亦不能过天，但遂同天之名以为优劣。五帝有为而同天，三皇无为而同天，立名以为优劣耳。但有为、无为，亦逐多少以为分。三王亦顺帝之则而不尽，故不得名帝。然天之与帝，义为一也。人主可得称帝，不可得称天者，以天随体而立名，人主不可同天之体也。无由称天者，以天德立号，王者可以同其德焉，所以可称于帝，故继天则谓之天子。其号谓之帝，不得云帝子也。[1]

【译文】

帝王者，真谛也。就是说像天一样荡然无心，忘记自身的存在；就是说公平贯彻到远方，做事审明真谛，所以称之为帝。五帝的意思与此一样，也能审明真谛，所以取这个名字。如果这样，圣人都能和天意相通，所以称为“大人”。大人的称呼是和天地一

〔1〕《尚书正义》卷第二《虞书·尧典第一》，第32页。

样合乎其道德，也就是说三王也是大人。三王之所以不能称呼为帝，是因为三王虽然也是圣人，内在的道德和天一样浩然，但其处事却依赖于外在的时机和运气，不能尽显其神圣，所以称之为王。《礼运》上说“大道之行，天下为公”，说的就是“帝”；“大道既隐，各亲其亲”，说的就是王。既然圣人的德行没有超过天的，而三皇的德行又好过五帝，难道说三皇超过天了吗？实际上三皇也不能超过天，只不过是与天的名字相同又分出了优劣。五帝有所作为而与天相同，三皇无所作为而与天相同，根据名字的不同区分出优劣。无论有所作为还是无所作为，都根据作为的多少作出区分。三王虽然顺应帝的规则行事，却不能尽善尽美，所以不能称为帝。天和帝有着同样的意义。君主可以称为帝，却不能称为天，这是因为天是依据规模确立名字的，君主不可能与天具有同等规模。不能称为天，却能以天的德行确立名号，君王能够与天具有同样德行，可以称为帝。因此，君主继承了天的德行，称为“天子”。他只能以“帝”为号，不能说是“帝子”。

【评述】

在《尚书正义》中，孔颖达梳理了“帝”和“王”的区别，对天、三皇、五帝的意义作了分析和辨别，并说明了“天子”的由来。从他的解释中可以看出，帝王是要为百姓着想的，其本身的道德修养要和上天一样，做到公平公正。这也是孔颖达王道思想的根本反映，从他的王道思想出发，强调帝王要加强道德修养，从而无私心地管理好百姓。

安天下之当安

【原文】

言尧能名闻广远，由其委任贤哲，故复陈之。言尧之为君也，能尊明俊德之士，使之助己施化。以此，贤臣之化，先令亲其九族之亲。九族蒙化已亲睦矣，又使之和协、显明于百官之族姓。百姓蒙化，皆有礼仪，昭然而明显矣，又使之合会、调和天下之万国，其万国之众人于是变化从上，是以风俗大和。能使九族敦睦，百姓显明，万邦和睦，是安天下之当安者也。[1]

【译文】

据说尧的名声千古流传，是因为他能选拔贤能之士，所以再次陈说一下。据说尧做君主的时候，推举贤明而有德行的人士，让他们帮助自己教化百姓。其具体办法，先让这些贤明之臣亲近他们的家族中人，对其施以教化。贤臣的家族中人受到教化之后变得亲和相睦，又让他们身为表率，去教化百官族姓。百官族姓受到教化之后，为人处事都遵从礼仪，就会变得秩序井然，再让他们去调和天下邦国的黎民百姓，这样，天下邦国的百姓就会遵从君主的教化，风俗就会大为和谐。于是，九族和睦，百姓安宁，天下和谐。这就是治理天下的最好方法呀。

【评述】

孔颖达根据尧的事迹说明古代的君王是如何教化百姓的：首

---

〔1〕《尚书正义》卷第二《虞书·尧典第一》，第37页。

先要选任贤明有德之人，然后使他们的教义传于九族，再施于百姓，这样才能使天下和睦，“安天下之当安”。这是一种推己及人的教化方法，由家而国而天下，体现了儒家修身治国的一种思路。

谨慎恪勤，求贤自辅，其政自然治矣

【原文】

能知为君难、为臣不易，则当谨慎恪勤，求贤自辅，故其政自然治矣。见善则用，知贤必进，众民各自举，则皆疾修德矣。[1]

【译文】

知道做君主的难处、做臣子的不易，就应当谨慎行事，克勤克俭，选用贤才辅佐自己，如此一来，政事自然会得到治理。看到好的人才就加以任用，打听到贤能之士就予以举荐，众人都能自我推荐，那么大家都会勤于修养德行。

【评述】

对于君臣如何治理好国家，孔颖达有自己的看法。他认为君臣首先应加强自身修养，有公心才能真心为百姓做事情；其次臣下也要尽全力辅助皇帝，举荐贤良的人才。对于臣下，应通过民众的评价来对他们进行考察，这样才能实现天下大治。孔颖达通过《尚书》中关于舜和禹的对话，进一步阐明了对臣子的要求，并提出通过百姓推荐和自荐的方法来选拔官吏。

---

〔1〕《尚书正义》卷第四《虞书·大禹谟第三》，第123—124页。

政之所为，在于养民

【原文】

所谓德者，惟是善于政也。政之所为，在于养民。养民者，使水、火、金、木、土、谷此六事惟当修治之；正身之德、利民之用、厚民之生，此三事惟当谐和之。修和①六府、三事，九者皆就有功。九功惟使皆有次叙，九事次叙惟使皆可歌乐，此乃德之所致。是德能为善政之道，终当不得怠惰。但人虽为善，或寡令终，故当戒敕之念用美道，使民慕美道行善。又督察之用威罚。

……

“正德”者，自正其德。居上位者正己以治民，故所以率下人。“利用”者，谓在上节俭，不为縻费，以利而用，使财物殷阜。利民之用，为民兴利除害，使不匮乏，故所以阜财。“阜财”，谓财丰大也。“厚生”，谓薄征徭，轻赋税，不夺农时，令民生计温厚，衣食丰足，故所以“养民”也。“三者和”谓德行正、财用利、生资厚。立君所以养民，人君若能如此，则为君之道备矣，故谓“善政”，结上“德惟善政”之言。此三者之次，人君自正乃能正下，故以正德为先；利用然后厚生，故后言厚生。厚生，谓财用足、礼让行也。[1]

〔1〕《尚书正义》卷第四《虞书·大禹谟第三》，第127—128页。

【注释】

①修和：施行教化以和合之。

【译文】

所谓的德，就是善于理政。政治的目的，就是让百姓生活美好。使百姓生活美好，就要经营好水、火、金、木、土、谷这六府之事；正身之德、利民之用、厚民之生，这三件事要配合实行。将六府三事和合而施以教化，那么九者皆能有功。将九功理顺次序，九事都能被百姓歌颂，这就是德行带来的。因此，德行是善政的方法，一定不可懈怠。人们虽然能行善事，但很难做到慎终如始，因此应该时刻提醒自己用美好的方式治理政事，让人民都追随这种美好的方式做好事。同时，要用刑罚进行监督，对不行善事的人予以处罚。

……

所谓“正德”，就是使自己的道德端正。居上位的人道德端正以统治下民，所以能统率下面的人。所谓利用，就是君王要节俭，不过度耗费，能创造价值时才使用，以使财物殷实，以备利民之用，为民兴利除害，使财物不匮乏，所以称为阜财。“阜财”就是说丰富殷实。所谓厚生就是薄徭役，轻赋税，不占用农时，使民众的生计温厚，丰衣足食，所以可以养民。“三者和”就是说德行端正、财物合理利用、民众的生活富裕三者统一。君主一定要养民，君王如果能做到这样，那么为君之道就达到了。所以称为“善政”，才会有“德惟善政”的言论。这三者的次序，君王端正自身的品德然后才能让臣民端正，所以“正德”为先；利民之用才能让百姓生活富足，所以“厚生”排在最后。“厚生”就是说财物丰足，人们礼让谦和，风俗大好。

【评述】

孔颖达总结了隋朝由于不能养民、对人民实行暴虐的统治而导致速亡的经验教训，极力主张帝王必须善于养民。他认为，为君之道，要达到“三者和”，首先要端正自己的道德修养，再次要利用好自己国家的财物，要节俭，这样才能达到“厚生”。他把帝王的道德修养放在第一位，认为只有帝王自身修养好了，才能节俭，为人民兴利除弊，开拓财源，发展生产，使人民富裕起来；同时还要轻徭薄赋，使人民能够丰衣足食，社会才能安定，国家才能富强。反之，如果君主不守君道，不善于养民，就会引起人民的反抗，国家就会灭亡。

将欲安民，必须一意

【原文】

居位则治民，治民必须明道，故戒之以“人心惟危，道心惟微”。道者，径也，物所从之路也。因言“人心”，遂云“道心”。人心为万虑之主，道心为众道之本。立君所以安人，人心危则难安。安民必须明道，道心微则难明。将欲明道，必须精心；将欲安民，必须一意，故以戒精心一意。又当信执其中，然后可得明道以安民耳。[1]

〔1〕《尚书正义》卷第四《虞书·大禹谟第三》，第134页。

【译文】

身居君王之位就应治理民众，治理民众必须明白治理之道，所以告诫他“人心惟危，道心惟微”。治理之道就是“径”，是外物所要经过的道路。因为提到“人心”，所以说起“道心”。人心主宰着各种思虑念头，道心是众道的根本。君王一定要安抚民众，民心岌岌可危就难以安定。安抚民众一定要明白治国之道，道心衰微就难以明确，欲要明确治国之道，必须要精心学习。想要安抚民众，就必须一意为道，所以务必精心为道。又要以信义居中，才可以明白治国之道以安民。

【评述】

孔颖达认为，治国之道首要的是安民，民心安则国家安定，这是传统的儒家安民思想。安民需一个廉洁有效的行政运作体系，把百姓的利益放在第一位，这样君王和官吏就不会有私心。在实际操作过程中，安民不仅会使国家兴盛，而且也是使官吏廉洁的重要方面。一个官吏能考虑到百姓的利益，就会廉洁守职。

使九德之人皆得用事

【原文】

皋陶既陈人有九德，宜择而官之，此又言官之所宜。若人能日日宣布三德，早夜思念，而须明行之，此人可以为卿大夫，使有家也。若日日严敬其身，又能敬行六德，信能治理其事，此人可以为诸侯，使有国也。然后总以天子之任，合受有家、有国三、六之德而用之，布施政教，使九德之人皆得用事，事各尽其能，无所遗弃，则天下俊德治能之士并在官矣。皆随贤才任职，百官各师其师，转相教诲，则百官惟皆是矣，无有非者。以此抚顺五行之时，以化天下之民，则众功其皆成矣。[1]

【译文】

皋陶既然说人有九德，应该选择并且任用这样的人，这又是说做官所应选择的。如果有人可以每天都宣布三德，早晚都想着并且明确实际，这样的人可以选拔为卿大夫，使他有自己的地盘。如果有人每天都能严敬自身，恭行六德，自信能够治理其事，这样的人可以做诸侯，使他有封国。由天子任用有三德、六德的人为卿大夫，为诸侯，让他们推行、实施政教，使这些具有九德的人都能掌权，治理政事，人尽其才，物尽其用，没有遗弃的，那么天下的俊德贤明之士都会为朝廷所用。都追随贤才任职，百官也各有他们的老师，互相教诲，那么百官也就是具有九德的人了，没有不是的。以此来顺从君王，教化天下的万民，那么众官的努力就算是成功了。

【评述】

这里讲的是如何从选官的角度安抚民心。在选拔官吏的时候，要选拔具有三德、六德的人，对于不同层次的人才要安排不同的官位。如果官吏选拔能做到此点，就会都施以君王的教化，那么天下的民众都可以得到教化了。孔颖达认为，一个国家的政治清明与否，人民生活能否安定，关键在于能否选用贤能之人，使有

---

〔1〕《尚书正义》卷第四《虞书·皋陶谟第四》，第149页。

不同才能的人各司其职，共同管理好国家。

为人君当兢兢然戒慎，业业然危惧

【原文】

皋陶既言用人之法，又戒以居官之事。上之所为，下必效之。无教在下为逸豫贪欲之事，是有国之常道也。为人君当兢兢然戒慎，业业然危惧，言当戒慎。一日二日之间而有万种几微之事，皆须亲自知之，不得自为逸豫①也。万几事多，不可独治，当立官以佐己，无得空废众官，使才非其任。此官乃是天官，人其代天治之，不可以天之官而用非其人。又言典礼德刑，皆从天出，天次叙人伦，使有常性，故人君为政，当敕正我父、母、兄、弟、子五常之教，教之使五者皆惇厚哉。天又次叙爵命，使有礼法，故人君为政，当奉用我公、侯、伯、子、男五等之礼接之，使五者皆有常哉。接以常礼，当使同敬合恭而和善哉。天又命用有九德，使之居官。当承天意，为五等之服，使五者尊卑彰明哉。天又讨治有罪，使之绝恶。当承天意，为五等之刑，使五者轻重用法哉。典礼德刑，无非天意，人君居天官，听治政事，当须勉之哉。"[1]

【注释】

①逸豫：闲适安乐。

---

〔1〕《尚书正义》卷第四《虞书·皋陶谟第四》，第151页。

【译文】

皋陶一方面说明了选拔人才的方法，另一方面又告诫了做官需要注意的事情。君主的所作所为，必然会引起臣民的仿效。不能教导臣民贪图享乐，放纵欲望，这是所有国家都要遵循的常道。君主应该兢兢业业，心怀戒惧，就是说应当小心行事。君主日理万机，每天都要应对无数大事小情，都一定要亲自过问，不可贪图安逸对其置之不理。每天要应对的事情太多，不可能独自处理，需要设立官职辅佐自己，不能使众官的职位空缺，不能使官员的才能无法胜任其职务。所设官职乃是上天之官，人不过是代替上天进行治理，因为是上天之官，所以不可用非其人。又提到典礼恩德刑罚，都是根据天意所出，上天安排了人伦次序，使其成为常规。所以君主当政，应当命令臣民行父、母、兄、弟、子五常之教，通过教化，使五者淳厚质朴。上天又安排爵位的次序，使其符合礼法，用公、侯、伯、子、男五等之礼对待他们，使这五者皆有常规。用日常礼仪对待他们，使他们谦恭有礼相处洽然。上天又命令选择有九德之人，让他们从政为官。应当顺应天意制定五等服饰，使这五等服饰的尊卑显明。上天又惩罚有罪之人，让他们不再作恶。应当顺应天意制定五等刑罚，使这五等刑罚的轻重皆有法可依。典礼恩德刑罚，全都出自上天之意，君主作为天官，从政治国，应当勤加勉励呀！

【评述】

孔颖达认识到为人君者要谨慎对待、处理每一件事情，君王勤政，慎重刑罚，这样才能使民众安居，天下归心。同时，孔颖达还提出了礼治的概念，他把“礼”与“天理”联系在一起，认为人们只有顺从礼，国家才可以与天地俱兴。这样就把礼提到了至高无上的地位，认证了人的尊卑贵贱的社会地位是自然赋予的，而维护这种关系的封建秩序就成了万古不变的原则。任何事物都要受到礼的约束。孔颖达这一思想，适应了唐代中央集权的封建统治，因而受到唐太宗的重视。它对巩固当时的统治制度、稳定社会秩序起到了重要作用。

皇天无心，以百姓之心为心

【原文】

皇天无心，以百姓之心为心。……民之所欲，天必从之。聪、明，谓闻、见也。天之所闻见，用民之所闻见也。然则“聪明”直是闻见之义，其言未有善恶。以下言“明威”是天降之祸，知此“聪明”是天降之福。此即《泰誓》所云“天听自我民听，天视自我民视”，故民所归者天命之。大而言之，民所归就，天命之为天子也。小而言之，虽公卿大夫之任，亦为民所归向乃得居之。〔1〕

【译文】

上天是没有私心的，以百姓的心为心。……百姓所需要的东西，上天必然要顺从。聪和明说的是听到和看到，上天所听到和看到的就是百姓所听到和看到的。然而“聪明”只有闻见的意思，它所说的没有善恶之意；下面说的是“明威”，是天降的祸害，就

〔1〕《尚书正义》卷第四《虞书·皋陶谟第四》，第154页。

此知道“聪明”是天所赐予的福气。这也就是《泰誓》中所说的“天听自我民听，天视自我民视”。所以说“百姓所向往的，上天要顺从”。从大处来说，就是民心所向，上天才会命君王为天子。从小处来说，即使是公卿大夫的职位，也是民心所向才能居于这样的职位的。

【评述】

孔颖达在对《尚书》的解释中，一方面指出一个高高在上具有人格属性的“天”，以此维护政权的合法性，另一方面又认为天的意志是人民意志的反映，“天之所闻见，用民之所闻见也”，从而强调了民本的重要性。他指出上至天子，下至公卿大夫，其职位都是因为民之所归才能居任。言下之意，如果天子与大臣不能为百姓利益着想，不再是民心所归，那么他就违背了上天的意志。这实际上是中国古代“天人感应”思想的反映。

天子职当牧养兆民

【原文】

天子之在天位，职当牧养兆民。[1]

【译文】

君王处在上天赐予的位置上，其职责在于使百姓安居乐业。

---

〔1〕《尚书正义》卷第七《夏书·五子之歌第三》，第263页。

【评述】

君王的责任在于抚养天下的民众，这还是孔颖达的安民思想。他总结了隋朝由于不能养民，对人民实行暴虐的统治而导致速亡的教训，极力主张帝王必须善于养民，才能使国家长盛不衰。

民惟邦国之本，本固则邦宁

【原文】

我君祖大禹有训戒之事，言民可亲近，不可卑贱轻下，令其失分，则人怀怨，则事上之心不固矣。民惟邦国之本，本固则邦宁。言在上不可使人怨也。我视天下之民，愚夫、愚妇，一能过胜我，安得不敬畏之也？所以畏其怨者，一人之身三度①有失，凡所过失为人所怨，岂在明著？大过皆由小事而起，言小事不防，易致大过，故于不见细微之时，当于是豫图②谋之，使人不怨也。我临兆民之上，常畏人怨，懔懔乎危惧若腐索之驭六马。索绝则马逸，言危惧之甚。人之可畏如是，为民上者奈何不敬慎乎？怨太康之不恤下民也。[1]

【注释】

①三度：形容错误次数之多。

②豫图：预料。

〔1〕《尚书正义》卷第七《夏书·五子之歌第三》，第264页。

【译文】

我们的祖先大禹有过训诫，他说民众只可以亲近，不能以为他们身份低下而看不起他们，使他们失去应有的尊严，否则人们就会心怀怨恨，很难忠心耿耿地拥护君主了。民众是国家的基础，基础牢固国家才会安宁。这是说君主不能使民众心怀怨恨。我看待天下的民众，随便一个人，都比我强，我还能不怀着敬畏之心吗？之所以担心民众抱怨，是因为一个人很容易犯许多错误，凡是犯了错误就会招致人们的抱怨，难道非要等到明显有怨的时候才去考虑吗？大的过错都是由小错误引起的，是说如果不预防小的错误发生，就容易铸成大错。因此，应该在错误还未发生的时候就未雨绸缪，早做防范，不致使民众怨恨。我处在帝王的位置上，位居万民之上，常常担心人们怨恨，心里充满忧虑畏惧，就像用腐烂的绳索驾驭着六匹马。绳索一断，马就四散而走了，是说忧虑畏惧的程度之深。民众的言论如此让人害怕，君主为何不心存敬慎呢？这是在怨恨太康不体恤民众。

【评述】

夏朝开国君主夏启之子太康耽于游猎，不恤民情，被有穷氏部落的首领后羿驱逐。夏启的另外五个儿子都对太康心怀怨恨，追述大禹的训诫而作诗歌。因此《尚书》文章称为《五子之歌》，以上是孔颖达对第一首训诫的阐释。在这段话里，孔颖达对“民惟邦国之本，本固则邦宁”和劝诫太康的话作了阐释，充分体现了孔颖达传统儒家的民本思想。他认为，把百姓当做国家的根本，根本坚固了国家就会安宁，所以为人君者应时刻警诫自己，应时刻关心百姓的衣食住行，敬畏百姓的怨言，从小事情上预防，体恤民情才能使国家巩固。

先王为政，惟民之承

【原文】

先王为政，惟民之承。[1]

【译文】

先王为政，只是顺承民意。

【评述】

这句话体现了孔颖达的安民思想，还是其民本思想的反映。孔颖达的民本思想，与前代一脉相承，本质上都是说帝王承接上天的旨意管理民众，只要时刻关注百姓利益，民众就会拥护，国家就会兴盛，封建统治也就能得以延续。

任善而去恶

【原文】

人之在位者有才能、有所为，当褒赏之，委任使进其行，汝国其将昌盛也。凡其正直之人，既以爵禄富之，又复以善道接之，使之荷恩尽力。汝若不能使正直之人有好善于汝国家，是人于此其将诈取罪而去矣。于其无好德之人，谓性行恶者，汝虽与之福，

〔1〕《尚书正义》卷第九《商书·盘庚中第十》，第351页。

赐之爵禄，但本性既恶，必为恶行，其为汝臣，必用恶道以败汝善。言当任善而去恶。[1]

【译文】

在职的官吏，有才能、有作为的，应当褒扬奖赏他们，委任他们，让他们行使职权，这样你的国家将会昌盛。凡是正直的人，既要以爵位和俸禄去使他们富贵，又要以善道接纳他们，使他们感恩尽力。你如果不能使正直的人为你的国家献出力量取得功绩，那么这个人就会失望，怪罪你而离开你。对于品性不好的人，就是其性恶劣，你虽然赐予他幸福，赐予他爵禄，但他的本性既然是恶的，必定会做出恶的行径，他既然是你的臣子，必然会用恶道来败坏你的善行。这是说应当任用贤人而驱逐恶人。

【评述】

对于官吏的选拔，唐朝之前的许多政治家、思想家都有过论述。孔颖达认为对官吏的选拔必须谨慎，要任善而去恶，因为一旦为政，所选拔的官吏如果行善，就体现了君王的乐善好施；但如果为恶，他也是君王的臣子，就会败坏君王的声望。这里，孔颖达把选用贤能当做养民的主要环节。他认为一个国家的政治清明与否，人民生活能否安定，关键在于能否选用贤能之人。孔颖达的“任善而去恶”的官吏选拔说，是对前代言论的发展。

---

〔1〕《尚书正义》卷第十一《周书·洪范第六》，第463页。

得贤人则兴，任小人则灭

【原文】

此言禹与桀也。古之人能用此求贤之道者，惟有夏禹之时。乃有群臣卿大夫皆是贤人，室家大强，犹尚招呼贤俊之人，与共立于朝，尊事上天。禹之臣蹈知诚信于九德之行者，乃敢告教其君曰：我敢拜手稽首，君今已为君矣，不可不慎也。戒其君，即告曰，居汝掌事之六卿，居汝牧民之州伯，居汝平法之狱官，使此三者皆得其人，则此惟为君矣。言不得贤人，不成为君也。禹能谋所面见之事，无所疑惑，用大明顺之德，则乃能居贤人于官。贤人在官，职事修理，乃能三处居无义之民。善人在朝，恶人黜远，其国乃为治矣。及夏末年，桀乃为天子。桀之为德，惟乃不为其先王之法，往所委任，是惟暴德之人。以此，故绝世无后。得贤人则兴，任小人则灭，是须官贤人以立政也。[1]

【译文】

这是在说禹和桀。古代的人会用这种求贤之道的，只有夏禹时期。当时的群臣卿大夫都是贤能之人，势力强盛，还广纳天下贤俊的人才，与他们同朝为臣，辅佐君主。禹时的大臣诚实地践行九德的准则的人，才敢告诉他的君王："我敢拜手稽首，君王今天已经成为君王，不可不慎重。"告诫他的君王说："您所委任的掌事的六卿，掌管牧民的州伯，掌管法律的狱官，这三个方

〔1〕《尚书正义》卷第十七《周书·立政第二十一》，第685页。

面如果都能得到贤俊，才称得上君主了。”这是说得不到贤人，就不能成为君王。禹能谋划这件事情，没有疑惑，用明顺的道德，任用贤明的人任职。贤能的人做官，政事得到治理，于是就能将没有道义的恶人驱逐到域外的一些地方。善良贤能的人在朝，恶行的人远离朝廷，国家就会得到治理。到了夏朝末年，桀成为天子。桀的为政，不奉行先王的法则，所委任的都是品行恶劣的人。正因为如此，他身死国灭而后继无人。得到贤能的人国家就会兴盛，任用小人国家就会灭亡，所以应委任贤能之人来立政。

【评述】

这还是孔颖达的官吏选拔观。他认为官吏的选拔至关重要，与国家的兴亡密切相关，“得贤人则兴，任小人则灭”。孔颖达从远古夏禹时期的官吏任免，尤其是禹和桀的不同做法所得到的后果截然不同，来说明官吏的选拔对于国家兴亡的关系。

非义取财，伤廉隅

【原文】

财利，人之所贪，非义而取，谓之苟得，故记人戒之。今有财利，元非两人之物，两人俱临而求之，若苟得入己，则伤廉隅，故郑云：“为伤廉也。”[1]

---

〔1〕《礼记正义》卷一《曲礼上第一》，第10页。

【译文】

财富和利益，是人心所贪图的，不是通过正义的方式获取的，便称之为苟得，所以要人记住戒除。现在有财富和利益，本不是这两个人的东西，两人却都想得到它。如果苟得的东西进入自己的腰包，就会损伤廉洁的品行，所以郑玄说："做这种事会伤害廉洁的品行。"

【评述】

这是孔颖达对《礼记·曲礼上》中"临财毋苟得"一句的疏解。我们都熟知一句话，叫做"不义之财不可取"。所谓不义之财，指不是通过正当途径获得的财富。这种财富之所以不可取，儒家从道德的角度进行解释，认为获取不义之财会"伤廉"，即败坏人的廉洁的品行。对于居官为政的人来说，苟得不义之财便是腐败之举了，既有伤廉洁，更触犯法律，因此要戒之又戒。

第十一节　魏徵

【人物简介】

魏徵（580—643），字玄成，馆陶（今属河北）人。唐初杰出的政治家、思想家。他出身贫寒，曾出家做过道士。隋末参加瓦岗起义军，后随瓦岗军主帅李密归附唐朝。唐高祖时，在太子李建成手下做官。唐太宗即位后，受到重用，官至侍中，封郑国公。

魏徵博学多识，直言敢谏，匡正了唐太宗不少失误。著有

《隋书·序论》和《梁书》、《陈书》、《齐书》的《总论》等。他的廉政思想主要体现在《贞观政要》所载的他劝谏唐太宗的疏奏中。

修身以治国

【原文】

古者圣哲之主，皆亦近取诸身，故能远体诸物。昔楚聘詹何，问其治国之要，詹何对以修身之术。楚王又问治国何如，詹何曰："未闻身治而国乱者。"陛下所明，实同古义。[1]

【译文】

古代圣明的君主，都是从自身修养入手，然后能够推而远之，体察其他事物。过去楚庄王聘用詹何，询问他治理国家的要领，詹何回答说要加强自身的修养。楚庄王又问他治理国家怎么办，詹何说："没有听说过自身修养良好而国家却发生动乱的。"陛下所阐明的道理，和古人的观点是一致的。

【评述】

唐太宗对侍从的大臣们说："做君主的法则，必须以存活百姓为先。"对此，魏徵以上面的话回复了他。魏徵认为，治理国家必须先加强自身修养。自身修养好了，国家自然会治理得井井有条。他还以历史上的事例为证，来证实唐太宗的话和古人所阐释过的

〔1〕《贞观政要译注》卷第一《君道第一》，第1页。

一致。这是儒家“修齐治平”思想的反映。

兼听则明，偏听则暗

【原文】

君之所以明者，兼听也；其所以暗者，偏信也。《诗》云："先民有言，询于刍荛①。"昔唐、虞之理，辟四门，明四目，达四聪。是以圣无不照，故共、鲧之徒不能塞也，靖言②庸回③不能惑也。秦二世则隐藏其身，捐隔疏贱而偏信赵高，及天下溃叛，不得闻也。梁武帝偏信朱异，而侯景举兵向阙，竟不得知也。隋炀帝偏信虞世基，而诸贼攻城剽邑，亦不得知也。是故人君兼听纳下，则贵臣不得壅蔽，而下情必得上通也。[1]

【注释】

①刍荛（chú ráo）：刍，草；荛，柴。借指割草砍柴的农夫和樵夫。

②靖言：巧言。

③回：奸佞。

【译文】

君主之所以能够圣明，是因为能广泛听取各方面的意见；之所以昏庸，是因为偏听偏信。《诗经》说："古人曾说过这样的话，要向割草砍柴的人征询意见。"过去唐尧、虞舜治理天下，广

〔1〕《贞观政要译注》卷第一《君道第一》，第2页。

开四门以招贤纳士，广开视听，了解各方面的情况，从而获悉天下事务。因而圣明的君主无所不知，像共工、鲧这样的坏人也不能蒙蔽他们，奸佞小人的花言巧语也不能迷惑他们。秦二世深居宫中，隔绝贤臣、疏远百姓而偏信赵高之言，直到天下大乱，百姓叛离时，他还没听到消息。梁武帝偏信朱异，而侯景兴兵作乱攻向都城时，他竟然还不知道。隋炀帝偏信虞世基，当各路反隋人马攻掠城邑时，他还蒙在鼓里。由此可见，君主只有多方面听取并采纳臣下的建议，才能使权臣贵胄无法蒙蔽自己，这样百姓的情况就一定能够传达到朝廷中来。

【评述】

这是魏徵对唐太宗"何谓为明君暗君"问题的回答。他认为，君主深居于皇宫之中，手握国家大权，需要靠大臣才能知道下面的情况。但是，大臣所告诉的有时并不是真实的情况，有的官吏只报喜不报忧。因此，只有兼听才是保证君主明断是非、正确决策的前提；只有广泛听取下属的建议，才能使君主不受蒙蔽。他还以历史上的三个例子为证，说明贤明的君主兼听的重要性。

守成难于草创

【原文】

帝王之起，必承衰乱。覆彼昏狡，百姓乐推，四海归命，天授人与，乃不为难。然既得之后，志趣骄逸，百姓欲静而徭役不休，百姓凋残而侈务不息。国之衰弊，恒由此起。以斯而言，守成则难。[1]

【译文】

帝王的兴起，一定是在前朝衰乱的时候。这时推翻昏乱狂暴的旧君主，百姓会乐于拥戴，四海之内也会归附，是上天的意愿也是人民的意愿，如此看来算不上艰难。然而得到天下之后，变得骄奢淫逸，百姓想休养生息而徭役却无休止，百姓已穷困凋敝而奢侈的事务却仍然无休无止。国家的衰败，都是这样开始的。这样看来，守业更难。

【评述】

这是魏徵对唐太宗的问题“帝王之业，草创与守成孰难”的回答。房玄龄从以武力争夺天下的角度出发认为草创难。在魏徵看来，草创时天下归心，没有什么太难的；而创业之后，君主容易变得骄傲放纵，国家更易衰败。从这点上来说，守业更难。他以此规劝唐太宗戒骄戒奢。魏徵针对唐太宗后期对自己的约束日渐松懈的情况，多次规劝唐太宗要居安思危，善始善终。魏徵还有类似的论述：“观自古帝王，在于忧危之间则任贤受谏，及至安乐，必怀宽怠，言事者惟令兢惧，日陵月替，以至危亡。圣人所以居安思危，正为此也。安而能惧，岂不为难？”[2]

---

〔1〕《贞观政要译注》卷第一《君道第一》，第4页。
〔2〕同上书，第15页。

江山得难失易

【原文】

臣观自古受图膺运[①]，继体守文，控御英雄，南面临下，皆欲配厚德于天地，齐高明于日月，本支百世，传祚[②]无穷；然而克终者鲜，败亡相继，其故何哉？所以求之，失其道也。殷鉴不远，可得而言。

昔在有隋，统一寰宇，甲兵强锐，三十余年，风行万里，威动殊俗，一旦举而弃之，尽为他人之有。彼炀帝岂恶天下之治安，不欲社稷之长久，故行桀虐，以就灭亡哉？恃其富强，不虞后患。驱天下以从欲[③]，罄万物而自奉，采域中之子女，求远方之奇异。宫苑是饰，台榭是崇，徭役无时，干戈不戢[④]。外示严重，内多险忌，谗邪者必受其福，忠正者莫保其生。上下相蒙，君臣道隔，民不堪命，率土分崩。遂以四海之尊，殒于匹夫之手[⑤]，子孙殄[⑥]绝，为天下笑，可不痛哉！

圣哲乘机，拯其危溺，八柱倾而复正[⑦]，四维弛而更张[⑧]。远肃迩安，不逾于期月[⑨]；胜残去杀，无待于百年。今宫观台榭，尽居之矣；奇珍异物，尽收之矣；姬姜[⑩]淑媛，尽侍于侧矣；四海九州，尽为臣妾矣。若能鉴彼之所以失，念我之所以得，日慎一日，虽休勿休，焚鹿台之宝衣，毁阿房之广殿，惧危亡于峻宇，思安处于卑宫，则神化潜通，无为而治，德之上也。若成功不毁，即仍其旧，除其不急，损之又损。杂茅茨于桂栋，参玉砌以土阶，悦以使人，不竭其力，常念居之者逸，作之者劳，亿兆[⑪]悦以子来[⑫]，群生仰而遂性，德之次也。若惟圣罔念[⑬]，不慎厥终，忘缔构之艰难，谓天命之可恃，忽采椽之恭俭，追雕墙之靡丽，因其基以广之，增其旧而饰之，触类而长，不知止足，人不见德，而劳役是闻，斯为下矣。譬之负薪救火，扬汤止沸，以暴易乱，与乱同道，莫可测也，后嗣何观！夫事无可观则人怨，人怨则神怒，神怒则灾害必生，灾害既生，则祸乱必作，祸乱既作，而能以身名全者鲜矣。顺天革命⑭之后，将隆七百之祚⑮，贻厥子孙⑯，传之万叶，难得易失，可不念哉![1]

【注释】

①受图膺运：天人感应的迷信说法。传说伏羲氏时，有龙马背驮“河图”出现于黄河，神龟负“洛书”出现于洛水。封建统治阶级便将“河图洛书”说成是上天旨意，帝王是接受天命来统治万民的。

②祚：禄位。这里指帝位。

③从（zòng）欲：纵欲。放纵自己的私欲。从，通“纵”。

④戢（jí）：停止。

⑤殒于匹夫之手：指的是公元618年隋炀帝在江都被亲信宇文化及等人缢死一事。

⑥殄（tiǎn）：尽；灭绝。

⑦八柱倾而复正：古人认为地有八根柱子支撑着天。传说共工与颛顼争为帝，共工怒而触不周之山，天柱折，地维绝，天便发生倾斜。这里借喻国家转危为安。

⑧四维弛而更张：维，原指系物的大绳。四维与八柱相对，

[1]《贞观政要译注》卷第一《君道第一》，第5—6页。

天圆地方，即天由八柱擎住，地由四维系着。后又借指维系封建统治的道德伦理规范的礼、义、廉、耻四纲。四维不张，意味着纲常沦丧，上下失序，封建道德滑坡，国家也就濒于危亡之境了。更张，重新振作。

⑨期月：指一年的时间。期，旧读jī，指一周年、一整月、一昼夜。

⑩姬姜：周代，姬、姜两王族常通婚，故姬姜成为贵族妇女的美称。此处借指贤惠美丽的女子。

⑪亿兆：指万民。

⑫子来：像子女侍奉父母。

⑬惟圣罔念：意为君王自以为是而不作反思。惟，思。罔，不。

⑭顺天革命：意为顺应天意，废除昏君的帝位，改朝换代。语出《易·革》。

⑮七百之祚：据说周成王曾用占卜的方法预测周朝气数，卦象显示周的帝位将延续三十世七百年。事见《左传》。

⑯贻厥子孙：遗留给子孙后代。

【译文】

臣看到自古以来的那些受命为天子的帝王，都能够继承先王的成法，控制天下英雄，面南背北而称王，他们都是想让自己德配天地、功高日月，然后将帝位传给自己的子孙，直至无穷。然而王朝最终能够流传下来的却很少，接连败亡的却很多，这是为什么？如果加以分析的话，是因为他们丧失了治国之道。前朝覆灭的教训不太远，可以拿来分析一下。

当年的隋朝，统一了天下，兵强马壮，三十余年间，声威浩大，远播万里，震动四方；然而却一下子就失去了江山，完全被别人占有。难道是隋炀帝厌恶天下太平，不想国家长治久安而故意实行夏桀那样的暴政，自求灭亡的吗？他自恃国富兵强，没有考虑到可能会出现的严重后果。他驱使天下百姓来满足自己的欲望，穷尽全国的财物供自己享用，征召天下美女，四处搜求奇珍异宝。雕饰宫廷苑囿，广筑高台楼榭，征发徭役违背农时，穷兵黩武终年不歇。他表面上威严持重，实际上内心阴险猜忌。进谗的奸邪小人受到重用，而忠心正直的大臣却性命难保。君臣之间互相蒙蔽，无法沟通，民众生活举步维艰，国土分崩离析。于是，隋炀帝这位统治天下的皇帝，最终却死于一个寻常人物之手，并且子孙灭绝，成为天下的笑柄，真是一个非常悲痛的教训！

才智超群的陛下乘时而起，拯救百姓于水火之中，倾覆的社稷重新得到匡正，沦丧的伦理纲常重新建立起来。要达到海内统一、远近安宁的目标，不会超过一年的时间；战胜残暴，消除刑杀，也用不了百年的时间。现在所有的宫殿观阁、亭榭楼台，都已归为我大唐所居；所有的奇珍异宝，都为我们所收；贵妇淑女，都在陛下周围服侍；全国的百姓，也都臣服于陛下。陛下如果能够借鉴以往朝代之所以失天下、我大唐之所以得天下的经验教训，一天比一天谨慎，保持谦虚的态度，烧掉纣王鹿台里的宝衣，捣毁秦始皇阿房宫的宽广宝殿，把豪华宫殿看做国家危亡的象征而心怀畏惧，安心住在陋室之中，那么就能神理变化，一通百通，达到无为而治的境界，这便是上等的德治。如果能对既成的东西不加毁坏，维持它旧有的面貌，去掉不急之需，将费用减少到最低的限度；在建造楼房的时候也夹杂一点儿草房，在铺设玉阶的时候也筑一点儿土阶梯，让人能够高兴地服役，不让他们筋疲力尽，经常想到居住者安逸而建造宫殿的百姓劳苦。这样，百姓就会高兴得像儿子侍奉父亲那样归附陛下，人们也会依靠国君而成就淳朴之性，这算是次一等的德治。如果自以为贤明，不考虑慎始慎终，忘记了缔造国家的艰辛，以为上天的旨意而有恃无恐，忽略了宫室应该注意节俭，转而追求宫室的华美，依据原有的地基不断扩建，把以前的旧物装饰一新，各种欲望日渐增长，不知满足，人民根本就看不到君主的美德，只听到永无休止的劳役，这是最下等的状况。如果这样做，就好像抱着柴禾去救火，扬起汤水来止沸，这是用强暴来代替混乱，实际上与混乱是一样的，后果不堪设想，对后代来说也就没有什么可以取法的了。如果君主毫无功绩可言，一定会招致人们怨恨，人们怨恨就会招致神灵发怒，神灵发怒就会致使灾害丛生，灾害丛生就会招致叛乱四起，一旦叛乱四起，能够保全生命和名声的实在太少了。顺应上天旨意推翻旧朝建立新朝之后，按理说可以维持七百年的繁荣景象，子孙相承，传之万世。然而江山得来非常艰难，却很容易失去，能不引起注意吗！

【评述】

魏徵通过对历史上短命王朝隋朝灭亡的分析，认为江山得难失易，并分析了其原因。他认为，作为统治百姓的一国之君，当看见自己喜欢的东西时，就要想到知足而警惕自己；将要大兴土木动用人力物力时，一定要适可而止以安定百姓；想到自己位高权重而不可一世时，应该谦虚和蔼而加强自身道德的修养；如果害怕因自满而带来损害时，就要想到大江大海能够容纳百川的度量。所以，君王要体恤民情，不劳民伤财，才可以使江山永固。这是魏徵对历来封建皇帝共同经验教训的概括。

怨不在大，可畏惟人，载舟覆舟，所宜深慎

【原文】

臣闻求木之长者，必固其根本；欲流之远者，必浚其泉源；思国之安者，必积其德义。源不深而望流之远，根不固而求木之长，德不厚而思国之理，臣虽下愚，知其不可，而况于明哲乎！人君当神器[①]之重，居域中之大，将崇极天之峻，永保无疆之休。不念居安思危，戒奢以俭，德不处其厚，情不胜其欲，斯亦伐根以求木茂，塞源而欲流长者也。

凡百元首，承天景命，莫不殷忧而道著，功成而德衰。有善始者实繁，能克终者盖寡，岂取之易而守之难乎？昔取之而有余，今守之而不足，何也？夫在殷忧，必竭诚以待下；既得志，则纵情以傲物。竭诚则胡越为一体，傲物则骨肉为行路。虽董之以严刑，震之以威怒，终苟免而不怀仁，貌恭而不心服。怨不在大，可畏惟人，载舟覆舟，所宜深慎。奔车朽索[②]，其可忽乎！

君人者，诚能见可欲则思知足以自戒，将有作则思知止以安人，念高危则思谦冲而自牧[③]，惧满溢则思江海下百川，乐盘游[④]则思三驱[⑤]以为度，忧懈怠则思慎始而敬终，虑壅蔽则思虚心以纳下，想谗邪则思正身以黜恶，恩所加则思无因喜以谬赏，罚所及则思无因怒而滥刑。总此十思，弘兹九德[⑥]，简能而任之，择善而从之，则智者尽其谋，勇者竭其力，仁者播其惠，信者效其忠。文武争驰，君臣无事，可以尽豫游[⑦]之乐，可以养松、乔[⑧]之寿，

鸣琴垂拱，不言而化。何必劳神苦思，代下司职，役聪明之耳目，亏无为之大道哉！[1]

【注释】

①神器：指政权、帝位。

②奔车朽索：用朽烂的缰绳驾驭飞奔的车。索，绳子。比喻统治的艰难危险。语见《尚书·五子之歌》。

③自牧：自我修养。

④盘游：指畋猎，娱乐游逸。语出《尚书·五子之歌》。

⑤三驱：指游猎时只从三面驱赶禽兽，让出一条生路。语见《易·比》。

⑥九德：旧进所称九种高尚的品德。

⑦豫游：指君主巡游。

⑧松、乔：指传说中的古仙人赤松、王乔，以长寿著称。

【译文】

我听说想让树木长得茂盛，就一定要培固它的根；想要河水流得远，就一定要疏浚它的源头；想要让国家安定，就一定要积善德行仁义。源头不深却希望河水流得远，树根不固却希望树木长得茂盛，仁德不厚却希望国家治理得好，我虽然愚钝，也知道这是不可能的，更何况贤明的君主呢！君主身居帝王之位，处于天下举足轻重的位置，要想得到最崇高的敬意，永远保持无边的福禄，却不能居安思危，力戒奢侈而奉行节俭，不能广施恩义于

〔1〕《贞观政要译注》卷第一《君道第一》，第10页。

百姓，不能控制自己的欲望，这就好像砍伐树根却要求树木茂盛，堵塞源头却希望水流得长远一样。

历代帝王，在秉承上天的使命登上帝位时，都能深感忧虑而谨慎行事，德行也就非常明显，而在建功立业之后却德行衰减。能够善始的很多，而能够善终的却很少，这岂不是得天下容易而守天下难吗？过去夺取政权时精力充沛，如今要守住天下却力不从心，这是为什么？在创业初期，心怀忧虑，必然会竭诚地对待下属；一旦功成名就，志得意满，就会放纵情欲，变得狂妄自大。竭诚待人，即使北胡南越也能亲如一体；骄傲自大，即使骨肉兄弟也会行同陌路。虽然可以用严刑峻法来监督属下，用威风与狂怒来震慑他们，但他们就会采取苟免祸患的方法对待帝王，内心不会充满感激，外表虽然恭敬，内心却不敬服。怨恨不在大小，真正可怕的只在于人心背离。水能载舟，也可以覆舟，应该引起足够警惕。用腐烂的绳索驾驶奔驰的马车，其危险难道能够忽视吗？

统治国家的帝王，见到喜欢的东西时，就应想到知足而自我戒备；将要大兴土木时，就应想到适可而止以安定民心；想到居于高位充满危险时，就应注重自我修养；畏惧骄傲自满遭受损害时，就想到大海能容纳百川的气度；在游乐打猎时，要想到古代帝王出猎时三面设围而网开一面的限度；担心自己松懈倦怠时，就想着做事必须善始善终；担心上下之间闭塞视听时，就要虚心听取臣下的意见；想到谗言的危害，就要端正自身罢黜奸佞；想要加恩于臣下时，不能因为自己的喜好而滥赏；惩罚犯人时，不要因一时愤怒而罚及无辜。君王如果能够考虑到以上这十个方面，并发扬各种美德，任用贤人，择善而从，必能使有智慧的人竭尽他的智谋，勇敢的人竭尽他的力量，仁义的人就会努力传播他的仁慈，诚实的人就会忠心报效国家。文臣武将争着效力，君臣之间相安无事，君王可以尽享巡游的快乐，可以像赤松子和王乔那样延年益寿，像虞舜那样挥弦弹琴，垂衣拱手，不用说教就可以让感化百姓。何必劳神苦思，替代下属处理事务，劳累自己的心神智慧，也有损于无为而治的道理呢！

【评述】

魏徵在此上疏中说的仍然是如何守业的问题。他反复告诫唐太宗，自古以来创业容易守成难，因为多数君主做不到慎始慎终。一般而言，创业之始尚能注重德行，俭约从事，而一旦基业奠定，稳居高位，就会纵欲奢靡，德行转衰。基于这种屡见不鲜的历史教训，魏徵提出了“十思”的观点，告诫唐太宗要居安思危、慎终如始、奉行节俭、心系百姓、尚贤任能等，诚能如此，就会出现无为而治的盛世景象。唐太宗阅览之后亲写手诏回复，对魏徵直言不讳的上书大加赞扬，并表明自己会虚怀若谷地察纳雅言。

考绩黜陟，察其善恶

【原文】

知人之事，自古为难，故考绩黜陟，察其善恶。今欲求人，必须审访其行。若知其善，然后用之，设令此人不能济事，只是才力不及，不为大害。误用恶人，假令强干，为害极多。但乱世惟求其才，不顾其行。太平之时，必须才行俱兼，始可任用。[1]

【译文】

了解人这件事情，自古以来就是很困难的，所以要考察官员的政绩以决定其或升或降，查看他们的品行是好是坏而决定是取是弃。如今选拔人才，必须审慎地去考察探访他们的品行。如果了解到他的品行较好，然后再任用他，即使这个人不能胜任其事，也只是因为才力不足，产生不了多大危害。但是如果误用了品行不好的人，如果他能力很强，那害处可就更多了。但是在战乱之时，往往只看人的才能，而不会顾及他的品行。在太平的时代，选拔人才时就必须才德兼备，然后才可以任用。

【评述】

自古以来考察人才重视其德行，作为儒家知识分子的魏徵，继承的仍是这种观点。这段话有两点值得注意：一是他在判断官员的德才对执政的影响时，认为有德无才要好于有才无德，认为后者的危害性更大；二是他显然吸收了曹操的用人观，曹操认为“治平尚德行，有事赏功能”，并在三国乱世实行“唯才是举”的用人政策，魏徵同样认为“乱世惟求其才，不顾其行”，但在太平之时，所需人才一定要德才兼备。

〔1〕《贞观政要译注》卷第三《择官第七》，第134页。

考事正名，循名求实

【原文】

然而今之群臣，罕能贞白卓异者，盖求之不切，励之未精故也。若勖之以公忠，期之以远大，各有职分，得行其道；贵则观其所举，富则观其所养，居则观其所好，习则观其所言，穷则观其所不受，贱则观其所不为；因其材以取之，审其能以任之，用其所长，掩其所短；进之以六正[①]，戒之以六邪[②]，则不严而自励，不劝而自勉矣。

……

国家思欲进忠良，退不肖，十有余载矣，徒闻其语，不见其人，何哉？盖言之是也，行之非也。言之是，则出乎公道；行之非，则涉乎邪径。是非相乱，好恶相攻。所爱虽有罪，不及于刑；所恶虽无辜，不免于罚。此所谓爱之欲其生，恶之欲其死者也。或以小恶弃大善，或以小过忘大功。此所谓君之赏不可以无功求，君之罚不可以有罪免者也。赏不以劝善，罚不以惩恶，而望邪正不惑，其可得乎？若赏不遗疏远，罚不阿亲贵，以公平为规矩，以仁义为准绳，考事以正其名，循名以求其实，则邪正莫隐，善恶自分。然后取其实，不尚其华，处其厚，不居其薄，则不言而化，期月而可知矣！若徒爱美锦，而不为民择官，有至公之言，无至公之实，爱而不知其恶，憎而遂忘其善，徇私情以近邪佞，背公道而远忠良，则虽夙夜不怠，劳神苦思，将求至理，不可得也。[1]

【注释】

①六正：语出汉朝刘向所撰《说苑》，指能使国家安定、君主尊荣的六种行为。这样去做的臣子分别叫做圣臣、良臣、忠臣、智臣、贞臣和直臣。

②六邪：语出《说苑》，指造成国家混乱乃至灭亡、使君主蒙羞丧德的六种行为。这样去做的臣子分别称为具臣、谀臣、奸臣、谗臣、贼臣和亡国之臣。

【译文】

然而现在的大臣们，很少有正直廉洁、才能优异的，可能是对他们要求不严格、磨炼不精细的缘故吧。假如用大公无私、忠心报国来勉励他们，用远大理想来要求他们，使其各司其职，能够施行自己的主张；显贵时观察他所推荐的人，富有时观察他所蓄养的东西，日常生活中观察他所喜好的事物，学习时观察他所说的话，贫穷时观察他所不接受的东西，卑贱时观察他不会做的事情；根据他们的才能进行选拔，考察他们的能力加以任用，用其所长，避其所短；用“六正”勉励他们，用“六邪”告诫他们，那么即使不严加督察，他们也能自我激励，不去劝勉，他们也能自我勉励。

……

朝廷考虑选拔忠正贤良的人，罢黜没有才能的人，距今已经

---

〔1〕《贞观政要译注》卷第三《择官第七》，第142—145页。

有十多年了，但只是听见这样说，却没看见这样的人，为什么呢？大概是由于说得对了，做得却不对。说得对，是出于公允的道理，做得不对，就会走到邪路上去。这样一来，势必造成是非混淆，好恶对立。帝王喜欢的人，即使有罪，也不会受到刑罚；帝王憎恶的人，即使无辜，也难免受罚。这就是所说的喜欢的人希望他活着，厌恶的人希望他死掉。有的人因为犯了小过错就不顾他的显著成绩，有的人因为有点儿小缺点就忘记了他立过大功。这就是所说的帝王的赏赐不可以无功而得到，帝王的惩罚不可以有罪却得到赦免。如果赏赐做不到劝勉善行，处罚做不到惩戒恶行，却希望正与邪分明，怎么可能呢？如果行赏不遗漏疏远之人，惩罚不偏袒亲戚权贵，把公平作为标准，以仁义作为准绳，考察臣下所做的事情来确定他的任职的名分，根据所任职务考察官吏的政绩情况，这样，奸邪与正直都无法隐藏，善与恶自然会分明。然后选取那些有真才实学的，疏远那些徒有其表的，录用那些忠厚老实的，不取那些浮华浅薄的，这样就能做到君主不说话而天下自化的局面，一年之内就可以看到效果。假如只是喜欢外表华丽的，而不去为百姓选择好的官吏，只有公正的言论，却没有公正的事实，对自己喜爱的人看不到他的毛病，对自己憎恶的人就忘记他的善行，徇私情去亲近邪佞之人，背离公道而疏远和排斥忠良的大臣，那么虽然帝王日夜辛苦，冥思苦想，要寻求国家长治久安的道理，也是不可能的。

【评述】

如何让臣下忠心尽职，使贤臣得以提升，奸佞之臣得以疏远，魏徵在这里作了详细的阐述。他引用了《说苑》中对臣子六正六邪的分类，认为君王只要用礼度规范对待他们，用执行法制来控制他们，有功则赏，有过则罚，以公正作为规矩，这样全国就会处在淳厚的风气之中，国家也就能长治久安。对于所任用官吏的考核，魏徵也提出了自己的看法，要以公正仁义作为考核标准，查看官吏在实际工作中的所为，来看官吏是否称职。客观地说，魏徵的这些规劝对于封建朝代的帝王是极其有用的，赏罚分明了，臣下就会各尽其忠，民众就会受到庇护。

旁责举人，未见其可

【原文】

陛下生平言此人浊，未见受财之所，今闻其卖珠，将罪举者，臣不知所谓。自圣朝以来，为国尽忠，清贞慎守，终始不渝，屈突通、张道源而已。通子三人来选，有一匹羸马，道源儿子不能存立，未见一言及之。今弘节为国立功，前后大蒙赏赉，居官殁后，不言贪残，妻子卖珠，未为有罪。审其清者，无所存问，疑其浊者，旁责举人，虽云疾恶不疑，是亦好善不笃。臣窃思度，未见其可，恐有识闻之，必生横议。[1]

【译文】

陛下一直说此人为官不清，却没有发现他收受财物的事实。现在听说他的家人变卖珠宝，就要加罪于举荐他的人，臣不知这是什么意思。自圣朝建国以来，为国尽忠、清白坚贞、谨慎操守、

〔1〕《贞观政要译注》卷第三《忠义第十四》，第240页。

始终不渝的人，只有屈突通、张道源二人而已。屈突通的三个儿子来京师候选官职，只有一匹瘦马；张道源的儿子穷得无法自立，没见陛下有一句话提及他们。如今李弘节为国立功，前后都受到陛下很多赏赐，在任死后，没人说他贪污受贿、残害百姓，现在他妻子变卖珠宝，不能说有罪。对明知清廉的官吏，不曾有过关心慰问；对有贪污之嫌的官吏，却连同当初举荐他的人也一并处罚，虽说是疾恶如仇，但好善之心却不够好。我个人以为，这样做是不可取的，恐怕有识之士听到这件事，一定会有非议。

【评述】

桂州都督李弘节生前以清廉谨慎闻名，在他死后，他的家人出卖珍珠。唐太宗听说了这件事情，就在朝廷上宣谕说："此人一生，宰相都说他清廉，今日既然家中卖珠，当初举荐他的人岂得无罪？一定要严惩，不可错过。"对此，魏徵坚决反对，认为当初明知道此人清廉，却一直不加慰问；如今怀疑贪污，却要连罪推荐人，这是赏罚不明的举动，不利于奖善惩恶。唐太宗听后立即采纳，不再追究李家卖珠一事，且给屈突通、张道源的儿子各授予一定官职作为奖励。在这里，魏徵提出了赏罚分明的原则，只有符合事实，才能加以惩罚，而不是妄加猜测。

凡听讼理狱，必原父子之亲，立君臣之义，权轻重之序，测浅深之量

【原文】

贞观之初，志存公道，人有所犯，一一于法。纵临时处断或

有轻重，但见臣下执论，无不忻然受纳。民知罪之无私，故甘心而不怨；臣下见言不忤，故尽力以效忠。顷年[①]以来，意渐深刻[②]，虽开三面之网，而察见渊中之鱼，取舍在于爱憎，轻重由乎喜怒。爱之者，罪虽重而强为之辞；恶之者，过虽小而深探其意。法无定科[③]，任情以轻重；人有执论，疑之以阿伪。故受罚者无所控告，当官者莫敢正言。不服其心，但穷其口，欲加之罪，其无辞乎？又五品已上有犯，悉令曹司闻奏。本欲察其情状，有所哀矜；今乃曲求小节，或重其罪，使人攻击惟恨不深。事无重条，求之法外所加，十有六七，故顷年犯者惧上闻，得付法司[④]，以为多幸。告讦无已，穷理不息，君私于上，吏奸于下，求细过而忘大体，行一罚而起众奸，此乃背公平之道，乖泣辜之意，欲其人和讼息，不可得也。

故《体论》云："夫淫泆盗窃，百姓之所恶也，我从而刑罚之，虽过于当，百姓不以我为暴者，公也。怨旷[⑤]饥寒，亦百姓之所恶也，遁而陷之法，我从而宽宥之，百姓不以我为偏者，公也。我之所重，百姓之所憎也；我之所轻，百姓之所怜也。是故赏轻而劝善，刑省而禁奸。"由此言之，公之于法，无不可也，过轻亦可。私之于法，无可也，过轻则纵奸，过重则伤善。圣人之于法也公矣，然犹惧其未也，而救之以化，此上古所务也。后之理狱者则不然：未讯罪人，则先为之意，及其讯之，则驱而致之意，谓之能；不探狱之所由，生为之分，而上求人主之微旨以为制，谓之忠。其当官也能，其事上也忠，则名利随而与之，驱而陷之，欲望道化之隆，亦难矣。

凡听讼理狱，必原[⑥]父子之亲，立君臣之义，权轻重之序，测浅深之量。悉其聪明，致其忠爱，疑则与众共之。疑则从轻者，所以重之也。故舜命咎繇曰："汝作士，惟刑之恤。"又复加之以三讯⑦，众所善，然后断之。是以为法，参之人情。故《传》曰："小大之狱，虽不能察，必以情。"而世俗拘愚苛刻之吏，以为情也者取货者也，立爱憎者也，右亲戚者也，陷怨仇者也。何世俗小吏之情，与夫古人之悬远乎？有司以此情疑之群吏，人主以此情疑之有司，是君臣上下通相疑也，欲其尽忠立节，难矣。[1]

【注释】

①顷年：近年。

②深刻：苛刻严峻。

③定科：固定的条款。科，科条，条文。

④法司：执掌司法纠察的官署。

⑤怨旷：怨指无夫之女子，旷指无妻之男子。

⑥原：推究，探原。

⑦三讯：讯，审问，查问。《周礼》以三讯判决庶民狱讼，一讯群臣，二讯群吏，三讯万民。

【译文】

贞观初年，陛下心存公道，凡有违法乱政的，都会一一绳之以法。即使有时判决得过轻或过重，只要臣下能指出来，陛下都会欣然接受。百姓知道判决公正无私，所以能甘心受罚而没有怨言；臣下见自己直言进谏不会触怒陛下，所以会竭尽全力效忠陛下。近年以来，陛下处理事情日渐苛刻，虽然有网开三面的怜悯

---

〔1〕《贞观政要译注》卷第五《公平第十六》，第270—273页。

之心，但察视仍然过分细苛，就像能见到深渊中潜游的小鱼，这样往往根据自己的爱憎来对事情进行取舍，由着自己的喜怒决定刑赏的轻重。对于喜欢的人，虽然罪行很严重，还是硬要为他辩解，希望他能躲避惩罚；对于厌恶的人，即使他的过失很小，却要深加追究，加重处罚。没有固定的法律条款，根据自己的喜怒来定罪行轻重；如果有人为之辩解，就怀疑他是附私结党。所以受到刑罚的人无处申诉，当事的官员也不敢秉公执言。不是让人心悦诚服，而是让人缄口不语，那么想要给他加上罪名，何愁找不到借口呢？再说五品以上的官员触犯法令，都让有关部门上报得知。这样做的本意是想省察案件情况，酌情加以宽恕减刑，现在却变得刻意探求细节，加重处罚，使人攻击揭发，唯恐其罪行不重。没有处以重罪的法律条文，就在法律之外寻找根据加以重罚，这样的情况已是十有六七，所以近年来违犯法律的官员都害怕被陛下知道，若能交付司法部门处理，就以为真是侥幸。告发攻击的人源源不断，处治判理起来不得平息。君主徇私于上，官吏犯奸于下，过分苛求细微的过失，却忽略了国家大体，对一人施行处罚，却引起众人犯法，这样做就违背了公平之道，乖离了哀怜百姓的本意，要想使人们和平相处、讼狱平息，恐怕是不可能的。

所以《体论》中说：“淫泆偷盗的事，是百姓所厌恶的，我顺从百姓的意愿予以惩处，虽然刑罚有些过重，百姓却不认为我是暴君，是因为我出以公心。男旷女怨、饥寒交迫，也是百姓所不愿的事情，有人为了摆脱这种困苦处境而触犯法律，我宽宥他们，百姓不会认为我有所偏私，是因为我出以公心。我处以重罚的，正是百姓所憎恶的；我加以宽宥的，正是百姓所怜悯的。因此，奖赏轻微却可以劝导百姓行善，减轻刑罚也可以禁止作恶。”由此说来，出以公心执行法律，没有什么不可以的，就是量刑过轻也行。但是如果出以私心，却怎样都不行，量刑过轻就是纵容奸恶行为，量刑过重就会伤害善良的人。圣人在执行法律的时候出以公心，但仍然担心不能达到至公至善，就会以道德教化来加以补救。这是古人的做法。后代治理刑狱的人却不这样：在没有审问犯人之前，就有了先入之见，到了审讯之时，就想尽一切办法逼迫犯人屈从己意，这样的行为反而被陛下称为有才能。不去探明犯人下狱的原因，硬性断案，迎合君主的意旨，认为这就是法律，这样的人被陛下称为忠诚。这样的人当官被认为有才干，侍奉君主被认为忠诚，名和利随之而来，这就等于驱赶他们陷入这种境地，如此，还想道德教化隆盛，就很难达到了。

凡是判理案件，一定要探究父子之情，树立君臣之义，权衡罪行的轻重，考量刑罚的深浅。要充分发挥自己的聪明才智，发扬自己的忠君爱民之心，如有疑问就与众人一起商量。如有疑问就从轻量刑，这样做是为了慎重起见。所以舜命令皋陶说：“你担任司法官，判刑要以仁慈为本。”案件要审理三次，众人都认为正确，然后才进行判决。这就是法律必须参以人情。所以《左传》上说：“大小刑狱，虽然不可能全部审察得很清楚，但是一定要符合人情。”但是社会上那些愚蠢而又苛刻的官吏，以为所谓人情就是索取贿赂，根据自己的爱憎来断案，偏袒亲戚朋友，陷害冤家仇人。为什么这些世俗官吏所谓的人情，与古代圣贤的人情差别如此之大呢？主管部门根据这种人情而怀疑官吏受贿营私，君主根据这种人情而怀疑主管部门舞弊，就会造成君臣之间互相猜疑。这样的话，想要臣下竭尽忠诚表现气节，实在太难了。

【评述】

魏徵先是劝唐太宗要善于纳谏，倾听臣下的不同声音，不能因为好恶而进行奖惩。针对唐太宗后期对部下赏罚不明、有失公平的情况，多次进行规劝。在他看来，赏罚分明，才可以树立君臣之义，才可使臣下直言，这样对于赏赐的人不会嫉妒，有了过错受到惩罚也心甘情愿。如果对于喜爱的人，虽然他犯的罪状很严重，仍然勉强为他编造理由来躲避惩罚；对于厌恶的人，他的过失虽然很小，却深究来加重处罚，就会失去赏罚的本意，掌管司法的官吏就会苛求过失，讼狱不息，弊端由此而生。

德礼诚信，国之大纲

【原文】

臣闻为国之基，必资于德礼，君之所保，惟在于诚信。诚信立则下无二心，德礼形则远人斯格。然则德礼诚信，国之大纲，在于君臣父子，不可斯须①而废也。故孔子曰："君使臣以礼，臣事君以忠。"又曰："自古皆有死，民无信不立。"文子②曰："同言而信，信在言前；同令而行，诚在令外。"然而言而不信，言无信也；令而不从，令无诚也。不信之言，无诚之令，为上则败德，为下则危身，虽在颠沛之中，君子之所不为也。[1]

【注释】

①斯须：片刻。

②文子：老子的弟子，著《文子》九篇。

〔1〕《贞观政要译注》卷第六《诚信第十七》，第286页。

【译文】

臣听说治理国家的基础，必须依靠德行和礼义，君主的保障，只在于诚实守信。诚信建立之后，臣下就不会心怀二心；德行礼义形成后，那么远方的百姓也会来归附。这样说来，德行、礼义、诚实、守信，是国家的纲要，关系到君臣父子之间的伦理关系，片刻都不能废弃。所以孔子说："国君对待臣下要依据礼义，臣下侍奉国君要凭借忠心。"他又说："自古以来人都有一死，百姓对官府如若不信任，国家就无法建立。"文子也说："同样的言论而被人相信，那是因为信任建立在说话之前；同样的法令而得以贯彻施行，那是因为有诚意伴随着法令。"这样看来，言语不能被执行，是因为言而无信的缘故；法令没有人服从，是因为法令没有诚意的缘故。没有信用的言语，没有诚意的法令，对国君来说会败坏品德，对臣下来说会身陷危局，即使在世道衰乱的时候，有德行的君子也不会言而无信的。

【评述】

魏徵承续了儒家的治国观，首先要求帝王有德行礼义之心，这样才可以教化大臣，于是，远方的人也能来归顺。他认为，德行、礼义、诚实、守信，是建立国家的大纲，关系到君臣父子之间的伦理关系，是立国的根本。这体现了魏徵的王道思想。

怜惜百姓，节己以顺人

【原文】

陛下本怜百姓，每节己以顺人。臣闻"以欲从人者昌，以人乐己者亡”。隋炀帝志在无厌，惟好奢侈，所司每有供奉营造，小不称意，则有峻罚严刑。上之所好，下必有甚，竞为无限，遂至灭亡。此非书籍所传，亦陛下目所亲见。为其无道，故天命陛下代之。陛下若以为足，今日不啻足矣。若以为不足，更万倍过此亦不足。[1]

【译文】

陛下素来怜惜百姓，时常节制自己的欲求来顺应民意。我听说：“使自己的欲望顺应百姓的，国家就会昌盛；使众人满足自己欲望的，国家就会灭亡。”隋炀帝一味贪得无厌，奢侈无度，每当有关部门供奉的器物和营造的宫苑稍不称心，他就会加以严刑重罚。上面所喜欢做的事情，下面必然会做得更厉害，互相攀比没有限制，最终导向灭亡。这不仅是书上所写的，也是陛下亲眼见到的。正因为隋炀帝荒淫无道，所以上天安排陛下取而代之。陛下如果觉得满足了，那么现在不仅仅是满足的问题，应该节制欲望了；如果觉得不满足，就是再超过今天一万倍也不会满足。

【评述】

贞观四年（630 年），唐太宗对大臣有一席谈话，主要是说帝王应该克制自己的欲望，不可让百姓感到劳弊。他评价自己说能够自我节制，如果百姓不愿意做的事情，他会顺应他们的意愿。针对太宗的谈话，魏徵遂有以上对答。他引隋炀帝为例，进一步阐发唐太宗的观点，并提出唐太宗应该引炀帝为戒，节制自己的欲望。

---

〔1〕《贞观政要译注》卷第六《俭约第十八》，第 297 页。

刑赏之本，劝善惩恶

【原文】

臣闻《书》曰：“明德慎罚”，“惟刑恤哉！”《礼》云：“为上易事，为下易知，则刑不烦矣。上人疑则百姓惑，下难知则君长劳矣。”夫上易事，则下易知，君长不劳，百姓不惑。故君有一德，臣无二心，上播忠厚之诚，下竭股肱之力，然后太平之基不坠，“康哉”之咏①斯起。当今道被华戎②，功高宇宙，无思不服，无远不臻。然言尚于简③文，志在于明察，刑赏之用，有所未尽。夫刑赏之本，在乎劝善而惩恶，帝王之所以与天下为画一，不以贵贱亲疏而轻重者也。今之刑赏，未必尽然。或屈伸在乎好恶，或轻重由乎喜怒。遇喜则矜其情于法中，逢怒则求其罪于事外；所好则钻皮出其毛羽，所恶则洗垢求其瘢痕。瘢痕可求，则刑斯滥矣；毛羽可出，则赏因谬矣。刑滥则小人道长，赏谬则君子道消。小人之恶不惩，君子之善不劝，而望治安刑措④，非所闻也。[1]

【注释】

①“康哉”之咏：语出《尚书·益稷》。相传虞舜时天下大治，作歌颂之，其臣皋陶赓续而歌：“庶事康哉！”

②华戎：指天下百姓。华，华夏族；戎，西方少数民族。

③简：选择。

---

〔1〕《贞观政要译注》卷第八《刑法第三十一》，第390页。

④刑措：语出《荀子·议兵》，也作刑错。措，搁置。指无人犯法，刑法搁置不用。

【译文】

我听说《尚书》上说："文王以仁德治天下，谨慎使用刑罚"，"用刑一定要慎重啊！"《礼记》上也说："做君主的用正理统治臣下，臣下就容易侍奉君主，就能使刑法止息了。如果君主多疑，那么百姓就会迷惑，下面的民情难以知道，那么君王就要烦劳操心了。"如果君主容易侍奉，那么民情就容易掌握，君主就不用烦劳操心，百姓也就不会迷惑。因此君主有纯正的德行，臣子就会一心一意地侍奉君主，君主表现出忠厚的诚意，臣子就会竭尽全力来侍奉，这样国家太平的根基就不会动摇，歌颂"众事安康啊"的歌声就会响起。现在陛下仁道已施于天下各族百姓，功勋高于宇宙，没有哪个人不归服，无论多远的部族也都来朝拜。但是陛下崇尚选择华丽的辞藻，把心思放在对小事的苛察上，刑罚和赏赐的施行，还有不尽如人意之处。刑罚和赏赐的根本目的，在于勉励善的而惩罚恶的，帝王实施刑赏与天下百姓的心意之所以相一致，就在于不因为亲疏贵贱决定刑赏的轻重。现在的刑罚和赏赐，却未必是如此。或根据自己的好恶决定宽严，或依据自己的喜怒决定轻重。遇到高兴的时候，就会在法律中寻找情有可原之处；遇到愤怒的时候，就会在事实外搜寻罪名。对待喜爱的人，就会钻开皮肤找到羽毛来美化他；对待憎恶的人，就会洗净积垢去寻找疤痕来挑剔他。疤痕一旦寻到，那么刑罚就会变得滥用；羽毛一旦找出，那么赏赐就会变得荒谬。刑罚滥用了，小人的胡作非为就会增长；赏赐荒谬了，忠臣的正确主张就会受到损害。小人的罪恶不被惩治，君子的善行不被勉励，却希望国家安定、刑罚止息，臣还从未听说过呢。

【评述】

对于赏罚，魏徵的进谏也是比较多的。他多次上谏唐太宗要注意赏罚分明，这样贤臣才有尽忠的信心，佞臣得以疏远。反之，小人的罪恶不被惩治，君子的善行不被嘉奖，就会滋生弊端，而这正是由于赏罚不明引起的。魏徵突出了赏罚公平的重要性，认为这与国家兴盛有直接关系。魏徵的这种建议，对封建社会的长治久安无疑有进步作用。

非行之难，终之斯难

【原文】

臣观自古帝王受图定鼎①，皆欲传之万代，贻厥孙谋。故其垂拱岩廊②，布政天下，其语道也必先淳朴而抑浮华，其论人也必贵忠良而鄙邪佞；言制度也则绝奢靡而崇俭约，谈物产也则重谷帛而贱珍奇。然受命之初，皆遵之以成治；稍安之后，多反之而败俗。其故何哉？岂不以居万乘之尊，有四海之富，出言而莫己逆，所为而人必从，公道溺于私情，礼节亏于嗜欲故也？语曰："非知之难，行之惟难；非行之难，终之斯难。"所言信矣。[1]

【注释】

①定鼎：相传禹铸九鼎。古人视九鼎为重要礼器、传国之宝，

〔1〕《贞观政要译注》卷第十《慎终第四十》，第476页。

于是置放于王朝建都的地方，故一般称定都建立王国为定鼎。

②岩廊：高峻的廊殿，指代朝廷。

【译文】

臣观察自古以来的帝王接受天命建立王朝，都想把皇位传到万代，为子孙后代着想。所以他们端坐在朝堂上，向天下宣布政令。他在谈论治国方略时，必定推崇纯朴而抑制虚华；议论人物时，必定尊重忠正贤良之人而鄙弃邪恶奸佞之徒；讨论政治法度时，必定厌恶奢侈靡丽而崇尚节俭；谈论物产时，必定重视谷物布帛而轻视奇珍异宝。他们在接受天命登基之初，都会遵循着这些原则，使政治清明；然而稍稍安定之后，大多会违背这些原则，使社会风俗败坏。这是什么原因呢？难道不是因为处在极其尊贵的位子，拥有天下的财富，说话没有人敢违背，做的事情众人全都遵从，公道就被个人的私情所淹没，礼节因放纵欲望而亏损的缘故吗？所以古语说："不是知道它困难，而是实行起来困难；不是实行起来困难，而是坚持如一更困难。"这话说得很对。

【评述】

魏徵对于唐太宗后期对自己约束日渐松懈的情况，多次规劝唐太宗要居安思危，善始善终。只要一有机会，他就对唐太宗讲"得天下容易，守天下难"的道理，并分析这一原因在于知易行难。正因为说起来容易做起来难，才使古今帝王在执政之初对这些重视并力图去实行，然而不久之后便放纵自己而使天下混乱。因此，要想使统治长久，必须做到慎终如始。

第十二节 杜如晦

【人物简介】

杜如晦（585—630），字克明，京兆杜陵（今陕西长安县）人。他是唐太宗李世民夺取政权、开创“贞观之治”的主要谋臣之一，深受李世民的信任和重用，被认为是贞观初年的名相。唐武德元年（618 年）杜如晦被李世民引为秦王府属官，又迁陕东道大行台司勋郎中，并以本官入文学馆为“十八学士”之首。唐武德四年，李世民建天策府，以如晦为从事郎中。当时世民弟兄间皇位继承的争夺十分激烈，太子建成企图剪除世民羽翼，在唐高祖李渊前谮毁世民的幕僚，因此如晦和房玄龄同被斥逐。九年，潜入秦王府谋划“玄武门之变”，以功擢拜太子左庶子。太宗即位后，迁兵部尚书，进封蔡国公，贞观二年（628 年），以本官检校侍中，摄吏部尚书，仍总监东宫兵马事。三年，任尚书右仆射，仍领选事。四年三月故去。杜如晦为宰相时，正值唐新建不久，他与房玄龄共掌朝政，典章制度大多为两人所定。

铨简未精，不能得才

【原文】

两汉取人，皆行著乡闾，州郡贡之，然后入用，故当时号为多士。今每年选集，向数千人，厚貌饰词[①]，不可知悉，选司但配其阶品而已。铨简②之理，实所未精，所以不能得才。[1]

【注释】

①厚貌饰词：外表忠厚，文饰其词。

②铨简：选贤（授官）。铨，选拔。简，选择（人才）。

【译文】

两汉时期选拔人才，所选的都是德行声闻于乡里，再由州郡荐举到朝廷，然后才加以录用，所以当时号称贤德之人众多。如今每年选人之时，候选者聚集在一起，多达数千人，他们大多文饰其词，表面忠厚，却不能全部了解，选拔人才的机构只是负责给他们安排一定的官阶品级罢了。选贤授官的方法，实在不够精细，所以不能得到人才。

【评述】

贞观三年（629 年），唐太宗问吏部尚书杜如晦，吏部选拔人才只看行政能力，不重德行，几年之后，这些人就会做出恶行，危害百姓，那么，如何选拔德行好的人才呢？杜如晦将唐代选人制度与汉代选人制度作了对比：汉代乡举里选，注重人物德行，而唐代则每年选拔一次，数千人聚在一起，人事部门无法一一查证其德品，只能安排一定的官品，做不到选贤授官，所以很难选到德才兼备的人才。《新唐书·选举志下》对此有所记载："初，吏部岁常集人，其后三岁一集，选人猥至，文簿纷杂，吏因得以

〔1〕《贞观政要译注》卷第三《择官第七》，第 133 页。

为奸利。”可知唐初选官之弊了。据《贞观政要》所记，唐太宗本打算采用汉代选人之法，让州郡召辟，后来因为要对功臣进行世袭封爵，就没有实行。后来的科举制度倒是大行于天下了。

第十三节　岑文本

【人物简介】

岑文本（595—645），字景仁，南阳棘阳（今河南新野）人。隋末，萧铣在江陵建立割据政权，任他为中书侍郎，专典机密。贞观元年（627年），任秘书郎，兼直中书省。岑文本与令狐德棻撰修《北周书》，史论多出其手。官终中书令（相当于宰相）。在对高丽的作战中，他曾与唐太宗同行。在对辽东的战争中，负责一切后勤事宜。卒谥宪，陪葬昭陵。

明选举，慎赏罚，进贤才，退不肖

【原文】

伏惟陛下览古今之事，察安危之机，上以社稷为重，下以亿兆在念。明选举，慎赏罚，进贤才，退不肖。闻过即改，从谏如流。为善在于不疑，出令期于必信。颐神养性，省游畋之娱；去奢从俭，减工役之费。务静方内①，而不求辟土；载櫜②弓矢，而不忘武备。凡此数者，虽为国之恒道，陛下之所常行。臣之愚昧，惟愿陛下思而不怠，则至道之美与三、五③比隆，亿载之祚与天地长久。[1]

【注释】

①方内：国内，四境之内。

②櫜（gāo）：收藏甲衣或弓箭的袋子。

③三、五：三皇五帝。

【译文】

希望陛下纵览古今事迹，考察国家安危的关键，上则以国家社稷为重，下则把百姓的利益放在心上。公开透明地选拔举荐人才，慎重地实施赏赐与刑罚，进用贤良的人才，贬退无能的庸吏。认识到自己的错误即能改正，接受规劝要像流水一样自然。做好事就要不加犹疑，颁布命令就一定要讲求信用。颐养心性，减少游玩狩猎等娱乐活动；戒除奢侈，推崇俭朴，减少兴建土木工程的耗费。尽力求得国家安宁，而不致力于开疆辟土；收藏起弓箭，却又不忘军备。以上几点，虽说是治理国家的常理，陛下素来实行的，但以臣的愚昧无知，还是希望陛下常挂心中而不懈怠，那么完美的道德就可与三皇五帝比肩；亿万年的帝位可与天地一样久长。

【评述】

在这个奏章里，岑文本对历代治国经验和教训作了总结，对唐太宗作了规劝，也表达了他的廉政观：明选举，慎赏罚，进贤

〔1〕《贞观政要译注》卷第十《灾祥第三十九》，第469—470页。

才，退不肖，尚俭朴。岑文本从唐代帝业的长远着眼，提出了君王从政须注意的重大事项。节俭戒奢、不动干戈和爱惜民力是一致的，人才的选拔和刑罚的慎用，这些虽是为国者的常理，却也是帝王最容易懈怠的地方。

第十四节　张玄素

【人物简介】

张玄素（？—664），蒲州虞乡（今山西永济）人。隋时为景城县户曹。贞观初，任太子詹事、右庶子。因太子被废而削职为民。不久，又起用为刺史。唐高宗永徽年间（650—655），他以年老致仕，龙朔三年（663 年）加授银青光禄大夫，麟德元年（664 年）去世。

节之以礼制

【原文】

微臣窃思秦始皇之为君也，藉周室之余，因六国之盛，将贻之万叶，及其子而亡，谅由逞嗜奔欲，逆天害人者也。是知天下不可以力胜，神祇不可以亲恃。惟当弘俭约，薄赋敛，慎终始，可以永固。

方今承百王[①]之末，属凋弊之余，必欲节之以礼制，陛下宜以身为先。东都未有幸期，即令补葺，诸王今并出藩[②]，又须营构。兴发数多，岂疲人之所望？其不可一也。陛下初平东都之始，层楼广殿，皆令撤毁，天下翕然，同心欣仰。岂有初则恶其侈靡，今乃袭其雕丽？其不可二也。每承音旨，未即巡幸，此乃事不急之务，成虚费之劳。国无兼年之积，何用两都之好？劳役过度，怨讟将起。其不可三也。百姓承乱离之后，财力凋尽，天恩含育，粗见存立，饥寒犹切，生计未安，三五年间，未能复旧。奈何营未幸之都，而夺疲人之力？其不可四也。昔汉高祖将都洛阳，娄敬一言，即日西驾。岂不知地惟土中，贡赋所均，但以形胜不如关内也。伏惟陛下化凋弊之人，革浇漓之俗，为日尚浅，未甚淳和，斟酌事宜，讵可东幸？其不可五也。[1]

【注释】

①百王：指隋末混乱中各地割据势力和农民起义军。

②出藩：皇子、亲王出守地方为国家藩卫。

【译文】

微臣私下在想，秦始皇做君主是继承周王朝的余业，凭借六国的强盛，将把皇位传给万世，然而到他的儿子就亡国了，实在是由于放纵自己的欲望，违背天理而贻害百姓的缘故。由此可知天下不是单凭武力就能得到的，神灵也不是能够亲近依赖的。应当弘扬勤俭节约精神，减轻赋税，始终谨慎如一，江山社稷才可以永远牢固。

当今陛下上承百王争战之末，处于民生凋敝的境地，这时一定要用礼义制度节制天下，陛下应该以身作则，做出表率。巡幸

〔1〕《贞观政要译注》卷第二《纳谏第五》，第75—77页。

东都洛阳的日期还没有确定，就下令重修东都的宫殿；诸王现在都要出守藩国，又要营造宫室。兴建的宫殿和征发的百姓越来越多，这难道是疲惫的百姓所盼望的吗？这是不宜兴建的第一个原因。陛下在刚刚平定东都的时候，就命令将那里的高楼大厦全部拆毁，所以天下安定，人心归服，万民景仰。岂有开始时厌恶它的奢侈糜烂，现在又要承袭它的华丽装饰？这是不宜兴建的第二个原因。常常接到陛下出巡的旨意，却没有马上前往巡幸，这就是做不急的事务，成了白白浪费人力和物力的劳作。如今国家没有两年的积蓄，何必追求两都并置的事？劳役过多，就会引起百姓的怨恨。这是不宜兴建的第三个原因。老百姓在经历了战乱流离之后，财力荡尽，在陛下的恩惠抚育之下，勉强存活，衣食之忧还很急切，生计尚未安定，三五年内，还不能恢复到以前的生活水平。在这种情况下，为什么要去营建尚未确定前往的都城，而夺去疲惫百姓的劳力呢？这是不宜兴建的第四个原因。过去汉高祖想要建都洛阳，娄敬一提意见，当天就起驾回到西都长安。难道他不知道洛阳地处全国中心，四方缴纳贡税的里程比较均衡吗？只是洛阳的地形不如长安险要而已。我想陛下教化凋敝的百姓，革除旧俗，时间都还很短，没有达到敦厚和谐的境况，认真思量其中的道理，怎么可以前往东都呢？这是不宜兴建的第五个原因。

【评述】

贞观四年（630年），唐太宗诏发大批军卒修缮隋炀帝时建造的洛阳宫乾元殿“以备巡幸”，张玄素上书谏阻，详细陈述了五条不能动工的原因。奏书中尖锐指出：“臣闻阿房成，秦人散；章华就，楚众离；乾元毕功，隋人解体。且以陛下今时功力，何如隋日？承凋残之后，役疮痍之人，费亿万之功，袭百王之弊，以此言之，恐甚于炀帝远矣。"[1] 唐太宗看到谏书后，不高兴地对张玄素说："卿以我不如炀帝，何如桀、纣?"张玄素说："若此殿卒兴，所谓同归于乱。"唐太宗听后感叹道："我不思量，遂至于此。"决定停止修殿，并奖赏张玄素绢二百匹。从这段话里可以看到张玄素尚节俭，重民生，给百姓以休养生息的机会，既可以看出他的民本思想，还可以看出他对君道的重视。

第十五节　马周

【人物简介】

马周（601—648），字宾王，博州茌平（今属山东）人。少孤贫，勤读博学，精《诗》、《书》，善《春秋》。后到长安，为中郎将常何家客，公元631年，代常何上疏二十余事，深得太宗赏识，授监察御史，后累官至中书令。曾直谏太宗以隋为鉴，少兴徭赋，提倡节俭，反对实行世封制。

刺史县令，需选贤德

【原文】

治天下者以人为本。欲令百姓安乐，惟在刺史、县令。县令

〔1〕《贞观政要译注》卷第二《纳谏第五》，第78页。

既众，不可皆贤，若每州得良刺史，则合境苏息①。天下刺史悉称圣意，则陛下可端拱岩廊之上，百姓不虑不安。自古郡守、县令，皆妙选贤德，欲有迁擢②为将相，必先试以临民，或从二千石③入为丞相及司徒、太尉者。朝廷必不可独重内臣，外刺史、县令，遂轻其选。所以百姓未安，殆由于此。[1]

【注释】

①苏息：休养生息。

②迁擢（zhuó）：提拔升迁。

③二千石（shí）：汉代对郡守的通称，因为他们的俸禄为二千石。石，今读 dàn，容量单位，十斗等于一石。这个意义在古书中读 shí。

【译文】

治理天下要以人才为根本。想要使百姓安居乐业，只在于任用好的刺史和县令。县令人数众多，不可能人人都是贤良，如果每一个州都能任用一个贤能的刺史，那么整个州内都能稳定安宁。全国的刺史都能称陛下的心意的话，那么陛下就可以垂拱而治，百姓也不用担心国家不安定了。自古以来的郡守和县令，都要精挑细选贤能有德的人来担任，如果有要提拔为大将、丞相的，一定先让他做地方官，或者就从郡守中选拔合适人才，入朝担任丞相、司徒及太尉。朝廷一定不能只注重朝廷之臣，而把刺史、县令等地方官员置之度外，轻视对他们的选拔。百姓之所以不能安

---

〔1〕《贞观政要译注》卷第三《择官第七》，第 135—136 页。

定，或许就是这个原因。

【评述】

由于地方官吏直接关乎对百姓的治理，因此自古以来执政者都注重对地方官吏的选拔。唐太宗更是如此。据《贞观政要》本篇所记，唐太宗“惟恐都督、刺史堪养百姓以否。故于屏风上录其姓名，坐卧恒看，在官如有善事，亦具列于名下”。马周的上疏也是以古为证，强调选拔地方官吏的重要性。

节俭于身，恩加于人

【原文】

臣历睹前代，自夏、殷、周及汉氏之有天下，传祚相继，多者八百余年，少者犹四五百年，皆为积德累业，恩结于人心。岂无僻王？赖前哲以免尔！自魏、晋以还，降及周、隋，多者不过五六十年，少者才二三十年而亡，良由创业之君不务广恩化，当时仅能自守，后无遗德可思。故传嗣之主政教少衰，一夫大呼而天下土崩矣。今陛下虽以大功定天下，而积德日浅，固当崇禹、汤、文、武之道，广施德化，使恩有余地，为子孙立万代之基。岂欲但令政教无失，以持当年而已！且自古明王圣主虽因人设教，宽猛随时，而大要[①]以节俭于身、恩加于人二者是务。故其下爱之如父母，仰之如日月，敬之如神明，畏之如雷霆。此其所以卜祚遐长而祸乱不作也。

今百姓承丧乱之后，比于隋时才十分之一，而供官徭役，道路相继，兄去弟还，首尾不绝，远者往来五六千里，春秋冬夏，略无休时。陛下每有恩诏，令其减省，而有司作既不废，自然须人，徒行文书，役之如故。臣每访问，四五年来，百姓颇有怨嗟之言，以陛下不存养之。昔唐尧茅茨土阶②，夏禹恶衣菲食，如此之事，臣知不复可行于今。汉文帝惜百金之费，辍露台之役，集上书囊，以为殿帷，所幸夫人衣不曳地。至景帝以锦绣纂组妨害女工，特诏除之，所以百姓安乐。至孝武帝虽穷奢极侈，而承文、景遗德，故人心不动。向使高祖之后，即有武帝，天下必不能全。此于时代差近，事迹可见。今京师及益州诸处营造供奉器物，并诸王妃主服饰，议者皆不以为俭。臣闻昧旦丕显③，后世犹怠，作法于理④，其弊犹乱。陛下少处民间，知百姓辛苦，前代成败，目所亲见，尚犹如此，而皇太子生长深宫，不更外事，即万岁⑤之后，固圣虑所当忧也。〔1〕

【注释】

①大要：总的原则。

②茅茨土阶：以茅草盖屋，以土为台阶，指住房简陋。

③昧旦丕显：指勤奋早起而求得功业显赫。语出《左传·昭公三年》。昧旦，黎明。丕，大。

④作法于理：制定法令合乎义理。

⑤万岁：犹言百年。

【译文】

臣历观前代兴亡，自夏、商、周以至两汉王朝，帝位传承相

〔1〕《贞观政要译注》卷第六《奢纵第二十五》，第330—333页。

继，时间长的多达八百余年，短的也有四五百年，都是因为积累德行和功业，恩德存在于百姓心中。难道这些朝代没有出现过昏庸的君王吗？只是仰赖前代贤明的君主的恩泽而免于祸患罢了。从魏、晋以来，以至北周、隋朝，国家存在的时间长的不过五六十年，短的才有二三十年，这实在是由于开国之君主没能广布恩德教化，只能够保住自己一时的帝位，没给后人留下可供追思怀念的恩德。所以后来继位的君主政治教化稍有衰败，只要一人大呼造反，就会导致天下土崩瓦解。现在陛下虽然凭借巨大的功德平定了天下，然而积累恩德的时间尚短，所以应当推崇大禹、商汤、周文王、周武王的治国原则，广施恩德教化，使其绰绰有余，为后世子孙确立万代相传的根基。哪能只想让政令教化没有过失，维持好当前的统治就可以了呢！况且古代贤明的君主虽然根据不同的人设立相应的政教，宽厚与严厉随着时势的变化而变化，但总的原则是节俭自身、施恩百姓两个方面。因此百姓就像爱戴自己的父母一样爱戴他们，如同瞻仰日月一样瞻仰他们，就像尊敬神明一样尊敬他们，就像畏惧雷霆一样畏惧他们。这就是他们的帝位能够长久传承而不会发生祸乱的原因。

现在百姓处于社会丧乱之后，人口只有隋朝的十分之一，但是被官府征召服徭役的人，前后相继奔波于道路之上，弟弟刚回来兄长又离开家，首尾不断，路途远的，往返有五六千里，一年四季得不到休息。陛下时常颁布恩诏，命令减轻百姓的徭役，但是有关部门的工作既然不能停止，就自然需要用人，所以白白下达诏书，徭役依然如故。臣每次访察，这四五年来，百姓很有怨恨的言语，认为陛下不能体恤抚养他们。从前唐尧用茅草盖屋，用土块作台阶；夏禹穿粗衣吃劣食，像这样的事情，臣知道现在是不可能实行了。汉文帝因为珍惜百金的花费，从而停止了兴建露台的工程，他收取臣下上疏所用的布袋，用作宫殿的帷帐，所宠幸的慎夫人的衣裙短得不拖曳在地上。到了汉景帝时，考虑到锦绣五彩绦带等丝织品会妨碍女工，特下诏书废除不用，所以百姓能安居乐业。到了汉武帝，虽然他穷奢极欲，但因为依靠文帝、景帝遗留下来的恩德，所以人心没有骚乱。假如汉高祖之后即是汉武帝时代，天下是必然不会保全的。这些事情因为距离现在不远，还能了解清楚。现在京城和益州等地营造供奉皇室的物品，以及诸位亲王、妃嫔、公主的服饰用品，议论的人都认为是不节俭的。臣听说黎明即起而求取显赫的功业，后代还是会懈怠；制定法令合乎常理，结果还会招致祸乱。陛下少时生长在民间，了解百姓的疾苦，前代的兴亡衰败，都亲眼看到，尚且还是这样，如今皇太子生活在深宫之中，没有经历过宫廷以外的事，那么陛下百年以后的事情，确实应当忧虑了。

【评述】

唐朝初年，百废待兴。马周对唐太宗提了两条建议：奉行节俭和施恩百姓。他对历朝历代的兴衰原因作了总结，指出短命王朝是由于君主不施仁德，享用无度；历时长些的王朝由于有贤明的君主对民众施以恩德，但及至后代，政教不如前代帝王，国家也就陷于衰败之中。马周提及唐初的民情，力劝唐太宗爱惜民力，体恤民情，节俭戒奢。他从前代王朝进行论证，说明节俭和给予百姓休养时间的重要性。马周的这些建议，对于初建的唐王朝来说，是极其必要的。

第十六节　刘洎

【人物简介】

刘洎（？—645），字思道，荆州江陵（今湖北江陵）人。隋末，初仕萧铣为黄门侍郎，归唐后授南康州（治所在今江西赣县）都督府长史。唐太宗贞观七年（633 年）升给事中，封清苑县男，调任治书侍御史，授尚书右丞，加银青光禄大夫、散骑常侍，代黄门侍郎。

刘洎敢于谏诤。他劝唐太宗宜少与臣下辩驳，对政事建议慎于取舍。贞观十九年（645 年）太宗出征辽东，诏刘洎兼太子中庶子（诏兼左庶子），辅佐皇太子李治留守定州以监国。同年九月，因遭褚遂良诬陷而被赐死。

宜精简尚书左右丞及左右郎中

【原文】

臣闻尚书万机，实为政本，伏寻此选，授任诚难。是以八座[①]比于文昌[②]，二丞[③]方于管辖[④]，爰至曹郎[⑤]，上应列宿，苟非称职，窃位兴讥。伏见比来尚书省诏敕稽停，文案壅滞，臣诚庸劣，请述其源。贞观之初，未有令仆[⑥]，于时省务繁杂，倍多于今。而左丞戴胄，右丞魏徵，并晓达吏方，质性平直，事应弹举，无所回避，陛下又假以恩慈，自然肃物。百司匪懈，抑此之由。及杜正伦续任右丞，颇亦厉下。比者纲维不举，并为勋亲在位，器非其任，功势相倾，凡在官寮，未循公道，虽欲自强，先惧嚣谤。所以郎中予夺，惟事谘禀；尚书依违，不能断决。或纠弹闻奏，故事稽延，案虽理穷，仍更盘下。去无程限，来不责迟，一经出手，便涉年载。或希旨失情，或避嫌抑理。勾司以案成为事了，不究是非；尚书用便僻⑦为奉公，莫论当否。互相姑息，惟事弥缝。且选众授能，非才莫举，天工人代⑧，焉可妄加？至于懿戚元勋，但宜优其礼秩，或年高及耄，或积病智昏，既无益于时宜，当置之以闲逸。久妨贤路，殊为不可。将救兹弊，且宜精简尚书左右丞及左右郎中。如并得人，自然纲维备举，亦当矫正趋竞，岂惟息其稽滞哉！[1]

【注释】

①八座：隋唐时尚书省的六部尚书、左右仆射合称八座。

②文昌：星名，此指道教梓潼帝君。

③二丞：指尚书左丞、右丞。

④管辖：管是钥匙；辖是固定车轮与车轴的位置，插入轴端的销子。

⑤曹郎：郎中和员外郎的统称。职官治事分科叫曹，郎为官名。

⑥令仆：指尚书令和仆射。

⑦便（pián）僻：逢迎谄媚。

⑧天工人代：此指尚书省的官员是代天办事。

---

〔1〕《贞观政要译注》卷第三《择官第七》，第136—137页。

【译文】

臣知道尚书省日理万机，事务繁重，实在是处理国家政务的中心部门，选择适当的人来担当此任，确实是一件相当困难的事情。所以人们把左右仆射和六部长官这八位高官比作天上文昌宫里的星宿，把左右二丞比作钥匙和控制车轮的销子。尚书省所属官员，都与上天的星宿相对应，如果不能称职，就会招来窃居其位的讥议。我看到近来尚书省收到命令之后不能及时处理，文件壅积在桌案上。臣下虽平庸低劣，也请允许我来分析一下产生这种情况的根源。贞观初年，没有设置尚书令和仆射，当时尚书省公务繁忙，是现在工作量的好几倍。当时的左丞戴胄和右丞魏徵，都通晓尚书省事务，他们品行公正，遇到应该弹劾举报的事情，从不加以回避，陛下又施以恩慈，所以自然能够使百官振肃。各个官署都不敢懈怠，也是因为这样做的缘故。到了杜正伦继任右丞以后，也很能够督促下属。近来国家的法纪无法正常施行，都是由于元勋贵戚占据高位，他们无法胜任其职，依仗功勋权势互相倾轧。凡是在职的官员，也不能秉公办事，即使有的官员想有所作为，也害怕众人的诽谤。所以郎中处理事务时，只是往上禀报；尚书也摇摆不定，不能作出决断。或者上奏弹劾，故意拖延，案件的事理已经很清楚了，仍然不停地盘问下级。公文发出也没有期限，复文迟回也不加以指责，公文一经出手，就需时一年半载。或者是迎合上面的旨意而不顾实情，或者是为了避免嫌疑而压制正当理由。办案人员只求结案了事，不去深究处理得是对还是错；尚书把逢迎谄媚作为奉公守法，不管应不应当。互相姑息宽纵，遇事只求掩盖。况且各级官吏都应当在众人中选拔，没有才能不能举用，官吏是代天行事，怎么能随便授予？至于功臣元勋皇亲国戚，只应当给他们优厚的待遇。有的已是八九十岁的老人，有的长期患病、智力昏庸，既然他们已经不能为当今作出贡献了，那就应该安排他们安闲舒适的位置。让他们长期妨碍进贤之路，这是绝不可以的。为了纠正这类弊端，应该精心挑选尚书左右丞和左右郎中。如果都能得到称职的人，国家的重要法纪自然会得到施行，也能够纠正那种投机跑官的歪风，而不仅是解决办事拖延的问题。

【评述】

这是刘洎对具体问题的分析及建议。他首先指出以前尚书省的高效率运作是由于君臣合作得好，并且尚书省的人选合适，所以处理政务高效而公平。而现在作为施政中心的尚书省存有弊端。刘洎在奏章中详细分析了弊端产生的原因，他认为主要是元勋亲贵们不能胜任这个职位而徇私枉法的缘故。在这个奏章上达后不久，刘洎就被任命为尚书左丞。刘洎的上疏切中时弊，极为可贵，也可看出唐太宗从善如流的胸襟。

第十七节 周圣神皇帝武则天

【人物简介】

周圣神皇帝武则天（624—705），名曌（zhào），并（bīng）州文水（今山西文水东）人，唐工部尚书武士彟（huò）之女，唐高宗皇后，后称帝，在位十六年。

武则天十四岁时被唐太宗选入宫中为才人，太宗病逝后被送入感业寺为尼姑。旋被高宗召回宫中，封为昭仪。永徽六年（655年）立为皇后。显庆五年（660年）以后，高宗患风疾，目不能视，武则天临朝听政，号天后，与高宗并称“二圣”。

高宗病逝后，太子李显于弘道元年（683年）继位，即中宗。武则天以皇太后身份临朝听政。次年废中宗，改立四子李旦为帝，即睿宗。规定睿宗不许干预朝政，一切由她做主。载初元年（690年）九月，武则天废黜睿宗，登基称帝，改国号为周，史称武周，改年号为天授，自称圣神皇帝，成为中国历史上唯一的女皇帝。

武则天称帝后，任用酷吏，同时大批录用人才，并视之为治国之本、天子之责。她在洛阳宫殿亲自考试贡士，开创了殿试制度。她又专门设置武举，还允许各级官吏和百姓自行荐举。武则天执掌朝政达半个世纪之久，所采取的奖励农耕、重用人才、管束亲近者等措施，有效地维持了社会的安定，巩固了贞观之治的成果，为后来的开元盛世奠定了坚实而雄厚的基础。武则天晚年豪奢专断，颇多弊政。神龙元年（705年）正月，卧病在床。不久，中宗复位，上尊号为则天大圣皇帝，冬，武则天病死于长安上阳宫中。

《臣轨》二卷，署名唐武后撰。上元二年（675年）三月，武则天引著作郎元万顷、左史刘祎之等人修撰此书，分国体、至忠、守道、公正、匡谏、诚信、慎密、廉洁、良将、利人十章。轨，是规矩、标准的意思。武则天以儒家传统道德观念为基础，论述为臣者正心、诚意、爱国、忠君之道，作为臣僚的座右铭与士人贡举习业的读本。

事君者以忠正为基，忠正者以慈惠为本

【原文】

夫事君者以忠正为基，忠正者以慈惠为本。故为臣不能慈惠于百姓而曰忠正于其君者，斯非至忠也。所以大臣必怀养人之德，而有恤下之心。利不可并，忠不可兼。不去小利，则大利不得；不去小忠，则大忠不至。故小利，大利之残也；小忠，大忠之贼也。〔1〕

【译文】

侍奉君主的人应以忠诚正直为根本，忠诚正直的人应以慈爱仁惠为根本。所以臣子如果做不到对百姓慈爱仁惠，却说对君主忠诚正直，那不是最大的忠诚。因此，大臣必须具有抚育百姓的恩德，怜恤下民的用心。不能同时获得两种利益，也不能同时具有两种忠心。不舍弃小利益，就得不到大利益；不舍弃小忠诚，就不可能有大忠诚。所以小利益会毁坏大利益，小忠诚会残害大忠诚。

【评述】

武则天在此提出了何谓“至忠”的问题。在她看来，最大的忠心不是只对君主忠心，更要对百姓怀有慈爱仁惠之心——“必怀养人之德，而有恤下之心”。她区分了两种利益和两种忠心：利于个人的小利益和利于国家的大利益，针对个人的小忠心和针对

---

〔1〕《臣轨·至忠章》，《诸子集成续编十》第140页。

百姓的大忠心。这二者不能兼得，要舍小而取大。惟其如此，才体现出臣下的至忠之心。武则天将事君与爱民结合在一起，同样是儒家仁政思想的体现。

唯公心可以奉国，唯公心可以理家

【原文】

天无私覆，地无私载。日月无私烛，四时无私为。忍所私而行大义，可谓公矣。智而用私，不若愚而用公。人臣之公者，理官事则不营私家，在公门则不言货利，当公法则不阿亲戚，奉公举贤则不避仇雠。忠于事君，仁于利下。推之以恕道，行之以不党，伊、吕是也。故显名存于今，是之谓公也。理人之道万端，所以行之在一。一者何？公而已矣。唯公心可以奉国，唯公心可以理家。公道行，则神明不劳而邪自息；私道行，则刑罚繁而邪不禁。故公之为道也，言甚少而用甚博。[1]

【译文】

上天无私地覆盖万物，大地无私地负载万物。日月无私地普照万物，寒来暑往，春秋代谢，四时永远有规律地运行。它们都没有一点儿私心，根据大义行事，可以称之为“公”了。聪明而自私的人，不如蠢笨而有公心的人。公正无私的大臣，在办理国家事务时不会为自己的小家打算，身居官位而不考虑经商渔利，遵守国家法规则不为亲朋好友徇私情，为国家荐举贤才则不避开

〔1〕《臣轨·公正章》，《诸子集成续编十》第146—147页。

自己的仇敌。忠诚地侍奉君主，仁慈地为百姓谋利。推行宽恕之道，不去结党营私，商周的大臣伊尹、姜尚就是这样。所以他们的声名一直流传到今天，这就叫做“公”了。治理百姓的方法千头万绪，却必须以一点为基础。这一点是什么？那就是公正罢了。只有持有公心才可以辅佐君主，只有持有公心才可以治家。如果实行了公道，那么不用神鬼帮助而奸邪自会消亡；如果实行的是私道，那么即使运用再多刑罚也不能制止奸邪。所以公正作为一种法则，说起来很简单，其作用却甚为强大。

【评述】

对于人臣如何事君奉国，武则天在此章中提出了一个具有本体意义的观念，那就是“公心”。她对公心的表现作了详细的论述，如不以权谋私，不经商获利，不阿从亲党，统而言之，就是“公”字当头，“忍所私而行大义”。应当说，武则天的“公心”观对于杜绝腐败推行廉政是具有积极意义的。不过还需要看到，她的观点还是从道德修养层面着眼的，至于从制度上如何保证官员廉洁奉公，则少有论及。

理官莫如平，临财莫如廉

【原文】

清静无为，则天与之时；恭廉守节，则地与之财。君子虽富贵，不以养伤身；虽贫贱，不以利毁廉。知为吏者，奉法以利人；不知为吏者，枉法以侵人。理官莫如平，临财莫如廉。廉平之德，吏之宝也。

非其路而行之，虽劳不至；非其有而求之，虽强不得。知者不为非其事，廉者不求非其有，是以远害而名彰也。故君子行廉以全其真，守清以保其身。富财不如义多，高位不如德尊。[1]

【译文】

清静无为的人，上天也会给他机会；恭顺廉洁、保持节操的人，大地也会赐予他财物。君子即使大富大贵，也不能因为生活奢侈而伤害自己的身体；即使贫穷低贱，也不能因贪图财利而毁掉廉洁的品德。知道怎样做官的人，会奉公守法使百姓获得利益；不知道怎样做官的人，会贪赃枉法侵害百姓的利益。居政为官，最好的办法莫过于公平；面对财物，最好的态度莫过于廉洁。廉洁与公平这两种品德，是做官的法宝。走不该走的路，再怎么辛劳也达不了目的地；要不该要的东西，再怎么强求也得不到它们。聪明的人不做那些不该自己做的事，廉洁的人不贪求那些不该自己有的东西，这样就会远离祸患并且彰显美名。所以君子要行事廉洁以保全自己的本性，坚守清贞以保全自己的身心。富于财货不如富有道义，官高位显不如道德受人尊崇。

【评述】

武则天在《臣轨》一书中，专门开辟《廉洁》一章，可见她对于官吏廉洁的重视。她认为，廉洁和公平这两种品德，是做官的宝贵准则。官吏只有奉公守法，使百姓获得利益，才能保持自己的节操，也能使自己长久富贵。武则天从道德修养和后果危害

〔1〕《臣轨·廉洁章》，《诸子集成续编十》第158—159页。

两方面谈论廉洁的必要性，在中国古代廉政思想史上具有重要的意义。

内守廉平，外存忧恤

【原文】

夫将者，君之所恃也；兵者，将之所恃也。故君欲立功者，必推心于将；将之求胜者，先致爱于兵。夫爱兵之道，务逸乐之，务丰厚之，不役力以为己，不贪财以殉私。内守廉平，外存忧恤。[1]

【译文】

将帅是君主所要依赖的，士兵又是将帅所要依赖的。所以君主想要建功立业，必须诚心诚意地对待将帅；将帅想要取得胜利，必须对士兵爱护有加。爱护士兵的方法，是使他们安逸快乐，给他们丰厚待遇，不利用他们做自己的私事，不贪图他们的钱财据为己有。对自己要持守廉洁奉公的品德，对士兵要关心和怜恤。

【评述】

武则天在《臣轨·良将章》中，对于将帅和士兵的关系作了较为深刻的论述。武则天首先思考的是如何选拔良将为国家所用，而对于良将的标准，她作了自己的思考，认为将帅要廉洁奉公，爱护士兵，这样的部队才有战斗力。

---

〔1〕《臣轨·良将章》,《诸子集成续编十》第160页。

夫衣食者，人之本也；人者，国之本

【原文】

夫衣食者，人之本也；人者，国之本。人恃衣食，犹鱼之待水；国之恃人，如人之倚足。鱼无水则不可以生，人无足则不可以步。故夏禹称："人无食，则我不能使也；功成而不利于人，则我不能劝也。"是以为臣之忠者，先利于人。

……

故善为臣者，必先为君除害兴利。所谓除害者，末作①也；所谓兴利者，农功也。夫足寒伤心，人劳伤国，自然之理也。养心者不寒其足，为国者不劳其人。臣之与主，共养黎元②，必当省徭轻赋，以广人财；不夺人时，以足人用。

夫人之于君，犹子于父母，未有子贫而父母富，子富而父母贫。故人足者，非独人之足，国之足也；人匮③者，非独人之匮，国之匮也。是以《论语》云："百姓不足，君孰与足？"故助君而恤人者，至忠之远谋也；损下而益上者，人臣之浅虑也。[1]

【注释】

①末作：犹言末业。旧指工商业。

②黎元：犹言众民。

③匮（kuì）：缺乏，穷尽。

---

〔1〕《臣轨·利人章》，《诸子集成续编十》第164—165页。

【译文】

衣食，是百姓生存的根本条件；百姓，是国家存在的根本条件。百姓依赖衣食，就如同鱼儿依赖水一样；国家依赖百姓，就像人要依赖双脚一样。鱼儿没有水就没法生存，人没有脚就没法走路。所以夏禹说："如果百姓没有饭吃，我也不能使用他们；如果做成一件事却对百姓没有好处，我就无法劝勉他们去做。"所以臣子要表现忠心，首先要为百姓谋福利。

……

所以善于做臣子的人，必定先要为君主除害兴利。所谓除害，就是指的抑制工商等末业；所谓兴利，指的是加强农业生产。脚部受寒就会损及心脏，百姓劳累就会伤害国家，这是很自然的道理。保养心脏的人不会使其足部受寒，治理国家的人不会使其百姓受苦。臣子与君主一起，共同养育黎民百姓，一定要减省徭役、减轻赋税，增加他们的财富，不要侵夺他们的农时，使他们的生活富足。

百姓之于君主，就像子女之于父母，没有子女贫穷而父母富足的，也没有子女富足而父母贫穷的。所以说如果百姓富有，不仅仅是百姓富有，国家也会富有；如果百姓贫穷，也不仅仅是百姓贫穷，国家也会贫穷。因此《论语》上说："如果百姓的财用不够，做君主的又怎么会富足呢?"所以，帮助君主体恤百姓的臣子，是至为忠诚且有深谋远虑的；损害百姓利益以增加君主财富的臣子，是眼光短浅的。

【评述】

这段话体现了武则天的"民本"思想。"民本"与"仁政"

可谓儒家治国观的核心思想，这二者是紧密相关的，施行“仁政”即要求统治者爱民护民。武则天以此为基础，对民本思想作了阐发。她将百姓视为国家的根本，视百姓与君主之间的关系为子女与父母的关系，二者同声相应，百姓富则国家富，百姓穷则国家穷。基于这种认识，她重申在《至忠章》中的观点，即臣子应关心百姓疾苦，劝民抑商，使其生活富足。

务守公平，贵敦诚信

【原文】

若使心归大道，情切至忠，务守公平，贵敦诚信。抱廉洁而为行，怀慎密以修身，奉上崇匡谏之规，恤下思利人之术，自然名实兼茂，禄位俱延，荣不召而自来，辱不遣而斯去。然则忠正者致福之本，戒慎者集庆①之源，若影随形，犹声逐响。凡百群彦，可不勖欤！〔1〕

【注释】

①庆：福泽。

【译文】

如果要使心思归于仁爱的大道，情感切合最高的忠心，就一定要持守公平，努力做到诚实守信，行事廉洁，修身谨慎。侍奉君主要尊奉直言规劝的原则，怜恤百姓要考虑有益于百姓的方法，这样自然就会名利双收，俸禄和官位都会保持下去，荣誉会不召

〔1〕《臣轨·利人章》，《诸子集成续编十》第166页。

自来，耻辱会不遣而去。忠诚正直是获得富贵的根本，戒惧谨慎是得到幸福的源泉，它们的关系，如影随形，如声逐响。各位有才之士，怎能不勤勉努力呢?

【评述】

武则天对于官吏的任职做了设身处地的思考，从正面角度来说明官吏廉洁的必要性。她认为，爱惜百姓，这样既会获得名声，又会得到实利，俸禄和官位都会长久地保持下去。但从实际情况来说，爱惜百姓，获得名声是肯定的，但能否得到上面的赏识，这就需要一个健全的选拔机制来保障了。

第十八节 杜黄裳

【人物简介】

杜黄裳（738—808），京兆万年（今陕西西安）人，一说京兆杜陵人，字遵素。初为郭子仪朔方从事，曾代主留后事务。贞元末年为太常卿，反对王叔文用事，唐宪宗以太子总军国事时，用为宰相。元和元年（806 年），力主讨西川节度副使刘辟之叛，并荐神策军使高崇文为将，为宪宗采纳。后又力主削弱藩镇势力。二年（807 年），兼河中尹，河中、晋、绛等州节度使，封邠国公。

修己简易，择贤委任

【原文】

帝王之务，在于修己简易，择贤委任，宵旰以求民瘼，舍己从人以厚下，固不宜怠肆安逸。然事有纲领小大，当务知其远者大者；至如簿书讼狱，百吏能否，本非人主所自任也。昔秦始皇自程决事，见嗤前代；诸葛亮王霸之佐，二十罚以上皆自省之，亦为敌国所诮，知不久堪；魏明帝欲省尚书拟事，陈矫言其不可；隋文帝日旰听政，令卫士传餐，文皇帝亦笑其烦察。为人主之体固不可代下司职，但择人委任，责其成效，赏罚必信，谁不尽心。《传》称帝舜之德曰："夫何为哉？恭己南面而已！"诚以能举十六相，去四凶也。岂与劳神疲体自任耳目之主同年而语哉！但人主常势，患在不能推诚，人臣之弊，患在不能自竭。由是上疑下诈，礼貌或亏，欲求致理，自然难致。苟无此弊，何患不至于理。[1]

【译文】

帝王所要做的事情，在于修养自己的心性，崇尚简约，选拔贤能的人才授予官位，日夜访求百姓疾苦，不独断专行而听从大家的意见，宽厚地对待臣下，所以不能怠惰放纵贪图安逸。不过事情有主从有大小，应该从长远着眼，致力于把握大事要事；像文书簿册诉讼断狱，以及官吏有无行政能力等事务，本就不是君

〔1〕《旧唐书·本纪第十四》，第415页。

主需要亲自过问的。过去秦始皇每天自定决断事务之数，受到前人的讥讽；诸葛亮本为辅国重臣，责罚二十大板以上的小案件都要亲自处理，司马懿对此夷然不屑，料定诸葛亮活不长久；魏明帝想到尚书台商量事情，陈矫告诉他不能这样；隋文帝日夜处理政务，无暇饮食，传令卫士送来饭菜，唐太宗也嘲笑他事事都要过问。身为君主，当然不能代替臣下处理政事，只要选拔人才委任职务，监督并考查他们的政绩，奖赏和惩罚做到言出必行，谁还能不尽心尽力呢？《左传》上称赞舜帝的德行说："他做了什么呢？不过是庄严端正地坐在朝廷上罢了！"这着实是因为他能举用十六相、驱除四凶的缘故。怎能与那些劳神苦形，凡事都要亲自处理的君主相提并论呢？不过通常说来，君主的问题在于不能推心置腹，臣子的弊病在于不能竭忠尽力。由此上面猜疑，下面欺诈，君臣之间失去了应有的礼节，还想社会得到治理，自然是困难的了。如果没有这种弊端，还担心什么得不到治理。

【评述】

杜黄裳在此提出了君主如何处理政务的问题。他鲜明地指出，君主就应务求简易，任用贤才，使其各司其职，自己把握大局，掌握长远重大的事情即可。他心目中的理想君主是无为而治的虞舜，因其能够举用十六相，罢除四凶，国家事务听凭手下治理。而事必躬亲、日夜操劳的秦始皇、诸葛亮、魏明帝和隋文帝则成了遭人讥笑的反面教材。杜黄裳还涉及了人才的选拔和使用问题，他的观点在中国廉政思想史上值得重视。

第十九节　陆贽

【人物简介】

陆贽（754—805），字敬舆，苏州嘉兴县（今属浙江）人。唐大历六年（771 年）中进士。贞元七年（791 年），拜兵部侍郎，知贡举。次年任中书侍郎、同平章事，为宰相。陆贽执政期间，公忠体国，励精图治，具有远见卓识。在当时社会矛盾激化，唐王朝面临崩溃的形势下，他指陈时弊，筹划大计，为朝廷出了许多善策。他对德宗忠言极谏，建议皇帝了解下情，广开言路，纳言改过，轻徭薄赋，任贤黜恶，储粮备边，消弭战争。这些建议有些为德宗采纳，化为实际政策，特别是在藩镇叛乱举国动摇的情势下，陆贽规劝德宗下诏罪己，为德宗起草了诚挚动人的诏书并颁行天下。由于他善于预见，措施得宜，力挽危局，唐王朝摇摇欲坠的局面，得以转危为安。后被谗罢相。顺宗即位，下诏召回，未至已卒。

陆贽有著述多种，流传至今的有《陆宣公集》，亦名《陆宣公翰苑集》。

人者邦之本

【原文】

人者，邦之本也；财者，人之心也……其心伤则其本伤，其本伤则枝干颠瘁而根柢蹶拔矣。[1]

【译文】

老百姓是国家的根本，财产相当于百姓的心……百姓的心受到伤害，国家的根本也就会受到伤害；国家的根本受到伤害，会使枝干枯槁而根基毁掉。

【评述】

陆贽生活的中唐，正处于由盛转衰的年代。当时，由于土地兼并日益严重，又由于战事频繁，人们的赋税、徭役负担也越来越重，而唐德宗被朱泚围困在奉天，度过了一个月的贫乏生活回到长安后，不但不体恤民情，反而更加专意聚敛。残酷的剥削使广大农民纷纷破产，社会经济受到严重摧残，国家财政也濒于枯竭。受儒家思想影响极深的陆贽，继承了《管子》中所说的“治国之道，必先富民”和《论语》中所说的“百姓足，君孰与不足？百姓不足，君孰与足”的思想，针对当时的具体问题，反复阐明了他的民富才能国富的思想。这体现了陆贽的爱民思想，而爱民思想是陆贽廉政思想的基石。

得众之要，在乎见情

【原文】

臣闻立国之本，在乎得众。得众之要，在乎见情。[2]

---

〔1〕《论两河及淮西利害状》，《陆宣公集》第94页。

〔2〕《奉天论前所答奏未施行状》，《陆宣公集》第107页。

【译文】

我听说立国的根本，在于得到民众；得到民众的要诀，在于体恤民情。

【评述】

这里体现的还是陆贽的爱民思想。他对古代的爱民思想进行了总结，认为体恤民情，才能得到民众，国家才可长治久安。这对于唐中期正处于社会矛盾激化时期执政的唐德宗来说，无疑是中肯之语。

以君心从天下之心

【原文】

故喻君为舟，喻人为水。水能载舟，亦能覆舟。舟即君道，水即人情。舟顺水之道乃浮，违则没；君得人之情乃固，失则危。是以古先圣王之居人上也，必以其心从天下之心，而不敢以天下之人从其欲。〔1〕

【译文】

所以把君王比喻为舟，把百姓比喻为水。水可以载舟，也可以覆舟。舟就是为君之道，水就是民情。舟顺从水的规律就会浮在水上，违背水的规律就会覆没；君王得到民心，地位就会巩固，失去民心就危险了。所以古代的先王居于人上，都是使自己的心

〔1〕《奉天论前所答奏未施行状》，《陆宣公集》第108页。

顺从天下百姓的心，而不敢让天下百姓顺从自己的私欲。

【评述】

陆贽从水能载舟亦能覆舟的道理，来说明帝王应顺从百姓的心愿来处理事情，这样国家就会巩固，百姓就会归心。可见，在陆贽看来，“富民”不仅是关系到“财赡”的经济问题，而且还关系到“固国”的政治问题。正是在这一思想指导下，陆贽对两税法进行了猛烈抨击，主张废除额外苛敛，降低税率，节约国家开支，量入为出，限制土地兼并，减轻地租。这些主张都与他的民本思想有关。

知谏能从，知过能改

【原文】

是知谏而能从，过而能改，帝王之美，莫大于斯！[1]

【译文】

所以听到谏言能够采纳，发现错误能够改正，帝王的美德，没有比这更大的了！

【评述】

陆贽认为，帝王最大的美德就是善于纳谏，对于做错的事情，能及时改正。在他看来，最高领导者只有虚心纳谏，才能知群情、

---

〔1〕《奉天请数对群臣兼许令论事状》，《陆宣公集》第116页。

明民意，从而可以正确决策，得到民心。古代的帝王大都深居九宫之中，眼睛不能亲见，耳朵不能亲听，对于他们来说，了解下情只能采用听纳百官谏言这种方式。所以，要善于纳谏，才能了解民情并治理好国家。

九弊使君王和臣下不达

【原文】

窃谓为下者莫不愿忠，为上者莫不求理，然而下每苦上之不理，上每苦下之不忠。若是者何？两情不通故也。下之情莫不愿达于上，上之情莫不求知于下。然而下恒苦上之难达，上恒苦下之难知。若是者何？九弊不去故也。所谓九弊者，上有其六而下有其三。好胜人，耻闻过，骋辩给，眩聪明，厉威严，恣强愎：此六者，君上之弊也。谄谀，顾望，畏愞[①]：此三者，臣下之弊也。上好胜，必甘于佞辞；上耻过，必忌于直谏。如是则下之谄谀者顺旨，而忠实之语不闻矣。上骋辩，必剿说而折人以言；上眩明，必臆度而虞人以诈。如是则下之顾望者自便，而切磨之辞不尽矣。上厉威，必不能降情以接物；上恣愎，必不能引咎以受规。如是则下畏愞者避辜，而情理之说不申矣。

夫以区域之广大，生灵之众多，宫阙之重深，高卑之限隔，自黎献[②]而上，获睹至尊之光景者，逾亿兆而无一焉；就获睹之中，得接言议者，又千万不一；幸而得接者，犹有九弊居其间，则上下之情所通鲜矣。上情不通于下，则人惑；下情不通于上，则君疑。疑则不纳其诚，惑则不从其令。诚而不见纳，则应之以悖；令而不见从，则加之以刑。下悖上刑，不败何待？是使乱多理少，从古以然。[1]

【注释】

①畏愞（nuò）：同“畏懦”，胆怯软弱。

②黎献：黎民中的贤者。

【译文】

我认为做臣民的没有不愿意尽忠的，做君主的没有不想理解臣民的，然而臣下常常苦于得不到君主的理解，君主常常苦于臣下不能尽忠。这是为什么？是因为君主与臣民两者之间的情况不能通达的缘故。臣下的情况没有不想传达给君主的，君主的情况没有不想让臣下知道的。然而臣下还是长久地苦于下情难以传达给君主，君主还是长久地苦于难以知道下面的情况。这是为什么？是由于九种弊病得不到去除的缘故。所谓九种弊病，君主有其六而臣下占其三。争强好胜、耻闻己过、喜欢辩论、炫耀聪明、过于威严、刚愎自用，这六者，是君主的弊病。谄媚拍马、见风使舵、畏惧怯懦，这三者，是臣下的弊病。君主争强好胜，必然喜欢听到阿谀谄媚之辞；君主耻闻自过，必然忌讳听到臣下的直言相谏。这样，谄媚的人就会顺应君主的意旨，而君主也就听不到忠诚实在的言语了。君主喜欢辩论，必然会打断别人的言语，强词夺理地使人服从；君主炫耀聪明，必然会随意猜忌而怀疑他人欺诈。这样，那些见风使舵的人就会明哲自保，切磋劝诫的话语也就不敢多说了。君主过于威严，必然不能虚心地对待他人；君

〔1〕《奉天请数对群臣兼许令论事状》，《陆宣公集》第117—118页。

主刚愎自用，必然不会认识到自己的缺点并接受规劝。这样，那些畏惧怯懦的人就会远祸避罪而沉默不言，那么人情和事理就难以伸张了。

由于疆域广大，人口众多，加上宫阙深深，防卫重重，高卑之间界限分明，自黎民百姓中的贤者以至朝廷官员，能够目睹君主面目的极其之少；即便见到了君主，受到召见提出建议的，还是少之又少；即使幸运地受到了召见，还有九种弊端横在其中，那么君主和臣民的情况能够上下相通的实在太少了。君主的情况不能通达于臣下，臣民就会迷惑；臣民的情况不通达于君主，君主就会猜疑。君主猜疑就不会相信臣民的忠诚，臣民迷惑就不会听从君主的命令。臣民忠诚而不被采信，就会胡乱地应付君主；君主的命令不被听从，就会对臣民施以刑罚。臣民胡乱应付君主，君主对臣民滥施刑罚，国家不败亡还等什么呢？

【评述】

陆贽接连向德宗上书，希望德宗能够“召对群臣，许令论事”，并坚信此乃“当今切务”。而德宗却惯于文过饰非，将“不纳谏”的责任推给了群臣和谏官。陆贽针对德宗的错误观点，又上此状加以辩驳。在文中，陆贽提出君臣之间的情况之所以不能通达，是因为存在“九弊”。九弊之中，君主有其六而大臣占其三，他详细进行了申说。他的目的，还是希望德宗能够端正自己，虚心纳谏。

欲理天下，务得人心

【原文】

夫欲理天下而不务于得人心，则天下固不可理矣。务得人心而不勤于接下，则人心固不可得矣。务勤接下而不辨君子小人，则下固不可接矣。务辨君子小人，而恶其言过，悦其顺己，则君子小人固不可辨矣。[1]

【译文】

君王想要治理天下却不致力于得到民心，那么天下也就不可治理了；想要得到民心而不勤于接近臣下，那么民心也就不可得到了；想要勤于接近臣下而不去分辨贤臣和小人，那么臣下也就不可接近了；想要分辨贤臣和小人，却厌恶臣下谈论自己的过错，喜欢臣下顺从自己的意思，那么贤臣和小人也就不可以分辨了。

【评述】

陆贽认为，君王若想治理天下，首要的事情就是得到民心；想要得到民心就要勤于接近下属；而要接近下属就要分清贤臣和小人；想要分清贤臣和小人，就要接受逆耳直言。他通过层层递进的推理，规劝帝王要善于纳谏，接受下属的直言。

---

〔1〕《奉天请数对群臣兼许令论事状》，《陆宣公集》第119页。

加强帝王修养

【原文】

伏愿广接下之道，开奖善之门，弘纳谏之怀，励推诚之美。其接下也，待之以礼，煦之以和；虚心以尽其言，端意以详其理；不御人以给，不自眩以明；不以先觉为能，不以臆度为智；不形好恶以招谄，不大声色以示威。……有犯颜谠直者，奖而亲之；有利口谗佞者，疏而斥之。[1]

【译文】

希望陛下能够广开接近臣下的通道，开启奖掖善行的大门，弘扬采纳谏言的胸怀，激励以诚待人的美德。君主接近臣下，应该以礼相待，和善地加以爱抚；虚心听取，让他畅所欲言，端正心意，详细察知他所说的内容；不要逞口舌之利与人强辩，不要自以为聪明加以炫耀；不把先知先觉当做能力，不把妄自猜想看成智慧；不表现出自己的好恶以招致谄媚，不声色俱厉以显示威严。……冒犯君主威严提出正直建议的，要奖励并亲近他；花言巧语中伤他人或讨好他人的，要疏远并斥退他。

【评述】

陆贽苦口婆心地劝告德宗要虚心纳谏。在这段文字中，他对君主应该以怎样的礼仪与心态接受谏言作了论述。其核心观点是

〔1〕《奉天请数对群臣兼许令论事状》，《陆宣公集》第120页。

君主要加强自身修养，正心诚意，虚怀若谷。君主应能辨别谏臣的忠奸，对犯颜直谏的，要予以奖励，对阿谀奸佞的，要疏远斥退。陆贽的这些建议，君主能否做到，往往要看其人的修养和素质了。

贱货而尊让，远利而尚廉

【原文】

臣闻："作法于凉①，其弊犹贪；作法于贪，弊将安救?"示人以义，其患犹私；示人以私，患必难弭。故圣人之立教也，贱货而尊让，远利而尚廉。天子不问有无，诸侯不言多少，百乘之室不畜聚敛之臣。夫岂皆能忘其欲贿之心哉？诚惧贿之生人心而开祸端，伤风教而乱邦家耳。是以务鸠敛②而厚其帑椟③之积者，匹夫之富也；务散发而收其兆庶之心者，天子之富也。天子所作，与天同方：生之长之，而不恃其为；成之收之，而不私其有。付物以道，混然忘情，取之不为贪，散之不为费，以言乎体则博大，以言乎术则精微。[1]

【注释】

①凉：薄。

②鸠敛：聚敛索取。鸠，聚集。

③帑椟（tǎng dú）：指钱柜。

---

〔1〕《奉天请罢琼林大盈二库状》，《陆宣公集》第126页。

【译文】

我听说："在物质单薄的基础上制定法令，它的后果都还会出现贪腐现象；要是在贪腐的基础上制定法令，如何挽救它的后果呢?"以仁义示人，仍会担心具有私心；如果以私心示人，那么祸患就难以弥补了。所以圣人所树立的教化，轻视财货而尊重礼让，疏远利益而崇尚廉洁。君主不过问财产的有无，诸侯不议论财产的多少，士大夫家中不蓄养聚敛财产的家臣。难道人们都能忘掉贪财的念头吗？实在是害怕贪念一生便会生出祸端，伤风败俗而危害家国。因此，务求聚敛资财而使家产丰厚起来的，是普通百姓的富裕；散发财产笼络百姓之心的，是天子的富裕。天子的所作所为，合于上天之道：生出万物并养育它们，却不自恃其作为；使万物生长收获，却不据为己有。以上天之道对待万物，保持质朴纯真的状态，忘掉个人私情，取来用也不觉得是贪污，散发掉也不觉得是浪费，从本体的角度说，这称得上博大，从术法的角度说，这称得上精微。

【评述】

唐德宗喜好聚财，他在长安设立了琼林和大盈两库，贮藏钱帛金玉供自己私用。建中四年（783年），泾原（今甘肃泾川北）兵因不满朝廷不给赏赐而在长安发动兵变，是为"泾师之变"，唐德宗逃往奉天（今陕西乾县）避难。德宗在奉天颇感私用不足，意欲恢复两库，陆贽即上此书劝谏。在本段中，陆贽意在表明天子不当聚财，真正高明的做法，就是顺天之道，散财以收百姓之心，从而劝谏德宗不要行聚敛之事。陆贽的思想，以儒家为本，糅合了道家的观念。

以公心为心

【原文】

夫国家作事，以公共为心者，人必乐而从之，以私奉为心者，人必咈①而叛之。〔1〕

【注释】

①咈（fú）：违逆。

【译文】

国家做事情，如果把公众的利益放在心上的话，百姓就会高兴并且追随他，如果把自己的利益放在前面，百姓必然违背并叛离他。

【评述】

陆贽为了劝谏唐德宗放弃重设两库的念头，在该奏状中反复论述君主当以百姓利益为重，唯有如此才能赢得民心，受到百姓拥护，从而达到长治久安的目的。如果一心只为自己考虑，就会导致人心离叛，最终身死国灭。这样一个极为简单的观念，却要一再重申，可见在君主权力缺乏有效制衡的时代，只有依靠君主自身的素养了。因此，儒家的仁政德治观念起到决定性的作用。

---

〔1〕《奉天请罢琼林大盈二库状》，《陆宣公集》第127页。

官职爵位　不可轻授

【原文】

伏以爵位者，天下之公器，而国之大柄也，唯功勋才德，所宜处之。非此二途，不在赏典。恒宜慎惜，理不可轻。轻用之，则是坏其公器而失其大柄也。器坏则人将不重，柄失则国无所持，起端虽微，流弊必大。[1]

【译文】

官职爵位，是天下的公器，治理国家的重要权柄，只有立下功劳和有才能德行的人，才可以授予官职。如果不是这两种情况，则不在赏官之列。授官之事务必要格外谨慎，不可轻易为之。如果轻易授官，就是毁坏了国家的公器而失掉了治理的权柄。毁坏了公器，人们就不再重视它，失去了权柄，国家则没有了依赖，这件事情的起因虽然微小，其流弊却很大。

【评述】

公元784年，大臣李怀光联络朱泚反叛，唐德宗被迫逃往山南西道的梁州避乱。避乱途中，百姓献以瓜果等饮食，德宗为了笼络民心，欲赏以“散试官”这一虚职，询问陆贽此事可否，陆贽以此状作了回答。在陆贽看来，爵位是天下公器，国之大柄，除了有功之臣和有德行之人，不可轻行赏赐，否则会破坏国家的

---

〔1〕《驾幸梁州论进献瓜果人拟官状》，《陆宣公集》第134页。

公信力，导致巨大流弊。陆贽的观点是非常正确的。从类似史实来看，君主遇到此类事情基本上是赏以钱财而不是加封官职。

立国之道，惟义与权；诱人之方，惟名与利

【原文】

夫立国之道，惟义与权；诱人之方，惟名与利。名近虚而于教为重，利近实而于德为轻，凡所以裁是非，立法制者，则存乎其义。至于参虚实，揣轻重，并行而不伤，迭用而不悖，因众之欲，度时之宜，消息盈虚，使人不倦者，则存乎其权。专实利而不济之以虚，则耗匮而物力不给；专虚名而不副之以实，则诞谩而人情不趋。故国家之制赏典，锡货财，赋秩廪，所以彰实也；差品列，异服章，所以饰虚也。居上者必明其义，达其变，相须以为表里，使人日用而不知，则为国之权得矣。[1]

【译文】

建立国家的途径，只是道义和权变；诱劝他人的方法，只是名声和利益。名声是虚的，不过对于教化很是重要；利益是实的，不过对于德行并不重要。凡是用来裁定是非对错、设立法令制度的，都存在于道义之中。凡是用来考量事情的虚与实，揣摩事情的轻或重，使二者并行而不相伤，共用而不相悖，因循民众的需要，依据适当的时机，或出或处或进或退，让人不觉得倦怠疲惫的，都存在于权变之中。只追求实利而不用虚名加以补益，就会

〔1〕《又论进瓜果人拟官状》，《陆宣公集》第135页。

耗费资财致使物力匮乏；只追求虚名而不辅之以实利，就会使名声变得荒诞虚妄，使人们不以为然。因此国家制定奖赏的典章制度，赏赐货物财产，授予官秩俸禄，是为了彰显实的一面；官位品级加以区别，服饰衣冠有所差异，是为了表现虚的一面。君主一定要明白其中的道理，理解其中的变化，二者互为表里共同使用，使人每天在使用却不知晓，那么治理国家如何权变的办法就得到了。

【评述】

陆贽在上次的状文中提出不可轻授献瓜果之人官职时，唐德宗不以为然，他觉得“散试官”只是一个虚职，“无损于事，与亦无妨”。陆贽于是又进呈状，再次提出不可轻授人官的理由。他认为治理国家要以道义和权变为途径，虚名和实利并用，只给人虚名，就会造成名的虚妄性，从而丧失教化功能。陆贽言之凿凿，驳斥了唐德宗“试官虚名，无损于事”的错误，并坚持勿赏试官而赏钱帛的观点。

招直则其智弥大，求过则其德弥光

【原文】

古语有之：顺旨者爱所由来，逆意者恶所从至。故人臣皆争顺旨而避逆意，非忘家为国，捐身成君者，谁能犯颜色，触忌讳，建一言，开一说哉！是以哲后[①]兴王，知其若此，求谏如不及，纳善如转圜。谅直者嘉之，讦犯者义之，愚浅者恕之，狂诞者容之。仍虑骄汰之易滋，而忠实之不闻也，于是置敢谏之鼓，植告善之旌，悬戒慎之鼗②，立司过之士。犹惧其未也，又设官制，以言为常。由是有史为书，瞽为诗，工诵箴谏，大夫规诲，士传言，庶人谤。尚恐其怠也，每岁孟春，遒人③以木铎徇于路，而振警之。官师相规，工执艺事以谏。其或不恭，邦有常刑。然非明智不能招直言，非圣德不能求过行。招直则其智弥大，求过则其德弥光。唯衰乱之朝，暗惑之主，则必讳其过行，忿其直言，以阿谀为纳忠，以谏争为扬恶。怨讟溢于下国，而耳不欲闻；腥德达于上天，而心不求寤。迨乎颠覆，犹未知非，情之昏迷，乃至于是！故明者广纳以成德，暗者独用而败身，成败之途，千古相袭。与败同辙者罔不覆，与成同轨者罔不昌。[1]

【注释】

①哲后：贤明的君主。后，古代称君王。

②鼗（táo）：长柄摇鼓，俗称拨浪鼓。

③遒人：古代帝王派出了解民情的使臣。

【译文】

老话这样讲：顺承君主旨意的就会受到喜爱，违背君主旨意的就会遭到厌恶。所以为人臣的争相顺从君主旨意而避免违背君主旨意。除非为了国家而不顾自己的小家，成就君主而牺牲自己的人，谁能冒犯君主的尊严，触动君主的忌讳，进献一种言论，提出一种观点呢？所以圣明的君主、开国或中兴的帝王知道这个道理，心情急迫地求取进谏，轻松痛快地采纳善言。诚实正直的人就嘉奖他，直言触犯的人就看成是正义的，愚鲁浅薄的人就原

〔1〕《兴元论解姜公辅状》，《陆宣公集》第137—138页。

谅他，狂纵放诞的人就宽容他。即使这样，仍然担心容易滋生骄傲奢汰的情绪，听不到忠正诚实的言语，所以又设置了敢于直谏的大鼓，树立了告知善言的旌旗，悬挂起了用于戒慎的摇鼓，设立了纠察错误的官员。仍然担心做得不够好，又设置了官制，将此当成常规。由此，有太史做书记录君主言行，瞽者为乐师作诗讽谏，乐工唱诵劝谏的文辞，大夫进行规劝开导，士传递言论，庶人公开议论。即使这样，还担心君主会心生懈怠，每年孟春时节，了解民情的使臣手持木铎在乡间巡行宣扬教化，起到振拔警示的作用。百官互相勉励，遇君主之过则加以劝谏，诸工匠碰到艺事淫巧不正，要上谏告知。对于不服从命令的官员，国家有刑法惩治。不过，如果不是明智的君主，就不能招来直言进谏，如果没有圣明的德行，就不能求知错误的言行。招来直言进谏，其智慧就更显广大，求知错误言行，其德行就会更加光辉。只有政治衰微混乱的时代，昏昧不明的君主，才掩饰他的过错，愤恨听到直言进谏，将阿谀谄媚当成尽忠，把犯颜直谏当成宣扬自己的罪恶。百姓对他的怨恨之言充满整个国家，他却装作听不见；他那丑恶的品行尽人皆知，他却不知道悔改。国家差不多就要灭亡了，他还不知道错在何处，此人的昏庸迷乱，竟然达到这种程度！所以明智的君主广泛采纳臣下意见，从而成就自己的德行，昏昧的君主一意孤行，由着自己的性子处理政事，最终导致身死国灭，成功与失败的道路，千古以来都是如此。与败亡者同一方法的没有不覆灭的，与成功者同一轨道的没有不昌盛的。

【评述】

唐德宗在避难梁州之时，长女唐安公主病丧，德宗意欲建塔大葬。谏议大夫姜公辅认为宜节俭行事，薄葬以供军需，德宗大怒，以此事征求陆贽的看法，陆贽遂有此状文。陆贽在文中直指臣下犯颜直谏之难得，并追溯了《左传》、《尚书》等文献中记载的古代君王为了采纳谏言所采取的一系列措施，包括君主修养自身德行，设立官员，订立制度等措施，告诫德宗只有从善如流，广纳谏言，才能成为明君圣主。

君之求谏，以弼违也

【原文】

夫臣之献言，以助理也；君之求谏，以弼违也。[1]

【译文】

臣下所进献上来的言论，是帮助君主治理朝政的；君王的求取谏言，用来纠正自身过失的。

【评述】

这里陆贽阐释了臣下献言和君王求谏的关系。针对唐德宗多疑而不善纳谏的缺点，陆贽多次上书建议，指出臣下进谏是为帮助君王理政，君王纳谏是为了纠正自身过失。他认为，如同日月之有蚀一样，王者有时也会出现过失，但王者有过失未必就能自察，所以需要臣下的谏言来加以改正。

---

〔1〕《又答论姜公辅状》，《陆宣公集》第 141 页。

委任责成，无为而理

【原文】

所谓委任责成者，将立其事，先择其人；既得其人，慎谋其始；既谋其始，详虑其终。终始之间，事必前定，有疑则勿果于用，既用则不复有疑。待终其谋，乃考其事，事愆于素者，革其弊而黜其人；事协于初者，赏其人而成其美。使受赏者无所与让，见黜者莫得为辞，夫如是，则苟无其才，孰敢当任？苟当其任，必得竭才。此古之圣王委任责成，无为而理之道也。〔1〕

【译文】

所谓的委任官职考责成效，指的是在将要确立某项事务的时候，先选拔好适当的人才；在得到人才之后，谨慎地筹划此事的开端；在筹划好事情的开始之后，详细地考虑事情的结果。在开始和结果之间，整个事情必须提前确定好，如果有疑问就不要任用此人，如果任用了此人就不要再有疑问。等到事情做成之后，再来进行考察，如果与平素所知相违背，那就革除其弊病，罢免所任用之人；如果与当初筹划的相一致，那就对所任用之人加以奖赏，肯定他的功绩。使接受奖赏的人不必推让，被罢免的人没有说辞，做到这样，那么如果没有足够才能，谁敢担当此职呢？既然担当了此一职务，必然会竭尽他的能力。这就是古代的圣君明主委任官职考责成效，从而能够无为而治的道理。

〔1〕《请许台省长官举荐属吏状》，《陆宣公集》第171—172页。

【评述】

贞元八年（792 年）四月，陆贽拜相。他在该年五月同赵憬联合奏请允许台省长官各自举荐其下属官吏，考其才能并以此升黜举者。该奏在五月十四日经德宗批准执行。不过三天之后德宗又下密诏给陆贽要求收回成命，陆贽于是上此状加以申辩。陆贽在文中论述了“委任责成”这一任人方式的优点。在他看来，这样做能够达到人尽其才，才尽其用，古代圣王无为而治的理想，就是赖此实现的。在唐德宗时代，此种方法可谓不失革除时弊的新尝试。

谬举者必行其罚，诬善者亦反其辜

【原文】

圣旨以谓外议云“诸司所举，皆有情故，兼受贿赂，不得实才”者，臣请陛下当使所言之人详陈所犯之状，某人受贿，某举有情。陛下然后以事质于臣，臣复以事质于举主。若使首伏，则据罪抵刑；如或有词，则付法阅责。谬举者必行其罚，诬善者亦反其辜，自然宪典克明，邪慝不作。惩一沮百，理之善经，何必贷其奸赃，不加辩诘，私其公议，不出主名？使无辜见疑，有罪获纵，枉直同贯，人何赖焉！〔1〕

【译文】

圣旨上提到，外面的议论说：“众官所举荐的，都是因为有人

〔1〕《请许台省长官举荐属吏状》，《陆宣公集》第 173 页。

情的关系，还有的收受贿赂，得不到真实人才。”臣请陛下让说这句话的人详细地指出具体的情况，是哪些人受的贿，哪些人是根据人情关系举荐的。陛下再将相关事件与臣对质，臣再与举主对质。如果坦白服罪，那就根据罪行依法惩处；如果不能查清，那就命令司法部门介入调查。错误举荐的必然要加以处罚，诬陷好人的也要论罪处理，做到这样，自然会使法令明确，邪恶的事情就会停止。惩罚一个警示众人，这是治理国家的好办法，为什么要宽恕奸佞贪赃之人，不加考问，隐藏他的公开言论，不说出他的名字？使无辜的人受到怀疑，有罪的人却得到纵容，是非曲直不分，人们怎么还会依赖圣上呢？

【评述】

唐德宗收回成命的理由是有人议论诸司所推荐的都有人情关系，还有的收受贿赂，难以得到真实人才。陆贽对此十分气愤。他在这段话中毫不客气地请德宗指出是谁说的这番话，并请有司核查其是非有无，并依法进行惩处，从而维持司法的公正。陆贽的言论虽说是就事而言，却有一定的普遍意义。

王者之道，奉三无私

【原文】

臣闻王者之道，坦然著明，奉三无私，以劳天下，平平荡荡，无侧无偏。所谓三无私者：如天之无私覆也，如地之无私载也，如日月之无私照也。其或有过，如日月之有蚀焉，过也人皆见之，更也人皆仰之。日月不疾于蔽亏，人君不吝于过失。亏而能复，无损于明；过而能改，不累于德。[1]

【译文】

我听说王者之道，坦荡光明，奉行三个无私以对待天下，内心坦荡，没有偏心。所谓三无私，就是：像天空一样无私地覆盖着，像大地一样无私地承载着，像日月一样无私地照耀着。他们也会有过错，就像日蚀和月蚀一样，出现过错人们都看见了，更改过错人们会更加景仰。日月不会害怕去遮蔽，君王也不应害怕过失。月亏而能够复圆，并不会损害它们的光明；君王有过错而能改正，也不会累害其德行。

【评述】

《礼记·孔子闲居》中，孔子提出了"奉三无私以劳天下"的观点，三无私即"天无私覆，地无私载，日月无私照"。陆贽借用古人的言论，提出了帝王的思想修养问题，即他的"王道"思想。他认为帝王应像天、地、日月一样做到三个无私，即使有过错，也不掩其德，改正之后反而使其品德更高尚。"王道"思想作为中国古代廉政思想的一大传统，陆贽重复的还是古人的言论。

货贿上行，则赏罚之柄失；贪求下布，则廉耻之道衰

【原文】

少连又向臣说云："圣旨察臣孤贞，犹谓清慎太过，都绝诸道

〔1〕《谢密旨因论所宣事状》,《陆宣公集》第180页。

馈遗，却恐事情不通。如不能纳诸财物，至如鞭靴之类，受亦无妨者。”伏以货贿之利，耳目之娱，人间常情，孰不贪悦？况臣性实凡鄙，宁忘顾私？家本窭[①]贫，安能无欲？所以深自刻慎，勉修廉隅者，盖由负戴厚恩，尸窃大任，既不克导扬风教，致俗清淳，又未能减息征徭，济人穷困，若无耻惧，更启贿门，是忘忧国之诚，仍速[②]焚身之祸。由是苟行特操，杜绝交私，诚知无补大猷，所冀免贻深累。陛下责臣以清慎太过，斯谓圣明；陛下虑事之不通，有乖理道。或恐贪婪之辈务逞无厌之求，巧陈异端，惑乱圣听，稽诸事实，则甚不然。夫以胥吏末流，苞苴[③]微贶[④]，苟或违道，臣犹知惭，况乎公卿大臣之间，方岳连帅[⑤]之任，岂资纳贿，然后致诚？若因财利交欢，是以姑息为事，既乖直道，必有过求，遂之则法度浸隳，阻之则觖望[⑥]弥甚，为害如此，国何赖焉！高祖、太宗著法垂制，监临受贿，盈尺有刑；陛下每发德音，敷宥下土，大辟之属，皆蒙涤除，唯于犯赃，往往不赦，岂不以贪饕为弊，残蠹最深！至于士吏之微，尚当严禁，矧居风化之首，反可通行？凡上之所为，以导下也；上所不为，以检下也。上所不为而下或为之，然后可以设峻防，置明辟；若上为之而下亦为之，固其理也，又可禁乎？今吏有受监临之贿者，则以为罪不可容；朝廷之制，四方所监临也，而宰司公受其贿，是亦无耻而不恕者欤！孔子曰：“大臣不可不敬也，是人之表也；迩臣不可不慎也，是人之道也。”表倾则影曲，道僻则行邪。若大臣迩臣可以受财，则庶长采察[⑦]孰为不可？朝廷取之于方镇，方镇复取之于州，州取之于县，县取之于乡，乡将安取哉？是皆出于疲人之肝脑筋髓耳。自大盗猾夏，耗斁[⑧]生人，天下常屯百万之师，坐受衣食，农夫蚕妇，冻而织，馁而耕，殚力忍死，以供十倍之赋，日日引颈，望睹升平之化、惠恤之恩，凡四十九年矣！荐属多故，有加无瘳，持利权食厚禄者，当忧隐忸怩，悯愧黎庶，而又交通私贿，扇起贪风，是令已困之氓重遭过分之扰。

陛下尚以为鞭靴之类，受亦无妨。若使天下纳赂唯有二三宰臣，四方诛求，止于鞭靴细物，行之不足以伤化，绝之不足以利人，则臣固已微抑私心，将顺睿旨矣；若使国家致理，必资馈遗通情，辞之足以失天下之心，受之足以济天下之务，则臣固亦不避污行，助我圣功矣。臣所以未敢奉诏冒昧尘烦者，审知此道不唯无益，必有甚损故也。亦冀陛下详察其理，普澄其源，弘清净无欲之风，守慈俭不贪之宝，是将感人心而天下服，何有事情不通之患乎？夫货贿上行，则赏罚之柄失；贪求下布，则廉耻之道衰。何者？善恶不分，功过无辨者，以货贿之多少为课绩之重轻，守道阙供，或时致怨招累，求得当欲，可以释罪贯荣，忍行刻剥者见谓公忠，巧饰玩好者或称才智：此谓赏罚之柄失也。上好利则下思聚敛，上求贿则下肆侵蠡，不怀愧心，但逞私欲，递相企效，习以成风，闾阎日残，纪纲日坏，不可以礼义劝，不可以刑法惩：此由廉耻之道衰也。作法于凉，其弊犹贪；作法于贪，其弊斯乱。利于小者必害于大，易于始者必悔于终。贿道一开，展转滋甚。鞭靴不已，必及衣裘；衣裘不已，必及币帛；币帛不已，必及车舆；车舆不已，必及金璧。日见可欲，何能自窒于心！已与交私，固难中绝其意。是以涓流不止，溪壑成灾；毫末既差，丘山聚衅。自昔国家败亡多矣，何尝有以约失之者乎？

臣窃料郡府之不愿行贿于朝廷，犹乡闾之不愿输货于郡府也。但以行之者有利，不行者有虞，故为安身保位之谋，不得不行耳。夫岂乐而行之哉？假如四方俱赂于朝廷，朝廷受其三而却其一，有所受有所却，二端相反，则遇却者或有意疑乎见拒而不通焉；四方俱赂于朝廷，朝廷俱辞而不受，则咸知不受者乃朝廷之常理耳，适所以服其心而诱其善，复何嫌阻之有乎？

……

夫天下，公器也；王纲，大权也。执大权者不任其小数，守公器者不徇于私情。任小数而御大权，则忿戾之祸起；徇私情以持公器，则奸乱之衅生。故《春秋传》曰：“在上位者，洒濯其心以待之，而后可以理人。”言私曲之不可以莅众庶也。又曰：“国家之败，由官邪也；官之失德，宠赂彰也。君人者，将昭德塞违以临照百官，百官于是乎戒惧，而不敢易纪律。”言贿利之不可以化百官也。又曰：“长国家者，非无贿之难，无令名之难。诸侯之贿，聚于公室，则诸侯贰。”言贪欲之不可以怀诸侯也。古之怀诸侯者，盖有其道矣，唯不务贿，然后得之。故《礼记》云，“凡为天下国家有九经”，其一曰“理乱持危，朝聘以时，厚往而薄来，所以怀诸侯也”。是知怀抚之道，贵德贱财，于往也则厚其赠送之资，于来也则薄其贽币之礼。训人以尊让，示人以不贪，始于朝廷，行于郡国，廉节之风渐广，侵渔之害不萌。里闾获安，郡国斯乂，郡国既乂，朝廷益尊。所谓化自上流，理由下济，近者悦服而远者归怀，是皆无贿之致也。及夫王纲浸坏，德化陵夷，然后灭公议而循私情，盛诛求而崇馈献。故《礼记》曰：“天子微，诸侯僭，于是相觌[9]以货，相赂以利，而天下之礼乱矣。”是知伤风害礼，莫甚于私；暴物残人，莫大于赂。利于绝私去贿者，莫先于君主；务于爱人助理者，莫切于辅臣。然则君主辅臣之间，固不可以语及于私贿矣，况又躬行乎？[1]

【注释】

①窭（jù）：贫穷。

②速：召，请，招致。

③苞苴（jū）：馈赠的礼物。引申为贿赂。

④贶（kuàng）：赐与。

⑤方岳连帅：泛指地方官员。方岳，传说尧命羲和的四个儿子分别执掌四岳，称四伯。后因称任专一位的重臣为“方岳”。连帅，古代十个诸侯国之长。出自《礼记·王制》：“千里之外设方伯，五国以为属，属有长；十国以为连，连有帅。”

⑥觖（jué）望：因不满而怨恨。觖，不满意。

⑦庶长采寮：泛指官吏。庶长，春秋时秦国设置的执掌军政大权的官员，相当于各诸侯国的卿。采寮，官吏。寮，通“僚”。

⑧斁（dù）：败坏。

⑨觌（dí）：相见。

【译文】

顾少连又对臣说：“圣上认为你孤直忠贞，还说太过清廉谨慎，一概拒收诸道官员所赠礼物，这在事理上说不通。如果不能接受财货等物，像鞭子和靴子这样的小物件，收下了也无妨嘛。”我想占有货物的利益，享受耳目的欢娱，本是人之常情，谁不喜欢呢？何况臣下性情实在平凡鄙俗，怎会忘了照顾自己？臣下家

〔1〕《谢密旨因论所宣事状》，《陆宣公集》第182—185页。

境本就贫困，哪会不想要这些东西？之所以克制自己，怀着谨慎，务求廉洁，是由于蒙受了巨大的恩惠，身居高位，肩负重任，既然不能倡扬教化，使民风清正淳朴，又不能减轻徭役赋税，救济穷困的百姓，如果没有了廉耻和畏惧，还打开了贪贿的大门，实在是忘掉了忧国之心，还招来了自己的灭亡。所以姑且注意操行，杜绝结党营私，我知道这样无补于治国大道，只是希望能够使自己免遭大祸。陛下责备臣太过清廉谨慎，可以说是圣明；陛下认为臣这样做于情理不通，违背了治国之道。可能是担心那些贪婪的人一味贪得无厌地索取，花言巧语地铺陈一些异端邪说，以扰乱圣听，考查一下事实，却大不是这样。下层的小官吏，接受一点儿小贿赂，如果违背了正道，臣都觉得羞惭，何况是公卿大臣、地方上的高官，难道要靠接受贿赂，然后才能交往吗？如果是因为财利而结交，做事就难讲原则了，既然背离了正直之道，必然会有过分的要求，如果顺从他就会使法令制度逐渐毁坏，如果阻止他就会使他更生怨恨，有这样的害处，国家还要依赖什么呢？高祖与太宗曾经订立了法令制度，监督贪污受贿的行为，只要收受财物折成布帛以后满了一尺，便以刑律相加；陛下每每推行仁政，宽宥下民，一些大的刑罚，都已废除，唯独对于贪污受贿的行为，不给予赦免，难道不就是由于贪污的弊病为害最重的缘故吗？地位卑微的士民属吏，尚且应当严格禁止收贿，何况宰相是风俗教化的倡导者，行贿受贿在他身上难道反倒可以通行无阻吗？凡是上面的所作所为，是为了引导下面；上面所不做不为的，是为了检视下面。上面不做的下面可能在做，那么就可以设立严峻的防御手段，制定明确的法令加以禁止；如果上面做的下面也在做，本来就应如此，又怎么能够禁止呢？如今监察到小官吏有收受贿赂的，就认为他罪不可赦；朝廷的制度，受到天下人的监察，然而宰相却公然受贿，这也实在是不知羞耻不可饶恕的了！孔子说："大臣不能不持敬重的态度，因为他是百姓的表率；近臣不可不持谨慎的态度，因为这是百姓的大道。"身体倾斜了影子就会歪，道路偏僻了就会走上弯路。如果大臣和近臣可以接受财货，那么庶长采寮这样的官员怎么就不可以了呢？朝廷从方镇那里收取，方镇从州郡收取，州郡从县里收取，县里从乡里收取，乡又会到哪里收取呢？这都是出于百姓累死累活的血汗收成罢了。自从叛军扰乱中原，致使生灵涂炭，国家常备有上百万的军队，他们坐享衣食，农夫蚕妇，挨饿受冻地织布耕田，用尽了力气，供奉十倍的赋税，天天扬起脖子，盼望着看到天下太平，能够享受君主的抚恤之恩，已经四十九年了！所举荐的官吏多是亲朋关系，只有增加没有减少，手握大权领取厚禄的，应当怀着忧虑羞愧的心情，担心愧对黎民百姓，却又交相受贿，掀起贪腐之风，这是让本已生活困顿的百姓又遭受了过分的骚扰。

陛下还认为鞭子和靴子之类的东西，收受了也无关紧要。如果天下收取贿赂的只有两三个宰相，大家所索取的，只不过是鞭子和靴子这样的小东西，即使索取了也不足以伤害风化，杜绝了也不足以利于百姓，那么我就应该压抑自己的私心，顺应陛下的旨意；如果要使国家得到治理，必须依靠赠送财物来结交关系，推辞了足以失去天下百姓的心，接受了足以成就天下的事务，那么我一定会不躲避污行，从而帮助陛下的功业。我之所以没敢奉行诏令，苟得世间烦恼，是因为我明白这种做法不但没有好处，而且必然会有巨大的损害的缘故。希望陛下能够详细思考其中的道理，普遍地澄清其源头，弘扬清静无欲的风气，守住慈爱、节俭和不贪这三宝，做到这样，就能感动人心，使天下归服，怎么会有事情不能通达的忧虑呢？如果贿赂之风在上面风行，那么就会失去赏罚的依据；如果贪污求索之风在下面散布，那么廉耻的道理就会衰微。为什么呢？善与恶不加区分，功与过不加辨别，只以行贿的多少作为政绩的好坏，持守正道不去行贿的，很可能会招致怨恨受到牵累，如果所求取的东西满足了欲望，就能够免罪买官，不去盘剥百姓的，被称为公正忠诚，巧妙地掩饰自己喜好的，被看成有才能智慧：这就是所谓的丧失了赏罚的依据。上面喜好财利，下面就会想着聚敛钱财，上面贪求贿赂，下面就会肆意地侵渔百姓，没有愧疚之情，只会放纵自己的贪欲，官吏争相效仿，使贪贿成风，百姓们日益受到剥削，国家纲纪越来越坏，再也不能用礼义规劝，不能用刑法惩处；这是由于廉耻之道衰败的缘故。在物质单薄的基础上制定法令，它的后果都还会出现贪腐现象；要是在贪腐的基础上制定法令，它的后果会更加混乱。对小的方面有利的，必然对大的方面有害；容易开始的事情，结局必然会让人后悔。贿赂的渠道一旦打开，就会愈演愈烈。鞭子和靴子不满足了，必然会要求衣裘；衣裘不满足了，必然会要求币帛；币帛不满足了，必然会要求车舆；车舆不满足了，必然会要求金璧。每天都能看到想要的东西，怎么能够压抑住贪欲呢？与他人私下交往之后，很难将这种关系中断。因此涓涓细流流淌不止，也会造成小溪与沟渠泛滥；差之毫末，也会造成丘陵与山川塌陷。自古以来国家败亡的很多，何曾有过以俭约而丢掉国家的呢？

我私下认为郡府不愿向朝廷行贿，就像乡里不愿向郡府供奉财货一样。只是因为行贿会带来好处，不行贿就会有担忧，所以为了自身安全和保住地位考虑，不得不行贿。怎会是喜欢行贿呢？假如天下四方都向朝廷行贿，朝廷接受其中的三份却拒绝其中的一份，有所接受有所拒绝，两种方式正好相反，那么遭到拒绝的就会怀疑自己被拒而没法通融了；如果四方都向朝廷行贿，而朝廷全都辞而不受，那么天下都会知道不接受贿赂是朝廷的常理，这就可以使人们心服而诱导其行善，又有什么阻挡的呢？

……

天下乃是公器，王纲乃是大权。掌握大权的不会亲自处理细枝末节，守卫公器的人不能徇私枉法。亲自处理小事而掌握大权，就容易生出怨愤的祸患；徇私枉法而持守公器，就会生出违法犯纪的事情。所以《春秋左氏传》上说："居上位的人，清除内心的私心杂念，然后就可以治理他人了。"就是说心怀偏私是不可以管理百姓的。又说："国家的败亡，是由于官员的行为不正；官员丧失德行，所得的恩宠和贿赂就很明显了。君主其人，就要彰显美德，杜绝错误，以此规约百官，百官就会戒备恐惧，而不敢破坏规章律令。"指的是贿赂之利不能够感化百官。又说："治理国家的人，要想得到贿赂并不难，难的是获得美好的名声。诸侯所行的贿赂，堆积在王公的屋子里，那么诸侯必然会有叛逆之心。"指的是贪婪的欲望不能够安抚诸侯。古代安抚诸侯的君主，应该有他们的方法，只是不能用贿赂之法，然后才有可能。所以《礼记》上说"凡是治理天下国家的有九种方法"，有一条说："治理祸乱，扶持危难，按时接受朝见，赠送丰厚而纳贡菲薄，这样就可以安抚诸侯。"由此可知安抚的方法，看重德行而轻视钱财，在交往方面，君主要多给诸侯赠礼，要少收诸侯的纳贡。用尊敬礼让来教化别人，以不贪钱财来告知别人，这种做法始自朝廷，推行于郡国，然后廉洁节约的风气会渐渐推广到全国，侵害百姓利益的现象就不会发生了。乡里获得安定，郡国就会得到治理，郡国得到治理了，朝廷就更会得到尊重。这就是所谓的道德教化是自上面传播的，国家治理是由下面成就的，近人心悦诚服，远人归顺感恩，都是由于不行贿赂带来的。等到纲纪慢慢变坏，道德教化衰微不行，这时就灭除了公众的意见而只循私情，一味地勒索强取，崇尚馈赠进礼。所以《礼记》上说："天子的权力衰微了，诸侯僭越违礼，相互见面都要送礼，并用财利互相贿赂，那么天下的礼也就乱了。"由此可知伤害风俗败坏礼仪的，莫甚于徇私；毁坏财物残害百姓的，莫大于贿赂。有利于杜绝私情除掉贿赂的，没有比君主更首要的了；致力于爱护百姓帮助治理的，没有比辅臣更紧切的了。然而在君主和辅臣之间，在言谈之间尚且不能谈及私情贿赂，何况还要亲自实行呢？

【评述】

《资治通鉴》中曾记载了皇帝让受贿都不受贿的陆贽的故事。这里是针对唐德宗认为陆贽太过清廉，可以适当接受贿赂的辩驳之辞。陆贽陈述了自己的理由，一是"监临受贿，盈尺有刑"，官员收受贿赂，即便是一尺布，也是受贿，本质上没什么区别。二是"至于士吏之微，尚当严禁，矧居风化之首，反可通行"？一般的官吏都不准受贿，做高官的怎么可以呢？三是"贿道一开，展转滋甚。鞭靴不已……必及金璧"，私囊难饱，欲壑难填。"是以涓流不止，溪壑成灾矣"。他还指出，如果朝廷上下贪污贿赂成风，早晚会导致"国家败亡"。因此，他认为贪污贿赂是造成纪纲日坏的主要原因，要转变贪污风气，自己就要做表率。

国之府库，岂可别贮赢余，以奉人主私欲

【原文】

国之府库，用置货财。物合入官，则纳于其内；事合给用，则出乎其中。所纳无非法之财，所邮无不道之用，坦然明白，何曲何私？而延龄险猾售奸，诡谲求媚，遂于左藏之内，分建六库之名，意在别贮赢余，以奉人主私欲。曾不知王者之体，天下为家，国不足则取之于人，人不足乃资之于国，在国为官物，在人为私财，何谓赢余，复须别贮？是必巧诈以变移官物，暴法以苛敛私财，舍此二途，其将焉取？陛下方务崇信，不加检裁，延龄既怙宠私，益复放肆，遂录积久逋欠，妄云察获奸赃，总计缗钱八百余万。听其言则利益虽大，考其事则虚诞自彰：或是水火漂焚，或缘旱涝伤败；或因兵乱散失，或遭寇贼夺攘；或准法免征，或经恩合放；或人户逃逸，无处追寻；或网典拘囚，不克填纳；或没入店宅，岁久摧残；或收获舟船，年深破坏。类皆如此，难以殚论。[1]

【译文】

国家的库府，是用来存放货物财产的。财物合乎入官的规定，就纳入国库中；事情支出使用合理，财物就从国库中支出。所接纳的没有非法的财物，所支出的也没有不合道理的用途，明白有序，哪来曲折哪来私欲？然而裴延龄狡猾奸险，诡诈媚上，在左

〔1〕《论裴延龄奸蠹书一首》，《陆宣公集》第226页。

藏里面，又建有六库，意在贮藏多余的财物，以供奉君王私欲。竟不知王者之道，天下是一家，国家不足就会取财于百姓，百姓不足国家就会资助，在国家就是官物，在私人就是私财，哪里会有多余的财物，还须另外贮藏？这里面必定是巧立名目来变移官物，不顾法律来聚敛私财，除了这两种情况，如何能取走呢？陛下宠信，不加辨别，裴延龄获宠，更加放肆，将拖欠已久的财物，胡乱说成是查获赃物，共计财钱八百多万。听他所说虽知利益很大，考察他的事情则虚诞自显：或者是水漂火焚，或者是旱涝伤败；或者是兵乱散失，或者是遭受流寇抢夺，或者是获准免征，或者是恩准合入；或者是民户逃逸，无处可寻；或者是违法被捕，不能交纳；或者是没入店宅，岁久摧残；或者是收获舟船，年深破坏。如此等等，难以说全。

【评述】

此为陆贽上书检举裴延龄的文字。陆贽为相期间，户部侍郎裴延龄把持朝政，横行不法，对国家危害很大，“天下嫉之如仇”。由于德宗对他极端宠信，很多人敢怒而不敢言。陆贽感主上知遇之恩，以国家社稷为重，不顾个人安危，多次上书参奏裴延龄的罪行，大胆揭露其罪恶。他在上德宗《论裴延龄奸蠹书一首》中，历陈裴延龄有七大罪状，建议德宗去小人以除民患。别人劝说陆贽疾恶太严，恐遭谗害，他却说：“吾上不负天子，下不负所学，此外非所敢计也。”但终于因此得罪了奸臣，触怒了皇帝，险遭杀身之祸。

理天下者，以义为本，以利为末，以人为本，以财为末

【原文】

夫理天下者，以义为本，以利为末，以人为本，以财为末。本盛则其末自举，末大则其本必倾。自古及今，德义立而利用不丰，人庶安而财货不给，因以丧邦失位者，未之有也。故曰："不患寡而患不均，不患贫而患不安。""有德必有人，有人必有土，有土必有财。""百姓足，君孰与不足?"盖谓此也。自古及今，德义不立，而利用克宣，人庶不安，而财货可保，因以兴邦固位者，亦未之有焉。故曰："财散则人聚，财聚则人散。""与其有聚敛之臣，宁有盗臣。""无令侵削兆庶，以为天子取怨于下。其有若此者，行罚无赦。"盖为此也。殷纣以贪冒失人而亡，周武以散发得人而昌。则纣之多藏，适所以为害己者之资耳，尚何赖于财贿哉！太宗亦云："务蓄积而不恤人，甚非国家之计。隋氏不道，聚敛无厌，所实洛口诸仓，卒为李密所利。"此则前代已行之明效，圣祖垂裕①之格言，是而不惩，何以为理?〔1〕

【注释】

①垂裕：为后人留下业绩或名声。

【译文】

治理天下，以义为根本，以利为末端，以人为根本，以财为

〔1〕《论裴延龄奸蠹书一首》，《陆宣公集》第231页。

末端。根本茂盛，那么它的末端自然会众多；末端大，那么它的根本一定会倾倒。自古至今，道德信义树立而钱财货物用度不充分，人民安定而资财货物不能自给，因为这个原因丧失天下丢掉君位的，还没有过。所以说："不害怕少而害怕不均匀，不害怕贫穷而害怕不安定。""有德必定会有百姓，有百姓必定会有土地，有土地必定会有财物。""百姓衣食充足，君王还有什么不充足的呢?"说的就是这个道理。自古至今，道德信义不能树立，而资财货物用度能够丰富充盈，民众不安定，而财物可保全，因而能使国家兴盛王位稳固的，还没有过。所以说："散掉钱财能够凝聚人心，聚敛钱财使人心离散。""与其有聚敛钱财的大臣，还不如有盗窃的大臣。""不要让官员侵犯剥削百姓，致使天子取怨于下。如果这样的话，就严惩不贷。"说的就是这个道理。殷纣因为贪图财物失去人心而灭亡，周武王因为散发财物而人心所归夺得天下。然而纣所贮藏的财物，恰恰是为害自己的手段罢了，又怎能依赖于财物呢！唐太宗曾说："致力于蓄财而不体恤百姓，实在不是治理国家的大政方针。隋朝的君主无道，聚敛钱财从不满足，所以在洛口填满的仓库，最后为李密所用。"这就是前代已经明验的实例，圣祖的格言，如果对这样的事情不加以惩罚，还有什么道理可讲?

【评述】

陆贽多次上书，言明帝王应重义轻利，以人为本，以财为末。他认为，帝王应先树立德义，广施恩惠，体恤百姓，不能因贪图财物而失去人心，让百姓过上富裕的生活，国家也才能富足，并且结合古今政治家、思想家的言论及历代王朝的教训作了论述。

核才取吏，其术有三

【原文】

夫核才取吏，有三术焉：一曰拔擢以旌其异能，二曰黜罢以纠其失职，三曰序进以谨其守常。如此则高课者骤升，无庸者亟退。其余绩非出类，守不败官，则循以常资，约以定限。故得殊才不滞，庶品有伦。参酌古今，此为中道。而议者暗于通理，一概但曰宜久其任，得非诵老生之常谈，而不推时变者乎？夫列位分官，缉熙①帝载，匪唯应务，兼亦养才。是以职事虽有小大闲剧之殊，而俱不可旷缺者，盖备于时而用耳。故《记》曰："天子以《驺虞》②为节，乐官备也。"唯经邦赞国之任，则非有盛德不可以居。故《记》曰："设四辅及三公，不必备，惟其人。"议者昧于明征，一概但曰官无其人则阙，得非守旧典之糟粕，而不本事情者乎？[1]

【注释】

①缉熙：光明。引申为光辉。《诗·周颂·敬之》："日就月将，学有缉熙于光明。"郑玄笺："缉熙，光明也。"

②《驺虞》：古代乐曲名。《墨子·三辩》："周成王因先王之乐，又自作乐，命曰《驺虞》。"

---

〔1〕《论朝官阙员及刺史等改转伦序状》，《陆宣公集》第240—241页。

【译文】

考核才能选拔官吏，有三种方法：一是提拔，以表彰其卓越才能；二是罢免，以惩罚其失职；三是按规定等级次第升迁，使其能够持守常规。做到这样，就可以使政绩突出的得到高升，没有才能的遭到罢免。剩下那些政绩平平，却能守住职位的，就依次递升，设定一个官品加以限制。由此，就可以使特殊人才不会受到阻滞，普通人才会提升有序。参考古今历史，这是中正之道。然而议者却不通此理，认为所有的官员都应该久在其任，这不是在说些老生常谈，却不考虑时局的变化吗？设立官位任用官员，将帝王的事业发扬光大，不但要处理实务，还需要培养人才。因此职位虽然有大小之差，有清闲繁重之别，却都不能空缺，以备随时可用。《礼记》上说："天子用《驺虞》这首乐曲为节奏，以表现官职完备的欢乐。"经邦治国的官职，非有盛大的德行则不能居此位。因此《礼记》上又说："所设立的四辅和三公，不必完备，只要职得其人。"议者不理解这个明白的道理，只知道说官位上无人任职就空缺了，这不是只知道死守旧典中的糟粕，却不根据此事的情况变更吗？

【评述】

陆贽重视人才的选拔，认为能否正确地使用人才是关系到国家存亡的大问题，为此他常常探究用人的道理和措施。他意识到，要想使唐朝有所振作，不整顿吏治、广开才路是不会取得什么成效的。而昏庸的唐德宗既不能求贤任能，又缺乏知人之明，往往对臣下吹毛求疵，求全责备，于是陆贽在这里提出了三种核才取吏的方式，他引经据典，极言得到人才的重要。在他看来，官职设置不必求完备，不必死守旧典，关键是得到能够胜任的人才。

人安则财赡，本固则邦宁

【原文】

是以人为本，以财为末，人安则财赡，本固则邦宁。今百姓艰穷，非止不足；税额类例，非止不均；求取繁多，非止来献：诚可哀悯，亦可忧危！[1]

【译文】

要以百姓为根本，以财货为末流，百姓安定了财货才会丰盈，根本牢固了国家才会安宁。如今百姓生活艰苦穷困，不仅仅是衣食不足；赋税金额的类别惯例，不仅仅是不均衡；索取的繁杂多样，不仅仅是前来进献的那些种类：实在是让人哀怜，也同样让人觉得危险！

【评述】

陆贽在拟定此状文时，唐代已推行了十年的两税法。两税法创立于战乱期间，目的本在敛财，其造成的后果，就是严重地加重了百姓的负担，使百姓生活更为困苦。选文即反映了这种现状。陆贽提出了“以人为本，以财为末”的观点，意欲对税制加以改革，包括以布帛为额而不计钱数、减税、设义仓等手段，体现了他的民本思想。

---

〔1〕《均节赋税恤百姓第一条》，《陆宣公集》第247页。

厚人而薄财，损上以益下

【原文】

且夫户口增加，田野垦辟，税钱长数，征办先期，若不以实事验之，则真伪莫得而辨，将验之以实，则租赋须加。所加既出于人，固有受其损者，此州若增客户，彼郡必减居人，增处邀赏而税数有加，减处惧罪而税数不降。倘国家所设考课之法必欲崇于聚敛，则如斯可矣，将有意乎富俗而务理，岂不剌谬[①]欤？当今之要，在于厚人而薄财，损上以益下。下苟利矣，上必安焉，则少损者，所以招大益也。人既厚矣，财必赡焉，则暂薄者，所以成永厚也。臣愚谓宜申命有司，详定考绩，往贵于加者，今务于减焉。假如一州之中，所税旧有定额，凡管几许百姓，复作几等差科，每等有若干户人，每户出若干税物，各令条举，都数年别一申使司，使司详覆有凭，然后录报户部。若当管之内，人益阜殷，所定税额有余，任其据户均减，率计减数多少，以为考课等差。其当管税物，通比校，每户十分减三分者为上课，十分减二分者次焉，十分减一分者又次焉。如或人多流亡，加税见户，比校殿罚，法亦如之。其百姓所出田租，则各以去年应输之数，便为定额，每岁据额征纳，更不勘责检巡。增辟者勿益其租，废耕者不降其数，足以诱导垦植，且免妨夺农功，事简体弘，人必悦劝。每至定户之际，但据杂产校量，田既自有恒租，不宜更入两税。如此则吏无苟且，俗变浇浮，不督课而人自乐耕，不防闲而众皆安土。斯亦当今富人固本之要术，在陛下举而行之。[1]

【注释】

①剌（là）谬：违异，完全相反。

【译文】

户口增加了，会开垦一些新的田地，税钱有一定之数，要先行征收，如果不检验实情的话，那么就无法分辨真假，如果检验实际情况，那么赋税必然要增加。由于增加的赋税出自人头，那么就一定有受到损害的，这个州如果增加了户口，那个郡必然会减少人数。人口增加的州郡为了获得奖赏便会增加税收，人口减少的州郡害怕受到惩罚便不降低税收。如果国家所设立的考核制度就是为了聚敛财物，那么这样就足够了，还想使百姓富裕国家安定，岂不是荒谬吗？如今的要务，就在于重视百姓而轻视财货，减损朝廷的开支以救助下面的百姓。百姓如果能得到好处，那么朝廷必然会安定，由此，朝廷损失的是少数，却能获得巨大的好处。百姓受到重视了，财货必然会丰盈起来，暂时的忽视财货，却成就了长久的丰盈。我认为应该命令有关部门，详细制定考察政绩的方法，以往希望加税的，如今一定要减少。假如一州之中，交纳赋税已有定额的，辖区内有多少百姓，分了几个等级，每等有多少户数，每户需要交纳多少赋税，一一列举出来，每隔几年指派另一个官员进行审查，将实情详细记录，奏报到户部备案。如果管辖阶段，人口增加了，所定的税额多了，那么可以根据户

〔1〕《均节赋税恤百姓第三条》，《陆宣公集》第255—256页。

数减少税额，计算减少的总数量，作为考课的等级差别。官吏所要收取的赋税，通过比较核对，每户十分减去三分的为上课，十分减去二分的次之，十分减去一分的又次之。如果人口多有流亡，还给现有的每户加税的话，就参照殿举的处罚办法，对官吏加以惩处。百姓所交纳的田租，以去年所应该交的数额作为定额，每年根据此数量收取，不再检查巡视。增加开垦的不再多加田租，废弃耕种的不降低数额，这样就足以劝诱引导百姓开垦种植，并且能够避免妨碍和侵占农业，事情虽然简单，意义却很深远，百姓必然会欣然接受。每当确定户数的时候，只要依据杂产对照即可，田地既然有固定的租税，就不应再计入两税。这样就能使官吏不敢敷衍了事，风俗就能感化浮躁不忠厚的人，不用监督考课，百姓自会喜欢耕种，不用防备阻止，百姓都会安于本土。这就是当今使百姓富裕、根本牢固的主要手段，就在于陛下引用并实行了。

【评述】

陆贽基于“厚人而薄财”的基本方针，在文中对税制改革提出了具体的建议。他认为应该根据州郡的实情征收赋税，并本着减收的原则，对官员进行考课。如果州郡的人口增加了，就要适当减少赋税，“每户十分减三分者为上课，十分减二分者次焉，十分减一分者又次焉”。通过减少田租赋税的手段，鼓励百姓垦荒耕种，增加百姓收入，从而达到“富人固本”的目的。

建官立国，所以养人也；赋人取财，所以资国也

【原文】

建官立国，所以养人也；赋人取财，所以资国也。明君不厚其所资而害其所养，故必先人事而借其暇力，先家给而敛其余财。遂人所营，恤人所乏，借必以度，敛必以时，有度则忘劳，得时则易给。是以官事无阙，人力不殚，公私相全，上下交爱。古之得众者，其率用此欤！法制或亏，本末倒置，但务取人以资国，不思立国以养人，非独徭赋繁多，夐①无蠲②贷，至于征收迫促，亦不矜量。蚕事方兴，已输缣税；农功未艾③，遽敛谷租。上司之绳责既严，下吏之威暴愈促，有者急卖而耗其半直，无者求假而费其倍酬。[1]

【注释】

①夐（xiòng）：全，都。

②蠲（juān）：免除。

③艾：停止。

【译文】

设立官制建立国家，是为了养育百姓的；征收租税获取财物，是用来资助国家的。圣明的君主不会看重其所资助的而伤害其所养育的，所以一定先要顾及百姓的事情，然后再借助他们的余力，

〔1〕《均节赋税恤百姓第四条》，《陆宣公集》第256—257页。

先要供给他们的家用，然后再收敛其余财。顺从百姓所做的事情，百姓困乏时加以抚恤，借用百姓必然要适度，收敛财物必然要适时，适度他们就会忘记疲劳，适时他们就容易付出。因此官事就不会空缺，人力就不会竭尽，公与私两全其美，上与下相互爱戴。古代那些得到民心的君主，都是用这种方法吧？法律制度有所欠缺，根本与末端倒了过来，只知道从百姓手中收取财货资助国家，不想着建立国家是为了养育百姓，不仅仅是徭役赋税繁杂多样，还从不免除货贷，至于急迫逼促地征收赋税，更不加以怜悯不容商酌。蚕事刚刚开始，就要征收缣税；作物还未收获，就要收敛田租。上面部门的督责越是严厉，下层官吏更要横征暴敛，有存粮的人家就急忙出售，价钱损失一半，没有的人家只好借贷交纳，要花几倍的价钱。

【评述】

民本思想是陆贽最重要的廉政思想。他认为只有注意百姓的利益，体恤百姓的困乏，借用适度，才会处理好君王和百姓的关系。否则，徭役过多，赋税过重，上面有关部门催得严厉，下面的官吏就会横征暴敛，这样会加重百姓的负担，也易滋生腐败，不利于国家。陆贽的这种思想，在唐朝后期提出，无疑具有积极的现实意义。

为官而备者，人必不赡；为人而备者，官必不穷

【原文】

故立国而不先养人，国固不立矣；养人而不先足食，人固不

养矣；足食而不先备灾，食固不足矣。为官而备者，人必不赡；为人而备者，官必不穷。是故论德昏明，在乎所务本末。务本则其末自遂，务末则其本兼亡。国本于人，安得不务？[1]

【译文】

所以建立国家而不抚养百姓，国家也就无法建立了；抚养百姓而不先使他们食物充足，百姓也就不能抚养了；食物充足而不先准备好应对灾荒，食物也就不能充足了。只为官员准备食物，百姓必然不能丰足；为了百姓准备食物，官员必然不会穷乏。所以评论德行的昏昧还是圣明，就要看他所致力的本末。致力于根本的，其末流自然会称心如意；致力于末流的，就会连其根本一起灭亡。国家的根本就是百姓，怎能不致力于此呢？

【评述】

针对唐德宗的苛政，陆贽不止一次上书提及要以百姓利益为重，不应一味索取，而要先使百姓富足起来。陆贽在这里再次提出百姓是国家根本的主张。他认为，立国必先养百姓，养百姓必先使他们丰衣足食，使他们丰衣足食必然要防备灾荒。国家把百姓的利益放在首位，就不会有危难。这是他爱民思想的进一步延伸。

〔1〕《均节赋税恤百姓第五条》，《陆宣公集》第258页。

第二十节　李绛

李绛（764—830），字深之，唐代赵郡赞皇（今属河北）人。出身官宦世家，贞元进士，拜监察御史。唐宪宗元和二年（807年）授翰林学士知制诰。

李绛为人耿直无私。镇海军节度使李锜因叛被诛，宪宗诏令抄没其家产。李绛奏请将其家产赐予地方，代替贫民租赋。还向宪宗进谏正身励己，效法唐太宗，宪宗称赞，即下诏令其与白居易等搜集君臣成败事例五十则，书写成连屏。宪宗每次阅视，都反复告诫左右，以史为鉴。元和六年（811年），任户部侍郎，旋迁中书侍郎、同平章事。敬宗宝历初（825年）拜尚书左仆射。因耿直，屡为谗言所中，迁为太子少师。文宗立，召为太常卿，以检校司空为山南西道节度使，累封赵郡公。后被乱兵杀害。赠司徒，谥贞。有《李相国论事集》传世。

将叛臣财物代百姓租赋

【原文】

李锜凶狡叛戾，僭侈[①]诛求，刻剥六州之人，积成一道之苦。陛下哀悯无告[②]，为之吊伐，变愁怨之气，为发生之和，歌舞圣时，负戴恩德。其李锜家所积钱帛，皆敛于人，或有酷发冤滥之徒，毙其身，取其货，或有枉法征剥之吏，加其罪，纳其财，前后事状，布闻远迩。圣恩本以叛乱诛讨，苏息一方，今辇运钱帛，播闻四海，非所以式遏[③]乱略，惠绥[④]穷困也。伏望天慈下痛哀之诏，降雨露之泽，将逆人财物，并以赐本道，代浙西百姓今年租赋，则万姓忻戴，四海歌咏矣。[1]

【注释】

①僭（jiàn）侈：犹僭奢。僭，超越本分，古代指地位在下的冒用在上的名义或礼仪、器物。

②无告：有疾苦而无处诉说。

③式遏：防卫；抵御。

④惠绥：安抚。

【译文】

李锜为人凶恶狡诈，残暴叛逆，生活奢侈无度，强取豪夺，剥削六州百姓，一道人民深受其苦。陛下哀怜求告无门的百姓，对他们表示慰问，并讨伐了犯下罪孽的李锜，化解了他们满腔的忧愁怨恨之气，使其心情变得舒畅起来，载歌载舞地颂扬圣上，对陛下感恩戴德。李锜家中积聚的钱帛，都是从别人那里搜刮来的，或者是用法严酷，断狱冤枉失实，把人杀掉，夺取其财产，或者是滥用法律横征暴敛，加重他人的罪行，没收他人的钱财，近年来有关这些事情的状文，远近皆知。陛下本来是要平定叛乱，讨伐逆贼，让一方百姓得到安宁，如今却将李锜家中的钱帛运到京城，此事被传得沸沸扬扬，这并不是平息地方骚乱，安抚穷困百姓的办法。希望陛下能够颁发体恤百姓的诏书，降下雨露一样

〔1〕 李绛：《请以李锜财产代浙西百姓租税状》，《全唐文》第三册，上海古籍出版社1990年12月第1版（下同），第2897页。

的恩泽，将叛贼的财物全都赐给当地，以代替浙西百姓今年的田租赋税，这样一来，天下百姓就会欣喜地拥戴陛下，四海之内都会歌颂陛下的德行。

【评述】

宪宗即位时，浙右叛臣李锜被诛，朝廷将发车运取其被没收的家财到京城。李绛听说后进谏宪宗，请求将所缴李锜的财物充当当地百姓当年的租赋，宪宗接受并嘉许了他。从李绛的进言中可以看到他的爱民之心且敢于进谏的政治品质。他的进谏多针对当时社会现实情况，有利于缓和当时尖锐的阶级矛盾。

兴教化，明圣德

【原文】

抑臣又闻，奏必观其实不观其文，信其行不信其言，若欲天下副陛下之诚，从陛下之化，自非圣躬行之以导其下，则无由而致。未有表正而影不直，声鸣而响不答也。……陛下诚能正身励己，尊道贵德，亲信端士，远弃邪佞，尽忠进直者奖之，希合从谀者斥之；与大臣言，敬而信之，不使小人参其事；与贤士游，亲而礼之，不令不肖者构其隙；唯义所比，不论亲疏，唯仁是行，不论贵贱；去冗官无益于时者，则禄及才能矣；出宫女之希御幸者，则时无怨旷矣；简繁数之仪，则礼得其节矣；除靡慢之奏，则乐得其和矣；将帅廉，则士卒勇矣；官师公，则治化洽矣；法令行，则下不违矣；教化笃，则俗必迁矣：如此，则圣问周达，德声遐宣，可使金石孚变，鸟兽率舞，而况于人乎?[1]

【译文】

臣又听说，对奏疏必然要看其实效而不看其外表，要相信实际行动而不要相信言语，要想让天下臣民符合陛下的诚意，顺从陛下的教化，除非陛下能够亲自为之，以导领属下，否则不可能实现。没有身体正直而影子歪斜的，也没有声音响起而听不到回响的。……陛下如果真能做到端正行为勉励自己，尊重道义崇尚德行，亲近贤臣，远离奸佞，奖励一片忠心敢进直言的人，斥退趋炎附势阿谀奉承的人；与大臣谈话的时候，要尊敬并信任他，不要让小人参与相关事务；与贤士交游的时候，要亲近并礼遇他们，不让不贤之人挑拨离间；不论亲疏贵贱，都以仁义行事；免去无益于时的冗官，方可多给那些有才能的人俸禄；放走很少宠幸的宫女，这个时代才能没有旷男怨女；将烦琐的礼仪简化，那么礼仪就会有节度；去掉缓慢萎靡的演奏，音乐就会和谐；将帅廉洁，士卒就会勇敢；官吏公正，政治教化就会融洽；法令实行了，下面就不会违背；教化落实了，风俗必然会转变：做到这样，陛下的恩德就会普施于天下，圣德的名声就会远播，能够使金石为开，鸟兽起舞，何况百姓呢?

【评述】

唐宪宗询问君主如何才能达到贞观、开元时期的盛况，李绛遂有此答文。李绛的观点可以概括为如下几点：一是君主要自正

〔1〕《对宪宗得贤兴化问》，《全唐文》第三册，第2891页。

其身，为臣民起表率作用；二是敬贤礼士，斥退奸佞小人；三是简约从事，如去除冗官，简化礼仪等。其中心观点，还是儒家的施行仁政，以仁义治国。

纳谏则昌，拒谏则亡

【原文】

且自古圣王，未尝不纳谏则昌，拒谏则亡。……

夫臣下贡言，于至尊如天，臣卑如地，加以日月之照，雷霆之威，小臣昼度夜思，将有上谏，本欲陈谏十事，至时已除五六，逮于缄封上进，又削其半，其得上达者，十无二三。何哉？启忤意之言，干不测之祸，顾身无利，相时避祸者也。自非圣主知直言有益于己，正谏有裨于时，温言容纳，奖励劝导，忠臣抱义不顾其身，怀忠不避其祸，苟有致君济时之益，不识触忌冒讳之诛。何哉？尽节之臣，竭忠之士，顾食君之禄、推事君之道而致然也。其君上纳忠如是之急也，臣下上谏如是之难也，所以明主须宥其过，恂恂①纳谏，切言者赏之使必进，极谏者褒之使必行，然后圣德明光，大化宣畅。今黜责谏臣，使直士杜口，非社稷之利、朝廷之福也。[1]

【注释】

①恂恂：小心谨慎的样子。

---

〔1〕《论谏臣》，《全唐文》第三册，第2891—2892页。

【译文】

自古以来的君主，全都是采纳谏言就会昌盛，拒绝谏言就会灭亡。……

臣下进献言论，相形之下，君主的地位至高无上，尊贵如天，而臣下卑微如地，又加上君主像日月一样光辉照耀，像雷霆一样威风凛凛，臣下日思夜想，计划向君主谏言，本打算陈述十件事，到下笔时已经去掉了五六件，等到将谏言封存起来进献时，又削减了一半，能够上达于帝王的，十件中连二三件都不到。为什么呢？由于进献的是忤怒皇帝的言语，冒着给自己带来不测之祸的危险，想到自己得不到好处，只好审时度势躲避灾祸。除非君主知道直切的言论对自己有益，正直的谏言对时势有好处，能够和颜悦色地接纳，并奖励臣民奉行大道，忠臣心怀忠义，不顾惜生命，不躲避灾祸，只要有益于君主和国家，就不顾触犯君主忌讳所受到的惩处。为什么呢？竭尽忠心恪守气节的臣子，顾念拿着君主的俸禄，推想事君之道，理应如此。君主采纳忠言是如此的急迫，而臣下向上谏言却是如此的困难，所以圣明的君主必须宽宥臣下的过失，小心谨慎地采纳谏言，对切中时弊的上谏者应该加以奖赏，让他一定进谏，对极力上谏的应该褒扬，让他一定施行，做到这样，就会使圣上的德行光辉明亮，道德教化会畅行天下。如今黜免苛责上谏之臣，让正直的臣子缄口不语，可对国家不利，也非朝廷之福啊。

【评述】

唐宪宗和李绛谈到了谏官的问题。他认为谏官的谏言多有不实，认为他们有结党之嫌，于是想“远贬三两人甚者，以励其余”。李绛认为宪宗的想法非常不对，他详细论述了臣下进谏的困难与危险，指出君主切不可处罚谏臣，让他们不敢进谏，而应该宽容并鼓励进谏行为，虚心纳谏，只有这样才能使“圣德光明，大化宣畅”。

散库存财帛，宽租税

【原文】

臣闻王者积之于人，霸者积之于国，寻常之君积于府库。……今内藏积财，来者必纳，唯顾进入之数，不问聚敛之由。方镇皆裒刻①于人，以进献为号，因缘奸盗，半入私家，百姓积怨，兆人兴谤，殆非今日圣政所宜行也。又钱是通流之货，居之则物以腾踊；帛是衣著之物，贮之则岁转损烂。此皆出于人力，匪②从天生。积难得之财，成无用之弊，圣心所宜留念。伏乞天慈量恩泽颁赐之所要，校制作移用之所费，三倍已外，悉付所司。倘经用者有余，即租税宽于外，以令疲人苏息，内以表圣政光昭，存之策书，足示后嗣。[1]

【注释】

①裒（póu）刻：掊刻。谓苛敛民财。

②匪：不，不是。

【译文】

我听说王者将财富积累在百姓身上，霸者将财富积累于国家，

〔1〕《请散内库拯黎庶疏》，《全唐文》第三册，第2895页。

普通的君主将财富积累在府库里面。……现在府库里面贮藏着大量财货，凡是进献来的就纳入其中，只管进献的数量，却不问聚敛的理由。方镇都是向百姓苛敛，以向皇帝进献作为理由，行奸盗之实，半数都进了自己的腰包，百姓积怨颇多，谤议四起，实在不是圣上所应推行的。另外，钱是流通的货币，储存起来就会造成通货紧缩物价飞涨；帛是穿着的物品，存放的时间长了就会朽烂。这些东西都是出自人力而非天然生成的，积聚难得的财物，却造成无用的弊端，陛下应该留意于此。希望陛下考虑一下需要颁赐臣民的财物，核对日用所需的花费，财物三倍以外的，就都交由相关部门办理。如果使用之后还有盈余，那么就减轻租税，对外让困顿疲惫的百姓得以休息，对内用以表彰圣上的光明政绩，并存于书策，告知后世子孙。

【评述】

晚唐时期，阶级矛盾已相对尖锐，李绛关心民间疾苦，针对皇上如何振兴朝纲的发问，李绛及时进言，指出储存于宫中的财帛，贮藏起来无用，应该将多余的钱物散之于民，爱惜民力，这样就能民感圣心。此为李绛民本思想的反映。

第二十一节　白居易

【人物简介】

白居易（772—846），字乐天，号香山居士，下邽（今陕西省渭南县境）人。唐代诗人、政治家。贞元十五年（799 年）进士，曾任翰林学士、左拾遗等职。因直言极谏，被贬为江州司马，移忠州刺史。后被召为主客郎中，知制诰。太和年间，任太子宾客及太子少傅。武宗会昌六年（846 年）八月卒于洛阳。

白居易著有《白氏长庆集》七十一卷，其廉政思想主要表现在《策林》一书中。白居易生活在晚唐时代，他的一生，正是唐朝走向衰落的时期，阶级矛盾和民族矛盾都十分尖锐。在这样的背景下，白居易充分了解民间疾苦，针对唐王朝的种种弊端，提出了一系列治国安民的良策。

动必三省，言必再思

【原文】

天子动则左史书之，言则右史书之。言动不书，非盛德也；书而不法，后嗣何观焉？若王者言中伦①，动中度②，则千里之外应之，百代之后歌之，况其迩者乎？若言非宜，动非礼，则千里之外违之，百代之后笑之，况其迩者乎？是以古之天子，口不敢戏言，身不敢妄动；动必三省，言必再思。〔1〕

【注释】

①中伦：合乎准则。

②中度：合乎标准、法度。引申为恰到好处。

【译文】

天子的一举一动由左史书写，言论由右史书写。如果天子的

〔1〕《白居易全集》，第 848 页。

言论和行为不予书写，就表明天子的德行不兴盛；书写不照法则，后代如何观看呢？如果帝王的言论合乎准则，举动恰到好处，那么千里之外都会有人响应，百年之后都会有人歌颂，何况是近的人呢？如果帝王的言论不合时宜，举动不合礼仪，那么千里之外都会违背他的意愿，百年之后也会有人笑话他，何况是近的人呢？所以古代的天子，嘴里不敢说出戏言，身体不敢轻举妄动，有所举动必然要再三反省，有所言论要再三思考。

【评述】

白居易认为身为帝王，一举一动一言一行都与自身的品德相关，并且会记录在案，为后代阅读，所以言行举动要合乎法度。在这里，白居易将天子的品德与史书联系起来，规劝帝王谨言慎行，以身作则，要求国君必须像古代的贤明的天子那样，“口不敢戏言，身不敢妄动；动必三省，言必再思”。他也深知，在封建时代，“下之从上，不从口之言，而从上之所好；不从力之制，而从上之所为”。因此要求国君以身作则。如果君王不能诚心带头执行政令，那么要想获得百姓的信赖，是不可能的。

以百姓心为心

【原文】

居其位，得其人，有其天下，而不及三五者，何哉？臣窃惊怪之，然亦粗知其由矣。岂不以己心为心，抑天下以奉一人之心也，以己欲为欲，咈百姓以从一人之欲也。苟或心与道未合，政与欲并行，得失交争，利害相半，如此，则虽宵衣旰食，劳体励精，才可以致小康，不足以弘大道。故出令而吏或犯，设教而人敢违；刑虽明而寡惩，赏虽厚而鲜劝。此由舍人而从欲，是以勤多而功少也。伏惟陛下去彼取此，执古御今，以三五之心为心，则政教何忧乎不洽？以亿兆之欲为欲，则惩劝何畏乎不行？政教洽，则不般忧而四海宁；惩劝行，则不勤劳而万人化。此由舍己而从众，是以事半而功倍也。

臣又闻太宗文皇帝尝曰：朕虽不及古，然以百姓心为心。臣以为致贞观之理者，由斯一言始矣。[1]

【译文】

帝王身居其位，也得到应有的人才，拥有了天下，却赶不上三皇五帝时期，这是为什么呢？我虽私下对此感到惊奇，却也略知其缘由。原因难道不在于不以自己的心愿为天下百姓的心愿，抑制天下百姓的心愿而为了自己一人的私心，不以自己的欲望为天下百姓的欲望，压制百姓的欲望来满足自己的欲望。如果心和道不能结合，政教和欲望并行，得失纷争不已，利害相伴而生，这样的话，虽然废寝忘食，身体劳累，励精图治，才可以达到小康水平，远不足以弘扬大道。所以会出现令出却有官吏违犯，教义设置却有人敢于违背，刑罚虽然明确却惩罚很少，赏赐虽然丰厚也很少能够劝勉他人。这就是由于舍弃民心而顺从自己的欲望，所以会出现虽勤于政务却功劳很少的情况。希望陛下能够去彼取此，要执古御今，以三皇五帝的心为自己的心，那么何愁教化不融洽？以天下百姓的想法为自己的想法，那么惩罚劝勉何愁行不

〔1〕《白居易全集》，第849—850页。

通？政教融洽，那么不用担心国事，四海之内也会平静；惩罚劝说行得通了，那么不用太勤奋劳苦，天下百姓也会得到教化。这就是舍掉自己的欲望而去顺从百姓的想法，因此会得到事半功倍的效果。

我还听太宗文皇帝说过：“我虽然赶不上古代的帝王，但却以天下百姓的心愿为自己的心愿。”臣下认为能够出现贞观之治，都由这句话开始。

【评述】

白居易总结了中唐以来君王纵欲而导致严重后果的历史教训，充分认识到最高统治者的言行举措对国家治乱兴亡的重要影响，提出了他对为君之道的看法。白居易分析了为何后代的帝王身居其位，得其才，坐拥天下，然而政教却远不如三皇五帝时期的原因。他认为，帝王没有公心，只是为了自己的欲望剥夺百姓的利益，所以虽然勤政，却远远不能弘扬大道。因此，帝王要想使天下得到教化，必须心系百姓，克制私欲，以百姓之心为心。这既能看出白居易的爱民思想，又能看出他敢于对帝王直谏的政治品质。

教化优深，则廉让兴而仁义作

【原文】

《礼记》曰：“教者，人之寒暑也；事者，人之风雨也。”此言万民之从王化，如百谷之委岁功也。若寒暑以时，则禾黍登而菽麦熟；若风雨不节，即稂莠[①]植而秕稗[②]生。故教化优深，则廉让兴而仁义作；刑政偷薄③，则讹伪起而奸宄④臻。虽百谷在地，成之者天也；虽万人在下，化之者上也。必欲以凉德弊政，严令繁刑，而求仁义行，奸宄息，亦犹飘风暴雨，愆阳伏阴，而望禾黍丰，稂莠死，其不可也，亦甚明矣！故曰：尧、舜率天下以义，比屋可封⑤；桀、纣率天下以暴，比屋可戮。斯则由上在教之明验也，伏惟圣心无疑焉。〔1〕

【注释】

①稂（láng）莠：形似禾苗的害草。

②秕稗（bài）：秕谷和杂草。

③偷薄：苟且浮薄。

④奸宄（guǐ）：指犯法作乱的人或事。

⑤比屋可封：谓上古之世教化遍及四海，尽人皆贤，家家都有可受封爵的德行。比，挨着，紧靠。

【译文】

《礼记》上说："教化对于民众就像四季一样，政事对于民众就像风雨一样。"这是说天下百姓顺从帝王的教化，就像各种谷物的成长依赖时序的变化一样。如果寒来暑往合乎时令，那么五谷就会成熟而丰收；如果风不调雨不顺，那么就会杂草丛生，颗粒难获。所以教化能够实行得宏博深远的话，就会兴起廉洁礼让之风，人们就会实行仁义；如果刑法实施得比较浮薄的话，就会导致讹诈奸伪之风，人们就会犯法作乱。虽然各种谷物长在地上，

〔1〕《白居易全集》，第850—851页。

却是上天使它们成熟的；虽然百姓处在下面，却是帝王教化他们的。如果要以浅薄的德行、衰敝的政治、严酷的法令和繁苛的刑罚来求得仁义的实行和犯法作乱的停息，不就像在暴风骤雨、阴阳失调的气候条件下，却希望五谷丰登、杂草死亡一样，这不可能达到，不是非常显然的吗？所以说：尧舜以仁义统治天下，百姓们人人都可加封官职；桀纣用暴行统治天下，百姓们人人都可能有罪而被处死。这一切都是由帝王在教化上可以明确检验的，希望陛下不要怀疑。

【评述】

白居易生活在晚唐时代，正是唐朝走向衰落的时期，阶级矛盾和民族矛盾都异常尖锐，如何使百姓服从教化，是关系封建王朝兴衰的重要因素。对此，白居易认为，教化成功与否，责任在于帝王。帝王如以仁义来统治天下，则百姓自然会受到教化。其落脚点还是为君之道，体现了白居易的儒家仁治思想。

政用黄老，清静无为

【原文】

夫欲使人情俭朴，时俗清和[①]，莫先于体黄老之道也。其道在乎尚宽简，务俭素，不眩聪察，不役智能而已。盖善用之者，虽一邑一郡一国至于天下，皆可以致清净之理焉。昔宓贱[②]得之，故不下堂而单父之人化。汲黯得之，故不出阁而东海之政成。曹参得之，故狱市[③]勿扰而齐国大和。汉文得之，故刑罚不用而天下大理。其故无他，清净之所致耳。故《老子》曰：“我无为而人自化，我好静而人自正，我无事而人自富，我无欲而人自朴。”此四者皆黄老之要道也。陛下诚能体而行之，则人俭朴而俗清和矣。[1]

【注释】

①清和：清静和平。形容升平气象。

②宓（fú）贱：即宓子贱（前521—?），春秋末期鲁国人，名不齐。孔子学生。曾为单父（shàn fǔ，今山东单县南）宰。

③狱市：指狱讼以及市集交易。

【译文】

要想使人们变得节俭朴实，风俗趋向清静和平，最好的办法莫过于运用黄老之道治国。黄老之道的要义，在于崇尚宽松简易，追求节俭朴素，不炫耀自己的聪明洞察，不使用智力机巧。善于运用黄老之道的，即使是一乡邑、一郡国乃至整个天下，都能达到清静的治理状态。从前宓子贱使用黄老之道，他不走出公堂，单父的百姓得到了很好的教化。汲黯使用黄老之道，他不走出台阁，东海得到了很好的治理。曹参使用黄老之道，他不干涉狱讼和集市的交易，整个国家得以大治。汉文帝使用黄老之道，不使用刑罚，天下得到了很好的治理。没有其他原因，就是清静无为所带来的。所以《老子》说：“我无所作为，百姓就自我化育；我喜好清静，百姓就自己端正了；我不搅扰，百姓自然就富足了；我没有贪欲，百姓自然会朴实。”这四个方面都是黄老之道的主要

〔1〕《白居易全集》，第852页。

思想。陛下如果能够体会并实行黄老之道，那么百姓就会节俭朴实，风俗就会清静和平了。

【评述】

安史之乱后，唐代社会颇为动荡，宣扬黄老清静无为的言论多有出现，白居易的论述即是其中之一。白居易认为以黄老之道治国理政的要义，就在于“尚宽简，务清净，则人俭朴，俗和平”。白居易本人曾历任多地刺史，是黄老施政理念的身体力行者。与他同时代的柳宗元也明确主张地方行政应该奉行黄老之术，很多地方官吏也在身体力行黄老之术。可知黄老思想是唐代地方政治的重要理念之一，而这种施政理念能够在一定程度上减轻百姓负担，稳定地方统治秩序。

邦之兴，由得人也；邦之亡，由失人也

【原文】

臣观前代：邦之兴，由得人也；邦之亡，由失人也。得其人，失其人，非一朝一夕之故，其所由来者渐矣。天地不能顿为寒暑，必渐于春秋；人君不能顿为兴亡，必渐于善恶。善不积，不能勃焉而兴；恶不积，不能忽焉而亡。善与恶，始系于君也；兴与亡，终系于人也。何则？君苟有善，人必知之。知之又知之，其心归之。归之又归之，则载舟之水，由是积焉。君苟有恶，人亦知之。知之又知之，其心去之。去之又去之，则覆舟之水，由是作焉。故曰：至高而危者，君也；至愚而不可欺者，人也。圣王知其然，故则天上不息之道以修己，法地下不动之德以安人。修己者，慎

于中也，栗然如履春冰。安人者，敬其下也，懔乎若驭朽索。犹惧其未也，加以乐人之乐，人亦乐其乐；忧人之忧，人亦忧其忧。乐同于人，敬慎著于己，如是而不兴者，反是而不亡者，自生人已来，未之有也。臣愚以为百王兴亡之渐，在于此也。[1]

【译文】

臣看前代王朝：国家兴盛，是由于得到民心的缘故；国家败亡，是由于失去人心的缘故。得到民心和失去民心，并非是一朝一夕的原因，它有一个渐进的过程。天地不会猛一下子变成冬季或夏季，必然会由春秋两季来渐进；帝王不会突然兴盛或灭亡，必然是积善或积恶所致。不积累善行，不会忽然兴盛；不积累恶行，不会忽然灭亡。善与恶，最终和君王相关；兴盛和衰亡，最终和民心相关。这是为什么？君王如有善行，百姓就会知道；知道再知道，百姓的心就会归顺，这样逐渐归顺，那么就像载舟的水一样，由此积累起来。君王如果有恶行，百姓也会知道，知道再知道，百姓的心就会远离，这样逐渐远离，那么就像覆舟的水一样，于是开始积累发作。所以说：地位最高而且最危险的，就是君王；最愚蠢却不可欺负的，就是百姓。圣明的帝王知道这个道理，所以学习上天不息的道理来自我修养，取法大地以不动之德来安抚百姓。加强自身修养的帝王，心中怀着谨慎，战栗着就像踩在春天的冰上一样；安抚百姓的官吏，要尊重下面的百姓，畏惧之心就像驾驭套着腐朽的绳索的马车一样。这样还怕做得不够，再加上把老百姓的快乐当做自己的快乐，百姓也会以他的快

〔1〕《白居易全集》，第854页。

乐为乐；把百姓的忧愁当做自己的忧愁，百姓也会以他的忧愁为忧。有乐与人同享，别人就会敬重你。如果这样，国家却没有兴盛，不这样国家反而不亡的，自从有人类以来，未曾有过。臣下认为，历代王朝兴衰的加剧，都是由于这个原因。

【评述】

白居易在此分析了国家兴盛衰亡的原因，认为国家兴盛，是由于得到民心的缘故；国家败亡，是由于失去人心的缘故。然后对帝王提出了要使国家兴盛就需以百姓之心为己心的建议。白居易之前的政治家、思想家，对于得失百姓之心多有论述，但白居易在此更进一步，论述了国家兴盛或衰亡的渐进的原因与百姓民心的关系。这是在晚唐阶级矛盾和民族矛盾日益尖锐的时期，白居易在充分了解民间疾苦的基础上，对统治者提出的有益谏言。

人之困穷，由君之奢欲

【原文】

近古已来，君天下者，皆患人之困，而不知困之由；皆欲人之安，而不得安之术。臣虽狂瞽，然粗知之。

臣窃观前代人庶之贫困者，由官吏之纵欲也。官吏之纵欲者，由君上之不能节俭也。何则？天下之人亿兆也，君者一而已矣，以亿兆之人奉其一君，则君之居处，虽极土木之功，殚金玉之饰；君之衣食，虽穷海陆之味，尽文采之华；君之耳目，虽慆[1]郑卫之音，厌燕赵之色；君之心体，虽倦畋渔之乐，疲辙迹之游：犹未合扰于人，伤于物。何者？以至多奉至少故也。

然则一纵一放，而弊及于人者，又何哉？盖以君之命行于左右，左右颁于方镇，方镇布于州牧，州牧达于县宰，县宰下于乡吏，乡吏传于村胥，然后至于人焉。自君至人，等级若是，所求既众，所费滋多。则君取其一，而臣已取其百矣。所谓上开一源，下生百端者也。岂直若此而已哉？盖亦君好则臣为，上行则下效。故上苟好奢，则天下贪冒之吏将肆心焉；上苟好利，则天下聚敛之臣将置力焉。雷动风行，日引月长，上益其侈，下成其私，其费尽出于人，人实何勘其弊？此又为害十倍于前也。

夫如是，则君之躁静，为人劳逸之本；君之奢俭，为人富贫之源。故一节其情，而下有以获其福；一肆其欲，而下有以罹其殃。一出善言，则天下之心同其喜；一违善道，则天下之心共其忧。盖百姓之殃不在乎鬼神，百姓之福不在乎天地，在乎君之躁静奢俭而已。

是以圣王之修身化下也，宫室有制，服食有度，声色有节，畋游有时；不徇己情，不穷己欲，不殚人力，不耗人财。夫然，故诚发乎心，德形乎身，政如乎人，化达乎天下。以此禁吏，则贪欲之吏不得不廉矣；以此牧人，则贫困之人不得不安矣。困之由，安之术，以臣所见，其在兹乎？[1]

【注释】

①慆（tāo）：喜悦，喜欢。

---

〔1〕《白居易全集》，第863—864页。

【译文】

近古以来，君临天下的帝王，都忧患于百姓贫困却不知其贫困的原因，都想让百姓安定却不知让百姓安定的方法。我虽然愚昧无知，却粗粗了解这个道理。

我私下观察前代老百姓贫困的原因，是由于官吏们放纵欲望、贪得无厌；而官吏的放纵，是由于君王不能节俭。这是为什么呢？天下的百姓有千千万万，而君王却只有一个。以千千万万的百姓来侍奉君王一个人，那么君王的居处，即使大力修建宫殿台榭，竭尽金玉器玩来装饰；君王的饮食，即使穷尽山珍海味，服饰极尽色彩斑斓；君王的耳目，即使沉湎于郑、卫放佚的音乐，满足于燕、赵的美色；君王的身心，即使厌倦了打猎之乐，疲于车马之游：以上种种够奢侈的了，但还没有过于伤害民生和财物。为什么呢？是由于全体百姓供养君主一人的原因。

然而稍一放纵，就会对百姓有弊端，这又为什么？因为君王的命令传给朝廷大臣，大臣又颁布于方镇，方镇公布于州牧，州牧传达于县令，县令下达于乡里长，乡里长又传达于村长，然后才能到达于百姓。自君王到百姓，等级如此之多，需求就多，消耗就会增多。君王仅取其中一份，而臣下就敢取百份了！正所谓帝王开始做一件事，臣下就会办出百件事来。事情岂只如此吗？国君有所爱好，臣下就会投其所好，上行则下效。所以说如果君王奢侈，那么贪财图利的官吏就会肆意妄为；君王如果好利，那么官吏就大肆搜刮民脂民膏。事物变化迅速，逐渐发展，君王就会越奢侈，臣下就会乘机满足他们的私欲。所有的费用都是出自于百姓，百姓怎能忍受得了？这种危害是前面所说的十倍。

所以说，君王躁动还是安静，是百姓操劳或安逸的根本；君王奢侈还是节俭，是百姓贫困或富足的根源。所以稍微控制一下私欲，百姓就会获得幸福；稍一放纵私欲，百姓就会受到祸害。君王只要说出善言，那么天下百姓的心就都会向善；一旦违背了善道，那么天下百姓的心就会跟着担忧。因为百姓的贫困不取决于鬼神，百姓的富足不取决于天地，而在于君王的躁动还是宁静、奢侈还是节俭！

所以君王修养身心教化臣民，宫室应有制度，饮食服饰应有限度，声色娱乐应有节制，打猎游玩注意农时。不由着自己的性情，不由着自己的私欲，不竭尽人力，不消耗百姓的钱财。这样的话，国君严格要求自己，内心表现出至诚，行动上表现出高尚的品德，施政就像为人，对天下进行教化。以此来约束官吏，那么贪婪的官吏就会不得不廉洁；以此来治理百姓，那么贫困的百姓就会安定下来。使百姓贫困的缘由，让百姓安居的方法，以臣下看来，大概就在这里吧！

【评述】

白居易在这里提出了老百姓贫穷是由于国君骄奢淫逸所致的命题。其道理就在于“上行下效”，国君一放纵自己，臣下就会马上仿效，于是各种弊端都会产生出来。据此，他提出国君对自己要有所节制，一切按规章制度办事。这个观点，基本上属于正统的儒家思想范畴，既有利于维持封建王朝的统治，又能让老百姓安居乐业。白居易认为：“君好则臣为，上行则下效。故上苟好奢，则天下贪冒之吏将肆心焉；上苟好利，则天下聚敛之臣将置力焉。”其结果是“上益其侈，下成其私”，最终还是老百姓受害。所以君王要享用有度，无论是宫室、车马、仆御、器服、饮食之道都要节俭。

请以族类求贤

【原文】

臣以为求贤有术，辨贤有方。方术者，各审其族类，使之推荐而已。近取诸喻，其犹线与矢也：线因针而入，矢待弦而发。虽有线矢，苟无针弦，求自致焉，不可得也。夫必以族类者，盖贤愚有贯，善恶有伦，若以类求，必以类至。此亦由水流湿，火就燥，自然之理也。何则？夫以德义立身者，必交于德义，不交于险僻；以正直克己者，必朋于正直，不朋于颇邪；以贪冒为意者，必比于贪冒，不比于贞廉；以悖慢肆心者，必狎于悖慢，不狎于恭谨。何者？事相害而不相利，性相戾①而不相从。此乃天地常伦，人物常理，必然之势也。则贤与不肖，以此知之。〔1〕

【注释】

①戾：乖张，（性情、行为）有悖情理。引申为违反。

【译文】

臣下认为求得贤才有方法，辨别贤才也有方法。方法就是，让他们察看他们交往的人群，再由其分别推荐。取最近的比喻，就好像线和箭一样：线因为针而进入衣物，箭等待弦而发射。虽然有线和箭，但没有针和弦，让其自己达到目标，这是不可行的。

〔1〕《白居易全集》，第868—869页。

以群分类，是因为贤人和愚人都有类别，善人和恶人皆有同党，如果以同类人来寻求，必然会得到同类人。这就好比水往低处流，火往干处烧一样，是自然平常的事理。这是为什么？因为以道德仁义来立身的人，必然会结交有道德讲仁义的人，不结交险僻的人；自身正直的人，他的朋友也会正直，不会结交偏恶的人；以贪图小利为目的的人，必然会结交贪图小利的人，不会结交廉洁的人；傲慢放肆的人，必然会结交傲慢的人，不会结交恭谨的人。为什么呢？因为事物会相害而不是对对方有利，性情相反而不是相从。这是天地常伦，人事常理，必然会这样。那么贤良或者不肖，通过这点就可以知道。

【评述】

如何得到贤良的人才来治理国家，这对于一个王朝来说是极其重要的。白居易认为只要从贤者所结交的朋友就可以得到贤良的人才，这是自然平常的事情。白居易提出“以族类求贤”的方法，因为他坚信人是“贤愚有贯，善恶有伦，若以类求，必以类至”的。白居易虽然把道理讲明白了，但是操作起来还是有一定的难度。

革吏部之弊

【原文】

臣伏见吏部之弊，为日久矣。时皆共病，不知其然。臣请备而言之。臣闻：古者计户以贡士[①]，量官而署吏，故官不乏吏，士不乏官，士吏官员，必相参用。今则官倍于古，吏倍于官，入色者又倍于吏也。此由每岁假文武而筮仕②者众，冒资荫③而出身者多。故官不得人，员不充吏。是以争求日至，奸滥日生，斯乃为弊之一端也。

臣又闻：古者州郡之吏，牧守选而举之；府寺之寮，公卿辟而署之；其余者乃归有司。有司所领既少，则所选必精，此前代所以得人也。今则内外之官，一命④已上，岁美千数，悉委吏曹。吏曹案资署官，犹惧不给，则何暇考察名实，区别否臧者乎？至使近代以来，寖而成弊，真伪争进，共征循资之书；贤愚莫分，同限停年之格。才能者淹滞而不振，巧诈者因缘以成奸，此又为弊之一端也。

今若使内外师长者各选其人，分署其吏，则庶乎官得其才矣。使诸色入仕者，量省其数，或间以年，则庶乎士不乏官矣。官得其才，则公平政理之道所由长也。士不乏官，则趋竞巧滥之弊所由消也。矧又减铨衡⑤之偏重，则力不挠而易平矣；分藻镜之独鉴，则照不疲而易明矣。与夫千品折于一面，百职断于一心，功相万也。得失相悬，岂不远矣！臣以为芟⑥烦铲弊，莫尚于斯。[1]

【注释】

①贡士：指地方向朝廷荐举人才。

②筮（shì）仕：指初出做官。

③资荫：凭先代的勋功或官爵而得到授官封爵。

④一命：周时官阶从一命到九命，一命为最低的官阶。

⑤铨衡：衡量轻重的器具。

---

〔1〕《白居易全集》，第872—873页。

⑥芟（shān）：割草。引申为除去。

【译文】

我看到吏部的弊端，已经很长时间了。大家都知道吏部存在问题，却不知问题所在。请允许我详细地说一下。我听说：古代根据人口数量举荐士人，根据官员数量设置吏属，所以官员不缺少吏属，士人也不缺乏官做，士人、吏属和官员，三者间杂而用。如今官员的数量是古代的数倍之多，吏属的数量又是官员的数倍，候缺的士人又是吏属的数倍。这是由于每年以文武科考而入仕为官的人以及靠着祖上勋功或官爵而授官的人数量都众多的缘故。这造成了选官难得其人，生员难补吏属，因此争官求官的现象越来越严重，弄虚作假、滥竽充数的情况越来越多。这是吏部选官的弊端之一。

我又听说：古代州郡的官吏，是由牧守选拔推荐的；府寺的官吏，是由公卿征辟任命的；其他的归人事部门管理。人事部门的任务很少，所以会对官员精挑细选，古代能够得到人才正是因为这点。如今无论是内官还是外官，从最低级的官吏以上，每年都有上千人，全都由吏部官员管理。吏部官员只是按照资品授予官职，都担心忙不过来，哪有时间考察他们的名与实，区别他们的好与坏呢？这种情况导致近些年来成了一大弊端，真的和假的争相进官，只以年资作为标准；贤士和庸才难以区分，同样以年资进行论定。如此一来，有才能的官员遭到滞留无法上进，奸诈之徒却投机取巧得以升迁。这是吏部选官的又一弊端。

现在如果让内外的长官各自选拔官吏，分别任命其官吏，那么差不多就能得到合适的人才了。假使各色准备入仕的人，减省其人数，或者隔年取用，那么士人差不多就不缺官职了。官位得到了合适的人才，那么就会兴起公平的治理之道。士人不缺官职，那么通过不正当手段竞争的弊端就会消失。况且减少铨衡过重的一边，受力不歪曲就容易平衡了；将独自照人的镜子的任务分担一下，那么就会屡照不疲并且容易明亮。与上千人都由一人决断，上百个职位都由一人处理相比，功劳相差万倍。得失相比，差距岂不是太远啦！我认为革除弊端的方法，莫过于此。

【评述】

白居易认为，大官是从小官中逐级提拔的，那么就要特别慎重对待小官的任用。如果以门第、以资序将这些小官照顾给那些素质不高、没有发展潜力的人，那么造成的后果将是十年后的台阁乏人，因为没有可供选择的对象，只能滥竽充数。如何摒除这种现象，白居易说，中唐以后吏部的弊病主要有四条：人浮于事、才不称位、弄虚作假、跑官要官。“真伪争进，共征循资之书；贤愚莫分，同限停年之格”，“假文武而筮仕者众，冒资荫而出身者多”，“争求日至，奸滥日生”，“巧诈者因缘以成奸”，“才能者淹滞而不振”。解决这些矛盾的办法：一是削弱铨选部门的权力，避免由人事部门个别人说了算，既能减少行贿受贿的可能，又能避免“千品折于一面，百职断于一心”的失误；二是定编制，由各部门自行招聘，分署其吏；三是推行举贤赏罚制，鼓励推荐好的官员，处罚举人不当的人和事。“得人者行进贤之赏，谬举者坐不当之辜，自然上下精详，远近惩劝。”这些建议对于治疗唐中期的弊病，都是很值得参考的。

牧宰考课，议殿最未精，又政不由己

【原文】

王者之设庶官[①]，无非共理者也。然则庶官之理同归，而牧宰之用为急。盖以邦之赋役，由之而后均；王之风教，由之而后行；人之性命系焉，国之安危属焉。故与夫庶官之寄，轻重不可齐致也。臣伏见陛下勤恤黎元之心至矣，慎择牧宰之旨深矣。然而黎元之理，尚未副陛下勤恤之心；牧宰之政，尚未称陛下慎择之旨。非人不求理，非才不称官；以臣所窥，粗知其由矣。

臣闻：贤者为善，不待劝矣。何哉？性不忍为恶耳。愚者为不善，虽劝而不迁也。何哉？性不能为善耳。贤愚之间，谓之中人。中人之心，可上可下。劝之则迁于善，舍之则陷于恶。故曰：惩劝之废也，推中人而坠于小人之域；惩劝之行也，引中人而纳诸君子之途。是知劝沮[②]之道，不可一日无也。况天下牧宰，中人者多。去恶迁善，皆待劝沮。伏以方今殿最之法甚备，黜陟之令甚明。然则就备之中，察之者未甚精也；就明之中，奉之者未甚行也。未甚精，则臧否同贯；未甚行，则善恶齐驱。虽有和璞之真，不能识也；虽有齐竽之滥，何由知之？如此，则岂独利淫，亦将失善。善苟未劝，淫或未惩，欲望副陛下勤恤之心，称陛下慎择之者，或恐难矣！

臣又请以古事验之。臣闻：唐虞之际也，敷求俊乂[③]，而四凶见用。及三考黜陟，而四罪乃彰。则知虽至明也，尚或迷真伪之徒；虽至圣也，不能去考察之法。故其法张，则变曲为直，如蓬生于麻也；其法弛，则变香为臭，使兰化为艾也。且圣人之为理，岂尽得贤而用之乎？岂尽知不肖而去之乎？将在夫秉其枢，操其要，铲邪为正，削觚为圆。能使善之必迁，不谓善之尽有；能使恶之必改，不为恶之尽无。成此功者无他，惩劝之所致也。则考课之法，其可轻乎？

臣又见：当今牧宰之内，甚有良能：委之理人，亦足成政；所未至者，又有其由。臣闻：牧宰古者五等之国也。于人有父母之道焉，于吏有君臣之道焉。所宜弛张举措由其心，威福赏罚悬于手，然后能镇其俗，移其风也。今县宰之权，受制于州牧，州牧之政，取则于使司。迭相拘持，不敢专达。虽有政术，何由施行？况又力役之限，赋敛之期。以用之费省为求，不以人之贫富为度；以上之缓急为节，不以下之劳逸为程。县畏于州，州畏于使，虽有仁惠，何由抚绥？此犹束舟楫而望济川，绊骐骥而求致远，臣恐龚、黄、卓、鲁复生于今日，亦不能为理矣！[1]

【注释】

①庶官：各种官职。

②劝沮（jǔ）：劝阻。沮，阻止。

③俊乂（yì）：贤才。

【译文】

帝王设立各种官职，无非是为了共同治理国家。虽然各种官员都是为了治理国家，不过州县长官的任用却最为急迫。这是由于国家的赋税徭役，是通过他们调节的；帝王的风俗教化，是通

〔1〕《白居易全集》，第873—874页。

过他们推行的；他们关乎百姓的性命和国家的安危。所以与其他官员相比，重要程度是不一样的。我看到陛下勤于体恤百姓，做得尽心尽力，慎重选择州县长官的意义也很深远。不过百姓的治理程度，与陛下的勤于体恤之心还不相符；州县长官的政绩，与陛下慎重选择的意义也不相称。并不是人们不想得到治理，也不是才能与官职不相称；根据我的观察，个中缘由向您大体说一下。

我听说：贤能的人做善事，是不用进行劝勉的。为什么呢？因为他们天性不会作恶。愚蠢的人做不善的事情，虽然加以劝勉，他也不会改的。为什么呢？因为他的天性不会做善事。贤人和愚人之间的人，称为中人。中人的心，可上可下。劝勉他，他就会变得善良，不理他，他就会陷于恶行。所以说：废除了惩罚和劝勉，是推倒中人，使他堕落到小人的行列；行使惩罚和劝勉，是引导中人，使他走上君子的道路。由此知道劝勉和阻止的方法，一天也不能少啊。况且全国的州县长官，属于中人的居多。去掉恶念变成善人，都要靠劝勉和阻止。如今考察政绩的方法非常完备，降职与升迁的法令非常明晰。不过前者尽管完备，负责考察的人还不够精通；后者尽管明晰，奉行命令的人还没有好好遵从。不够精通，那么把好的坏的一并看待；没有好好遵从，就会使善人和恶人并驾齐驱。即使是块真正的和璞之玉，也认不出来；即使是滥竽充数的，又怎么知道呢？这样一来，岂只利于骄淫之事，还将失去善行。对于善行不加劝勉，对于恶行不予惩罚，要想符合陛下勤于体恤的心愿，与陛下慎重选拔的意义相称，恐怕很困难哪！

我又通过古代的事情来检验。我听说：尧舜在位的时候，遍求天下贤才，四凶却受到了任用。等到考察官吏的政绩加以升降之后，四凶的罪行才大白于天下。由此看来，即使是最具智慧的人，也有可能分辨不出是非真伪；即使是至高的圣人，也不能废除考察政绩的方法。因此，如果考绩之法能够展开，那么曲的就能变成直的，就像蓬生于麻中的情形一样；如果考绩之法松懈了，那么香的就会变成臭的，就像兰花变成艾草一样。圣人治国，难道任用的全是贤才吗？难道会看出所有不贤的人并黜退他们吗？不过是掌握其枢要，操纵其大局，铲除邪恶之人，改变不良行为而使其归于正道罢了。能使人变成好人，而不是说所有的人都是好人；能使人改正恶行，而不是说一个恶人也没有了。成就这种功业没有其他办法，就是惩罚和劝勉所带来的。这样说来，考课的办法，还能轻视吗？

我又看到，当今的州县长官之中，有才能的不在少数，委任他们治理百姓，也足能做出好的政绩；而之所以未能做成，还有其他原因。我听说，州县长官在古代爵位制度中属第五等。对于百姓来说有父母之道，对于官吏来说有君臣之道。如何教化百姓应由他们自己决定，如何奖赏惩罚也应由他们自己掌握，这样才能安定民俗，化育民风。如今县官的权力，受制于州牧，州牧的权力，又取决于使司。权力受到多方钳制，不敢自专。虽然有治理的办法，又如何施行呢？况且又受制于劳役赋税的限制。只以所用的浪费还是节省为标准，而不考虑百姓的穷富；以朝廷的缓急为时限，而不顾及百姓的劳逸。县令畏惧州牧，州牧又畏惧使司，即使有仁爱惠民之心，又如何安抚呢？就像拴住舟楫却希望渡过河川，绑住千里马的足却想到达远方一样，我担心即使汉代的龚遂、黄霸、卓茂和鲁恭四位良臣生在今日，也无法治理呀！

【评述】

白居易对于州县官吏的选拔是非常重视的，认为对州县官吏的选拔直接与国家的兴盛衰亡密切相关，因为州县官吏直接与百姓接触，帝王的思想、意图都是通过他们传达的。白居易还具体分析了州县官吏的种类，本性善、本性恶的不太多，居于二者中的人最多，他们应是实行惩罚劝勉的主要对象。白居易对于当时州县官吏的情况分析，是比较到位的。

使官吏清廉，在均其禄，厚其俸

【原文】

臣闻为国者，皆患吏之贪，而不知去贪之道也；皆欲吏之清，而不知致清之由也。臣以为去贪致清者，在乎厚其禄，均其俸而已。夫衣食阙于家，虽严父慈母不能制其子，况君长能检[①]其臣吏乎？冻馁切于身，虽巢、由、夷、齐不能固其节，况凡人能守其清白乎？

臣伏见今之官吏，所以未尽贞廉者，由禄不均而俸不足也。不均者，由所在课料重轻不齐也；不足者，由所在官长侵刻不已也。其甚者，则有官秩等而禄殊，郡县同而俸异。或削夺以过半，或停给而弥年，至使衣食不充，冻馁并至。如此，则必冒白刃、蹈水火而求私利也。况可使抚人字物，断狱均财者乎？夫上行则下从，身穷则心滥。今官长日侵其吏，而望吏之不日侵于人，不可得也。盖所谓渴马守水，饿犬护肉。则虽日用刑罚，不能惩贪而劝清必矣。

陛下今欲革时之弊，去吏之贪，则莫先于均天下课料重轻，禁天下官长侵刻②，使天下之吏，温饱充于内，清廉形于外。然后示之以耻，纠之以刑。如此，则纵或为非者，百无一二也。[1]

【注释】

①捡：约束。

②侵刻：侵害，剥夺。

【译文】

臣听说治理国家的君王，都害怕官吏贪污，却不知道不让官吏贪污的方法；都想让官吏清廉，却不知道让官吏清廉的方法。臣认为让官吏去除贪污而变得清廉，在于增加他们的俸禄，使他们俸禄较为平均罢了。如果一个家庭里缺少衣食，即使是严厉的父亲和慈爱的母亲也不能管好自己的儿子，何况君王怎能长期地约束他的臣下呢？如果让人感受到冻馁，即使是巢父、许由、伯夷、叔齐也不能守住他们的节操，何况凡人怎能守住他们的清白呢？

臣看到现在的官吏，之所以做不到清廉，在于俸禄不均且不足。不平均，是由于所发俸禄的多少不同；不足，是由于上级长官剥夺造成的。更有甚者，有的官职级别相同而俸禄相差很大，同一个郡县却俸禄不一。或者是剥夺过半，或者是所给米面停发了好几年，以至于衣食不足，受冻挨饿。这样的话，就必然会不顾冒白刃、蹈水火的危险去求得私利。何况是安抚百姓化育万物，审判案中平均财产的官员呢？这样就会上行下效，自身穷困就会

〔1〕《白居易全集》，第878页。

心有私念。现在上级官吏剥夺下层官吏的利益，却希望下级官吏不去剥夺百姓的利益，是不可能的。正所谓让口渴的马去看守水源，饥饿的狗去看守肉一样，即使每天都有刑罚，也肯定不能惩罚贪污行为而劝他们清廉。

陛下现在想要革除这种弊端，去掉官吏的贪污行为，莫过于先平均天下官员俸禄的轻重，禁止上级官吏侵占下级官吏的利益，使天下的官吏，温饱于内，清廉于外。然后再向他们展示廉耻之心，用刑罚纠正贪污行为。这样做的话，纵然会有为非作歹的人，一百个之中不过有一两个罢了。

【评述】

白居易怀着“兼善天下”的理想，针对当时的社会现实，以其民本思想为指导，提出了以廉政为核心的吏治思想。他认为“今之官吏，所以未尽贞廉者，由禄不均而俸不足也。不均者，由所在课料重轻不齐也；不足者，由所在官长侵刻不已也”，而高薪养廉才是当时制止腐败的有效方法。唐朝中后期吏治腐败，白居易对当时的吏治有着较为深刻的洞察，他提出的去掉官吏贪污的行为，首先要使上级官吏不剥夺下级官吏的利益，均其禄，厚其俸，这种制止贪污的方法在当时具有积极的意义。

省官并俸减使职

【原文】

臣闻：古者计人而置官，量赋而制禄。故官之省置，必稽人户之众寡；禄之厚薄，必称赋入之少多。俾乎官足以理人，人足以奉吏。吏有常禄，财有常征。财赋吏员，必参相得者也。顷以兵戎屡动，荒沴①荐臻②，户口流亡，财征减耗，则宜量其官而省之，并其禄而厚之。故官省则事简，事简则人安；禄厚则吏清，吏清则俗阜：而天下所由理也。然则知清其吏，而不知厚其禄，则饰诈而不廉矣。知厚其禄，而不知省其官，则财费而不足矣。知省其官，而不知选其能，则事壅而不理矣。此三者迭为表里，相须而成者也。伏惟陛下详而行之。

臣又见：兵兴以来，诸道使府，或因权宜而置职，一置而不停；或因暂劳而加俸，一加而无减。至使职多于郡县之吏，俸优于台省之官。积习生常，烦费滋甚。今若量其职员，审其禄秩，使众寡有常数，厚薄得其中。故禄得其中，则费不广，而下无侵削之患矣。职有常数，则事不烦，而人无劳扰之弊矣。此又利害相悬远者。伏惟陛下念而救之。[1]

【注释】

①荒沴（lì）：犹灾害。沴，灾气。

②荐臻：接连到来，屡次降临。荐，至，达到。臻，来到。

【译文】

臣听说：古代帝王根据百姓多少来设置官位，依据赋税多少来制定俸禄。所以官位的增多减少，一定要根据百姓的多少来决定；俸禄的厚薄，一定要根据赋税的多少来制定。使官吏足够治理百姓，百姓足够供奉官吏；官吏有固定的俸禄，赋税有固定的

[1]《白居易全集》，第879页。

数额。赋税和官吏，一定要互相参照。最近兵革多兴，荒地渐多，人口流亡，财政收入减少，那么应该减少官吏的设置，合并他们的俸禄而使之增多。官吏减少了事情就会简化，事情简化了百姓就会安定；俸禄丰厚了官吏就会清廉，官吏清廉了民众就会富庶：这样天下就会得到治理。如果只知道让官吏清廉，却不知道增加他们的俸禄，就会虚伪奸诈而不会清廉；知道增加官吏的俸禄，而不知道减少官吏数量，就会耗费钱财而致国力不足；知道减少官吏的数量，而不知道选拔有才能的人，就会使政务堆积而得不到治理。这三个方面互为表里，相辅相成。希望陛下能详明这个道理并且加以推行。

我又看到，自战争爆发以来，诸道的使府，或是因为一时的权宜而设置官职，设置之后就没有停止；或是因为暂时的犒劳而增加俸禄，增加之后就没有减少。致使其职位多于郡县的官吏，俸禄高于台省的官员。天长日久，习以为常，无端的开支越来越多。如今应该考量其在职人数，审查其俸禄品秩，或多或少，数额得以确定，或高或低，能够适得其中。俸禄适中，费用就不会过多，百姓就不会受到侵夺剥削的祸患。职位确定，事务就不会烦琐，人们就不会有操劳和被搅扰的担心了。这又是利害相差很大的地方。希望陛下能够思考并纠正这一弊端。

【评述】

白居易在这里进一步阐明，要根据百姓的多少来设置官吏的数量，精简官吏以使国家财政负担减少，这样，现任官吏也有足够的俸禄，才能保证他们廉洁地治理国家。这是他高薪养廉思想的进一步延伸。

升法科，选法吏

【原文】

盖刑法者，君子行之，则诚信而简易，简易则人安。小人习之，则诈伪而滋彰，滋彰则俗弊。此所以刑一而用二，法同而理殊者也。矧又律令尘蠹于栈阁，制敕堆盈于案几；官不遍睹，法无定科。今则条理轻重之文，尽询于法直①：是使国家生杀之柄假手于小人。小人之心，孰不可忍？至有黩②货贿者矣，有祐亲爱者矣，有陷仇怨者矣，有畏权豪者矣，有欺贱弱者矣。是以重轻加减，随其喜怒；出入比附，由乎爱憎。官不察其所由，人不知其所避。若然，则虽有贞观之法，苟无贞观之吏，欲其刑善，无乃难乎？陛下诚欲申明旧章，刬革前弊，则在乎高其科，重其吏而已。臣谨按：汉制以四科辟士，其三曰明习律令，足以决狐疑，能按章覆问，文中御史者，辟而用之。伏惟陛下：悬法学为上科，则应之者必俊乂也；升法直为清列③，则授之者必贤良也。然后考其能，奖其善。明察守文者，擢为御史；钦恤用情者，迁为法官。如此，则仁恕之诚，廉平之气，不散于简牍之间矣；掊刻④之心，舞文之弊，不生于刀笔之下矣。与夫愚诈小吏，窃而弄之者，功相万也。[1]

【注释】

①法直：熟悉法律条文的小吏，刀笔吏。

---

〔1〕《白居易全集》，第891—892页。

②黩（dú）：随随便便，滥用。

③清列：高贵的官位。这里指正式官员的序列。

④掊（póu）刻：亦作“掊克”，聚敛，搜括。亦指搜括民财之人。

【译文】

所谓的刑法，如果君子来执行，就会诚实守信并且简单易从，简单易从，百姓就会安定。如果小人来执行，就会奸诈虚伪而更加森严，更加森严，风俗就会败坏。这就是一种刑法有两种用法，法令相同而治理的结果不一样。况且法律条令放在栈阁之中，布满灰尘遭到虫蠹，皇帝的诏令堆满了几案，官员无法一一阅读，再说法律也没有固定的条款。如今不管是重要还是不重要的文件，都要询问熟悉法律条文的小吏，这是将国家的生杀大权，操控在小人的手里。小人之心，有什么不能忍心做出来呢？于是便有贪求财货贿赂的，有偏袒亲朋好友的，有陷害仇人的，有害怕权豪的，有欺凌弱者的。处罚的轻重，往往根据法官的喜怒；判决的情况，常常根据法官的爱憎。朝廷不去追问其中的缘由，百姓不知道应该如何躲避。这样，即使有贞观时期的法令，却没有贞观时期的官吏，要想有好的刑法，不是很难吗？陛下如果诚心重申前代的法规，革除以前的弊病，就要提高法律这一科目，重视执法的官吏。臣谨按：汉代以四科选拔人才，第三科指的是熟练掌握法律条令，足能判决疑案，能够按照规章审查案件，能够胜任御史之任的，征辟并加以任用。希望陛下将法学列为上等科目，那么前来应考的必然都是俊乂之士了；把法直列入正式官员的序列，那么所授予的都必定是贤良之士了。然后再考察他们的才能，奖励其中的善者。明于审察持守法律的，升为御史；量刑慎重心存悯恤的，升为法官。这样，仁爱忠恕的诚意，廉洁平和的气度，就不会消散于简牍之间；搜刮聚敛的心思，玩弄文字的弊端，就不会产生于刀笔之下。与那些愚蠢奸诈的小官吏，私下弄权的人相比，功绩要超过万倍呀。

【评述】

白居易分析了中唐法制的弊端。在他看来，是由于官非其人，执法官员多为“小人”，导致诸多不善的行为。他提出了选拔良吏和提高法科地位这两个手段来解决此一问题。白居易重视法学，他提出“悬法学于上科”、“升法直为清列”的主张，丰富了传统法学的思想内容。白居易的建议有一定的可操作性，对于吏治的整顿有积极意义。

第二十二节 李德裕

李德裕（787—850），字文饶，赵郡（今河北赵县）人。唐朝中期政治家。穆宗即位之初，禁中书诏典册多出其手。历任翰林学士、浙西观察使、西川节度使、兵部尚书、左仆射，武宗时居相位。主政期间，重视边防，力主削弱藩镇，巩固中央集权，使晚唐内忧外患的局面得到暂时的安定。反对李宗闵、牛僧孺集团，是牛李党争中李党首领。

后遭牛党打击，初贬荆南，次贬潮州，再贬崖州（治所在今海南省琼山区大林乡附近）司户。宣宗大中四年（850 年）正月卒于贬所。逝后十年被追封为太子少保、卫国公，赠尚书左仆射。

代表作有《会昌一品集》、《左岸书城》、《次柳氏旧闻》等。

人君拒谏与人臣忠谏

【原文】

人君拒谏有二，一曰生于爱名，二曰不能去欲。虽桀、纣、桓、灵之君，未能忘名。自知为恶多矣，畏天下之人知之，将谓谏则恶不可掩，故不欲人之谏己。如晋献非骊姬寝不安，齐桓非易牙食不美，必不能去之，亦不欲人谏己。人臣忠谏亦有二，欲道行于君，可使身安国理者，其辞婉；欲名高后世，不顾身危国倾者，其辞讦①。若考叔启大隧以成庄公之孝②，仓唐献犬雁以复文侯之爱③，留侯封雍齿以安群臣④、招四皓以定惠帝⑤，此所谓婉也。[1]

【注释】

①讦（jié）：揭发别人的隐私或攻击别人的短处。

②“若考叔”句：春秋时郑庄公的母亲武姜偏爱小儿子共叔段，并做内应，帮助他从封地京出兵，偷袭郑国的都城。郑庄公平息了共叔段的叛乱，然后把武姜安置到城颍，并起誓道：“不及黄泉，无相见也。”说完这话又后悔了。颍谷封人颍考叔闻听此事后，为庄公出主意：“若阙地及泉，隧而相见，其谁曰不然？”庄公便命人挖了隧道，与母亲在“黄泉”相见，“遂为母子如初”。

---

〔1〕 李德裕：《忠谏论》，《会昌一品集》，商务印书馆 1936 年版（下同），第 260—261 页。

③“仓唐”句：战国时期魏文侯将太子击封到中山。父子三年不来往。击的舍人赵仓唐说服击并自请为使者，带着文侯喜欢的晨雁和北犬去看望文侯，使文侯父子和好如初。文侯恢复了击的太子地位，改封小儿子挚到中山。

④“留侯”句：刘邦建汉后，封赏萧何、曹参等“故人亲爱”者二十余人，“而所诛者皆平生所仇怨”。未受封的将领普遍不满，酝酿造反。张良劝刘邦速封平日最忌恨的雍齿为什方侯，使心怀疑忌的众将一下子安下心来，“皆喜曰：‘雍齿尚为侯，我属无患矣。’”

⑤“招四皓”句：刘邦想废掉太子刘盈，“吕后恐”，托人求计于张良。张良教太子卑辞厚币，亲自修书，固请“逃匿山中，义不为汉臣”的四位均已八十余岁的高士东园公、绮里季、夏黄公、角（lù）里先生来辅佐自己。刘邦见连自己都请不来的四位贤士辅佐太子，知道太子“羽翼已成”，便打消了废掉太子的念头。

【译文】

君王拒谏的原因有两种，一是由于爱惜自己的名声，一是由于不能去掉自己的欲望。即使是桀、纣、桓、灵这样的帝王，也不能忘掉名声。他们自知作恶多端，害怕天下百姓知道，认为臣下进谏，他们的罪恶就无法掩饰，所以不愿意臣下进谏。如晋献公如果没有骊姬就会睡不安，齐桓公没有易牙做的饭就吃不好，必然不会驱逐他们，也不想让别人来进谏。人臣进行忠谏的原因也有两种，想要君主实行王道，使国泰民安的臣下，谏言就会委婉；想要名声远播后世，不顾自身危险、国家倾覆的臣下，谏言就会讦直。比如颍考叔开掘地下隧道成全庄公的孝道，仓唐献上犬雁来恢复魏文侯对太子击的父爱，留侯张良劝刘邦封雍齿为侯来安抚群臣，招来“商山四皓”而使刘邦最终下决心定惠帝为帝，这些就是婉谏。

【评述】

李德裕在此探讨了君臣纳谏与劝谏的关系。他指出，君主之所以拒谏，其原因有两个，“一曰生于爱名，二曰不能去欲”，如夏桀、商纣、汉桓帝、汉灵帝是因为“爱名”，晋献公、齐桓公则因为“不能去欲”。在李德裕看来，如果是明君英主，就一定能够从谏如流，因为明君英主“自知功德及生人者大矣，虽有小恶，不讳人言”。李德裕还指出，臣下的劝谏方式也有两种，一种是“欲道行于君，可使身安国理者，其辞婉”，另一种是“欲名高后世，不顾身危国倾者，其辞讦”。如所周知，在封建专制政体下，臣僚的劝谏只有被君主采纳才能发挥作用，否则再高明的政治主张也只能是空口白话。与“辞婉”相反，“辞讦”固然能体现臣僚的忠诚，但结果却常常是“激主之怒，自有其名，望其听从，固不可得”。臣僚固然可以因此而获得“忠贞”美名，却起不到劝谏的作用，无法实现既定的政治目标。

知国隆，察任臣

【原文】

欲知国之隆替，时之盛衰，察其任臣而已。非常之才，固不

常有，齪齪①廉谨，足以从政矣。其次愚鲁朴鄙之人亦不害国。〔1〕

【注释】

①齪齪：拘谨的样子，谨小慎微的样子。

【译文】

如果想要知道国家的兴替，时代的盛衰，只要看一个国家所任用的大臣就可以了。非常的人才，固然不可常有，廉洁谨慎的人就足可以从政了。再次是愚鲁朴鄙的人，对国家也不会有害处。

【评述】

李德裕在此充分强调了人才的重要性。他认为从一个国家所任用的大臣上，就可以看出这个国家的强盛与否。接着他对人才情况作了分析，认为非常之才是不常得到的，只要是廉洁谨慎的人，就可以任用，并且对于国家无害的人才也作了分析。当然，李德裕对于国无害的人才的分析，是值得商榷的。

〔1〕《任臣论》，《会昌一品集》第270页。

参考文献：

陆贽著、刘泽民校点：《陆宣公集》，浙江古籍出版社 1988 年版。

陆贽：《陆贽集》，中华书局 2006 年版。

陆贽著、郎晔注：《陆宣公奏议》，上海古籍出版社 2002 年版。

《隋书》，中华书局 2008 年版。

《旧唐书》，中华书局 2002 年版。

《新唐书》，中华书局 2003 年版。

《资治通鉴》，中华书局 1956 年版。

吴兢撰，裴汝诚等译注：《贞观政要译注》，上海古籍出版社 2006 年版。

孔安国传、孔颖达正义：《尚书正义》，上海古籍出版社 2007 年版。

丁如明、聂世美校点：《白居易全集》，上海古籍出版社 1999 年版。

《诸子集成续编十》，四川人民出版社 1998 年版。

《全唐文》第三册，上海古籍出版社 1990 年版。

李德裕：《会昌一品集》，商务印书馆 1936 年版。

本章执笔：毛夫国

第七章　五代廉政思想

五代时期，包括五代（指唐朝末至北宋初在北方建立的后梁、后唐、后晋、后汉、后周五个朝代）、十国（指唐朝末至北宋初在南方建立的吴、南唐、吴越、闽、荆南、楚、南汉、前蜀、后蜀，以及在河北建立的北汉）。

概述

作为乱世的五代，其廉政思想主要表现在五代时期的帝王身上，廉政思想也大多是唐朝廉政思想的延伸，没有多少新意。

本节主要介绍后周太祖郭威和周世宗柴荣的廉政思想。后周太祖郭威深知乱世之苦，他在位时采取了对百姓减税的措施，爱惜民力；同时注意节俭。他曾说：“应乘舆服御之物，不得过为华饰，宫闱器用，务从朴素，大官常膳，一切减损。诸道所有进奉，以助军国之费，其珍巧纤华及奇禽异兽鹰犬之类，不得辄有献贡，诸无用之物，不急之务，并宜停罢。”[1] 他认为帝王“与其耗费以劳人，曷若俭约而克己”[2]。这些都对当时政局起了缓解作用。

周世宗柴荣多次下诏，鼓励群臣进谏：“应内外文武臣僚，今后或有所见所闻，并许上章论谏。若朕躬之有阙失，得以尽言；时政之有瑕疵，勿宜有隐。方求名实，岂尚虚华，苟或素不工文，但可直书其事，辞有谬误者，固当舍短，言涉伤忤者，必与留中，所冀尽情，免至多虑。诸有司局公事者，各宜举职，事有不便者，革之可也，理有可行者，举之可也，勿务因循，渐成讹谬。臣僚有出使在外回者，苟或知黎庶之利病，闻官吏之优劣，当具敷奏，以广听闻。班行职位之中，迁除改转之际，即当考陈力之轻重，较言事之否臧，奉公切直者当议甄升，临事蓄缩者须期抑退。翰林学士、两省官，职居侍从，乃论思谏诤之司；御史台官，任处宪纲，是击搏纠弹之地；论其职分，尤异群臣，如逐任官内，所献替启发弹举者，至月限满合迁转时，宜令中书门下先奏取进止。”[3] 同时他还注重选拔人才，整顿科举制度，严格控制官吏的选拔和任用。

---

〔1〕《旧五代史》卷一百一十《周书一·太祖纪第一》，第1459—1460页。
〔2〕同上书，第1463页。
〔3〕同上书，第1526—1527页。

第一节　后周太祖郭威

【人物简介】

后周太祖郭威（904—954），字文仲，邢州尧山（今河北隆尧）人。公元951—954年在位。年少时孤贫，初为军吏，后汉时拜为枢密副使。948年，他奉命讨平了李守贞的叛乱，后封为邺都留守兼天雄军节度使。950年，起兵反汉，夺得国政。951年称帝，国号为周，定都汴京。史称后周。

郭威在位期间，改革累朝弊政，废止后晋、后汉一些极残忍的刑法；恢复农业生产，提高农民生产的积极性。提倡节俭、严惩贪官、严禁军队扰民，使唐末以来极为混乱的北方社会走上安定的道路。

免税、节俭、宽刑

【原文】

应天下州县，所欠乾祐元年、二年已前夏秋残税及沿征物色，并三年夏税诸色残欠，并与除放。澶州已来，官路两边共二十里内，并乾祐三年残税欠税，并与除放。应河北沿边州县，自去年九月后来，曾经契丹蹂践处，其人户应欠乾祐三年终已前积年残欠诸色税物，并与除放。应系三司主持钱谷败阙场院官取乾祐元年终已前征纳外，灼然无抵当者，委三司分析闻奏。天下仓场、库务，宜令节度使专切钤辖，掌纳官吏一依省条指挥，不得别纳斗余、秤耗，旧来所进羡余物色，今后一切停罢。

应乘舆服御之物，不得过为华饰，宫闱器用，务从朴素，大官常膳，一切减损。诸道所有进奉，以助军国之费，其珍巧纤华及奇禽异兽鹰犬之类，不得辄有献贡，诸无用之物，不急之务，并宜停罢。帝王之道，德化为先，崇饰虚名，朕所不取。苟致治之未洽，虽多端〔瑞〕以奚为！今后诸道所有祥瑞，不得辄有奏献。

古者用刑，本期止辟，今兹作法，义切禁非。盖承弊之时，非猛则奸凶难制；及知劝之后，在宽则典宪得宜。相时而行，庶臻中道。今后应犯窃盗贼赃及和奸者，并依晋天福元年以前条制施行。[1]

【译文】

全国所有的州县，所欠乾祐元年（948 年）、二年以前夏秋两季的残税和例行征收的各种物资，连同乾祐三年欠交的夏税各种物资，均予免除。从澶州至京城，官道两边共二十里内，连同乾祐三年拖欠的税收，全部予以免除。河北地区所有的边境州县，从去年九月以来，曾遭受契丹蹂躏践踏的地方，民户凡欠乾祐三年年终以前多年的税收物资，均予免除。凡属三司系统，主持钱粮事宜而造成本场本院亏损的官员，除按乾祐元年年终以前数额索取赔偿外，确实没有家财作抵押的人，委令三司一一列举上报。全国各地的仓场、库务，应令节度使切实负责管理，负责税收的官吏要完全依照尚书省条令的安排，不准在称量足数后另外征收

〔1〕《旧五代史》卷一百一十《周书一·太祖纪第一》，第 1459—1460 页。

斗余、秤耗，向来以羡余为名进贡朝廷的各类物资，今后一概停止。

凡皇帝车马服饰日用的物品，不得过分追求精美装饰，宫廷中使用的器具，力求朴素，皇帝日常的饮食，一律降低标准。各地所有进奉，用于资助军国的经费，至于珍巧精美的物品及奇禽异兽鹰犬之类，不准随便进贡，各种无用的东西、不急的事务，都应停止制造和施行。帝王治国的大道，以德化民为首要，着意巧立虚名的行为，我不愿效法。如果没有达到普天下的太平，即使祥瑞再多又有什么用！今后各道凡有祥瑞的事物，不准随便上报和进贡。

古人使用刑罚，本希望杜绝犯罪，现在制定法令，着眼于制止违法。这是因为在持续混乱的年代，法不严就难以制服为非作歹的人；当接受教育懂得自勉以后，使用宽松的刑律就是适宜的。根据时情而行事，希望做到不偏不倚。今后凡犯偷盗、枉法贪赃及通奸罪的人，一律按后晋天福元年（936 年）以前的条令予以处治。

【评述】

后周太祖郭威称帝时，中原地区连年战乱，百姓流离失所，所以他减轻赋税，归利于民，规定正税之外不得强征余额。针对当时上层奢侈糜烂的风尚，他厉行节俭，严以律己，以示群下。他下令前朝时各地向朝廷进贡的奇珍物品，全部停贡。从上面的诏文中可以看出，郭威对于朝廷节俭方面应注意的事项作了详细的规定。他先从自身做起，避免浪费。这种精神，在封建帝王中是极其可贵的。同时，郭威还实行宽松的刑律，这些都对当时的经济起到了复苏的作用。

与其耗费以劳人，曷若俭约而克己

【原文】

朕以眇末之身，托于王公之上，惧德弗类，抚躬靡遑，岂可化未及人而过自奉养，道未方古而不知节量。与其耗费以劳人，曷若俭约而克己。昨者所颁赦令，已述至怀。宫闱服御之所须，悉从减损；珍巧纤奇之厥贡，并使寝停。尚有未该，再宜条举。应天下州府旧贡滋味食馔之物，所宜除减。其两浙进细酒、海味、姜瓜，湖南枕子茶、乳糖、白砂糖、橄榄子，镇州高公米、水梨，易、定栗子，河东白杜梨、米粉、绿豆粉、玉屑糁①子面，永兴御田红粳米、新大麦面，兴平苏栗子，华州麝香、羚羊角、熊胆、獭肝、朱柿、熊白，河中树红枣、五味子、轻饧②，同州石镦③饼，晋、绛葡萄、黄消梨，陕府凤栖梨，襄州紫姜、新笋、橘子，安州折粳米、糟味，青州水梨，河阳诸杂果子，许州御李子，郑州新笋、鹅梨，怀州寒食杏仁，申州蘘④荷，亳州萆薢⑤，沿淮州郡淮白鱼，如闻此等之物，虽皆出于土产，亦有取于民家，未免劳烦，率皆糜费。加之力役负荷，驰驱道途，积于有司之中，甚为无用之物，今后并不须进奉。诸州府更有旧例所进食味，其未该者，宜奏取进止。[1]

【注释】

①糁（shēn）：粮食、油料等加工后剩下的渣滓。

---

〔1〕《旧五代史》卷一百一十《周书一·太祖纪第一》，第1463—1464页。

②饧（xíng）：饴加上糯米粉熬成的糖。

③鏊（ào）：同“鏊”。一种用来烙饼的平底锅。

④蘘（ráng）荷：一名蘘草。多年生草本植物。根似姜，可入药。

⑤萆薢（bēi xiè）：多年生缠绕藤本植物，根、茎可制淀粉，也供药用。

【译文】

我以微不足道的出身，高居王公大臣之上，恐怕德行不相称，身心不敢求安闲，怎么可以教化没有施于百姓却自己过分养尊处优，政道比不上古人而不知节制调度呢。与其耗费钱财而使人民劳碌，不如实行俭约而克制自己。近期所颁的赦令，已表达我的意愿。今后宫廷日常所需的用品，一概实行减省；珍巧精细罕见的贡物，全部下令停止进贡。仍有不详尽的地方，应再一一列举。凡全国各州府原贡美味的食物，都应免去或减少。其中两浙进贡的细酒、海味、姜瓜，湖南的枕子茶、乳糖、白砂糖、橄榄子，镇州的高公米、水梨，易州、定州的栗子，河东的白杜梨、米粉、绿豆粉、玉屑粆子面，永兴的御田红粳米、新大麦面，兴平苏栗子，华州麝香、羚羊角、熊胆、獭肝、朱柿、熊白，河中树红枣、五味子、轻饧，同州石鏊饼，晋州、绛州的葡萄、黄消梨，陕府凤栖梨，襄州紫姜、新笋、橘子，安州折粳米、糟味，青州水梨，河阳诸杂果子，许州御李子，郑州新笋、鹅梨，怀州寒食杏仁，申州蘘荷，亳州萆薢，沿淮州郡淮白鱼，据说这类物品，虽然都是当地土产，也有不少是从百姓家中索取来的，免不了给他们增加负担，添了麻烦，而且这些东西纯属奢侈品；加上需派人力负担运输，奔波在漫长的道路上，堆积在有关官署中，真是耗费人力、物力，今后全都不必进贡。各州府还有按惯例进贡的食物，这次没能一一提到的，应申报后听候处理。

【评述】

这体现了郭威节俭的具体举措。他将以前上贡给朝廷的贡品，详加说明免去或减少的。郭威生平俭朴，临终前留下遗言：希望葬礼从寿衣到坟墓一切从简，棺用瓦制，墓用砖制，墓前不设守陵人和石人石兽。他以身作则给臣下树立榜样。他对中下级官吏以权谋私、搜刮聚敛的行为，毫不留情，严加打击。在郭威统治时期，后周百姓的生活状况有了很大改善。

所征租税课利，官中只管旧额，其职员节级一切停废

【原文】

诸道州府系属户部营田及租税课利等，除京兆府庄宅务、赡国军榷盐务、两京行从庄外，其余并割属州县，所征租税课利，官中只管旧额，其职员节级一切停废。应有客户元佃系省庄田、桑土、舍宇，便赐逐户，充为永业，仍仰县司给与凭由。应诸处元属营田户部院及系县人户所纳租中课利，起今年后并与除放。所有见牛犊并赐本户，官中永不收系。[1]

〔1〕《旧五代史》卷一百一十《周书·太祖纪第一》，第1488页。

【译文】

各道州府原隶属于户部的营田及租税杂税等，除京兆府庄宅务、赡国军榷盐务、两京行从庄外，其余全划归州县，租税杂税的征收，政府只掌握原有的定额，营田的专职官员和节级一律撤销。所有无产人户原租佃尚书省统管的庄田、桑土、房屋，按现状赐给各户，作为永久的产业，仍令各县主管部门给予凭据。凡各处原属营田户部院及隶属县府的人户，所缴纳租税中含有的杂税，从今年起一概予以免除。所有现养于民家的大小耕牛都赐给本户，政府永不收归公有。

【评述】

为了缓和社会矛盾，郭威注意减轻赋税。五代时期，百姓向官府缴纳粮食，往往都要在规定的数量上多缴一些，以备耗损，称为“斗余”。郭威规定除了正税之外不得强征余额，减轻了百姓的负担。对于赋税的减免，郭威也作出了具体规定。公元953年，郭威废除了“营田”，规定“应诸处元属营田户部院及系县人户所纳租中课利，起今年后并予以除放。所有见牛犊并赐本户，官中永不收系”。这些措施提高了百姓的生产热情，减轻了下层官吏对百姓的剥削。

第二节 周世宗柴荣

【人物简介】

周世宗柴荣（921—959），一称柴世宗，邢州尧山柴家庄

（今河北邢台隆尧）人。五代时期后周皇帝，公元955—959年在位。他是后周太祖郭威的内侄和养子。善骑射，略通书史黄老。显德元年（954年）继郭威为帝，对军事、政治、经济继续进行整顿。军事上，他严明军纪，赏罚分明；检阅禁军，裁汰老弱，选留精锐；又募天下壮士，选取优异。政治上，他严禁贪污，惩治失职官吏。经济上，停废敕额（朝廷给予寺名）外的寺院，禁私度僧尼，收购民间铜器佛像铸钱；招民开垦逃户荒田；颁《均田图》，均定河南等地六十州租赋，废除曲阜孔氏的免税特权。此外，还扩建京城开封、恢复漕运、兴修水利，修订刑律和历法，考证雅乐，纠正科举弊端，搜求遗书、雕印古籍等。

若在官贪浊不任，连坐举主

【原文】

在朝文班，各举堪为令录者一人，虽姻族近亲，亦无妨嫌。授官之日，各署举主姓名。若在官贪浊不任、懦弱不理，并量事状重轻，连坐举主。[1]

【译文】

在朝文职官员，各推荐胜任县令、录事参军的人一名，即使是姻族近亲，也没有关系。授官的那天，分别签署推荐人姓名。如果推荐的人在位期间贪污不称职，懦弱干不了事，都要根据情节轻重，连同推荐人一并予以处治。

---

〔1〕《旧五代史》卷一百一十五《周书六·世宗纪第二》，第1525页。

【评述】

这是周世宗柴荣选拔人才的举措，在朝的文职官员都可推荐胜任县令、录事参军的人一名，但如果被推荐者在位期间贪污不称职，除他本人要被依法处理外，推荐人也要一并处治。后一条措施是比较严厉的，它涉及推荐人才的连带责任。这样，百官在推荐人才的时候，就会慎重行事。当然，这样做的弊端也是显而易见的，即官吏在推荐人才时，谁也不能保证推荐人永远不会出问题，这样一来，官吏们心存顾虑，便不会轻易推荐人才，对于国家来说，还是损失较大。

内外臣僚有所见闻，并许上章论谏

【原文】

朕……自临宸极，已过周星……而在位者未有一人指朕躬之过失，食禄者曾无一言论时政之是非，岂朕之寡昧不足与言邪？岂人之循默未肯尽心邪？岂左右前后有所畏忌邪？岂高卑疏近自生间别邪？

古人云：“君子大言受大禄，小言受小禄。”又云：“官箴王阙。”则是士大夫之有禄位，无不言之人。然则为人上者，不能感其心而致其言，此朕之过也，得不求骨鲠之辞，询正直之议，共申裨益，庶洽治平。朕于卿大夫，才不能尽知，面不能尽识，若不采其言而观其行，审其意而察其忠，则何以见器略之浅深，知任用之当否？若言之不入，罪实在予；苟求之不言，咎将谁执！

应内外文武臣僚，今后或有所见所闻，并许上章论谏。若朕躬之有阙失，得以尽言；时政之有瑕疵，勿宜有隐。方求名实，岂尚虚华，苟或素不工文，但可直书其事。辞有谬误者，固当舍短，言涉伤忤者，必与留中，所冀尽情，免至多虑。诸有司局公事者，各宜举职，事有不便者，革之可也，理有可行者，举之可也，勿务因循，渐成讹谬。臣僚有出使在外回者，苟或知黎庶之利病，闻官吏之优劣，当具敷奏，以广听闻。班行职位之中，迁除改转之际，即当考陈力之轻重，较言事之否臧，奉公切直者当议甄升，临事蓄缩者须期抑退。翰林学士、两省官，职居侍从，乃论思谏诤之司；御史台官，任处宪纲，是击搏纠弹之地；论其职分，尤异群臣，如逐任官内，所献替启发弹举者，至月限满合迁转时，宜令中书门下先奏取进止。[1]

【译文】

我从登基以来，已经过了一周年，但身处官位的人，没有一个指出我的过失，领俸禄的人竟无一句话提及时政的是非，难道是我德薄识暗不值得和我共商大事吗？难道是人们循规蹈矩、墨守陈规而不肯效尽忠心吗？难道是左右前后有所畏惧顾忌吗？难道是因职位的高低、名分的亲疏而自生隔阂吗？

古人说："有德行的君子，提供重大建议就授予高官，提供次要建议就授小官。"又说："百官要对君王的过失进行规劝。"这样说来，凡是有职位的士大夫，没有不提供意见的人。那么作为一个君主，不能使臣下心中感动而发表自己的意见，这是我的过错，但我怎能不寻求率直的言论，听取正直的建议，君臣间相互取长补短，使天下达到安定太平呢。我对于各级官员，才干不能

〔1〕《旧五代史》卷一百一十五《周书六·世宗纪第二》，第1526—1527页。

完全了解，面貌不能全部认识，如不听取他们的言论，观察他们的行动，了解他们的心意从而考察他们是否忠诚，那么怎能看到他们才识的深浅，知道我任用他们是否适当？如提出意见不接受，罪过的确在我身上；如果我征求意见却没有人提，那么罪责该由谁承担！

凡内外文武官员，今后如有所见所闻，都允许上奏论述争辩。如我本人有过失，可以和盘托出；如是时政有差错，不应有所隐瞒。正求名副其实，哪里看重虚浮华彩，假如平时不擅长写作，只需如实叙述所论之事，文辞有不当的地方，自然会舍去不计，言语涉及检举抵触的，定将它留在殿中不予泄露，这样做是希望大家畅所欲言，避免有所顾虑。凡在各官署任职的人员，都应认真负责，有不合时宜的事情，即可改革，有可行的办法，即可推行，不要一味地因循守旧，渐渐铸成大错。有出使外地返回的官员，如果了解到百姓的利弊，得知官吏的优劣，应详尽奏报，以便使我了解事情。对位列朝班中的官员，当升任改授的时候，就要考核贡献的大小，比较论事的优劣，奉公行事、言论率直的人将考虑提升，遇事懈怠退缩的人定将降职或罢免。翰林学士和中书、门下两省官员，是处在皇帝身边的要职，属于讨论国是、规诫得失的部门；御史台官员，职责在维护法纪，属于打击不法分子、检举揭发坏人坏事的机构；就他们的职责范围而论，尤其和其他大臣不同，在任期间凡有兴利除弊、创见发挥、检举揭发言论的人，到任期已满应改授官职时，应令中书门下先向我报告，听取我的裁决。

【评述】

周世宗即位后多次下诏，鼓励群臣进谏。他引用古人的话“君子大言受大禄，小言受小禄”来进行论证，他在位期间也的确是这样做的。周世宗这种积极征求意见的态度，对于臣下来说无疑起到鼓励和督促的作用。他对积极提意见、建议的官员予以重奖，并委以重任，这样，君臣的关系就得到了改善，君王就能更多地倾听到下面的声音。

国家设贡举之司，求英俊之士，务询文行，方中科名

【原文】

国家设贡举之司，求英俊之士，务询文行，方中科名。比闻近年以来，多有滥进，或以年劳而得第，或因媒势以出身。今岁所放举人，试令看验，果见纰缪，须至去留。其李覃、何旸、杨徽之、赵邻幾等四人，宜放及第。其严说、武允成、王汾、闾丘舜卿、任惟吉、周度、张慎徽、王翥、马文、刘选、程浩然、李震等一十二人，艺学未精，并宜勾落，且令苦学，以俟再来。礼部侍郎刘温叟失于选士，颇属因循，据其过尤，合行谴谪，尚视宽恕，特与矜容，刘温叟放罪，其将来贡举公事，仍令所司别具条理以闻。[1]

【译文】

国家设置选举机构，寻求出类拔萃的人士，必须考察文才品

〔1〕《旧五代史》卷一百一十五《周书六·世宗纪第二》，第1527—1528页。

行，才能够榜上题名。最近得知近年以来，多有滥取，有的凭在任年限和劳绩而取得进士及第的名义，有的靠攀附权贵而获得同进士出身的资格。对今年发榜录取的举人，命令有关官员作了尝试性的考察，果然发现错乱，必须进行取舍。其中李覃、何曮、杨徽之、赵邻幾等四人，应录取为及第进士。其余严说、武允成、王汾、閰丘舜卿、任惟吉、周度、张慎徽、王翥、马文、刘选、程浩然、李震等十二人，学业不精，均应勾销，且命他们刻苦学习，等待明年再考。礼部侍郎刘温叟在选拔人才方面犯有过失，实在是草率马虎，根据他所犯的错误，应当进行贬降，又按宽恕的做法，特别予以谅解，刘温叟免予处分，有关今后的选举公事，依例令主管官署另行拟定规则上报。

【评述】

这是周世宗对于选拔人才过程中存在问题的处理意见。柴荣对人才选拔极其重视，对于选拔上来的人才派员复查，亲自加以过问，斥退了学业不精者，并对主考官也作了惩治。这样就减少了科举考试中的舞弊现象，使科举成为真正选拔朝廷有用人才的有效手段。他整顿了科举制度，特开制科以搜罗人才，为治理好国家创造了基本的条件。

应自外新除御史不得受馆驿供给及所在公礼

【原文】

应自外新除御史，未经朝谢，行过州府，不得受馆驿供给及所在公礼。[1]

【译文】

凡由外任官新任命为御史的，如果没经过入朝谢恩，路过各州府时，不许接受馆舍驿站的供给以及所在官府的礼品。

【评述】

柴荣规定，新任命的御史在入朝谢恩之前，不许接受所在官府的礼品。这是对新上任御史的直接监管措施。但在这条例中，周世宗并没有对入朝谢恩后的御史接受礼品情况予以说明。当然，在周世宗执政期间，他对于失职误事的贪官污吏也是及时进行惩治的。

任人唯才，考校笔札

【原文】

诸司职员，皆系奏补，当执役之际，悉藉公勤，及听选之时，尤资干敏，苟非慎择，渐致因循。应诸司寺监，今后收补役人，并须人材俊利，身言可采，书札堪中，自前行止，委无讹滥，勒本司关送吏部，引验人材，考校笔札。其中选者，连所试书迹及正身引过中书，馀从前后格敕处分，仍每年只得一度奏补。[2]

【译文】

各官署的职员，都是由奏请充任，当接受差使的时候，全凭

〔1〕《旧五代史》卷一百十五《周书六·世宗纪第二》，第1528页。
〔2〕《旧五代史》卷一百一十六《周书七·世宗纪第三》，第1550页。

勤劳奉公，到听候选任的时刻，更靠精明能干，假如不审慎选择，逐渐会流于形式。所有各司、寺、盐官署，今后录用办事吏员，都必须是优秀人才，言行可取，文笔得体，以前所作所为，的确没有大错，责令本官禀报吏部，由吏部召集，测试人才优劣，考察他们的文笔功力。其中合格的人，连同他们应试的亲笔原件及本人证明，送交到中书省审核，其余的人按照前后有关条令处理，仍旧每年只准奏请补官一次。

【评述】

这是周世宗对于官吏选拔程序的规定。对于官吏的选拔，世宗作了细致的规定，减少了其中舞弊的可能。并且他主张加强考核，审核合格后才准奏补官一次。作为一个封建帝王，周世宗对官吏选拔程序如此重视，多次下诏过问选举情况，并不时对选拔过程和结果亲自过问，这对主持选拔的官吏也是一种震慑。

诸道幕职州县官，并以三周年为考限

【原文】

诸道幕职州县官，并以三周年为考限，闰月不在其内，州府不得差摄官替正官。[1]

【译文】

各道州县属官，都以三周年为考核期限，闰月不算在内，州

〔1〕《旧五代史》卷一百一十八《周书九·世宗纪第五》，第1567页。

府不准派代理官代替正任官接受考核。

【评述】

这是对官吏考核期限的规定。周世宗对官吏的考核极其重视，他规定各道州县的官吏都要以三年为考核期限，亲身接受考核。这些都对低层官吏的腐败起到了一定程度的预防作用。

参考文献：

《旧五代史》，中华书局2003年版。

《新五代史》，中华书局1974年版。

《资治通鉴》，中华书局1956年版。

本章执笔：毛夫国

第八章　宋代廉政思想

概述

在中国古代历史中，历朝历代都有清官廉吏，也有贪官污吏，但所有具有政治远见的统治者和思想家，都会极力倡导廉政文化，把“廉洁奉公”作为对君主和各级官吏的根本要求，以求长治久安。

关于廉政，有很多不同的解释，并各有侧重，如《周礼·天官·小宰》中记载，“以听官府之六计，弊群吏之治，一曰廉善，二曰廉能，三曰廉敬，四曰廉正，五曰廉法，六曰廉辨”，孔颖达疏曰：“廉者，洁不滥浊也。”屈原在《楚辞·招魂》中说：“朕幼清以廉洁兮。”汉代韩婴在《韩诗外传》中提到：“智者不为非之事，廉者不求非其有。”西汉刘向《说苑·政理》强调“临官莫如平，临财莫如廉”等。所以，所谓廉，其含义主要是清正廉明，崇俭戒奢，大公无私，不贪不黩。统治者的清廉与否，直接影响到整个施政方针和治国方略的走向及成效，从而影响国家的兴衰和政权的稳固程度，所以，历代统治者都重视廉政建设。

宋朝（960—1279）是中国历史上继五代十国后的朝代，分为北宋（960—1127，首都开封）与南宋（1127—1279，首都杭州），合称两宋。五代后周显德七年（960 年）正月，殿前都点检赵匡胤发动“陈桥兵变”，黄袍加身，建立宋朝，定都东京（今河南开封），史称北宋，赵匡胤即为宋太祖。为防止将领、节度使拥兵自重，谋夺皇权，宋太祖接纳赵普建议，“杯酒释兵权”，确立了中央集权。北宋开国后，通过收兵权、削相权及制钱谷等措施，进一步强化中央集权统治。北宋中叶，朝政日益衰败，形成积贫积弱的局面。北宋末期，统治更加腐朽。1127 年，金国军队攻入开封，宋徽宗、宋钦宗被俘，史称“靖康之变”，北宋灭亡。徽宗第九子赵构在应天府（今河南商丘）即位，建立南宋。1138 年正式定都临安（今浙江杭州）。南宋时期，当权者长期执行求和政策，向金朝称臣纳贡；南宋后期，抗蒙战争连年，到 1276 年，元朝军队占领临安，到 1279 年，南宋偏安王朝遂最终覆灭。

北宋中期以后，无论在政治上还是经济上，都是危机重重：官吏因循守旧，阶级矛盾激化，土地兼并严重，自然灾害频繁，民不聊生，起义不断；同时，统治者骄奢淫逸，冗官、冗兵、冗费的“三冗”问题致使国库空虚。宋廷在军事上重文轻武，军事力量薄弱。外族频繁进犯，宋廷屡战屡败，只得求和纳贡。在此背景下，政治家和思想家们提出了一系列主张，以期挽救北宋危机。在宋三百多年的统治中，一直重视反贪倡廉，很多思想家都明确地阐发过自己的廉政思想，廉政文化的发展亦贯穿宋朝整个历史进程中，并形成了一定的规模。这主要体现在如下几个方面：

一、廉洁立身，格正君非。对于统治者来说，“廉洁知耻”、“仁道德行”是重要的节操，君主和各级官吏都应廉洁立身，克明俊德，以成“内圣”境界，确立“外王”基础，才能成就善政伟业，这既是“政德”，也是“德政”的根本。宋朝包拯便指出，“廉者，民之表，贪者，民之贼”，“清心为治本，直道是身谋”，告诫人们应遵循先贤清正廉明、公正耿直的训导，鼓励官吏以廉自持。欧阳修认为廉耻是士人和君子的大节，人们所以无法自守，是因为利欲之心甚盛，故而号召人们克制私欲，守住廉耻之心，并告诫说：“忧劳可以兴国，逸豫可以亡身。”周敦颐主张君主通过内圣而达到外王，指出圣人“以仁育万物，以义正万民。天道行而万物顺，圣德修而万民化”，劝君主以仁德养民，以礼义教民，行天道，修圣德，将内在的圣德转化为外在的善政，造福苍生。司马光提出“格君之非”，敦促为臣者要直言极谏，为君者要从谏如流，“不以无过为贤，而以改过为美也”。程颢亦主张“格正君心”，明确指出君心不正，则害其政，君心既正，天下便可得到妥善治理，故而奉劝君主革去私心，以正百官，实行廉政。朱熹继承并发展了儒家传统的仁政哲学，认为反腐倡廉的切入点是皇帝本人，即“内圣”。他敦促君主戒除个人私欲，促使君主崇俭节欲，做到正大光明，以保政治昌明。陈亮尤其强调君主须有正己之心，应控制自己的私欲，拒奢靡，勤国政，治国以道，化民以德，表率天下。可见，在中国封建社会的统治框架中，宋朝思想家们提倡以义理正人君，强调人君要正心诚意，把端正君主自身的修养作为倡廉戒奢的开端，以期“明尧舜之道，复三代之治”。

二、德治礼教，立人以善。宋朝思想家强调“德政”、“礼治”，认为帝王只有施德政，才能安天下，所以主张统治者应明道善策，即为政以德，治国以礼，先教后刑，德主刑辅。如范仲淹指出君主应以美德服人，而不以武力迫人；应广推慈爱之心，而不施加苛政；应兴俭朴之风，而不奢靡浪费；应勤于政务，而不耽于玩乐；应奖罚公正，不以好恶亲疏为标准，从而上下一体，共保国泰民安。他提出通过劝学敦教，实施道德教化，来确保政风清明。包拯也主张实施德政，不滥用刑罚，指出“治平之世，明盛之君，必务德泽，罕用刑法”。李觏强调“礼治”，认为“礼”为“人道之准，世教之主”，将推行礼教作为善政基础，并提出“立人以善，成善以教”。苏洵亦提出将具有道德内涵的礼仪制度上升为社会秩序和国家意识，以维护封建国家的政治统治，认为统治者能够感化教育人民，令人们自觉施行仁义，就是不使用刑罚，也会天下安定；他主张统治者应大力推行仁义，以感化民众，而单纯依靠法律的震慑力量，使人们敬畏法律而不轻易触犯，则只是下策而已。朱熹认为德治为治国之本，指出圣人治道，应主要通过教化，让民众明了德礼而自觉向善，这才是善政的根本。张载提出“道政不二”的思想，认为应“躬行礼教”，尊礼而立教，把“道学”之体施于“政术”之用，实施王道，从而使道学与政术统一起来，经世治国，成就有道善政。苏轼主张“敦教化”，即用仁、义、礼、智、信来教育感化人民，让他们懂得信义，恪守本分，忠君爱国，从而使社会安定，国家长治久安。这是以德治国理念的一个体现，其社会效果远非“赏以爵禄”和“施以刑罚”等手段可及。所以，道德教化在国家统治政策中具有重要作用。

三、德主刑辅，明刑弼教。一般而言，“德治”针对人们的内在精神，“法治”管束人们的外部行为。“德治”与“法治”结合运用，“约之以礼，裁之以法”，可以有效地实现社会控制和治理。所以，宋朝思想家主张推行廉政时，应先以“礼”约束人们，树立“以俭为荣，以奢为耻”的廉政观，杜绝贪念。倘若“礼”尚不足以起到制约作用，再用刑罚加以制裁，以使人们“离于贪鄙之行”，不贪赃枉法。而刑狱是控制社会的手段，因其关乎人民性命，且状况复杂难断，所以宋朝思想家又主张慎刑，以免滥用刑罚，草菅人命。程颐、程颢提出“不尚威刑，而修政教”的主张，因为“刑杀”不足以阻塞利欲之心，只有通过政教，令百姓知廉耻之道，恶自然会终止，体现了儒家的仁政思想。朱熹主张“明刑弼教”，即“教之不从”再“刑以督之”，因为“法度非刑不立”，没有刑罚作为后盾，政令也就无法贯彻执行，用刑就在所难免。但他还是强调德礼优于政刑，先教化，后惩治，以确保政通人和，稳定统治秩序。陈亮论述义利之分、赏罚之辩时，认为“赏以劝善，刑以惩恶”，均“未离于利”，都是“圣人所以御天下之大权者”。但如果君主以一己喜怒之私运用君权，导致“善恶易位而人失其性”，便是霸道；而以天下欲恶之公运用君权，“使为善者得其所同欲”而“为恶者受其所同恶”，才是王道，才能实现“不赏而民劝，不怒而民威”的尧舜之治。所以，刑罚只能作为德政之辅、政教之弼，这反映了宋朝廉政思想中的仁政观念。

四、端正吏治，授任俊贤。中国古代的封建官僚机构基本按照“人治”原则设置。在此背景下，即使制度法规再利民利国，若任人不当，实施不利，都无益于国家百姓。所以，在任用官吏时，如果忠奸不辨，任人唯亲，重用奸佞，必将损国害民。只有知人善任，起用忠义清廉之士，才能确保国家长治久安。故此，宋朝很多思想家针对官吏冗滥、官场污浊的积弊，提出遴选“廉洁奉公”的良吏，以端正吏治，救民疾苦。有鉴于此，司马光提出应“急于求人，而缓于立法”，因为政治问题的关键不在法令是否繁多，而在于能否任用称职的官员。如果任人得当，就不用担心法制会不完善，但如果任人不当，就算有好的法律，也不会很好地实施。况且奸佞善于巧避法律，国家不会缘法而治，而在于执法者是否能够秉公明断。王安石亦提出“兴贤”之策，如“博询众庶”、“不有忌讳”、“不迩小人”、“不拘文牵俗”、“不责人以细过”等，以期通过“兴贤”而达到三皇五帝那样的盛世局面。在官吏选拔上，宋朝思想家强调“德”重于“才”，形成特有的“德才观”。李觏认为，“有德以为功，无德以为乱。无德而才，犹资盗以兵”，即“有才无德”比“无才有德”危害大，在任用官吏时，一定要区分其德才的状况，切不可误用奸人，导致吏治败坏，国无宁日。司马光也强调取士之道当以德为先。在他看来，德是人的内在品质，才是人的外在能力。他根据德、才状况，将人才分为四类：德才兼备者称之为“圣人”，无德无才者称之为“愚人”，德胜才者称之为“君子”，才胜德者称之为“小人”。圣人和君子自然是国之所求，但倘若两者均不可得，宁可任用无才无德的“愚人”，也不能任用“小人”，否则祸国殃民，遗祸无穷。所以，考察人才，一定不要只看他的才干，而要看他是否有德，方能决定是否任用。可见，“善德”是宋朝选贤任能的一个重要依据。而要使君臣如一体，共济大业，就要做到尊重人才，信任人才，尤其要诚心对待那些贤能之才，并委以重任。司马光强调，选官要任人唯贤，不以亲疏为凭，同时亦应举贤不避亲，只要是有才德之士，便可录用。所以，应“博选在位之士”，剔除门第之见，不拘一格，依其实际业绩来奖罚、升贬，按照其才能任职。基于这一任人原则，不但能够使有才之士得以施展才能，也让无才之人无法滥竽充数，从而消除“冗官”之弊，澄清吏治。陈亮提醒君主，用人要遵循“疑则无用，用则勿疑”的原则，“与其位，勿夺其职；任其事，勿间以言”，对人才坦诚相待，放手任用，以使人尽其才，发挥各级官吏的作用，共济大业。

五、省员益俸，高薪养廉。宋朝官员冗滥，人浮于事，无法做到高效从政。宋太祖赵匡胤鉴于“吏员猥多，难以求其治；俸禄鲜薄，未可责以廉”之弊，采取了“省员益俸”的措施。范仲淹亦倡议“厚俸养廉”，认为官吏因贫苦失节，自然无法廉洁为政，对贪赃枉法者坐视不管，甚或同流合污，以致官场腐败，贻害甚深。所以，只有给予高薪，使之衣食丰足，布之以恩，才能责之以效，令其廉正端直，洁身自好，从而保证政治清明。王安石也提出“饶之以财”的观点，认为如果没有起码的生活保障，一般人很难做到知廉耻，守清节。所以制定俸禄时要确保为官者衣食无忧，足以养家糊口，使之不至于为生活窘迫而毁廉耻、丧道德。正是在这些官员的提倡之下，北宋俸禄多于前朝。“高薪养廉”制度对保障官吏生活，使其廉洁奉公具有一定的积极作用。然而，由于北宋官吏不同等级的俸额多寡差别过大，虽讲求“益俸养廉”，但苦于官吏冗员过多，官俸有限，所以政府盘剥百姓之风甚烈，贪污腐败肆虐，巧取豪夺成风，以致民怨沸腾，加之防贪措施不利，惩贪力度不足，没有达到预期的廉政效果。

六、博采群议，秉枢执要。宋朝的廉政思想涉及统治者的施政策略，认为治理好国家，并非君主一人之力，君主虽可独尊，不可独断，需“博采群议”，依仗群力，虚心纳谏。在处理国务、日理万机时，为了避免失误，君主应准许和鼓励群臣议政建言，且不偏听偏信，以确保公正、周全。君臣应明确各自职能，欧阳修便曾指出，“为治有繁简，施民有浅深”，主张君主为政既不能繁冗琐碎，也不能一味宽简，而是辩证实施，简其当简、繁其当繁，同时要“慎出号令”、“赏罚分明”、“功求实效”。陈亮还提出了“君执要，臣主详”的施政思想，指出君主治理国家，不应事无巨细，事必躬亲，更不应专权独裁，而应秉枢执要，总揽权纲，而具体政务则由各级官吏臣子去执行。君主的职责为“辨邪正，专委任，明政之大体，总权之大纲”，从总体上确保国家总的运行机制，全面统筹，而不是越俎代庖，包办代替。

七、仁民爱物，博施济众。在宋朝的廉政思想中，民本思想居于显著地位。李觏把“安民”上升至“天道”，强调“天生斯民”，指出百姓受天庇护，顺民者昌盛，逆民者衰亡，民心可畏，敦促统治者要以“安民为务”。张载提出了著名的“民胞物与”思想，认为天下万民都是同胞，社会是一个大家庭，君主、臣子和庶民均如家庭中的兄弟，力倡“使吾君爱天下之人如赤子，则治德必日新”，即推父母之心于百姓，视民为子，爱惜民力，顾及民生。程颐指出，君主的存在就是为了养民，养民之道在于爱护民力，民力足，才能加以教化，使之上下有别，尊卑有序，从而实现稳定的社会秩序，所以君主应该仁民爱物，博施济众。他还指出，为政之道，以顺民心为本，以厚民生为本，以安而不扰为本，强调爱惜民力是国治民安的基础，劝谏君主慎用民力，维护民生。他还反对愚民政策，提出不可威慑欺压人民，要顺乎民情，不违民意，通过道德教化，使人民明白事理，从而实现长治久安。

可见，宋朝的廉政思想具有一定的广度和深度，涉及修身、立法、施政思想与为政方略等各个方面，为中国古代廉政思想的重要组成部分。所以，宋朝虽然内忧外患频仍，冗官赃吏也层出不穷，但贪赃枉法现象较其之前的唐朝和之后的明朝有所减少。探其原因，一方面与自宋太祖赵匡胤开始便沿用的奖廉肃贪、对贪赃枉法之徒严惩不贷的措施有关。当时对赃官查处甚严，或弃市、或杖死、或流配、或除籍，甚至将他们斩首示众，以示警戒，绝不姑息养奸，起到了震慑作用；另一方面，宋朝政治家、思想家所全力倡导的廉政思想也起了一定的劝导和教化作用。

第一节　宋太祖赵匡胤

【人物简介】

宋太祖赵匡胤（927—976），涿州（今属河北）人。后周时任殿前都点检，领宋州归德军节度使，掌握兵权。公元 960 年发动“陈桥兵变”，建立宋朝。次年，他以“杯酒释兵权”的方式，解除石守信等重要将领的兵权，继而先后攻灭了荆南、湖南、后蜀、南汉、南唐等割据政权，并加强了对北方契丹的防御。赵匡胤励精图治，改革官制，加强中央集权，发展农业生产，注意兴修水利，减轻徭役，促进了社会经济的发展。他不推行重刑厉法，用人唯贤，不问资历，注重才德。同时，他还实施了一系列勤政节俭的廉政措施，取得显著成效。其重文轻武、偏重防内的方针，对宋朝“积贫积弱”局面的形成，有所影响。

守节持俭

【原文】

公主尝衣贴绣铺翠襦入宫中，上见之，谓主曰：“汝当以此与我，自今勿复为此饰。”主笑曰：“此所用翠羽几何?”上曰：“不然，主家服此，宫闱戚里必相效。京城翠羽价高，小民逐利，展转贩易，伤生寖广①，实汝之由。汝生长富贵，当念惜福，岂可造此恶业之端。”主惭谢。主因侍坐，与皇后同言曰：“官家作天子日久，岂不能用黄金装肩舆，乘以出入?”上笑曰：“我以四海之富，宫殿悉以金银为饰，力亦可办，但念我为天下守财耳，岂可妄用。古称以一人治天下，不以天下奉一人。苟以自奉养为意，使天下之人何仰哉？当勿复言。”[1]

【注释】

寖（jìn）广：渐多。寖，古同“浸”。

【译文】

公主曾身穿缀满翠鸟羽毛的绣花短衣进入宫内。赵匡胤看见了，对公主说：“你把它给我吧，从今天起不要再穿这样的服饰了。”公主笑着说：“这又能用多少翠羽呢?”赵匡胤说：“不能这样说，公主常穿这种服饰，宫廷内外势必竞相仿效。这样一来，京城翠羽价格必高，黎民百姓眼见有利可图，便纷纷争着辗转贩

〔1〕 李焘：《续资治通鉴长编》卷十三，中华书局2004年9月第2版（下同），第286页。

运，以牟取暴利，就会渐渐伤害很多生命，这些都是由你引起的呀。你从小生长在富贵的环境里，应当时刻想到惜福，怎能带头做这不好的事呢?”公主很觉惭愧，承认了自己的不是。（永庆）公主陪侍在赵匡胤身旁，与皇后一道向赵匡胤进言说：“陛下做天子已经很久了，难道就不能用黄金装饰轿子，乘坐着出入内外吗?”赵匡胤笑着说：“我拥有四海的财富，就算是宫殿全部用金银来装饰，也完全能够办到，只是想到我是为天下守护财富的，怎么能够随便动用呢？古人说：‘以一人治理天下，不是以天下奉养一人。’如果我有意用全天下的财富奉养我一个人，那么全天下的人还有什么可以依靠和指望的呢？你们以后不要再这么说了。”

【评述】

宋太祖赵匡胤出身寒微，生活俭朴。登上皇位之后，他一反五代以来的骄奢淫逸之风，守节持俭，时刻以黎民百姓的生计安康为念，以廉治政。他不但自律甚严，还以此要求亲族，随时砥砺臣下、子女，倡导勤俭廉洁之风，勉励他们带头节俭，给后世留下好榜样。

省员益俸

【原文】

吏员猥多，难以求其治，俸禄鲜薄，未可责以廉。与其冗员而重费，不若省官而益俸。[1]

---

〔1〕《续资治通鉴长编》卷十一，第247页。

【译文】

官吏众多，难以要求他们很好地处理政务；俸禄稀少，无法要求他们廉洁。与其官员繁多而官俸支出繁重，不如减少官员，增加在任官员的俸禄。

【评述】

冗员过多，则人浮于事，无法做到高效从政。俸禄稀少，奉公守法的清官无法维持生计，一些意志不坚定的官吏便会利用职务之便，取得非法收入。这不仅直接关系到官吏的政务效率，而且还影响廉政建设的推行。减少官吏数量，减少官俸的总体开支，便可给在职的官员提高俸禄，官吏得以安心本职，从而促其勤勉为政。这便是宋朝开国时的“厚俸养廉”思想。

举贤直谏

【原文】

庚寅，诏文班官举堪为宾佐、令录者各一人，不当者比事连坐。甲午，诏自今百官朝对，须陈时政利病，无以触讳为惧。[1]

【译文】

庚寅，下诏命令文职官员举荐确能胜任的幕僚佐吏、县令录事参军各一人，对举荐不当的官员，具列事实，牵连论罪。甲午，下诏命令从现在起，百官在朝廷上回答询问时，必须陈述时政的

〔1〕《宋史》卷一《本纪第一》，第 11 页。

利弊，不要因为触犯当朝的忌讳而有所畏惧。

【评述】

宋太祖广罗人才，采用荐举一法，颁诏众臣，令大家举荐有才之士，只要有人荐举，贤能便可进入仕途。然而，宋太祖任人却很严格，倘若荐人不当，举荐者亦获罪连坐，承担“滥举”的责任。而且，宋太祖广开言路，虚心纳谏，以了解下情和政事得失。他鼓励百官发表对时政的看法，并令其不必担心触犯忌讳。正是宋太祖这种求贤重才、广纳谏言的廉政胸怀，成就了宋初的清明政治。

悯蚕妇，念耕夫

【原文】

汝等生于富贵，长自深宫，民庶艰难，人之善恶，必恐未晓，略说其本，岂尽余怀。夫帝子亲王，先须克己励精，听卑纳谏。每着一衣，则悯蚕妇，每餐一食，则念耕夫。[1]

【译文】

你们生于富贵之家，长在深宫内院，民间庶民的生计艰难，人性的善善恶恶，恐怕并不知道，只简略地说一下它的根源，怎能说尽我的心意。皇帝的子孙和亲王必须先约束自己，励精图治，聆听臣子的意见，接纳谏言。每穿一件衣服，就同情养蚕妇人的

〔1〕《续资治通鉴长编》卷二十九，第648页。

辛劳，每吃一顿饭，就想到农夫的艰辛。

【评述】

帝王的子孙担负着日后执掌朝政、治理国家的重任，是后备的统治者。但他们从小生长在深宫内院，对于民间疾苦、人性善恶缺乏必要的了解，这势必给他们日后的执政带来严重的威胁。赵匡胤看到了这一点，并对这一现象十分忧虑，因此提出要这些天潢贵胄多了解民情、多听从属下的意见，并且从吃饭、穿衣这些小事开始做起，一衣一食，皆思来之不易，时时刻刻关注民生的艰难，拉近自己和普通百姓之间的距离。只有这样，才能成为合格的统治者。

密法网，杜绝姑息

【原文】

（宋太祖）晚好读书，尝读《二典》，叹曰："尧、舜之罪四凶①，止从投窜②，何近代法网之密乎！"谓宰相曰："五代诸侯跋扈，有枉法杀人者，朝廷置而不问。人命至重，姑息藩镇，当若是耶？自今诸州决大辟③，录案闻奏，付刑部覆视之。"遂著为令。[1]

【注释】

①四凶：相传为舜时四个恶名昭彰的部族首领——共工、驩兜、三苗和鲧，后世多用以比喻凶狠贪婪的朝臣。

〔1〕《宋史》卷一《本纪第一》，第50页。

②投窜：放逐，流放。

③大辟：死刑。

【译文】

宋太祖晚年喜爱读书，曾读《尚书》中的《尧典》和《舜典》，叹息道：“尧、舜处置四个恶名昭彰的首领，只不过把他们流放罢了，怎么近代法律制度这样严苛细密呀！”他对宰相说：“五代诸侯专横跋扈，有故意犯法杀人的，朝廷搁置在一边不闻不问。人命是最重要的，应该如此无原则地宽纵地方割据势力吗？从今以后，各州判处死刑，要记录案卷上报，交给刑部覆查。”于是把这一条定为法令。

【评述】

宋太祖赵匡胤奖廉肃贪，澄清吏治，对贪赃枉法之徒严惩不贷。对赃官查处甚严，或弃市，或杖死，或流配，或除籍，甚至将他们斩首示众，以示警戒，绝不姑息养奸。然而，宋太祖量刑颇为谨慎，避免草菅人命，下令对死刑判决都要严格审核，交付刑部覆查。可见，他既疾恶如仇，亦具爱民惜民之心。

躬履俭约

【原文】

孟昶服用奢僭，至于溺器亦装以七宝，上遽命碎之，曰：“自奉如此，欲无亡，得乎？”上躬履俭约，常衣浣濯之衣，乘舆服用皆尚质素，寝殿设青布缘苇帘，宫闱帘幕无文采之饰。尝出麻屦布裳赐左右，曰："此我旧所服用也。"[1]

【译文】

（后蜀的末代君主）孟昶的日常服饰和使用的器皿奢侈过度，甚至连溺便器皿也用各种宝物来装饰，宋太祖马上命令击碎它，说："奉养自己到如此程度，要想不亡国，可能吗？"太祖俭朴节约，身体力行，经常穿洗了又洗的衣服，车马用具都崇尚质朴简素，卧室里挂着用青布缝边的芦苇帘子，宫殿内的帐幕没有花纹彩绘的装饰。他还曾拿出麻鞋和旧布衣衫赐给左右近臣说："这是我过去穿戴过使用过的东西。"

【评述】

后蜀君主孟昶就是因为生活过于奢靡，因此亡国。赵匡胤从后蜀的灭亡中汲取了充分的历史教训，主张统治阶层一定要奉行勤俭节约的原则。他不仅是这样说的，也是这样做的。即便在当了皇帝以后，他的生活用具也较简朴，绝不使用奢侈的东西。赵匡胤期望用这样的身体力行、言传身教，在官员之间形成一种崇尚节俭的风气，从而为宋朝的长治久安创造必要的条件。

---

〔1〕《续资治通鉴长编》卷第七，第171页。

第二节　范仲淹

【人物简介】

范仲淹（989—1052），字希文，北宋政治家、文学家。苏州吴县（今江苏苏州）人。他出身贫寒，苦读成才，文武兼备。真宗大中祥符八年（1015 年）中进士，仁宗宝元三年（1040 年）任陕西经略副使，防御西夏，改革军制，巩固边防。庆历三年（1043 年）任参知政事，力主革新政治，奉诏条陈十事，仁宗颁行，史称“庆历新政”。新政推行不到半年，因受保守派反对而失败。他亦罢去执政，出任陕西四路宣抚史。后在赴颍州途中病逝。谥“文正”，世称“范文正公”。

范仲淹执政期间，对外抗敌御侮，对内推行改革。在仁宗天圣三年（1025 年）所作《奏上时务书》中，提出变革文风、讲求武备、注重人才、勉励谏官、抑制恩荫五个方面的主张。在天圣五年的《上执政书》中，提出“固邦本，厚民力，重名器，备戎狄，杜奸雄，明国听”。他的《答手诏条陈十事》分别为“明黜陟、抑侥幸、精贡举、择官长、均公田、厚农桑、修武备、减徭役、覃恩信、重命令”，旨在整饬吏治，限制官吏特权，裁汰冗员，使之高效廉洁，且从劝学敦教、完善科举，减省官吏、抑制庸滥、举荐贤能到厚俸养廉、修治武备等，都重在提高官吏素质，加强统治效率，以拯救政治危机。

著有《范文正公集》，共计四十八卷。

先天下之忧，后天下之乐

【原文】

予尝求古仁人之心，或异二者之为，何哉？不以物喜，不以己悲；居庙堂之高则忧其民；处江湖之远则忧其君。是进亦忧，退亦忧。然则何时而乐耶？其必曰“先天下之忧而忧，后天下之乐而乐”乎。噫！微斯人，吾谁与归？[1]

【译文】

我曾经探求古代品德高尚的人的思想感情，或许跟上面说的两种思想感情不同，为什么呢？他们不因为外物的好坏和自己的得失而欣喜或悲伤；在朝廷里做高官就担忧他的百姓；处在僻远的江湖间就担忧他的君王。这就是进入朝廷做官也担忧，辞官隐居也担忧。那么，什么时候才快乐呢？他们一定会说“在天下人忧愁之前就忧愁，在天下人享乐之后才享乐”吧。唉！如果没有这种人，我同谁一道呢？

【评述】

某些官员为什么往往会不称职，甚至堕入贪腐的行列中？就是因为他们把一己的私利看得过重。而范仲淹则认为，个人的得失和国家、百姓比起来是无足轻重的。真正的有志之士不会受到外界变化以及自身遭际的影响，而始终在内心保持强大的信念。这种信念

---

〔1〕 范仲淹：《岳阳楼记》。

促使他们无论是在位执政还是退职为民，都能够心怀国家、情系百姓，始终把社稷的兴亡安危放在第一位。更为重要的是，范仲淹还提出了官员应该具有“忧患”意识，也就是说，无论个人的处境如何变化，对于国家和百姓的担忧、牵挂则始终不应当改变。他们不仅必须想百姓之所想、急百姓之所急，还应当在百姓还没有去想、去急的时候，就预先意识到问题的存在，并努力地加以解决。而只有在所有的人都得到快乐之后，官员才有享受快乐的权利。这不仅是范仲淹的个人信念，也是对于所有官员的至高要求。

修德省刑，盛德善政

【原文】

臣闻以德服人，天下欣戴；以力服人，天下怨望。尧舜以德，则人爱君如父母；秦以力，则人视君如仇雠。是故，御天下者，德可凭而力不可恃也。伏惟皇太后陛下、皇帝陛下日崇圣德，以永服天下之心，若夫敦好生之志，推不忍之心，薄于刑典，厚于恻隐，在物祝网①，于民泣辜，常戒百官勿为苛酷，示天下之慈也，唯圣人能之。耻珠玉之玩，罢组绣之贡，焚晋武之雉裘②，出文皇之宫人，少度僧尼，不兴土木，示天下之俭也，唯圣人能之。鸡鸣而起，孜孜听政，每有余暇，则召大臣讲议文武，访问艰难，此皇王之勤也，唯圣人勉之。贵贱亲疏，赏罚惟一，有功者虽憎必赏，有罪者虽爱必罚，舍一心之私，从万人之望，示天下之公也，唯圣人行之。[1]

---

〔1〕 范仲淹：《范文正公文集》卷七《奏上时务书》，商务印书馆 1937 年版（下同），第 100 页。

【注释】

①祝网：典出《史记·殷本纪》。“汤出，见野张网四面……乃去其三面，祝曰：‘欲左，左；欲右，右。不用命，乃入吾网。’诸侯闻之，曰：‘汤德至矣，及禽兽。’”后以“祝网”喻帝王仁德。

②焚晋武之雉裘：晋武帝司马炎反对奢侈，厉行节俭。有一次，有人献给他一件色彩夺目、满饰野鸡头部羽毛的“雉头裘”，他却在朝堂当众焚毁，以重申其不准奢侈浪费的禁令。

【译文】

我听说凭借美德让人信服，天下百姓就会欣然拥戴；倚仗武力逼人听从，天下百姓就会怨恼愤恨。尧和舜凭借美德治理天下，人们就像爱戴父母一样爱戴他们；秦始皇倚仗武力统治天下，人们就视这位君主为仇人。因此，统治天下的人，可以凭借美德，不可倚仗武力。尊敬的皇太后陛下、皇帝陛下每日尊崇圣人美德，而令百姓永远信服，如果注重爱惜生灵的志向，推广怜悯之心，减轻刑罚，增加同情心，对于万物常存仁惠之德，对于人民则怜恤罪人，经常告诫百官不要施加苛酷的政令，要向天下昭示仁慈之心，只有品德最高尚的人能够做到这一点。以把玩珠宝为羞耻，取消丝绣贡品，像晋武帝焚毁雉头裘、文皇放走宫女那样奉行节俭，少剃度和尚、尼姑，不大兴土木，向天下昭示俭朴之风，只有品德最高尚的人能够做到这一点。听到鸡叫便起床，勤勉地主持国政，每逢有空便召见大臣，谈论文韬武略，问及民间的艰苦困难，这种帝王的勤勉，只有品德最高尚的人能够尽力做到。对于高贵者、贫贱者、亲近者和疏远者，奖赏和惩罚只有一个标准，对于有功之人，即使憎恨他，也一定会奖赏他，对于有罪的人，虽然喜欢他，也一定要惩罚他；放弃自己一人的私心，遵从众人的愿望，向天下人昭示公正；只有品德最高尚的人才能做到。

【评述】

中国古代的封建社会，中央集权，君主专制，“人治”胜于“法治”。范仲淹强调“德治”，以“道德教化”为主，“法律制裁”为辅，发挥精神统治的作用。他认为，帝王只有施德政，才能安天下。为此，他提出建议：应以德行服人，而不以武力迫人；应广推慈爱之心，而不施加苛政；应兴俭朴之风，而不奢靡浪费；应勤于政务，而不耽于玩乐；应奖罚公正，不以好恶亲疏为标准，从而上下同心，共保国泰民安。

广开言路，博采群议

【原文】

臣又闻圣人之至明也，临万机之事而不敢独断；圣人之至聪也，纳群臣之言而不敢偏听。独断则千虑或失，偏听则众心必离。人心离则社稷危而不扶，圣虑失则政教差而弥远。故先王务公共、设百官而不敢独断者，惧一虑之失也；开言路、采群议而不敢偏听者，惧众心之离也。[1]

---

〔1〕《范文正公文集》卷七《奏上时务书》，第101页。

【译文】

我又听说，圣人是最明智的，但是面对各种重要事务，也不敢独自作决定；圣人是最聪慧的，他也要采纳群臣的谏言，不敢偏听偏信。独自作决定，考虑得再周全，也会有失误；偏听偏信，大家的心就会背离。人心背离，国家就会出现无法救助的危机；君主考虑不周，政治与教化就会出现差错而更加偏离。所以，先王处理公众的事务一定设置百官而不敢独自做主的原因，是害怕考虑得不够周全；之所以广开言路、采纳大家的建议而不敢偏听偏信，是害怕大家人心背离。

【评述】

范仲淹认为，治理好国家，并非君主一人之力，虽可独尊，不可独断，须依仗群力，虚心纳谏。在处理国务日理万机时，为了避免失误，君主应准许和鼓励群臣议政建言，且不偏听偏信，以确保公正、周全。这是范仲淹在继承正统儒学“尊君”思想的前提下，对该思想的一种提升。

天下治乱，系之于人

【原文】

盖天下治乱，系之于人，得人则治，失人则乱。[1]

---

〔1〕《范文正公文集·奏杜杞等充馆职》，第365页。

【译文】

国家和平安定还是动荡不安，在于用人：用人得当，国家安定；用人不当，国家动荡。

【原文】

王者得贤杰而天下治，失贤杰而天下乱。张良陈平之徒，秦失之亡，汉得之兴。房杜魏褚之徒，隋失之亡，唐得之兴。故曰，得士者昌，失士者亡。〔1〕

【译文】

帝王得到贤能杰出的人才，便会天下太平，失去贤能杰出的人才，国家便会动乱。像张良、陈平这样的人，秦朝失去他们便灭亡了，汉朝得到他们便兴旺起来。像房玄龄、杜如晦、魏徵和褚亮这样的人，隋朝失去他们便灭亡了，唐朝得到他们便兴旺起来。所以说，得到人才的就会昌盛，失去人才的就会灭亡。

【评述】

范仲淹认为，能否把国家治理好，在于用人当否。所以，任用有才德的人，就能为百姓谋福利；若用人失当，则祸国殃民。所以，改革不合理的吏制至关重要。该思想早已有之，如战国时期的韩非子曾说：“贤者用之则天下治，不肖者用之则天下乱。”东汉王符也强调：“国以贤兴，以谄衰；君以忠安，以佞危。”可以说，这是古今常理。范仲淹在此重申，是希望当朝皇上能够广

〔1〕《范文正公文集》卷五《选任贤能论》，第71页。

求俊才，任用良吏，使之成为廉政和善政的保障。

授任贤俊，共理天下

【原文】

臣又闻先王建官，共理天下，必以贤俊授任，不以爵禄为恩，故百僚师师，各扬其职，上不轻授，下无冒进，此设官之大端也。[1]

【译文】

我还听说先王设置官职，共同治理天下，一定任用贤达才俊，不以官爵和俸禄作为恩赐，所以众官相互师法，各尽其职，君王不轻易授予官职，臣子不会因为才德不称而求仕进，这是设置官职的最主要的方面。

【评述】

范仲淹强调端正吏制的重要性，认为设置官职应以选贤任能为要，不应将官职作为恩赏之资，从而令大小官吏各司其职，各尽所能，上下一心，共振朝纲，这是廉政体系的重要方面。

劝学兴教，澄源清流

【原文】

修辞者不求大才，明经者不问大旨，师道既废，文风益浇，

---

〔1〕《范文正公文集》卷七《奏上时务书》，第99页。

诏令虽繁，何以戒劝？士无廉让，职此之由。其源未澄，欲波之清，臣未之信也。傥国家不思改作，因循其弊，官乱于上，风坏于下，恐非国家之福也。[1]

【译文】

修饰文辞的人不追求大的才华，阐释儒经的人不追究主要含义，为师之道已废，文风更加浅薄，诏令虽然发布频繁，但用什么来劝诫呢？读书人不懂廉洁谦让，正是由于这个原因。其源头未能澄清，却要水波清澈，我是不信的。倘若国家不考虑更改作为，沿袭这些弊端，官员在朝廷作乱，风气在民间败坏，恐怕不是国家的福祉。

【评述】

范仲淹认为整顿吏制，纠正时弊，根源在于教育，强调道德教化在国家统治政策中的重要作用。他指出，本不端，末必不正；源不清，流必浊。追本溯源，应注重教育，端正学风，“以德化民”。所以，通过劝学敦教，实施道德教化，可以确保政风清明。

明辨忠奸，去佞存忠

【原文】

自古帝王，与佞臣治天下，天下必乱；与忠臣治天下，天下必安。然则忠臣骨鲠而易疏，佞臣柔顺而易亲；柔顺似忠多为美

〔1〕《范文正公文集》卷七《奏上时务书》，第100页。

言，骨鲠似强多所直谏。美言者得进，则佞人满朝；直谏者见疏，则忠臣避世。二者进退，何以辨之？但日闻美言，则知佞人未去，此国家之可忧也；日闻直谏，则知忠臣左右，此国家之可喜也。[1]

【译文】

自古以来的帝王，和奸佞的臣子一起治理国家，天下一定大乱；和忠正的臣子一起治理国家，国家一定安宁。然而忠臣刚正不阿，容易疏远，奸佞的臣子温柔和顺，容易亲近。温柔和顺者貌似忠臣，说的话都很好听；刚正不阿者显得倔强，多直言进谏。说话好听的人得以升官，那么奸佞小人会挤满朝廷；直言进谏的人被疏远，那么忠臣就会避世隐居。忠臣和佞臣的进退，如何分辨呢？只要每天只听到好话，就知道奸佞之人仍在，这是国家需要忧虑的；每天都能听到直言进谏，就会知道身边有忠臣，这是国家值得高兴的。

【评述】

忠臣会让国家得到很好的治理，佞臣则会危害国家的利益，这是自古以来大家都懂得的道理，作为最高统治者的君王也不例外。但问题在于，什么人才是忠臣，那些人又是佞臣呢？对于君王来说，将此二者作出清晰的辨别，其实并不容易。在这段话里范仲淹提出了一个简便易行的方法：由于常常直言进谏，忠臣说出的话往往是刺耳难听的；而为了阿谀奉承，佞臣一定说出很多

〔1〕《范文正公文集》卷七《奏上时务书》，第100页。

好听的话。所以那些说话难听的人就是忠臣，而处处逢迎、话语柔媚的则是佞臣。这种分辨的方法未必科学，但其中的原则却是亘古不变的：君主应当多听反面意见并尊重敢于提意见的人，而不应该去亲近那些逢迎媚上的小人。

固邦本，厚民力，重名器，备戎狄，杜奸雄，明国听

【原文】

固邦本者，在乎举县令、择郡守，以救民之弊也；厚民力者，在乎复游散、去冗僭，以阜时之财也；重名器者，在乎慎选举、敦教育，使代不乏材也；备戎狄者，在乎育将材、实边郡，使夷不乱华也；杜奸雄者，在乎朝廷无过，生灵无怨，以绝乱之阶也；明国听者，在乎保直臣、斥佞人，以致君于有道也。[1]

【译文】

巩固国家的根本，在于推举县令、选择郡守，以便消除对人民的弊害；重视民众的人力，在于使背井离乡的人回返，去除多余且不称职的官吏，以便丰富当下的财力；重视名号与车服仪制，在于慎重选官荐官，促进教育，使每一代都不缺乏人才；防范外族进犯，在于培育能够担当大将的人才，充实边防，使外族不侵犯中原；杜绝奸人篡位，在于朝廷不犯错误，百姓没有怨言，以断绝混乱的缘由；君主善于听取正确意见，在于保举正直的大臣，斥退奸佞小人，好让君主能够政治清明。

---

〔1〕《范文正公集》卷八《上执政书》，第106页。

【评述】

在长达万言的《上执政书》中，范仲淹提出了六点变革措施，即“固邦本，厚民力，重名器，备戎狄，杜奸雄，明国听”，内容涉及整顿吏治、爱惜民力、改革科举、充实军备、杜绝奸佞、善听谏言等方面。其核心则是澄清吏治，廉政爱民。这成为他改革思想的雏形，构成日后“庆历新政”的思想基础。

明黜陟，抑侥幸，精贡举，择长官

【原文】

一曰明黜陟。二府非有大功大善者不迁，内外须在职满三年，在京百司非选举而授，须通满五年，乃得磨勘，庶几考绩之法矣。二曰抑侥幸。罢少卿、监以上乾元节恩泽；正郎以下若监司、边任，须在职满二年，始得荫子；大臣不得荐子弟任馆阁职，任子之法无冗滥矣。三曰精贡举。进士、诸科请罢糊名法，参考履行无阙者，以名闻。进士先策论，后诗赋，诸科取兼通经义者。赐第以上，皆取诏裁。馀优等免选注官，次第人守本科选。进士之法，可以循名而责实矣。四曰择长官。委中书、枢密院先选转运使、提点刑狱、大藩知州；次委两制、三司、御史台、开封府官、诸路监司举知州、通判；知州通判举知县、令。限其人数，以举主多者从中书选除。刺史、县令，可以得人矣。[1]

〔1〕《宋史》卷三百一十四《列传》第七十三，第10273页。

【译文】

一为严明贬退进用。二府官员如果没有大功劳做出了杰出成绩的不晋升，朝内外官员必须在职满三年，在京百官不经过选举而授官的，必须满五年，才能勘验政绩加以提升，这差不多就是考察政绩的方法了。二为抑制侥幸投机得官。废除少卿、监以上官员乾元节的恩赐；正郎以下像监司、边任，必须在职满两年，才能荫庇儿子得官；大臣不能推荐子弟担任馆阁职位，因父兄的功绩而授官之法就不会冗杂过滥了。三为严格地实行科举制度。进士、诸科请求废除糊名法，考察检验品行没有亏缺的，上报姓名。进士科先考策论，后考诗赋，诸科录取兼通经义的全才。赏赐及第以上的，都听取皇上裁决。其他优等的免于候选注入官册，次等的各人按原科候选。进士之法，就可以名副其实了。四为选择长官。委任中书、枢密院先选任转运使、提点刑狱、大藩知州；其次委任两制、三司、御史台、开封府官、诸路监司推举知州、通判；知州通判推举知县、县令。规定人数，以推举人多的由中书选用任官。这样，刺史、县令，就可以有适当人选了。

【评述】

范仲淹在《答手诏条陈十事》中系统阐述了自己的变革思想，成为“庆历新政”的主要构架。其中，澄清吏治、选贤任能为整个变革体系的核心，即通过整肃吏制、严格考绩、改革科举、选贤任能来奠定廉政基础。他提出改革“磨勘法”、“任子法”等制度，严明官吏升降制度，重视人才的德行和能力，优化考课措施，使之更为行之有效。堵塞投机得官的渠道，限制恩荫特权，防止结党营私，戒除官吏冗滥，并严明赏罚标准，构建一种更为合理的利益分配制度，形成鼓励机制。在选用人才上，改革科举以诗赋为先的考试方式，提出“先策论，后诗赋”，通过改革考试内容来选拔有真才实学的特殊人才。此外，他还建议监察部门派员检查地方官吏的政绩，推举良吏。范仲淹的这些改革措施充分显示了他的民本思想和仁政理念。

养贤之方，必先厚禄

【原文】

臣闻《易》曰天地养万物，圣人养贤以及万民。此言圣人养民之时，必先养贤，养贤之方，必先厚禄，厚禄然后可以责廉隅①，安职业也。皇朝之初，承五代乱离之后，民庶凋弊，时物至贱。暨诸国收复，天下郡县之官，少人除补，至有经五七年不替罢者，或才罢去，便入见阙。当物价至贱之时，俸禄不辍，士人之家，无不自足。咸平②已后，民庶渐繁，时物遂贵，入仕门多，得官者众，至有得替守选一二年，又授官代阙一二年者。在天下物贵之后，而俸禄不继，士人家，鲜不穷窘，男不得婚，女不得嫁，丧不得葬者，比比有之。复于守选待阙之日，衣食不足，贷债以苟朝夕，到官之后，必来见逼，至有冒法受赃，赊举度日，或不耻贾贩，与民争利。既非负罪之人，不守名节，吏有奸赃而不敢发，民有豪猾而不敢制，奸吏豪民得以侵暴，于是贫弱百姓，理不得直，冤不待诉，徭役不均，刑罚不正，比屋受弊，无可奈何，由乎制禄之方，有所未至。真宗皇帝思深虑远，复前代职田之制，使中常③之士，自可守节，婚嫁以时，丧葬以礼，皆国恩也。能守节者，始可制奸赃之吏，镇豪猾之人，法乃不私，民则无枉。近日屡有臣僚乞罢职田，以其有不均之谤，有侵民之害。臣谓职田本欲养贤，缘而侵民者有矣，比之衣食不足，坏其名节，不能奉法，以直为枉，以枉为直，众怨思乱，而天下受弊，岂止职田之害耶？又自古常患百官重内而轻外，外官月俸，尤更丰足，簿尉④俸钱，尚二十贯。今窘于财用，未暇增复，臣请两地同议，外官职田，有不均者均之，有未给者给之，使其衣食得足，婚嫁丧葬之礼不废，然后可以责其廉节，督其善政。有不法者，可废可诛。〔1〕

【注释】

①廉隅：本指棱角，比喻品行端正，有志节。

②咸平（998—1003）：宋真宗的年号。

③中常：一般，平庸。

④簿尉：主簿和县尉。泛指地方官府的佐理官员。

【译文】

我听说《易经》里说，天地抚育万物，圣明的君主供养贤士和百姓。这是说圣君在供养百姓时，一定要先奉养贤士；奉养贤士的方法，一定要先提供丰厚的俸禄；俸禄丰厚，然后可以要求（官员）品行端正，安于本职和事业。本朝刚建立之时，承接五代动荡离乱之后，百姓衰败困苦，当时的物价极低。直到统一各国，国家郡县的官位，很少有人上任或补缺，甚至于有经过五至七年都无人替换或罢免的，有的官员刚被罢职，官位就会出现空缺。

〔1〕《范文正公集·答手诏条陈十事》，第308—309页。

当物价极低之时，俸禄并未中断，读书人之家，没有不自给自足的。咸平之后，百姓人口逐渐增多，当时的物价就贵了起来，当官门径多，得到官位的人众多，等到有可替换的职位、等候选用一二年，又等待补缺任命一二年。在天下物价昂贵之后，俸禄却不增加，读书人之家，很少有不贫穷困窘的，男子无法娶妇、女子嫁不出去、死者无法下葬的情况到处都有。再到等候选用、补缺任命的时候，缺衣少食，靠借贷勉强度日，上任之后，一定会被追债，甚至有犯法受贿的，靠赊账借贷度日的，或是不顾羞耻地买卖经商，与百姓争夺利益。虽然不是有罪之人，但也不信守名誉节操，于是有营私纳贿的属吏却不敢揭发，有强横狡诈的平民却不敢制裁，使得奸邪的吏员和豪横之徒能够侵犯、损害他人，结果百姓贫穷衰弱，有理不能伸张，有冤不会申诉，徭役不均衡，刑罚不公正，邻里受害，无能为力，出现上述现象是由于制定俸禄的方法有所不周。真宗皇帝深谋远虑，恢复前朝的职田制度，使一般的人自己可以保守节操，按时娶妻嫁夫，按照礼仪办理丧事，这都是国家的恩德。只有严守节操的人才能制服营私纳贿的官吏，镇服那些强横狡诈的人，这样法律才能公正无私，百姓不受冤枉。近来常有朝臣请求废除职田，因为存在分配不均的非议，还有侵犯百姓的危害。我认为职田原本是要奉养有才能的人，即使有侵害百姓的事，但较之缺衣少食，败坏名誉节操，不能守法，以对为错，以错为对，民怨沸腾，意欲作乱，从而令国家受害，哪里仅限于职田的危害呢？另外自古以来常常苦于众官吏重视京内官职，轻视地方官职，地方官吏每月的俸禄，尤其充足，主簿和县尉的俸禄，尚且二十贯。当前财政困乏，未及增加、恢复，我请求对京内京外的官员一视同仁，职田分配不均的使之均衡，未给予的给予，让大家丰衣足食，保持嫁娶丧葬的礼仪，然后可以要求他们清廉守节，督促他们妥善处理政务。有不守法纪的人，可以予以撤职或严惩。

【评述】

这是范仲淹在上书宋仁宗的《答手诏条陈十事》中所倡议的“厚俸养廉”措施。范仲淹历陈官贫而后枉法的弊端，认为官吏因贫苦失节，自然无法廉洁为政，对贪赃枉法者坐视不管，甚或同流合污，以致官场腐败，贻害甚深。所以，只有给予高薪，使之衣食丰足，布之以恩，才能责之以效，令其廉正端直，洁身自好，从而保证政治清明。正是在范仲淹等官员的提倡之下，北宋俸禄多于前朝。“厚俸养廉”制度对保障官吏生活，使其廉洁奉公具有一定的积极作用。然而，由于北宋官吏不同等级的俸额多寡差别过大，虽讲求“益俸养廉”，但苦于官吏冗员过多，官俸有限，所以政府盘剥百姓之风甚烈，贪污腐败肆虐，巧取豪夺成风，以致民怨沸腾，加之防贪措施不力，惩贪力度不足，最终没有达到预期的廉政效果。

第三节　包拯

【人物简介】

包拯（999—1062），字希仁，北宋庐州合肥（今属安徽）人。天圣年间进士。仁宗时任监察御史。后任天章阁待制、龙图阁直学士。官至枢密副使。为官刚正，执法严峻，杜绝吏奸，不畏权贵。据《宋史》载，其“立朝刚毅，贵戚宦官为之敛手，闻者皆惮之。人以包拯笑比黄河清”，“虽贵，衣服、器用、饮食如布衣时”，可谓廉吏楷模。死谥孝肃。遗著有《孝肃包公奏议》。

廉者民之表，贪者民之贼

【原文】

臣闻廉者，民之表也，贪者，民之贼也。今天下郡县至广，官吏至众，而赃污擿发①，无日无之。洎②具案来上，或横贷③以全其生，或推恩以除其衅。虽有重律，仅同空文。贪猥之徒，殊无畏惮。昔两汉以赃私致罪者，皆禁锢子孙，矧自犯之乎？太宗朝尝有臣僚数人犯罪，并配少府监隶役。及该赦宥，谓近臣曰：“此辈既犯赃滥，只可放令遂便，不可复以官爵。”其责贪残慎名器如此，皆先朝令典，固可遵行。欲乞今后应臣僚犯赃抵罪，不从轻贷，并依条施行，纵遇大赦，更不录用。或所犯若轻者，只得授副使上佐。如此则廉吏知所劝，贪夫知所惧矣。〔1〕

【注释】

①擿（tī）发：揭发。

②洎（jì）：等到。

③横（hèng）贷：过分宽恕。

---

〔1〕 包拯：《孝肃包公奏议》卷第三《乞不用赃吏》，中华书局1985年版（下同），第39页。

【译文】

我听说：廉吏是民众的表率，贪官则是民众的盗贼。当今天下郡县广布，官吏众多，每天都有官员贪赃枉法的事被揭发出来。等到案件上报官府，有些人得到过分的宽恕，因而保住了性命，有些人则因获得皇上的恩典而得以减免罪刑。即使律令禁严，也只是一纸空文而已。贪婪卑鄙的官员，不会有丝毫的畏惧和顾虑。从前两汉时代，那些因贪污而犯罪的官吏，子子孙孙都严禁做官，何况是罪官本人？太宗皇帝在位的时候，曾有几个官员犯了罪，后来一起被发配到少府监做仆役。挨到服刑期满该获得宽恕赦免时，太宗皇帝对左右的大臣们说："这些人已犯过贪污罪，只能罢免他们的官职，听其自便，不能再恢复他们的官位。"像这样惩办贪官酷吏，慎重授予官职，都是前朝的典章律令规定的，本来应该遵行。在此我请求以后凡是贪赃枉法的官吏被判刑服罪，一律不再从轻发落，应该依据法律条文行事，即使遇上大赦，也不录用他们为官。那些犯罪较轻的，最多也只可授予他们副使、上佐之类的官职。这样一来，既劝勉了廉吏，贪官也有所畏惧了。

【评述】

此文为包拯在仁宗庆历三年至六年（1043—1046）间任监察御史时所上奏疏。历朝历代，赃官违法乱纪现象层出不穷。宋代冗官现象突出，赃官贪污受贿更是屡见不鲜。包拯为此上疏仁宗，敦请朝廷采取有效措施，惩处贪官污吏，并从重发落，不再姑息纵容，以示惩戒，并建议一旦官吏因贪赃枉法而被定罪，便永不录用、重用，以此警示贪官，从而鼓励官吏以廉洁自持。

包拯家训

【原文】

后世子孙仕宦有犯赃滥者，不得放归本家；亡殁①之后，不得葬于大茔之中。不从吾志，非吾子孙。仰工刊石，竖于堂屋东壁，以诏②后世。[1]

【注释】

①亡殁（mò）：死亡。

②诏：告诫。

【译文】

后世子孙凡担任官职有犯贪污罪行的，不得放回老家，死后不得安葬在祖坟墓地之中。不遵从我的意志的，就不是我的子孙后代。请工人刻立石碑，竖在堂屋东侧墙壁上，以告诫后世子孙。

【评述】

包拯在家训中告诫子孙，不得犯赃滥之罪，否则不得放归本家，亡殁之后亦不得葬于祖宗墓地之中，并昭告后世，望历代子孙均能清廉为官，正直为民。正因为如此，包氏子孙均不负祖训民望，如后来的包绶、包永年，都秉承包拯遗志，为官清正，享誉后世。

---

〔1〕 包拯：《包拯集校注》卷四《家训》，黄山书社 1999 年版（下同），第 263 页。

清心为治本，直道是身谋

【原文】

清心为治本，直道是身谋。秀干终成栋，精钢不作钩。仓充鼠雀喜，草尽兔狐愁。史册有遗训，无贻来者羞。[1]

【译文】

清心寡欲是从政的根本，正直处世是自身谋事的追求。优秀的木材终会成为栋梁，精良的钢材不会去做弯钩。仓库充盈，老鼠燕雀都高兴；青草全无，兔子狐狸都会发愁。牢记先贤留下的教诲，不能让后代子孙忍耻含羞。

【评述】

包拯在守孝期间作成此诗，体现了他做人要正直、为官要清廉的志向。包拯此诗不但以清廉刚正自勉，同时也谆谆告诫人们，应遵循先贤清正廉明、公正忠直的训导，切不可违背祖训，令后人耻笑。

必务德泽，罕用刑法

【原文】

且治平之世，明盛之君，必务德泽，罕用刑法。故董仲舒曰：

〔1〕《包拯集校注》卷一《书端州郡斋壁》，第1页。

“阳为德，为春夏，当和煦发生之时。阴为刑，为秋冬，在虚空不用之处。”以此见天任德不任刑也。王者亦当上体天道，下为民极，故不宜过用重典，以伤德化。[1]

【译文】

并且政治清明、社会安定的时代，昌明盛德的君主，一定会恩德广布，少用刑罚。所以董仲舒说：“恩德是阳，是春季夏季，在温暖生发的时候。刑罚是阴，是秋季和冬季，在空虚不用的地方。”从这可以看出，上天使用恩德，不使用刑罚。君主也应当上体察天道，下全心为民，所以不宜过度使用重刑，以免伤害道德教化。

【评述】

包拯曾对宋仁宗说：“民者，国之本也。财用所出，安危所系，当务安之为急。”他认为安民是治国安邦的根本，应当爱民、恤民，并极力要求宋仁宗“少留圣意，大缓吾民，以安天下”，对生民充满诚挚关怀。所以，包拯主张以德治国，以德化民，重道德教化，不滥用刑罚，实施德政。

第四节 欧阳修

【人物简介】

欧阳修（1007—1072），北宋文学家、史学家。字永叔，号醉

---

〔1〕《孝肃包公奏议》卷第四《去刻薄·请不用苛虐之人充监司》，第43页。

翁，晚年又号六一居士，吉州吉水（今属江西）人。四岁丧父，家境贫寒，母亲以荻杆画地，教他识字。仁宗天圣八年（1030年）中进士。官至翰林学士、枢密副史、参知政事。多次被贬，又多次起用。神宗熙宁四年（1071 年），以太子少师的身份辞职，归于颍州（今安徽阜阳）。次年卒，谥文忠。他是北宋古文运动的领袖，散文“唐宋八大家”之一。

欧阳修居职清廉，清正无私，有“道德雅闻，廉方公正”之誉。他的廉政思想在治吏惩贪、举贤任能方面较为突出，主张精选官吏，杜塞滥源。同时，他反对苛刑暴政，要求对百姓实施宽简政治，倡导除积弊、务农节用。

廉耻，士君子之大节

【原文】

廉耻，士君子之大节，罕能自守者，利欲胜之耳。物有为其所胜，虽善守者或牵而去。故孟子谓勇过贲育者，诚有旨哉！君子之道，暗然而日彰，而今人求速誉，遂得速毁以自损者，理之当然。[1]

【译文】

廉洁知耻，是一个正人君子最重要的节操。之所以很少有人能够自行坚守住这种节操，是因为追求利益的欲望胜过了廉耻之心。当物欲胜过廉耻之心时，即使是善于自守的人，或许也被引诱而放

〔1〕 欧阳修：《欧阳修散文全集》卷一二九《笔说·廉耻说》，中国书店 1986 年版（下同），第 1052 页。

弃了廉耻之心。所以孟子说它比古代勇士孟贲和夏育更加凶猛，确实有道理呀！君子之道深藏不露而日益彰明，而当今的人们寻求迅速出名，却迅速地毁坏了声誉，损害了自己的名节，这是理所当然的事情。

【评述】

欧阳修倡导德治，认为君主和官吏的德行直接关系到国家和社会的兴衰。他把廉耻视为做人的重要节操，强调君主和官吏应懂廉耻，知荣辱，加强自身的修养，树立知廉明耻的道德观，进而净化社会风气，才能施行德政、廉政，兴国利民。

揭贪官赃吏，主澄清吏治

【原文】

臣伏见近年京师土木之功，糜耗国用，其弊特深，原其本因，只为差内臣监修，利于偷窃官物，及讫功①之后，侥求恩赏，以故多起事端，务广兴作。[1]

【注释】

①讫功：完工，竣事。

【译文】

我发现这几年京城大兴土木，消耗国家财力，弊端极深，究

〔1〕《欧阳修散文全集》卷十五《论郭皇后影殿札子（嘉祐三年）》，第877页。

其根本原因，只是因为派宦官监督修建，便于偷窃国家财物，等到完工之后，他们侥幸贪求恩赐奖赏，所以找出诸多名目，扩大工程规模，大事修建。

【评述】

在欧阳修生活的北宋中期，无论在政治上还是经济上都是危机重重：官吏因循守旧，阶级矛盾激化，土地兼并严重，自然灾害频繁，民不聊生，起义不断；同时，统治者骄奢淫逸，冗官、冗兵、冗费的“三冗”问题致使国库空虚。宋政府在军事上重文轻武，军事力量薄弱。辽、西夏等频繁进犯，北宋屡战屡败，只得求和纳贡。在此背景下，欧阳修提出了一系列主张，以期挽救北宋危机。在其各种思想中，批评官吏戕害百姓，力主肃清吏治的廉政思想尤为突出。此句便揭露官吏大兴土木，不惜损耗国库资财，借机中饱私囊，同时贪功求赏，全然不顾民生社稷。

【原文】

方今民力困贫，国用窘急，小人不识大计，不思爱君，但欲广耗国财，务为己利，恣侵欺于官物，图酬奖之功劳，托名祖宗，张大事体。[1]

【译文】

当前人民贫苦劳顿，国库窘迫空虚，但有些人格卑下的官吏不顾国家大计，不考虑爱护自己的君主，只顾大肆耗费国家财力，

〔1〕《欧阳修散文全集》卷十三《论罢修奉先寺等状（至和二年）》，第856页。

一味贪图私利，恣意侵吞国家财物，并贪功请赏，假托祖宗的名义，大兴土木。

【评述】

欧阳修注重谨身节用，遇贪赃枉法之徒更是执法严明，严惩不贷。至和元年（1054 年），久旱无雨，国贫民困，但宋仁宗仍歌舞升平，尽情享乐，且大兴土木，营建楼台，翻修祠寺。欧阳修在此怒斥那些靠兴无用之役敛财的官吏，指责他们不顾百姓疾苦，竭天下之财，谋取私利，害国殃民。

除冗吏，行宽简

【原文】

善治病者，必医其受病之处；善救弊者，必塞其弊之源。[1]

【译文】

善于治病的医生，必定治疗患处；善于清除弊害的人，必定阻塞弊害的源头。

【评述】

宋代基本上是文官政治，官吏繁多，民不堪其扰。欧阳修认为清除这一弊端就要抓住根本，清除冗吏，故主张宽简政治。

---

〔1〕《欧阳修散文全集》卷四十六《准诏言事上书》，第 312 页。

改革科举，随场去留

【原文】

今臣所请者，宽其日限，而先试以策而考之。择其文辞鄙恶者，文意颠倒重杂者，不识题者，不知故实、略而不对所问者，（限以事件若干以上。）误引事迹者，（亦限件数。）虽能成文而理识乖诞者，杂犯旧格不考式者，凡此七等之人，先去之，计于二千人可去五六百。以其留者，次试以论，又如前法而考之，又可去其二三百。其留而试诗赋者，不过千人矣。[1]

【译文】

现在我进谏的是，放宽考试期限，先考“策”。挑出语言粗陋的，语义颠倒重叠的，与考题不符的，不知道典故、所答非所问的（限定一定数量以上），引用不当的（也限定数量），虽然基本通顺成文但于理不通的，未按格式应考的，先把这七种人去掉，算起来两千人中可以去掉五六百人。留下来的，再考“论”，还是用上述方法考核，又可以去掉二三百人。剩下考“诗赋”的，也就是一千多人了。

【评述】

在古代廉政制度中，官吏的考选方式极为重要，而举贤任能为廉政基础。欧阳修曾参加过范仲淹领导的改科举、兴学校运动，

〔1〕《欧阳修散文全集》卷八《论更改贡举事件札子（庆历四年）》，第827页。

并亲自起草了《论更改贡举事件札子》，提出了一些具体的改革措施。在此札子中，他建议先考试“策”，先行淘汰一定比例的应试者；再考“论”，进行第二次淘汰筛选；剩下的才考“诗赋”。借此考试方法，一方面将那些死记硬背、不求甚解的考生先行淘汰，另一方面能够选拔一些通经致用的人才，同时也减轻考官负担。这就是欧阳修提出的“先策论后诗赋、随场去留”的选拔方法，丰富和改善了当时的科举制度。

以民为本，惜民爱民

【原文】

嗟彼官吏者，其职称长民。衣食不蚕耕，所学义与仁。仁当养人义适宜，言可闻达力可施。上不能宽国之利，下不能饱尔之饥。我饮酒，尔食糟，尔虽不我责，我责何由逃![1]

【译文】

叹那些当官的，其官职称为百姓长官。穿衣饮食却不养蚕耕作，学的是道义和仁爱。仁爱应当奉养百姓，道义要合适相宜，说话可以广为传播，努力可以实施。但上不能为国开拓利源，下不能使你们解除饥饿。我在喝酒，你们在吃酒糟，你们虽然不责怪我，但我的责任又怎能逃脱呢?

〔1〕《欧阳修散文全集》卷四《食糟民》，第30页。

【评述】

欧阳修在《食糟民》一诗中，体现了他的惜民之心，是他民本思想的反映。看到农民辛苦耕种之后依然贫困，食不果腹，只能靠酒糟充饥，而包括自己在内的官员们上不能为国分忧，下不能解民疾苦，却在饮酒享受，所以深感自责愧疚。

虑民深者，力少功多

【原文】

盖虑于民也深，则其谋始也精，故能用力少而为功多。[1]

【译文】

大概考虑老百姓利益愈深的人，在谋划事情时想得就精密周到，所以能够事半功倍。

【评述】

宋庆历四年（1044 年），滕宗谅被贬巴陵时，筑偃虹堤，以防止洪水冲击岳阳楼。欧阳修写《偃虹堤记》赞之，意谓关心百姓的利益愈深，对各项设计措施考虑得就越周密，故而事半功倍。

---

〔1〕《欧阳修散文集·偃虹堤记》，第 593 页。

为治有繁简，施民有浅深

【原文】

古者为治有繁简，其施于民也有浅深，各适其宜而已。……夫治大以简，则力有余，治小以繁，则事不遗，制民以浅，则防其僻，渐民以深，则化可成，此三代之所以治也。今一切悖古，简其当繁而繁其可简，务其浅而忽其深，故为国百年，而仁政未成、生民未厚者，以此也。[1]

【译文】

古人治理国家的办法有繁有简，各项举措施加在人民身上也是有深有浅，只是适当而已。……用简洁的方式处理大事，就会省力，用复杂的方式处理小事，就不会有遗漏，用宽松的方式治理民众，就能防止偏颇，逐渐加深对民众的教化，就能成功地改变民众，这就是夏商周三代政治繁荣的原因。当前，一切都与古人相反，当繁时简，当简时繁，当深时浅，当浅时深，所以，建国已有百年，仁政没能建立，老百姓的生活也未见好转，原因就在于此。

【原文】

以纵为宽，以略为简，则事弛废而民受其弊。吾所谓宽者不为苛急，简者去其繁碎尔。[2]

---

〔1〕《欧阳修散文全集》卷四十八《策问》，第 327 页。
〔2〕《欧阳修散文全集》卷第五《事迹》，第 1380 页。

【译文】

把放纵无度作为宽厚，把省略必要的东西作为简约，政事就会松弛荒废，百姓就会深受其害。我所说的宽，是不要做苛刻急迫的事；所说的简，是不要做繁冗琐碎的事。

【评述】

论及为政时，欧阳修主张为政既不能疏忽大意，也不能繁冗琐碎，所以非一概而论地强调宽简，而是辩证实施，简其当简、繁其当繁，以令百姓感到安逸，从而利国利民。

慎出号令，赏罚分明，功求实效

【原文】

何谓三弊？一曰不慎号令，二曰不明赏罚，三曰不责功实。此三弊因循于上，则万事弛慢，废坏于下。臣闻号令者，天子之威也；赏罚者，天子之权也。若号令不信，赏罚不当，则天下不服。故又须责臣下以功实，然后号令不虚出而赏罚不滥行。是以慎号令，明赏罚，责功实，此三者，帝王之奇术也。[1]

【译文】

什么叫三个弊端呢？一是不慎重发布政令，二是不明确赏功罚罪，三是不责求实际功效。这三个弊端从上面因袭下来，下面所有的事情便松弛散漫、荒废败坏。我听说发号施令，是君王的

〔1〕《欧阳修散文全集》卷四十六《准诏言事上书》，第312页。

威严；赏功罚罪，是君王的权力。如果号令不信实，赏罚不得当，那么天下百姓就不信服。所以还必须要求臣子要有实际功效，然后才能做到不空发号令，不随意赏罚。因此，慎发号令，明确赏罚，责求实效，这三样是帝王的神奇策略。

【评述】

欧阳修刚毅正直，多次上书抨击时弊，提出自己的改革主张。庆历二年（1042 年），欧阳修上书呼吁改革。在《准诏言事上书》中，他力陈三弊五事，指出宋朝积贫积弱的症结所在，强调要慎出号令，赏罚分明，功求实效。他指出，所以要慎出号令，是因为“言多变则不信，令频改则难从”，即言语反复多变，就不能取信于人；政令朝出夕改，人们就无所适从，“法施于人，虽小必慎”。而用人的法则，无非在于赏罚，但“赏及无功，则恩不足劝，罚失有罪，则威无所惧，虽有人不可用矣”，也就是说，奖赏没有功劳的人，其恩泽就起不到勉励作用，不惩罚有罪之人，其威力就不值得惧怕，即使有人才，也无法任用。至于要功求实效，是因为“自兵动以来，处置之事不少，然多有名而无实”，以至于“以草草之法教老怯之兵，执钝折不堪之器械，百战百败”，而当“临事而悟”，自然“何可及乎！”这都是“不责功实之弊也”。所以，必须铲除这三个弊端，才能提高执政效率。

举贤任能，重在其法

【原文】

大凡善恶之人，各以类聚。故守廉慎者各举清干之人，有赃污者各举贪浊之人，好徇私者各举请求之人，性庸暗者各举不材之人。朝廷不问是非，但见举主数足，便与改官，则清干者进矣，贪浊者亦进矣，请求者亦进矣，不材者亦进矣。混淆如此，便可为进贤之法乎！[1]

【译文】

一般而言，好人坏人都是物以类聚、人以群分的。所以廉洁谨慎的人推举清廉精干的人才，贪赃枉法的人推举贪婪污浊之人，喜好徇私舞弊的人推举贿赂求请的人，平庸阴暗的人推举毫无才能的人。朝廷是非不分，只要看到举荐的名额够了，便授予官职，于是清廉精干的人进来了，贪婪污浊之人进来了，贿赂求请的人进来了，毫无才能的人也进来了。如此混杂不清，就能成为举荐贤能的方法吗！

【原文】

用人之术，任之必专，信之必笃，然后能尽其材而可共成事。[2]

【译文】

用人之道，任用他必须专一，对他一定深信不疑，之后才能充分发挥其才能，与他共同成就事业。

---

〔1〕《欧阳修散文全集》卷四十六《准诏言事上书》，第316页。
〔2〕《欧阳修散文全集》卷十七《论为君难上》，第126页。

【评述】

在宋代，除了科举制度之外，举荐也是授官的一个重要方式。但举荐容易带来一个弊端，也就是举荐者会根据自己的好恶、性情来推荐人选，这就使得那些本身就贪腐、无能的官员也推荐了很多同样贪污、无能的人出任官员，使得官场的不正之风进一步弥漫，最终难以收拾。这对于国家来说，无疑是极为有害的。因此，欧阳修实际上是提议要对推荐者本身的品性严加考察，这样才能基本保证被推荐之人的德行。而在候选者经过严格筛选进入仕途以后，欧阳修又提出应该给予他们充分的信任，放手让他们做自己想做的事情，使得人尽其才。从如何选任官员，到如何使用官员，欧阳修提出的这两点在任官方面有着非常重要的意义。

革弊救时，须在力行

【原文】

臣伏思侍从臣寮①非不言事，朝廷非不施行，患在但著空文，不责实效。故改更虽数，号令虽烦，上下因循，了无所益。今必欲日新求治，革弊救时，则须在力行，方能济务。[1]

【注释】

①寮（liáo）：同“僚”。

---

〔1〕《续资治通鉴长编》卷一百四十一，第3376页。

【译文】

我考虑，不是做侍从、臣子的不上奏言事，也不是朝廷不施行法令，问题在于只写空话，不责求实际的功效。所以虽然几经改革，号令虽然繁多，但朝廷上下都因循守旧，毫无助益。现在如果一定要日日更新，施行新政，革除旧弊，挽救时局，就必须身体力行，才能有益政务。

【原文】

若只坐案文籍，就加增损，恐不足以深革弊源。如欲大为更张，创立制度，则凡于利害，难以遥度。必须目见心晓，熟于其事，然后可以审详裁制，果决不疑。[1]

【译文】

倘若只根据文书、簿籍资料加以增减，恐怕不足以革除弊害之源。如果想要大举改弦更张，创立新制，则难以预见利害得失。一定要详加观察，通晓于心，熟悉政事，然后才能详细审查，裁定制度，果断而行，毫不犹疑。

【评述】

制度制定出来之后，并不等于就没有事可做了，更重要的任务在于执行。如不能得到有效的执行，再好的制度也是毫无用处的。因此，欧阳修建议加大执行制度的力度，使得每一项制度都能落到实处，并由朝廷责求官员取得一定的效果。只有这样才能

---

〔1〕《欧阳修散文全集》卷十六《论监牧札子》，第884页。

对国家的政务大有裨益。在谈到如何制定制度时，欧阳修也提出一定要仔细探究实际的情况，实事求是地制定政策。不深入调研就想制定出完善的制度，是不可能做到的。

君子同道相宜，小人利尽交疏

【原文】

臣闻朋党之说，自古有之，惟幸人君辨其君子小人而已。大凡君子与君子以同道为朋，小人与小人以同利为朋。此自然之理也。然臣谓小人无朋，惟君子则有之。其故何哉？小人所好者，利禄也；所贪者，财货也。当其同利之时，暂相党引以为朋者，伪也。及其见利而争先，或利尽而交疏，则反相贼害，虽其兄弟亲戚，不能相保。故臣谓小人无朋，其暂为朋者，伪也。君子则不然。所守者道义，所行者忠信，所惜者名节。以之修身则同道而相益，以之事国则同心而共济，终始如一，此君子之朋也。故为人君者，但当退小人之伪朋，用君子之真朋，则天下治矣。[1]

【译文】

我听说关于“朋党”的说法是自古就有的，只希望君王能分辨他们是君子还是小人罢了。大体说来，君子与君子是以理想目标相同而结成朋党，小人与小人是因眼前利益一致而结成朋党。这是很自然的道理。而我又认为小人没有朋党，只有君子才有。这是什么缘故呢？（因为）小人所喜欢的是利禄，所贪求的是财

〔1〕《欧阳修散文集·朋党论》，第40页。

货。当他们利益一致的时候，暂时互相勾结而为朋党，这种朋党是虚伪的。等到他们见到利益而各自争先，或者到了无利可图而交情日益疏远的时候，却反而互相残害，即使对其兄弟亲戚也顾不得互相保全了。所以我认为小人无朋党，他们暂时结为朋党，是虚伪的。君子就不是这样。他们所坚守的是道义，所奉行的是忠信，所爱惜的是名誉和节操。用这些来修养品德，则目标相同又能够互相取长补短；用来效力国家，则能够和衷共济，始终如一，这就是君子的朋党。所以做君王的，只应该黜退小人虚伪的朋党，而任用君子真正的朋党，只有这样，才能天下大治。

【评述】

庆历三年（1043 年），宋仁宗颁布范仲淹的十项改革措施，史称“庆历新政”，欧阳修为热情支持者之一。保守派诋毁范仲淹和欧阳修等革新人士为“朋党”，蛊惑仁宗，欧阳修便作《朋党论》予以驳斥。欧阳修反“君子群而不党，小人党而不群”的古训而行之，认为人君“当退小人之伪朋，用君子之真朋，则天下治矣”，并引用大量史实，阐述国家的兴亡治乱和朋党的关系。他指出，君子“所守者道义，所行者忠信，所惜者名节”，正是这些坚守道义、奉行忠信、爱惜名节的君子结成同道，才能以廉事国，同心共济。

救民疾苦，择吏为先

【原文】

臣伏见天下官吏员数极多，朝廷无由遍知其贤愚善恶。审官[①]、三班②、吏部等处，又只主差除月日，人之能否，都不可知。诸路转运使③等，除有赃吏自败者临时举行外，亦别无按察官吏之术。致使年老病患者，或懦弱不材者，或贪残害物者，此等之人布在州县，并无黜陟。因循积弊，冗滥者多，使天下州县不治者十有八九。

今兵戎未息，赋役方烦，百姓嗷嗷，疮痍未复，救其疾苦，择吏为先。臣今欲乞特立按察之法，于内外朝官中，自三丞④以上至郎⑤官中，选强干廉明者为诸路按察使。

自来虽差安抚使⑥，缘管他事，不专按察。今请令进奏院⑦各录一州官吏姓名，为空行簿以授之，使至州县，遍见官吏。其公廉才干、明著实状，及老病不才、显有不治之迹者，皆以朱书于姓名之下；其中才之人，别无奇效，亦不至旷败者，则以墨书之；又有虽是常材，能专长于一事，亦以朱书别之。使还具奏，则朝廷可以坐见天下官吏贤愚善恶，不遗一人，然后别议黜陟之法。如此，足以澄清天下，年岁之间，可望致治，只劳朝廷精选二十许人充使，别无难行之事。取进止。[1]

【注释】

①审官：即审官院，宋官署名。宋代主管中下级文官考课铨注的机构。

②三班：即三班院，宋官署名。北宋前期特有的人事管理机构。

③转运使：官名。中国唐代以后各王朝主管运输事务的中央或地方官职。

---

〔1〕《欧阳修散文全集》卷第一《论按察官吏札子》，第775页。

④三丞：宋前期官名。太常丞、殿中丞和秘书丞号称“三丞”。

⑤郎：官名。战国始有。本为君主侍从之官。魏晋以后，郎渐成中央官署的官号。宋实行差遣之制，诸郎又成虚衔。

⑥安抚使：官名。为地方军事长官。

⑦进奏院：官署名。汉朝初建时称邸，是各州镇官员到京师朝见皇帝或办理其他事务时的寓所，也是本镇进京官员的联络地。宋朝对进奏院的组织和职能加以改革，诸州各置进奏官，专达京师，由朝官兼领，掌传递公文，加强朝廷对州郡直接控制。

【译文】

据我了解，天下的官吏人员数量非常多，朝廷没办法普遍了解他们的贤明愚笨、善良邪恶。审官院、三班院、吏部等各官署，又只负责差遣和授官的时间，对这些人有无才能并不知晓。各路转运使等官吏，除了枉法贪赃的官吏自我败露的，临时察举其品行外，也再没有其他考察官吏的办法了。这样一来，致使年老患病的官吏，或懦弱不中用的官吏，或贪婪残忍侵占国家财物的官吏，这样一些人遍布各个州县，并没有受到罢官调迁的处置。沿袭旧的弊病，冗员过多，使得天下州县没有得到治理的十个之中有八九个。

如今战乱未平，赋税徭役正多，百姓哀号，灾后凋敝没有恢复，要解救百姓的困苦，首先要选择好的官吏。我现在想请求特别制定巡察各地考核吏治的法令，在朝廷内外的官吏中，从三丞以上到郎官之中，挑选精明强干、廉洁奉公、明断是非的人担任各路按察使。

从前虽派了安抚使，因兼管其他事情，并不专门从事按察。现在请求安排进奏院录好每州官吏的姓名，做好留有空行的官吏名册给他们。派他们到各州县去，全面走访官吏，将他们秉公廉洁的程度和才能如何都要明明白白写清楚，碰上年老多病、没有才能、明显表现出政绩差的，都用红笔写在他们的姓名之下；那些中等才能的人，没有特殊的工作成效，也没有到荒废败落的地步，就用墨笔书写他们的姓名；还有虽是平常才能，却有做好一件事情的专长，也用红笔书写区别开来。再让按察使返回朝廷，将察访情况详细上奏，那么皇上就能够坐在朝廷而知道天下官吏的贤愚善恶了，不遗漏一个人，然后另议罢黜升迁的办法。这样足能使天下清明，一年之内可望达到国家政治安定清平，只劳顿朝廷精选二十几个人充当按察使，再没有别的难做之事了。听候旨意，以决行止。

【评述】

古人把“礼、义、廉、耻”作为“国之四维”。四维不张，国乃灭亡。可见，“廉”作为其中之一，与国家的兴亡紧密相连。“吏无德必乱，政无道必亡”，所以，欧阳修针对当时官吏冗滥、官场污浊的积弊，提出“择吏为先”，强调选择“廉洁奉公”的良吏是救民疾苦、政治清明的重要环节。所以，他向朝廷请求派遣按察使，实施按察法，以便根据官吏的贤愚善恶加以黜陟，借以澄清吏治。

忧劳兴国，逸豫亡身

【原文】

《书》曰：“满招损，谦得益。”忧劳可以兴国，逸豫可以亡身，自然之理也。故方其盛也，举天下之豪杰莫能与之争；及其衰也，数十伶人困之，而身死国灭，为天下笑。夫祸患常积于忽微，而智勇多困于所溺，岂独伶人也哉![1]

【译文】

《尚书》说：“自满招致灾祸，谦虚得到益处。”忧患劳苦，可以使国家兴盛，贪图安逸享乐，就会葬送自身，这是自然的道理。所以正当他兴盛的时候，普天之下的英雄豪杰没有谁可以和他争锋；可是当他衰败的时候，几十个伶人围困他，就能使他丧命亡国，被天下人讥笑。祸患往往是从细微小事积累起来的，而有才智勇气的人又常常被自己溺爱的人所困惑，哪里只是伶人哪!

【评述】

五代时的后唐庄宗李存勖，一开始励精图治，奋发有为，终于得天下而称帝。但他后来居功自傲，贪图享乐，纵情声色，宠爱乐工、宦臣，不思进取。公元926年，部下作乱，伶人发难，李存勖中流矢而亡，在位仅仅三四年。基于这段历史，欧阳修发

〔1〕《新五代史》卷三七《伶官传》，第397页。

出了“忧劳可以兴国，逸豫可以亡身”的感慨，体现了知识分子的忧患意识，并规劝帝王要勤于国政，居安思危，廉洁治国。

第五节 李觏

【人物简介】

李觏（1009—1059），北宋思想家。字泰伯，建昌军南城（今属江西）人。他家世寒微，少即俊异，博学通识，却屡试不第，一生以教学为主。庆历三年（1043 年）创办盱江书院，故又称盱江先生。范仲淹于皇祐元年（1049 年）上书，称李觏“讲论六经，辩博明达，释然见圣人之旨；著书立言，有孟轲、扬雄之风”，荐为太学助教，后为直讲。嘉祐四年（1059 年）八月病逝于家。

李觏是北宋中叶重要的唯物主义思想家，认为事物的矛盾是普遍存在的，承认认识来自客观事物，成为宋代哲学中唯物主义学派的先导。为了拯救北宋积弱积贫的局面，缓和阶级矛盾，李觏提出了“富国”、“强兵”、“安民”的主张，著有《易论》、《礼论》、《周礼致太平论》、《潜书》等，都是针砭时弊、强国富民之言，被誉为“医国之书”。

夫礼，人道之准，世教之主

【原文】

夫礼，人道之准，世教之主也。圣人之所以治天下国家，修身正心，无他，一于礼而已矣。

尝闻之，礼、乐、刑、政，天下之大法也；仁、义、礼、智、信，天下之至行也。八者并用，传之者久矣，而吾子一本于礼，无乃不可乎！……[1]

有仁、义、智、信，然后有法制。法制者，礼、乐、刑、政也。有法制，然后有其物。无其物，则不得以见法制。无法制，则不得以见仁、义、智、信。备其物，正其法，而后仁、义、智、信炳然而章矣。[2]

【译文】

礼，是人道的准则，当世礼教的主导。圣人用来治理天下国家，修身养性，端正心灵的，没有别的，统一于礼而已。

我曾经听说，礼、乐、刑、政，是天下的根本法则；仁、义、礼、智、信，是天下卓绝的品行。这八个一起使用，流传已久，而您一切全照礼的要求去做，恐怕不行吧！……

有仁、义、智、信，然后有法制。法制，就是礼、乐、刑、政。有法制，然后才有实际条款。没有实际条款，就无法看到法制。没有法制，就无法看到仁、义、智、信。具备法制的条款，端正法制，然后仁、义、智、信便清楚地彰显出来。

【评述】

在李觏的社会思想中，“礼”是核心。以礼治世，推行礼教，是李觏提出的善政基础。他从仁、义、礼、智、信五常以及礼、

---

〔1〕 李觏：《李觏集》卷二《礼论第一》，中华书局1981年版（下同），第5页。
〔2〕《李觏集》卷二《礼论第五》，第16页。

乐、刑、政四门中，提出“礼”作为“法制之总名”。即将仁、义、礼、智、信这五项道德准则与礼、乐、刑、政四项措施相衔接，以“礼”统领，作为“人道之准，世教之主”，亦即制度化建设的最高准则，并建立以“礼”为核心的法律体系，认为“刑”包括在“礼”中。“刑”是统治者治理天下的工具，不可或缺，成为仁、义、智、信等发挥作用的后盾。“礼”是圣人的法制，乐、刑、政是“礼”的分支，这便是李觏的“礼本刑用”观，也是李觏构想的善政构架。

法者，天子所与天下共也

【原文】

刑法之行尚矣，积圣累贤未有能去者也。非好杀人，欲民之不相杀也；非使畏己，欲民之自相畏也。

……先王之制，虽同族，虽有爵，其犯法当刑，与庶民无以异也。

法者，天子所与天下共也。如使同族犯之而不刑杀，是为君者私其亲也。有爵者犯之而不刑杀，是为臣者私其身也。君私其亲，臣私其身，君臣皆自私，则五刑之属三千止谓民也。赏庆则贵者先得，刑罚则贱者独当，上不愧于下，下不平于上，岂适治之道邪？故王者不辨亲疏，不异贵贱，一致于法。[1]

---

〔1〕 李觏：《李觏集·周礼致太平论·刑禁》，《中国社会思想史资料选辑》，广西人民出版社 2007 年版（下同），第 6 页。

【译文】

刑律法制的实行已经很久了，历代众多圣贤都没人能摒弃不顾。不是喜欢杀人，而是想让人民不相互残杀；不是让人民害怕自己，而是想让人民相互之间敬畏。

……按照先王的法制，虽是同族，虽有爵位，如果他犯法，应受到刑罚，则与百姓没有区别。

法制，是天子与天下百姓共同遵守的。如果同族的人犯法却不处以刑罚甚至死刑，便是君主包庇他的亲戚。有爵位的人犯法却不处以刑罚甚至死刑，便是做臣子的包庇自己。君主包庇亲戚，臣子包庇自己，君臣都包庇自己人，那么所有的刑罚只针对平民百姓。奖赏由身居高位的人先得，刑罚则由地位低下的人独自承担，地位高的人不怕愧对地位低的人，地位低的人不满地位高的人，这难道是恰当的治国之道吗？所以君主应不分亲疏，不分贵贱，在法律面前一视同仁。

【评述】

李觏主张治国要“礼刑并用”，法律体系要以“礼”为核心，对民教化的同时辅以刑法的规范。在他看来，刑是礼的分支，只靠教化难以解决的纷争和问题，便需借助刑法来解决。然而，李觏指出，制定法律不是为了威慑，而是为了造福，其目的是“民之不相杀”、“民之自相畏”，从而形成良好的社会环境。李觏还特别提出了“一致于法”的主张，即“法者，天子所与天下共也”，也就是天子犯法，与民同罪，法律面前人人平等，以维护法律的公正。依法治国，礼刑并用，是李觏廉洁治国构想的核心。

立君者天，养民者君

【原文】

天生斯民矣，能为民立君，而不能为君养民。立君者，天也；养民者，君也。非天命之私一人，为亿万人也。民之所归，天之所右也；民之所去，天之所左也。天命不易哉！民心可畏哉！是故古先哲王皆孳孳焉以安民为务也。[1]

【译文】

上天创造百姓，能够为百姓确立君主，却不能为君主奉养百姓。确立君主的，是天；奉养百姓的，是君主。并非天命偏爱一人，而是为了亿万百姓。民心所向，是上天崇尚的；民心所悖，是上天所摒弃的。天命不改呀！民心可惧呀！因此古代的贤人圣王都很勤勉地以安定百姓为重要的政务。

【评述】

在李觏丰富的经学思想中，“以人为本”的“安民”思想尤为突出。他把“安民”思想上升至“天道”，凸显普通民众的重要性，强调“天生斯民”，指出百姓受天庇护，因此，顺民者昌盛，逆民者衰亡，民心可畏，敦促统治者要以“安民为务”。

---

〔1〕《李觏集·安民策》，第11页。

袁州州学记

【原文】

皇帝二十有三年，制诏州县立学。惟时守令，有哲有愚。有屈力殚虑，祗顺德意；有假官借师，苟具文书。或连数城，亡诵弦声。倡而不和，教尼不行。

三十有二年，范阳祖君无泽知袁州。始至，进诸生，知学宫阙状。大惧人材放失，儒效阔疏，亡以称上意旨。通判①颍川陈君侁，闻而是之，议以克合。相旧夫子庙，狭隘不足改为，乃营治之东北隅。厥土燥刚，厥位面阳，厥材孔②良。壁堂门庑，黝垩③丹漆，举以法。故生师有舍，庖廪有次。百尔器备，并手偕作。工善吏勤，晨夜展力，越明年成。

舍菜④且有日，盱江李觏谂于众曰："惟四代之学，考诸经可见已。秦以山西鏖六国，欲帝万世，刘氏一呼而关门不守，武夫健将，卖降恐后，何耶？《诗》《书》之道废，人惟见利而不闻义焉耳！孝武乘丰富，世祖出戎行，皆孳孳学术，俗化之厚，延于灵、献。草茅危言者，折首而不悔；功烈震主者，闻命而释兵；群雄相视，不敢去臣位，尚数十年。教道之结人心如此！今代遭圣神，尔袁得圣君。俾尔由庠序⑤，践古人之迹。天下治，则谭礼乐以陶吾民；一有不幸，尤当仗大节，为臣死忠，为子死孝。使人有所赖，且有所法。是惟朝家教学之意。若其弄笔墨以徼利达而已，岂徒二三子之羞，抑亦为国者之忧。[1]

〔1〕 李觏：《袁州州学记》，许建平等撰：《古文观止译注》，浙江古籍出版社2001年版，第191—193页。

【注释】

①通判：知州的副职。

②孔：非常。

③垩（è）：白垩，石灰岩的一种，白色。这时借指白色。

④舍菜：即“释菜”。古代学子入学以蘋蘩之属祭祀先贤先师叫“舍菜”。

⑤庠（xiáng）序：古代的地方学校。后亦泛称学校。《孟子·滕文公上》：“夏曰校，殷曰序，周曰庠。”

【译文】

仁宗皇帝在位二十三年（1045 年），下诏命令各州县设立学馆。那时的州县长官，有的贤明，有的愚昧。奉行诏令时，有的尽心竭力，恭敬地仰承皇帝的旨意；有的装装门面，假借官府、师长的名义，胡乱写一道奉诏文书了事。以致有些地方，一连几座城邑，听不到读书声和音乐之声。上面倡导而地方不响应，使得教学受阻，不能推行。

仁宗皇帝在位三十二年（1154 年），范阳人祖无泽任袁州知州。刚到任，他就召见一班儒生，了解到学馆残缺破败的情况。他很担心人才流失，儒学的教化作用逐渐削弱，不能合乎皇上旨意。颍川人陈侁通判听了，认为祖无泽的想法是对的，他的意见与祖无泽完全一致。他们一同察看了旧有的夫子庙，觉得太狭窄，不适宜改建为学馆，于是决定在城的东面建造新学馆。那儿土质干燥坚硬，地势朝阳，建筑材料非常优良。学馆的大殿、正堂、门厅、房廊，有深灰、雪白、朱红、漆黑诸色，全部按规定办。所以学生、老师都有宿舍，厨房、仓库安排有序。一切器物准备齐全，大家齐心协力建造。工匠技艺高超，官吏勤快不怠，大家日以继夜努力工作，过了一年，就将学馆建成。

在即将开学之时，盱江人李觏对众人勉励说："那虞、夏、商、周四代办学之事，考察一下经书就可以知道。那秦始皇凭借崤山以西之地与六国大战，想万世称帝，被刘邦率军振臂一呼，却连函谷关也守不住。武官战将，争相投降，唯恐落后，这是为什么呢？那是因为秦国废弃了《诗经》、《尚书》教化之道，使众人只知趋利而不懂得义的缘故。汉武帝即位于民富国强之际，光武帝出身于行伍之间，都能极力推行儒学，所以民风淳厚极了，一直影响到汉灵帝、汉献帝的时代。当时，那些在野之人敢于直言的，即使有杀身之祸也不反悔自己的忠直；那些功劳大得连皇帝也感到威慑的大臣，一听到天子的命令就交出兵权。各路诸侯虎视眈眈，互相观望，却都不敢称帝，这种局面尚且维持了数十年。儒家的教化之道竟能这样地维系人心！如今躬逢圣明天子，你们袁州人又遇到了贤明的官长，使你们能通过学馆的教化，效法古代圣贤的事迹。当天下太平的时候，则可以继承礼乐来陶冶我们百姓的性情；一旦发生变乱，更应当坚持大节，做臣子的为国尽忠，当人子的为父尽孝。学了儒道，可以使人有所依赖，有所效法。这就是国家倡导教学之本意。如果到这里来只学得一套舞文弄墨的本领以求得名利，那岂只是你们的羞耻，而且也是治国之人的忧患。"

【评述】

李觏是宋朝著名的思想家和教育家。他注重诗书教化之道，提倡兴学重教，强调教化人心与培养贤才的富国强兵作用，同时指出儒家的教化之道能够维系人心、陶冶百姓性情，是治国的精神支柱，从而提出朝廷办教育，举国兴教，光大儒学，并说读书不应只为追求个人名利，否则便是个人的耻辱、国家的忧患。

立人以善，成善以教

【原文】

立人以善，成善以教。教而不善邪，是尧舜之民，鄙夫矣；不教而善邪，是桀纣之民，可封矣。移风俗，敛贤才，未有不由此道也。[1]

【译文】

用善造就人，用教成就善。教却不能使之从善，即便是尧舜这样的明君的子民，也是粗鄙之徒；不教便能从善，即便是桀纣这样的暴君的百姓，也可以加以表彰。移风易俗，聚集贤才，没有不通过这个方法的。

【评述】

李觏认为应通过教育来导人向善，从而造就德才兼备之人。无论是在尧舜的昌明盛世，还是在桀纣的暴虐统治之下，只要能够通过教育导人向善，便可造就人才，移风易俗。倘若“学校不立，教法不行，人莫知何人可师，道莫知何道可学。耳何以为正声？目何以为正色？口何以为正言？身何以为正行？明者幸而得

〔1〕《李觏集·周礼致太平论·教道第一》，第8页。

之，昧者不幸而失之。将欲求腹心于中林，访忠信于十室，不易得矣”（《教道第一》）。可见，李觏认为要使百姓从“善”，无论是通过自身习得，还是外在教化，都需使百姓遵守道德规范。“人不教不善，不善则罪”（《庆历民言·复教》），“教则易为善，善而从正，国之所以治也；不教则易为恶，恶人得位，民之所以殃也”（《安民策第三》）。所以，“立人以善，成善以教”是李觏思想中求得国家长治久安、统治者实施廉政的基本途径之一。

才乎才，有德以为功，无德以为乱

【原文】

才乎才，有德以为功，无德以为乱。官乎人者宜如何？闻之曰：无德而才，犹资盗以兵。[1]

【译文】

人才呀人才，有德方能成就功德，没有德则为害作乱。做官的人应该怎样呢？我听说：无德却有才，就像供给盗贼兵器一样。

【评述】

根据李觏的“德才观”，“德”重于“才”，“有才无德”比“无才有德”危害大。德行高尚的人即便无才，也不会危害社会；但有才却无德之人，则恃才放旷，甚至为害一方。所以，在任用官吏时，一定要区分其德才的状况，切不可误用奸人，导致吏治

〔1〕《李觏集·潜书八》，第13页。

败坏，国无宁日。

第六节 苏洵

【人物简介】

苏洵（1009—1066），字明允，眉州眉山（今属四川）人。北宋散文家，与其子苏轼和苏辙并称“三苏”，均入“唐宋八大家”之列。尤善政论，注重经世致用，著有《嘉祐集》。其文“指事析理，引物托喻”，“博辩宏伟”，“言当世之要”，充满政治抱负；语言明畅，笔力雄健。他主张抵抗辽的攻掠，对土地兼并、官僚特权等颇为关切，每每针对民生凋敝、朝纲委靡而仗义执言，提出以礼治国、加强吏治、注重民生、节俭从政等廉政主张，以期重振朝纲。

欲以礼治天下之民 故先自治其身

【原文】

夫人之情，安于其所常为，无故而变其俗，则其势必不从。圣人之始作礼也，不因其势之可以危亡困辱之者以厌服其心，而徒欲使之轻去其旧，而乐就吾法，不能也。故无故而使之事君，无故而使之事父，无故而使之事兄；彼其初，非如今之人知君父兄之不事则不可也，而遂翻然以从我者，吾以耻厌服其心也。

彼为吾君，彼为吾父，彼为吾兄，圣人曰：彼为吾君父兄，何以异于我？于是坐其君与其父以及其兄，而己立于其旁，且俯首屈膝于其前以为礼，而谓之拜。率天下之人而使之拜其君父兄。夫无故而使之拜其君，无故而使之拜其父，无故而使之拜其兄，则天下之人将复嗤笑以为迂怪而不从。而君父兄又不可以不得其臣子弟之拜，而徒为其君父兄，于是圣人者又有术焉，以厌服其心，而使之肯拜其君父兄。然则圣人者，果何术也？耻之而已。

古之圣人将欲以礼治天下之民，故先自治其身，使天下皆信其言。曰：此人也，其言如是，是必不可不如是也。故圣人曰：天下有不拜其君父兄者，吾不与之齿。而使天下之人亦曰：彼将不与我齿也。于是相率以拜其君父兄，以求齿于圣人。

虽然，彼圣人者，必欲天下之拜其君父兄，何也？其微权也。彼为吾君，彼为吾父，彼为吾兄，圣人之拜不用于世，吾与之皆坐于此，皆立于此，比肩而行于此，无以异也。吾一旦而怒，奋手举梃而搏逐之可也。何则？彼其心常以为吾侪也，不见其异于吾也。圣人知人之安于逸而苦于劳，故使贵者逸而贱者劳，且又知坐之为逸，而立且拜者之为劳也，故举其君父兄坐之于上，而使之立且拜于下。明日彼将有怒作于心者，徐而自思之，必曰：此吾向之所坐而拜之，且立于其下者也。圣人固使之逸而使我劳，是贱于彼也。奋手举梃以搏逐之，吾心不安焉。刻木而为人，朝夕而拜之，他日析之以为薪，而犹且忌之。彼其始木焉，已拜之犹且不敢以为薪，故圣人以其微权而使天下尊其君父兄。而权者又不可以告人，故先之以耻。

呜呼！其事如此，然后君父兄得以安其尊而至于今。今之匹夫匹妇，莫不知拜其君父兄，乃曰：拜起坐立，礼之末也。不知圣人其始之教民拜起坐立，如此之劳也。此圣人之所虑，而作

《易》以神其教也。[1]

【译文】

人之常情，往往是安于惯常的所作所为，如果没有什么原因就改变他们的习俗，那么按情势他们必定不服从。圣人开始制定礼仪的时候，没有凭借那些危亡困辱的局势而使百姓信服，却只想轻易地让他们去掉他们旧有的习俗，而乐意依从自己的法则，那样是不可能的。因此没有什么缘由就让他们去侍奉君王，没有什么缘由就让他们去侍奉父亲，没有什么缘由就让他们去侍奉兄长；那么在他们最初的时候，并非像现在的人一样知道君王父兄都是一定要侍奉的，而他们之所以能幡然醒悟听从我的教导，是因为我是让他们通过懂得羞耻而感到信服的。

他是我的君王，他是我的父亲，他是我的兄长，圣人说：他是我的君王父兄，那么他和我有什么不同呢？于是便让君王父兄坐下，而自己立于一旁，并且低着头屈着膝走到他们前面施礼，这就是所谓的拜，就是率领天下的人，让他们叩拜他们的君王父兄。如果没有什么缘故就让他们拜他们的君王，没有什么缘故就让他们拜他们的父亲，没有什么缘故就让他们拜他们的兄长，那么天下的人就又会嗤笑，认为这种行为是迂腐怪异而不会服从。然而君王父兄又不能不得到他们的臣子子弟的叩拜，而只是白白地做他们的君王父兄，于是圣人便又有了办法，让他们的心为之信服，让他们肯于叩拜他们的君王父兄。然而圣人所用的是什么办法呢？只是人的羞耻之心罢了。

---

〔1〕苏洵：《嘉祐集笺注》卷六《六经论·礼论》，曾枣庄、金成礼笺注，上海古籍出版社1993年版（下同），第147页。

古时候的圣人将要用礼去治理天下，所以一定会先修养好自身，让天下人都信服他的言论。人们说：这个人哪，既然他说的话是这样的，那么事实就一定会是这样的。所以圣人说：天下人中那些对自己的君王父兄不叩拜的，我将不会和他们同列。而且也让全天下的人都说：他将不和我同列。于是人们便争相去叩拜他们的君王父兄，以求得能够和圣人同列。

虽然这样，那些圣人必定要让天下的人都去拜见他们的君王父兄，这是为什么呢？是他们小小的权术吧。他是我的君王，他是我的父亲，他是我的兄长，圣人的拜见之礼不应用在世上的话，我便和他全都坐在这里，全都站在这里，一同并肩在这里行走，彼此之间没有什么区别。我一旦发怒了，用手举着大木棒去追赶击打他们也是可以的。这是什么缘故呢？他的心和我都是一样的，没有看出他和我有什么区别。圣人知道人们都安于逸乐而苦于劳作，因此便让尊贵的人得以逸乐而让卑贱的人去劳作，并且又知道坐着是安逸的，站着并且叩拜是劳苦的，因此便让他的君王父兄坐在上面，让他站着并且在堂下叩拜。以后一旦心中将要发怒的时候，自己慢慢地思量，一定会说道：这是原先面对着我坐着而我对他叩拜，并且我应该站立在他下面的长者。圣人原本让他们享受安逸而让我去劳作，这就是说明我比他要卑贱。如果手举着大木棒去击打追逐他们的话，我的心就会不安。将木头雕刻成人，朝夕对它叩拜，日后将它劈开当木柴烧火用的时候，尚且会对它有所顾忌。会想我当初刻木为人时已经对它叩拜了，怎么还敢把它当木柴烧火用呢？因此圣人动用小小的权术而让天下人都去尊奉自己的君王父兄。而那些权术又不能够去告诉别人，因此便先以羞耻之心相告。

哎呀，事情就是这样的，而后君王父兄才得以安享尊荣一直到了今天。如今的这些匹夫匹妇，没有人不知道叩拜他们的君王父兄，于是便说，拜起坐立，这些都是礼节中的末枝。却不知道圣人在刚开始教导民众拜起坐立是如此的辛劳啊。这就是圣人所忧虑的，于是便作了《周易》来使其教义显得神圣。

【评述】

苏洵强调“礼治”，即通过宣扬具有道德内涵的礼仪制度，确立一系列道德规范和等级秩序，来维护以宗法血缘关系为基础的等级制度，并进而上升至社会秩序和国家意识，从而维护封建国家的政治统治。在苏洵看来，人生性趋利避害，好逸恶劳，所以要修正人们的劣根性，就需要确立礼仪规范来约束人们的行为。然而，要使民众知耻懂礼，统治者自身首先要自觉遵从“礼”，“使天下皆信其言”，才能以“礼治天下之民”。

古者以仁义行法律，后世以法律行仁义

【原文】

古者以仁义行法律，后世以法律行仁义。夫三代之圣王，其教化之本出于学校，蔓延于天下，而形见于礼乐。下之民被其风化，循循翼翼，务为仁义以求避法律之所禁。故其法律虽不用，而其所禁亦不为不行于其间。下而至于汉、唐，其教化不足以动民，而一于法律，故其民惧法律之及其身，亦或相勉为仁义。唐之初，大臣房、杜辈为《刑统》，毫厘轻重，明辨别白，附以仁义，无所阿曲，不知周公之刑何以易此！但不能先使民务为仁义，

使法律之所禁不用而自行如三代时。然要其终亦能使民勉为仁义。而其所以不若三代者，则有由矣，政之失，非法之罪也。[1]

【译文】

古代用仁义来执法，而后世用法律来执行仁义。当初夏、商、周三代的圣君，他们教化的本源出于学校，然后延伸扩展至天下，而通过礼乐的形式表现出来。下面的百姓被其教育感化，小心遵循，致力于仁义之举，以避开法律禁止的事情。所以法律虽然没有施行，但人们也没有去做法律所禁止的事情。接下来到了汉朝、唐朝，他们的教育感化不足以打动人民，就一概诉诸法律。于是人民害怕受到法律的惩罚，也可能会互相劝勉做出仁义之事。唐朝初年，大臣房玄龄、杜如晦制定《刑统》，即使是最微小的地方，也区分得十分明确，另外附上仁义，毫无偏袒回护，真不知周公的刑法怎么会变成这样！只不过即使不能先让人民致力于仁义，像三代那样不用法律禁止便自行仁义之举，那它最终也能使人民努力做出仁义的事来。而它之所以不像三代那样，则是有原因的，是执政的缺失，不是法律的罪过。

【评述】

苏洵认为执政的关键在于人治，而非法治。如果统治者能够感化教育人民，令人们自觉施行仁义，不做法律所禁止的行为，就是不使用刑罚，也会天下安定。但如果人民没有被统治者感化，即便制定了详细的法律条文，人们也只是为了免于受罚而勉强做

〔1〕《嘉祐集笺注》卷五《衡论·议法》，第121页。

出符合仁义的行为。所以，社会风气不正，法治实施不力，并非法律本身的问题，而是统治者自身的缺失。从这一点上来看，苏洵主要强调统治者应大力推行仁义，以感化民众，这才是“善政”，而单纯依靠法律的震慑力量，使人们敬畏法律而不轻易触犯，则只是下策而已。所以，苏洵主张“约之以礼，驱之以法”，将“礼治”与“法治”结合运用。

以俭德临天下，纾百姓之患

【原文】

古者天子即位，天下之政必有所不及安席而先行之者。盖汉昭即位，休息百役，与天下更始，故其为天子曾未逾月，而恩泽下布于海内。窃惟当今之事，天下之所谓最急，而天子之所宜先行者，辄敢以告于左右。

窃见先帝以俭德临天下，在位四十余年，而宫室游观无所增加，帏簿[①]器皿弊陋而不易，天下称颂，以为文、景之所不若。今一旦奄弃臣下，而有司乃欲以末世葬送无益之费，侵削先帝休息长养之民，掇取厚葬之名而遗之，以累其盛明。故洵以为当今之议，莫若薄葬。窃闻顷者癸酉赦书既出，郡县无以赏兵，例皆贷钱于民，民之有钱者，皆莫肯自输，于是有威之以刀剑，驱之以笞棰，为国结怨，仅而得之者。小民无知，不知与国同忧，方且狼顾而不宁。而山陵一切配率之科又以复下，计今不过秋冬之间，海内必将骚然，有不自聊赖之人。窃惟先帝平昔之所以爱惜百姓者如此其深，而其所以检身节俭者如此其至也，推其平生之心而计其既没之意，则其不欲以山陵重困天下，亦已明矣。而臣下乃独为此过当逾礼之费，以拂戾其平生之意，窃所不取也。且使今府库之中，财用有余，一物不取于民，尽公力而为之，以称遂臣子不忍之心，犹且获讥于圣人，况夫空虚无有，一金以上非取于民则不获，而冒行不顾以徇近世失中之礼，亦已惑矣。

然议者必将以为，古者“君子不以天下俭其亲”，以天下之大，而不足于先帝之葬，于人情有所不顺。洵亦以为不然。使今俭葬而用墨子之说，则是过也；不废先王之礼，而去近世无益之费，是不过矣。子思曰：“三日而殡，凡附于身者必诚必信，勿之有悔焉耳矣；三月而葬，凡附于棺者必诚必信，勿之有悔焉耳矣。”古之人所由以尽其诚信者，不敢有略也，而外是者则略之。昔者华元厚葬其君，君子以为不臣。汉文葬于霸陵，木不改列，藏无金玉，天下以为圣明，而后世安于太山。故曰：莫若建薄葬之议，上以遂先帝恭俭之诚，下以纾百姓目前之患，内以解华元不臣之讥，而万世之后以固山陵不拔之安。[1]

【注释】

①帏簿：帏幕和帘子。

【译文】

古代天子即位的时候，天下必定有来不及休息也要着急处理的政务。汉昭帝即位的时候，下令停止百姓的各种徭役，与民休息，让天下人有了一个新的开始。因此，昭帝即位还不到一个月，恩泽就布满了天下。我认为如今的事情中，可以称得上天下最紧

〔1〕《嘉祐集笺注》卷十三《上韩昭文论山陵书》，第355页。

急的，而且天子应当首先施行的，于是敢予以相告。

我看到先帝以节俭的德行治理天下，在位四十余年，宫中的建筑以及游玩的场所没有比以前增多，所用的帏幕帘子以及器皿虽然简陋却都没有更换，天下人都纷纷称颂先帝的德行，认为即便是文帝和景帝也比不上。如今先帝一旦驾崩，而朝中主管部门的官员却想用朝代衰亡时期才会实行的而且花费很多钱财却没有益处的厚葬，来侵扰剥削先帝一直让他们休养生息的百姓，将厚葬的名声加在先帝的头上，这实在有损先帝的圣明。因此我认为如今的大计，应当是施行薄葬。我听说过不久前癸酉赦书出台，郡县却没有钱物去犒赏士兵，按惯例都要向人民借贷，百姓中那些有钱人，都不肯主动上交，于是官府便以刀剑相威逼，以棍棒相驱使，让国家和百姓结了怨，才得到那些所需要的东西。那些平民百姓无知无识，不知道为国分忧，并且会引发他们的疑惑导致民心不宁。而修建陵墓所需的钱物又将以增添赋税的形式施加到百姓身上，这样一来，估计今年不超过秋冬两季，四海之内的百姓必将发生骚乱，将会出现大量无所依靠的人。我认为先帝以往之所以如此爱惜百姓，并且如此节俭持身，推度先帝平生的用心而估计他去世之后的意旨，他不想让兴修山陵带给天下人沉重的负担，已经是十分明显的了。而做臣子的却独独要厚葬逾礼，花费如此巨款，来违背先帝平生的心愿，我认为这是不值得采取的。而且即便是当今府库之中的财用富足，所有的东西都不向百姓索取，倾尽公家的力量去办理，以满足臣子的不忍之心，尚且会受遭到圣人的讥笑。更何况国库中原本空虚匮乏，即便是一两黄金以上的钱财都得向百姓索取，却又贸然而行，全然不顾，以顺从近世以来的逾礼之行，这已经是让人不可理解的了。

然而谈论此事的人必定认为，古代“孝顺的人决不会爱惜天下的财力而在父母身上省钱”，以天下之大，却不足以用来厚葬先帝，这对于人情来说是有所不通的，但是我却不这么认为。假如如今要实行墨子所说的那种俭葬，则是有些过分了；然而那种既不会废除先王的礼制，又抛弃了近世的这种无益的奢侈费用，这样做是不过分的。子思说过：“（父亲或母亲）去世后三天要出殡，但凡为亡亲穿衣装殓，一定要怀着诚信之心尽心尽礼，不让自己在日后后悔；去世三个月后，为亡亲送丧下葬，但凡在入棺掩埋之时，一定要尽心尽礼，不让自己事后（因礼数不到）而悔恨。”古代的人之所以竭尽诚信，是因为不敢有所忽略隐瞒，而对于那些外在的东西则可以有所省略。以前华元对其君主实行了厚葬，后世的君子认为他的这种行为是不符合臣子之义的。汉文帝葬在霸陵的时候，墓地旁边的树木都没被砍伐，墓室里面也没有藏置金玉等贵重物品，天下人都认为这种行为很是圣明，并且霸陵在后世也一直安如泰山（无人盗墓）。因此说：不如建议实行薄葬，这样对上可以实现先帝的恭俭的诚意，对下也能纾解百姓眼前的困境，对内也能够排解别人对类似华元那样厚葬君主而不符合臣子之义的讽刺，并且在千秋万代以后也可以保证山陵的安全。

【评述】

苏洵提倡节俭从政，爱惜民力。该文作于宋仁宗驾崩之时，因当时宰相韩琦准备兴建王陵，施行厚葬，从而劳民伤财，给百姓增加了沉重负担。苏洵当时虽为小吏，且得韩琦器重，但他仍毅然上书，恳请薄葬先帝，建议统治者以俭持身，戒除奢侈，纾解百姓困境。这充分体现了苏洵以民为本的思想。

第七节 周敦颐

【人物简介】

周敦颐（1017—1073），北宋哲学家，宋明理学的开山鼻祖。道州营道（今湖南道县）人，原名敦实，避英宗旧讳改敦颐，字茂叔，世称濂溪先生。曾官大理寺丞、国子博士。与邵雍、张载、程颢、程颐并称“北宋五子”。其传世著作有《太极图说》和《通书》。

圣人之道，入乎耳，存乎心

【原文】

圣人之道，入乎耳，存乎心，蕴之为德行，行之为事业。[1]

【译文】

圣人的仁道，（通过平日讲习讨论，）听闻于耳，存留于心，日积月累就会变为美好的德行，遵照仁道去实践，就会成就事业。

【评述】

周敦颐注重通过修习而得道。圣人的仁道德行，需时常听闻

〔1〕 周敦颐：《周敦颐集·通书·陋第三十四》，岳麓书社2007年版（下同），第53页。

于耳并存留于心，日积月累，修成自身“内圣”境界，以之作为“外王”的基础，进而成就伟业。

以仁育万物，以义正万民

【原文】

天以阳生万物，以阴成万物。生，仁；成，义也。故圣人在上，以仁育万物，以义正万民。天道行而万物顺，圣德修而万民化。大顺大化，不见其迹，莫知其然之谓神。故天下之众，本在一人。道岂远乎哉！术岂多乎哉！[1]

【译文】

上天用阳生出万物，用阴来成就万物。生，就是仁；成，就是义。所以圣人在上，用仁德养育万物，用礼义规范百姓。行天道，万物和顺，修圣德，百姓得到教化。大顺大化，不知它是怎么形成的，便说是神迹。所以天下百姓，其根本在于一人。这个道理算深吗！这个方法算多吗！

【评述】

周敦颐主张君主通过内圣而达到外王。劝君主以仁德养民，以礼义教民，行天道，修圣德，将内在的圣德转化为外在的善政，造福苍生。

---

〔1〕《周敦颐集·通书·顺化第十一》，第71页。

制礼作乐，治之至也

【原文】

古者圣王制礼法，修教化，三纲正，九畴①叙，百姓太和，万物咸若②。乃作乐，以宣八风之气，以平天下之情。故乐声淡而不伤，和而不淫。入其耳，感其心，莫不淡且和焉。淡则欲心平，和则躁心释。优柔平中，德之盛也。天下化中，治之至也。是谓道配天地，古之极也。

后世礼法不修，政刑苛紊，纵欲败度，下民困苦。谓古乐不足听也，代变新声，妖淫愁怨，导欲增悲，不能自止。故有贼君弃父，轻生败伦，不可禁者矣。

呜呼！乐者，古以平心，今以助欲；古以宣化，今以长怨。不复古礼，不变今乐，而欲至治者，远哉！[1]

【注释】

①九畴：指传说中天帝赐给禹治理天下的九类大法，后泛指治理天下的大法。畴，类。

②咸若：出自《尚书·皋陶谟》："皋陶曰：'都！在知人，在安民。'禹曰：'吁！咸若时，惟帝其难之。'"后以"咸若"称颂帝王之教化。谓万物皆能顺其性，应其时，得其宜。

〔1〕《周敦颐集·通书·乐上第十七》，第74—75页。

【译文】

古时候圣王制定礼法，修治教化，因此三纲严正不紊，治国大法井然有序，百姓和睦相处，万物和谐共生。于是圣王作《乐》，目的在于宣通八方之风气，平和天下万物的性情。因此音乐之声淡雅而不哀伤，婉和而不淫靡。人们听到这样的音乐，感受这样的音乐，恬淡平和之情油然而起。人心境恬淡，欲念自然消解；人们心情平和，浮躁情绪自然消失。音乐能够使人恬淡自如，心境平和，可见圣人作《乐》的功德盛大无比。音乐能够使天下万民得到感化，从而使圣人之治达到完美无缺的高度。圣人作《乐》的意义，堪与天地之德媲美，代表了古代文化创造的顶峰。

后代帝王不修礼法，政治和刑罚苛刻而紊乱，统治者放纵私欲，败坏法度，下层百姓困苦不堪。后代统治者认为古代的音乐不值得听，让一种新的音乐取而代之。这种音乐散发出一片妖淫愁怨之声，引导人们私欲横流，悲哀不已，欲罢不能。正因为如此，才有后代弑杀君主、背弃父亲、轻弃性命、败坏伦常秩序等现象屡屡发生，以至于达到不可禁止的地步。

唉！古代人们用音乐来达到心境平和，今天人们却用来增加私欲；古代音乐用来传布德化，而今天的音乐却用来助长哀怨。看来，不恢复古代礼法，不改变今天的音乐，那离实现长治久安的目标，实在是太远了！

【评述】

周敦颐的礼乐观认为，要先修礼法，正纲纪，修伦常，令百姓和睦，社会稳定；既而作宣化之乐，平天下之情，宣天下之气，使天地之间自然和畅，万物生化。“淡而不伤”、“和而不淫”的音乐可以使人们心平气和，从而修成善德。倘若不修礼法，反制纵欲之乐，则会长幼无序，尊卑不分，不复古礼，世道败坏。所以，应该重视礼乐治国，以教化民。

以政养万民，得刑以治

【原文】

天以春生万物，止之以秋。物之生也，既成矣，不止则过焉，故得秋以成。圣人之法天，以政养万民，肃之以刑。民之盛也，欲动情胜，利害相攻，不止则贼灭无伦焉，故得刑以治。情伪微暧，其变千状。苟非中正、明达、果断者，不能治也。《讼卦》曰“利见大人”，以刚得中也。《噬嗑》曰“利用狱”，以动而明也。呜呼！天下之广，主刑者民之司命也，任用可不慎乎！〔1〕

【译文】

上天用春天来滋生万物，用秋天来使它们终结。万物滋生，已经成熟，不让它们停止下来，就会过度，所以用秋天使它们终结。圣人效法天道，用仁政养育万民，用刑罚管束他们。人民富庶，欲望萌动，情感泛滥，利益和祸害相互争夺，不制止他们，人民就会相互残害诛灭而不讲人伦，所以使用刑罚来治理。虚实幽隐，变化多端。如果不能不偏不倚、明白通达、果敢决断，就

〔1〕《周敦颐集·通书·刑第三十六》，第82页。

不能很好地治理。《讼》卦说："大人利害攸关"，"要秉公行事"。《噬嗑》卦说："善用刑"，"要灵活且明察"。啊呀！天下之大，负责刑罚的人掌管着人们的性命，任用他们能不谨慎小心吗！

【评述】

周敦颐认为，要有效地实现社会治理与控制，就应当把礼治德教和刑狱惩治结合起来。德治针对人们的内在精神，法治管束人们的外部行为。刑狱是控制社会的手段，但因其关乎人民性命，且状况复杂难断，所以他又主张慎刑，要明察秋毫，适当量刑，强调任用主刑的官吏一定要谨慎，以免滥用刑罚，草菅人命。这体现了周敦颐德主刑辅的慎刑观。

第八节　司马光

【人物简介】

司马光（1019—1086），北宋大臣、史学家。字君实，陕州夏县（今属山西）涑水乡人。世称涑水先生。宝元进士。仁宗末年任天章阁待制兼侍讲知谏院，英宗朝进龙图阁直学士。司马光历仕仁宗、英宗、神宗、哲宗四朝，清廉正直，忠诚守信，恭敬节俭，忧国忧民。在政见上，他反对王安石变法，曾说："先王之法，不可变也"；被任命为枢密副使，坚辞不就。他主持编纂了中国历史上第一部编年体通史《资治通鉴》，历时十九年，共二百九十四卷，旨在"鉴于往事，有资于治道"，便于君主"鉴前世之兴衰，考当今之得失"，"嘉善矜恶，取是舍非"，以令"四海群生，咸蒙其福”。《资治通鉴》亦系统反映了司马光的政治思想和治国主张。卒谥文正，追赠温国公。

以俭立名，以侈自败

【原文】

吾本寒家，世以清白相承。吾性不喜华靡，自为乳儿，长者加以金银华美之服，辄羞赧弃去之。二十忝科名，闻喜宴[①]独不戴花。同年[②]曰：“君赐不可违也。”乃簪一花。平生衣取蔽寒，食取充腹；亦不敢服垢弊以矫俗干名，但顺吾性而已。

众人皆以奢靡为荣，吾心独以俭素为美。人皆嗤吾固陋，吾不以为病。应之曰：“孔子称‘与其不逊也，宁固’；又曰‘以约失之者鲜矣’；又曰‘士志于道而耻恶衣恶食者，未足与议也’。古人以俭为美德，今人乃以俭相诟病。嘻，异哉！”

近岁风俗尤为侈靡，走卒类士服，农夫蹑丝履。吾记天圣中先公为群牧判官，客至未尝不置酒，或三行五行，多不过七行。酒酤于市，果止于梨、栗、枣、柿之类，殽[③]止于脯、醢[④]、菜羹，器用瓷、漆。当时士大夫家皆然，人不相非也。会数[⑤]而礼勤，物薄而情厚。近日士大夫家，酒非内法，果、殽非远方珍异，食非多品，器皿非满案，不敢会宾友。常数月营聚，然后敢发书。苟或不然，人争非之，以为鄙吝。故不随俗靡者盖鲜矣。嗟乎！风俗颓弊如是，居位者虽不能禁，忍助之乎！

又闻昔李文靖公[⑥]为相，治居第于封丘门内，听事[⑦]前仅容旋马。或言其太隘，公笑曰：“居第当传子孙，此为宰相听事诚隘，为太祝、奉礼听事已宽矣。”参政鲁公[⑧]为谏官，真宗遣使急召之，得于酒家。既入，问其所来，以实对。上曰：“卿为清望官⑨，奈何饮于酒肆？”对曰：“臣家贫，客至无器皿、肴、果，故就酒家觞之。”上以其无隐，益重之。张文节⑩为相，自奉养如为河阳掌书记时，所亲或规之曰：“公今受俸不少，而自奉若此。公虽自信清约，外人颇有公孙布被⑪之讥。公宜少从众。”公叹曰：“吾今日之俸，虽举家锦衣玉食，何患不能？顾人之常情，由俭入奢易，由奢入俭难。吾今日之俸岂能常有？身岂能常存？一旦异于今日，家人习奢已久，不能顿俭，必致失所。岂若吾居位去位、身在身亡常如一日乎？”呜呼！大贤之深谋远虑，岂庸人所及哉！

御孙⑫曰：“俭，德之共也；侈，恶之大也。”共，同也，言有德者皆由俭来也。夫俭则寡欲。君子寡欲则不役于物，可以直道而行；小人寡欲则能谨身节用，远罪丰家。故曰：“俭，德之共也。”侈则多欲。君子多欲则贪慕富贵，枉道速祸⑬；小人多欲则多求妄用，败家丧身；是以居官必贿，居乡必盗。故曰：“侈，恶之大也。”

昔正考父⑭饘粥⑮以糊口；孟僖子⑯知其后必有达人。季文子相三君⑰，妾不衣帛，马不食粟，君子以为忠。管仲镂簋⑱朱纮⑲，山节⑳藻棁㉑，孔子鄙其小器。公叔文子享卫灵公，史鳅知其及祸，及戍，果以富得罪出亡。㉒何曾㉓日食万钱，至孙以骄溢倾家。石崇以奢靡夸人，卒以此死东市。近世寇莱公㉔豪侈冠一时，然以功业大，人莫之非，子孙习其家风，今多穷困。其余以俭立名，以侈自败者多矣，不可遍数，聊举数人以训汝。汝非徒身当服行，当以训汝子孙，使知前辈之风俗云。[1]

---

〔1〕司马光：《训俭示康》，《古代散文选》中册，人民教育出版社1963年7月第1版，第257—259页。

【注释】

①闻喜宴：也叫曲江宴。唐制，进士放榜，大家凑钱在曲江亭子宴乐。宋太宗端拱元年（988 年）定由朝廷置宴，皇帝及大臣向新科进士赐诗以示宠异。延续至明清，赐进士宴称琼林宴（因曾设宴于琼林苑而得名）。

②同年：科举时代同榜录取的人互称同年。

③殽：同“肴”。菜肴。

④醢（hǎi）：肉、鱼制成的酱。

⑤数（shuò）：屡次，多次。

⑥李文靖公：即李沆，宋真宗时的宰相。文靖是他的谥号。

⑦听事：厅堂。

⑧参政鲁公：即宋仁宗时任参知政事的鲁宗道。下文所言是他在真宗时任太子的属官右谕德而非谏官（右正言）时的事。

⑨清望官：清高有名望的官，指中书省、尚书省、门下省的官和谏官。

⑩张文节：即仁宗初年的宰相张知白，真宗时曾任河阳（今河南洛阳）节度判官。文节是他的谥号。

⑪公孙布被：汉武帝的丞相公孙弘，生活节俭，平时盖布被。当时有人讥评他“诈也”。

⑫御孙：春秋时鲁国的大夫。

⑬枉道速祸：不走正道，招致祸患。枉，屈。速，招。

⑭正考父：春秋时宋国的大夫，孔子的远祖。

⑮饘（zhān）粥：饘为稠粥，粥为稀粥。

⑯孟僖子：春秋时鲁国大夫仲孙貜（jué）。

⑰季文子相三君：季文子，春秋时鲁国大夫季孙行父（fǔ）。

三君，指文公、宣公、襄公。

⑱镂簋（guǐ）：刻有花纹的簋。簋，盛食物的器具。

⑲纮（hóng）：在下巴打结的帽带。

⑳山节：上边刻着山岳的斗拱。节，柱子的斗拱。

㉑藻棁（zhuó）：上面画着水藻的梁上的短柱。棁，梁上的短柱。

㉒“公叔文子”句：据《左传》定公十三年载，卫国大夫公叔文子在家里宴请卫灵公，然后把这件事告诉史鳝（qiū）。史鳝说：“你肯定会遭祸呀！你富有，灵公贪财，大概到你儿子身上就该遭祸了！”公叔文子死后，他的儿子公叔戍果然被驱逐，逃亡在外。

㉓何曾：晋武帝时的太傅。

㉔寇莱公：即宋真宗初的宰相、后封莱国公的寇准。

【译文】

我本来出身在贫寒的家庭，一代一代都以清白的家风相继承。我生性不喜欢豪华奢侈，从婴儿时起，长辈把饰有金银的华美衣服穿在我身上，我总是害羞地扔掉它。二十岁那年忝列在进士的名榜上，参加闻喜宴时，只有我不戴花。同榜录取的人说：“花是君王赐戴的，不能不戴。”我这才在帽檐上插上一枝花。我一向衣服只求抵御寒冷，食物只求填饱肚子，也不敢故意穿肮脏破烂的衣服以违背世俗常情，表示与一般人不同以求得名誉，只是顺着我的本性行事罢了。

许多人都把奢侈浪费看做光荣，我心里却单单把节俭朴素看成美德。别人都讥笑我固执，不通达，我并不以此为缺陷。我回答他们说："孔子说：'与其骄傲，不如固执。'又说：'因为俭约而犯过失的，那是很少的。'又说：'读书人有志于追求真理，却以吃得不好、穿得不好为羞耻，这种人是不值得与之为谋的。'古人把节俭作为美德，现在的人却因节俭而相互指责，认为是缺陷，嘻，真奇怪呀！"

近年风气尤其奢侈浪费，当差的大都穿士人的衣服，农夫穿丝织品做的鞋。我记得天圣年间我的父亲做群牧司判官时，客人来了没有不摆设酒席的，但有时斟酒三次，有时斟五次，最多不超过七次就不斟了。酒是在市上买的，果品限于梨、栗子、枣、柿子之类，下酒菜限于干肉、肉酱、菜汤，食具用瓷器和漆器。当时士大夫人家都这样，人们互相之间并无非议。那时聚会多而礼义殷勤，食物少而感情深厚。近来士大夫家庭，酒如果不是照宫内酿酒的方法酿造的，水果、下酒菜如果不是远方的珍贵奇异之品，食物如果不是品种多样，食具如果不是摆满桌子，就不敢约会招待客人朋友。为了约会招待，往往先要准备好几个月，然后才敢发请柬。如果有人不这样做，人们都争着非议他，认为他没有见过世面、舍不得花钱。因此不跟着习俗顺风倒的人就少了。唉！风气败坏成这样，居高位有权势的人虽然不能禁止，难道能忍心助长这种恶劣风气吗？

又听说从前李文靖公做宰相时，在封丘门内修筑住宅，厅堂前面仅仅能够让一匹马转个身。有人说它太狭窄，文靖公笑笑说："住宅是要传给子孙的，这里作为我当宰相的厅堂，确实是狭窄，但是将来用作我的当太祝、奉礼的子孙的厅堂却已经宽敞了。"参政鲁公当谏官时，真宗派人紧急召见他，后来在酒馆里找到他。鲁公入宫以后，真宗问他从哪里来，他如实地回答真宗。皇上说：

“你担任的是清高有名望的谏官，为什么在酒馆里喝酒?”他回答说：“小臣家里贫寒，客人来了没有食具、下酒菜、果品，所以就到酒馆请客人喝酒。”皇上因为鲁公没有隐瞒，越发尊重他。张文节当宰相时，自己的生活如同以前当河阳节度判官时一样，亲近的人有的劝他说：“您现在领取的俸禄不少，可是自己的生活却像这样节俭，您虽然自己知道自己确实是清廉节俭，但是外面却有人说您如同公孙弘盖布被子那样矫情作伪。您应该稍稍随从众人的习惯做法才好。”文节公叹息说：“我今天的俸禄这样多，即使全家穿绸缎的衣服，吃珍贵的饮食，还怕不能做到吗?但是人们的常情，由节俭堕入奢侈是容易的，由奢侈再返回节俭却困难了。我今天的这样高的俸禄哪能长期享有呢?我自己又哪能长生不老呢?如果有一天情况与现在不一样了，家里的人习惯于奢侈生活已经很久了，不能立刻节俭下来，那时候一定会落得饥寒无依，哪像我做官或不做官，活着或死亡，家中的生活标准都像同一天一样呢?”唉，才德超群的人的深谋远虑，哪里是凡庸之辈所能比得上的呢!

御孙说：“节俭是各种好品德的共有特点，奢侈是各种罪恶中的大罪。”“共”就是“同”，是说具有好品德的人都是由节俭而来的。因为如果节俭就少有贪欲。有权势地位的人如果少有贪欲，就不为外物所役使，可以走正直的道路；没有权势地位的人如果少有贪欲，就能约束自己，节约用度，远离犯罪，丰裕室家。所以说：“节俭是各种好品德的共有特点。”如果奢侈就会多有贪欲。有权势地位的人如果多有贪欲，就会贪羡富贵，不走正路，招致祸患；没有权势地位的人如果多有贪欲，就会多方营求，随意浪费，最后败家丧身：因此，如果奢侈，做官的就必然贪赃受贿，乡间百姓就必然盗窃他人财物。所以说："奢侈是各种罪恶中的大罪。"

古时候正考父靠喝粥维持生活，孟僖子因而推知他的后代必定有显达的人。季文子前后辅佐三位国君，他的妾不穿丝绸，马不喂小米，有名望的人认为他忠。管仲生活奢华，使用刻有花纹的食具、红色的帽带，住宅的斗拱刻着山岳，梁上的短柱画着水藻，孔子看不起他，批评他见识不高。公叔文子在家里宴请卫灵公，史鳍预知他将要遭到灾祸，到了文子的儿子公孙戍时，果然就因为富裕而招罪，出国逃亡。何曾一天吃喝要花一万个铜钱，到了孙子这一代，就因为傲慢奢侈而倾家荡产。石崇以奢侈浪费来向人夸耀，终于因此而死在刑场上。近年寇莱公的豪华奢侈，在当代人中堪称第一，但是因为他的功业大，所以人们不批评他。可是他的子孙习染他的家风也豪华奢侈，现在大都贫穷困窘。其他因为节俭而留下好名声，因为奢侈而自招失败的事例还很多，不能统统列举，姑且举几个人用来教诲你。你不但本身应当躬行节俭，还应当以节俭教诲你的子孙，使他们了解前辈的作风习俗。

【评述】

司马光反对生活奢靡，提倡节俭，并以勤俭为主题，给儿子司马康写了一篇《训俭示康》，告诫儿子要以俭为德。在这篇家训中，司马光指出奢侈是大恶，因为它助长贪欲，让人不走正路，继而招致祸患，乃至败家丧命。所以，应该以节俭为美德，俭则寡欲，寡欲便可以让人不为物役，保持正直。司马光在担任谏官时，也劝皇帝"侧身克己，痛自节约"（司马光《乞节用上殿札子》)。他在《论宴饮状》、《论上元游幸札子》、《进〈稽古录〉表》、《乞节用上殿札子》等奏表中便规劝皇帝力行节俭，戒除奢侈，悯惜下民，并主张“节流”，提倡节俭，实施廉政。

信以养其民

【原文】

夫信者，人君之大宝也。国保于民，民保于信；非信无以使民，非民无以守国。是故古之王者不欺四海，霸者不欺四邻，善为国者不欺其民，善为家者不欺其亲。不善者反之，欺其邻国，欺其百姓，甚者欺其兄弟，欺其父子。上不信下，下不信上，上下离心，以至于败。所利不能药其所伤，所获不能补其所亡，岂不哀哉！昔齐桓公不背曹沫之盟，晋文公不贪伐原之利，魏文侯不弃虞人之期，秦孝公不废徙木之赏。此四君者，道非粹白，而商君尤称刻薄，又处战攻之世，天下趋于诈力，犹且不敢忘信以畜其民，况为四海治平之政者哉![1]

【译文】

信誉，是君主至高无上的法宝。国家靠人民来保卫，人民靠信誉来保护；不讲信誉无法使人民服从，没有人民便无法守卫国家。所以古代成就王道者不欺骗天下，建立霸业者不欺骗四方邻国，善于治国者不欺骗人民，善于治家者不欺骗亲人。恶人反其道而行之，欺骗邻国，欺骗百姓，甚至欺骗兄弟、父子。上面的

---

〔1〕 司马光：《资治通鉴》卷二《周纪二》，中华书局1997年版（下同），第48—49页。

人不信任下面的人，下面的人也不信任上面的人，上下两边都离心离德，以致一败涂地。靠欺骗所占的一点儿便宜治不了他的致命伤，所得到的远远少于失去的，这岂不令人痛心！当年齐桓公不违背曹沫以胁迫手段订立的盟约，晋文公不贪图攻打原地的利益而遵守信用，魏文侯不违背与虞人打猎的约会，秦孝公不收回对移动木柱之人的重赏。这四位君主的治国之道尚称不上完美，而公孙鞅可以说是过于刻薄了，但他们处于你攻我守的战国乱世，天下都在致力于尔虞我诈、斗智斗勇之时，尚且不敢忘记树立信誉以收服人民之心，又何况今日治理一统天下的当政者呢！

【评述】

司马光强调国家以民为本，认为民心向背是国家长治久安的根本保证。要想得民心，君主必须以诚信对待子民。民心不可欺，民意不可违。诚信于民为仁，君主必须把诚信放在首位，以取信于民，得民拥戴。欺天下者无以成王道，欺邻国者难以成霸业，欺民者必定众叛亲离，国家自然无法维持，乃至败亡。所以诚信不仅是修身之道，而且是立国之本，是德治的核心，关乎国家兴衰。

为人君者，以改过为美

【原文】

过者，人之所必不免也；惟圣贤为能知而改之。古之圣王，患其有过而不自知也，故设诽谤之木①，置敢谏之鼓②；岂畏百姓之闻其过哉！是以仲虺美成汤曰："改过不吝。"傅说戒高宗曰："无耻过作非。"由是观之，则为人君者，固不以无过为贤，而以改过为美也。今叔孙通谏孝惠，乃云"人主无过举"，是教人君以文过遂非也，岂不缪哉！〔1〕

【注释】

①诽谤之木：出自《史记·孝文本纪》："古之治天下，朝有进善之旌，诽谤之木，所以通治道而来谏者。"诽谤，引以为谏言。木，木牌。在交通要道竖立木牌，让人们写上谏言。

②敢谏之鼓：即登闻鼓。进谏者所击之鼓。

【译文】

错误，是人人都必定无法避免的；但只有圣贤能知道自己的过错而改正。古代圣明的君主，怕自己有错误却不知道，所以设置批评君主的木牌和劝阻君主的敢谏鼓，哪里会怕百姓知道自己的过错呢！所以仲虺赞美商汤说："改正错误决不犹豫。"傅说劝诫商王武丁道："不要怕别人耻笑便不改正过失。"由此而见，做君王的人，本来就不是以不犯错误为贤明，而是以改正错误为美德。这里叔孙通却劝谏汉惠帝说"天子没有错误的举动"，正是在教做君主的文过饰非，岂不太荒谬了吗！

【评述】

司马光指出，改过从善是圣贤之德。他认为圣明的君主不在

---

〔1〕《资治通鉴》卷第十二《汉纪四》，第415页。

于不犯过失，而是听从劝谏，勇于改过，并汲取教训，只有这样，才能维持善政。司马光曾为谏官，而谏官的责任之一便是批评时弊，劝阻君主，止其不端。

忠臣陈大体以格君心之非

【原文】

梁高祖之不终也，宜哉！夫人主听纳之失，在于丛脞①；人臣献替之病，在于烦碎。是以明主守要道以御万机之本，忠臣陈大体以格君心之非，故身不劳而收功远，言至约而为益大也。观夫贺琛之谏未至于切直，而高祖已赫然震怒，护其所短，矜其所长；诘贪暴之主名，问劳费之条目，困以难对之状，责以必穷之辞。自以蔬食之俭为盛德，日昃之勤为至治，君道已备，无复可加，群臣箴规，举不足听。如此，则自余切直之言过于琛者，谁敢进哉！由是奸佞居前而不见，大谋颠错而不知，名辱身危，覆邦绝祀，为千古所闵笑，岂不哀哉！[1]

【注释】

①丛脞（cuǒ）：琐碎，杂乱。

【译文】

梁武帝不得善终，是应该的！国君之所以在听取意见、接纳进谏方面出现过失，就是因为只注意了琐碎细小的事情而没有雄

〔1〕《资治通鉴》卷第一百五十九《梁纪十五》，第4934—4935页。

才大略；大臣进谏时所犯的毛病，也在于烦琐。因此贤明的君主要抓住最主要的问题以驾驭万事的根本，忠心的大臣要陈述大的方针政策来劝阻君主想得不对的地方，所以作为君主不须亲自动手操劳，就能取得大的功效，作为大臣说得简明扼要便收到很大的效益。纵观贺琛的进谏，可以说还未达到直言极谏的地步，而梁武帝却已经勃然大怒，袒护自己的短处，夸耀自己的长处；质问贺琛贪婪暴虐官吏的名字，追问徭役过重、费用铺张的具体项目，用难以回答的问题来困扰他，用无法对答的言辞来责备他。梁武帝自认为每顿饭只吃蔬菜的节俭作风是极大的美德，忙到太阳偏西才吃饭这种勤勉的工作态度是最好的治国办法，为君之道他已完全具备，再没有什么需要增加的了，对于大臣的规劝，认为全不值得去听取。像这样，那么其余比贺琛的进谏更恳切、直率、激烈的话，谁还敢去对他说呢！因此，奸佞小人在眼前也视而不见，重大决策颠倒错误也不知道，声名受辱，自身危亡，国家颠覆，祭祀断绝，被后人怜悯讥笑，难道不很悲哀吗？

【评述】

司马光敦促君主要从谏如流，臣子要直言极谏；无论是君主还是大臣，都不应流于烦琐细碎而误了大事。他列举梁武帝不纳谏言、文过饰非而导致国破家亡的实例，来说明应该君明臣直，只有主上闻过则喜、虚心纳谏，臣下直言敢谏、知无不言，才能格正君非，政治清明。

礼之为物大矣

【原文】

礼之为物大矣！用之于身，则动静有法而百行备焉；用之于家，则内外有别而九族睦焉；用之于乡，则长幼有伦而俗化美焉；用之于国，则君臣有叙而政治成焉；用之于天下，则诸侯顺服而纪纲正焉；岂直几席之上、户庭之间得之而不乱哉![1]

【译文】

礼的功能太大了！把它用到个人身上，动与静就有了规范，所有的行为就会完备无缺；把它用到家事上，内与外就井然有别，九族之间就会和睦融洽；把它用到乡里，长幼之间就有了伦理，风俗教化就会美好清明；把它用到封国，君主与臣子就尊卑有序，政令统治就会成功稳定；把它用到天下，诸侯就归顺服从，纲纪就会整肃严正；难道仅仅是把它用在宴会仪式之上、门户庭院之间维持秩序的吗！

【评述】

司马光强调以礼治国的重要性。“礼”是指维护贵族等级秩序的一整套社会规范和道德规范，包括政治制度、社会与家庭伦理道德规范、仪式等。儒家自孔子起便提倡礼治，认为人有礼节才能生存，礼节是人们所遵循的常理。如果没有礼节规范，人们就

〔1〕《资治通鉴》卷第十一《汉纪三》，第375—376页。

无法做到尊卑有等，长幼有伦，内外有别，亲疏有序，于是上下不安其分，贪淫奢欲滋生，纲纪混乱，下级觊觎高位，君主无从驭民，天下便会大乱不治。所以，天子必须维护礼治，它是儒家所提倡的一种统治方式。

天子之职莫大于礼，礼莫大于分，分莫大于名

【原文】

臣闻天子之职莫大于礼，礼莫大于分，分莫大于名。何谓礼？纪纲是也。何谓分？君、臣是也。何谓名？公、侯、卿、大夫是也。

夫以四海之广，兆民之众，受制于一人，虽有绝伦之力、高世之智，莫不奔走而服役者，岂非以礼为之纪纲哉！是故天子统三公，三公率诸侯，诸侯制卿大夫，卿大夫治士庶人。贵以临贱，贱以承贵。上之使下犹心腹之运手足，根本之制支叶，下之事上犹手足之卫心腹，支叶之庇本根，然后能上下相保而国家治安。故曰天子之职莫大于礼也。

文王序《易》，以《乾》、《坤》为首。孔子系之曰："天尊地卑，乾坤定矣。卑高以陈，贵贱位矣。"言君臣之位犹天地之不可易也。《春秋》抑诸侯，尊王室，王人虽微，序于诸侯之上，以是见圣人于君臣之际，未尝不惓惓[①]也。非有桀、纣之暴，汤、武之仁，人归之，天命之，君臣之分当守节伏死而已矣。是故以微子而代纣则成汤配天矣，以季札而君吴则太伯血食矣，然二子宁亡国而不为者，诚以礼之大节不可乱也。故曰礼莫大于分也。

夫礼，辨贵贱，序亲疏，裁群物，制庶事，非名不著，非器

不形；名以命之，器以别之，然后上下粲然有伦，此礼之大经也。名器既亡，则礼安得独在哉？昔仲叔于奚有功于卫，辞邑而请繁缨，孔子以为不如多与之邑。②惟名与器，不可以假人，君之所司也；政亡则国家从之。卫君待孔子而为政，孔子欲先正名，以为名不正则民无所措手足。夫繁缨，小物也，而孔子惜之；正名，细务也，而孔子先之：诚以名器既乱则上下无以相保故也。夫事未有不生于微而成于著，圣人之虑远，故能谨其微而治之，众人之识近，故必待其著而后救之；治其微则用力寡而功多，救其著则竭力而不能及也。《易》曰："履霜坚冰至，"《书》曰："一日二日万机，"谓此类也。故曰分莫大于名也。[1]

【注释】

①惓惓（quán quán）：现在规范词形写作"拳拳"，形容恳切。

②"昔仲叔于奚"句：《春秋·成公二年》载，卫侯派遣孙良夫率军攻打齐国，卫军大败。新筑这个地方的大夫仲叔于奚救了孙良夫，孙因此得免于难。不久。卫国人把城邑赏给仲叔于奚。仲叔于奚不要而请求得到诸侯所用三面悬挂的乐器和只有天子、诸侯才可以用的装饰马匹的繁（pán ）缨。卫侯答应了。孔子听说了，说道："可惜呀！还不如多给他城邑。唯有器物和名号，不能假借给别人。这是国君所掌握的，它体现礼制，是政权中的大节。如果政权丢了，国家也就丢了。"繁，马腹带；缨，马颈革。

---

〔1〕《资治通鉴》卷第一《周纪一》，第2—4页。

【译文】

我听说天子的职责中最重要的是维护礼制，礼制中最重要的是区分地位，区分地位中最重要的是匡正名分。什么是礼制？就是法纪。什么是区分地位？就是君臣有别。什么是名分？就是公、侯、卿、大夫等官爵。

四海之广，亿民之众，都受制于天子一人。尽管是才能超群、智慧绝伦的人，也不能不在天子足下为他奔走服务，这难道不是以礼制作为纪纲的作用吗！所以，天子统率三公，三公督率诸侯国君，诸侯国君节制卿、大夫官员，卿、大夫官员又统治士人百姓。权贵支配贱民，贱民服从权贵。上层指挥下层就好像人的心腹控制四肢行动，树木的根支配枝和叶；下层服侍上层就好像人的四肢卫护心腹，树木的枝和叶遮护树根。这样才能上下层互相保护，从而使国家得到长治久安。所以说，天子的职责没有比维护礼制更重要的了。

周文王演绎排列《易经》，以《乾卦》和《坤卦》为首位。孔子解释说："天尊贵，地卑微，阳阴于是确定。由低至高排列有序，贵贱也就各得其位。"这是说君主和臣子之间的上下关系就像天和地一样不能互易。《春秋》一书贬低诸侯，尊崇周王室，尽管周王室的官吏地位不高，在书中排列顺序仍在诸侯国君之上，由此可见孔圣人对于君臣关系的恳切关注。如果不是夏桀、商纣那样的暴虐昏君，对手又遇上商汤、周武王这样的仁德明主，使人民归心、上天赐命的话，君臣之间的名分只能是做臣子的恪守臣节，矢死不渝。所以如果商朝立贤明的微子为国君来取代纣王，那么成汤创立的商朝就可以永配上天；而吴国如果以仁德的季札做君主，那么开国之君太伯也可以永享祭祀。然而微子、季札二人宁肯国家灭亡也不愿做君主，实在是因为礼制的大节绝不能因此而破坏。所以说，礼制中最重要的就是名分尊卑的区别。

所谓礼制，在于分辨贵贱，排比亲疏，裁决万物，处理日常事务。没有一定的名位，就不能显扬；没有标志名位爵号的器物，就不能表现。只有用名位来分别称呼，用器物来分别标志，然后上下才能井然有序。这就是礼制的根本所在。如果名位、器物都没有了，那么礼制又怎么能单独存在呢！当年仲叔于奚为卫国建立了大功，他谢绝了赏赐的封地，却请求允许他享用贵族才应有的马饰。孔子认为不如多赏赐他一些封地，唯独名位和器物，绝不能假与他人，这是君王的职权象征；处理政事不坚持原则，国家也就会随着走向危亡。卫国国君期待孔子为他处理政事，孔子却先要确立名位，认为名位不正则百姓无所适从。马饰，是一种小器物，而孔子却珍惜它的价值；正名位，是一件小事情，而孔子却要先从它做起：这实在是因为名位、器物一紊乱，国家上下就无法相安互保。没有一件事情不是从微小之处产生而逐渐发展显著的，圣贤考虑久远，所以能够谨慎对待微小的变故而及时予以处理；常人见识短浅，所以必等弊端闹大才来设法挽救。矫正初起的小错，用力小而收效大；挽救已明显的大害，往往是竭尽了全力也不能成功。《易经》说：“行于霜上而知严寒冰冻将至。”《尚书》说：“先王每天都要兢兢业业地处理成千上万件事情。”就是指这类防微杜渐的例子。所以说，区分地位高下最重要的是匡正各个等级的名分。

【评述】

礼治思想是《资治通鉴》的思想核心。司马光认为天子的职责就是维护礼制，礼是强国之本。经历战国时期“礼崩乐坏”之后，儒家要求恢复周礼，加强以贵族政权为核心的一整套宗法等级制度，指出“克己复礼，为仁”，孔子以“仁”入礼，突出了礼的伦理性；孟子倡导“仁政”，把礼上升为国家意志；荀子则沟通礼和法，使“礼治”系统化和制度化。司马光继承了儒家的“礼治”思想，并强调了“礼”、“分”与“名”的关系，指出“礼”即纲纪，“分”即君臣有别，“名”即名分官爵。“礼”需要区分等级，等级需要确立名分，名分包括身份、职分、本分、地位等，人们应根据等级、名分而各就其位，安分守己，以保证良好的社会秩序。司马光详细论述了礼制、等级和名位的关系，强调匡正各个等级的名分是巩固礼制的基础，而礼制则是国家兴盛的保障。

先礼义而后勇力

【原文】

经纬天地之谓文，戡定祸乱之谓武，自古不兼斯二者而称圣人，未之有也。故黄帝、尧、舜、禹、汤、文、武、伊尹、周公莫不有征伐之功。孔子虽不试，犹能兵莱夷，却费人，曰“我战则克”。岂孔子专文而太公专武乎？孔子所以祀于学者，礼有先圣先师故也。自生民以来，未有如孔子者，岂太公得与之抗衡哉！古者有发，则命大司徒教士以车甲，裸股肱，决射御，受成献馘[①]，莫不在学。所以然者，欲其先礼义而后勇力也。君子有勇而无义为乱，小人有勇而无义为盗；若专训之以勇力而不使之知礼义，奚所不为矣！自孙、吴以降，皆以勇力相胜，狙诈相高，岂足以数于圣贤之门而谓之武哉！乃复诬引以偶十哲之目，为后世学者之师；使太公有神，必羞与之同食矣。[1]

【注释】

①馘（guó）：割下的左耳。古代战争割取敌人的左耳，用以计数报功。

【译文】

经天纬地，叫做文才；戡乱定祸，叫做武略。自古以来，不兼备这两者而被称为圣人的，从来没有过。所以黄帝、唐尧、虞舜、夏禹、商汤、周文王、周武王、伊尹、周公没有一个是没有征伐之功的。孔子虽然没有亲自尝试过率兵打仗，但他还能命令鲁国战士攻击莱地的夷人，又派兵击退费人，并且说："我如果打仗，定能取得胜利。"难道孔子的专长只是文才，而姜太公的专长只是武略吗？孔子所以被学者所祭祀，是因为礼仪中有尊崇圣人和先师的缘故。有史以来，还没有过像孔子那样的人，姜太公怎么能跟他相提并论呢！古时候派兵出征，就命令大司徒教士兵如何乘兵车、穿铠甲，裸露大腿、手臂，比赛射箭和驾驭战车，接受已定的计谋，进献敌人的耳朵，这些全在学宫里进行。之所以这样做，是想让他们把礼义放在首要地位而把勇力放到次要地位。君子有勇无义会犯上作乱，小人有勇无义会当强盗；如果专门训练他们增强勇力，却不使他们知晓礼义，那么他们什么事做不出来呀！从孙武、吴起以下，都是凭借勇力取胜，以诡诈为高明，

〔1〕《资治通鉴》卷第二百一十三《唐纪二十九》，第6795—6796页。

这怎么足以算在圣贤之门而说他们是有武略呢？又无中生有地把这些人硬拉到一起以凑成十位先哲的数目，让他们做后世学者的先师，假如太公有在天之灵，一定会以和这些人在一起受祭而感到羞耻。

【评述】

宋朝自建国起便有“崇文抑武”之风。宋太祖以武得天下之后，一改唐代安史之乱以来战乱之下的武治天下之弊，在文化思想、典章制度、风俗习惯等方面改弦更张，消除藩镇，收回兵权，尊崇儒道，重用文人，实行一系列有利于文臣的政策和措施，从而抑制武力，以免政权旁落。司马光虽强调圣人须兼备文才武略，但还是认为“知晓礼义”更为重要。有勇无义，不是犯上作乱，就是沦为盗贼，所以空有勇力不足以列入圣贤之门。以礼修身、以礼治国的礼治思想是司马光政治见解的核心。

圣人养贤，以及万民

【原文】

君子之养士，以为民也。《易》曰：“圣人养贤，以及万民。”夫贤者，其德足以敦化正俗，其才足以顿纲振纪，其明足以烛微虑远，其强足以结仁固义；大则利天下，小则利一国。是以君子丰禄以富之，隆爵以尊之；养一人而及万人者，养贤之道也。今孟尝君之养士也，不恤智愚，不择臧否，盗其君之禄，以立私党，张虚誉，上以侮其君，下以蠹其民，是奸人之雄也，乌足尚哉！

《书》曰："受①为天下逋逃主、萃渊薮。"此之谓也。[1]

【注释】

①受：即商王纣。孔颖达："受，纣也。音相乱。"

【译文】

贤德的君子收养士人，是为了百姓的利益。《易经》说："圣人收养贤良人才，恩泽及于天下百姓。"士人中贤良的人，道德操守足以匡正风俗，才干足以整顿纲纪，见识足以高瞻远瞩、洞察一切，力量足以团结仁人志士；用到大处可以有利于天下，用到小处可以有利于一国。所以贤德的君子用丰厚的俸禄来收养他们，用尊崇的地位来礼待他们。蓄养一个人就能使天下百姓都普被恩泽，这是养贤之道的真谛。然而孟尝君的养士，不分聪明愚笨，不论好人坏人，一概收留；他盗用国库的薪俸，结立自己的私党，沽名钓誉，对上欺瞒国君，对下盘剥百姓，真是一个奸雄，哪里值得颂扬！《尚书》说："商纣王是收留天下罪人的窝主、藏污纳垢的匪巢。"孟尝君也正是这种情况。

【评述】

司马光认为，选贤任能实际上可以福泽万民。任用贤才，大可安天下，小可利于国，所以应以丰厚的俸禄和尊贵的地位来礼遇人才，从而充分发挥人才的作用，这是圣人的养贤之道。然而，任人须明确区分贤愚，真正的贤士可以匡正风俗、整顿纲纪、高

[1]《资治通鉴》卷第二《周纪二》，第78页。

瞻远瞩、团结仁人，从而恩及百姓，而网罗鸡鸣狗盗之徒，来盗用国库、结立私党、沽名钓誉、欺君害民，则是奸雄所为，不足效仿。所以，圣明的君主应识人善用，充分发挥贤士的积极作用，这既是人君之道，亦是治国的根柢。

谨择忠贤而任之，法制不烦而天下大治

【原文】

叔向有言："国将亡，必多制。"明王之政，谨择忠贤而任之，凡中外之臣，有功则赏，有罪则诛，无所阿私，法制不烦而天下大治。所以然者何哉？执其本故也。及其衰也，百官之任不能择人，而禁令益多，防闲益密，有功者以阂文不赏，为奸者以巧法免诛，上下劳扰而天下大乱。所以然者何哉？逐其末故也。孝灵之时，刺史、二千石贪如豺虎，暴殄烝民，而朝廷方守三互之禁。以今视之，岂不适足为笑而深可为戒哉![1]

【译文】

叔向曾经说过："国家行将灭亡，法令规章一定繁多。"圣明君王治理国家，谨慎选择忠良贤能加以任用。无论是对朝廷还是地方的臣属，凡是有功的加以奖赏，有罪的则加以诛杀，没有任何偏袒，法令规章并不繁多，却能做到天下大治。为什么会如此？是因为抓住了治理国家的根本。等到国家行将衰败灭亡之时，文武百官不能选择合适的人才担任，各种禁令愈来愈多，防范措施

[1]《资治通鉴》卷第五十七《汉纪四十九》，第1837页。

也愈来愈严密。有功的因碍于条文得不到奖赏，作奸犯罪的却巧妙地利用法律，得以免除诛杀，上下劳苦骚扰，天下反而大乱。为什么会如此？是因为治理国家舍本逐末的缘故。汉灵帝时，州刺史、郡太守贪婪暴虐，如狼似虎，残害人民，无以复加。然而，朝廷却还在严格遵守“三互法”的禁令，以防止官吏结党营私。现在看来，岂不正好是一场笑话，应该深深地引为鉴戒吗！

【评述】

司马光认为统治的关键不在于法令是否繁多，而在于能否任用称职的官员。如果任人得当，就不用担心法制会不完善，但如果任人不当，就算有好的法律，也不会很好地实施。更何况奸佞善于巧避法律，国家不会缘法而治，所以应“急于求人，而缓于立法”。司马光认为治国的关键不在于变法与否，而在于任人，这也是他认为王安石变法急功近利、舍本逐末的原因，反映了司马光重“人治”的思想。

知人之道，其本在于至公至明

【原文】

为治之要，莫先于用人，而知人之道，圣贤所难也。是故求之于毁誉，则爱憎竞进而善恶浑殽；考之于功状，则巧诈横生而真伪相冒。要之，其本在于至公至明而已矣。为人上者至公至明，则群下之能否焯然形于目中，无所复逃矣。苟为不公不明，则考课之法，适足为曲私欺罔之资也。

何以言之？公明者，心也，功状者，迹也。己之心不能治，而以考人之迹，不亦难乎！为人上者，诚能不以亲疏贵贱异其心，喜怒好恶乱其志，欲知治经之士，则视其记览博洽，讲论精通，斯为善治经矣；欲知治狱之士，则视其曲尽情伪，无所冤抑，斯为善治狱矣；欲知治财之士，则视其仓库盈实，百姓富给，斯为善治财矣；欲知治兵之士，则视其战胜攻取，敌人畏服，斯为善治兵矣。至于百官，莫不皆然。虽询谋于人而决之在己，虽考求于迹而察之在心，研核其实而斟酌其宜，至精至微，不可以口述，不可以书传也，安得豫为之法而悉委有司哉![1]

【译文】

治理国家的关键，没有比用人更重要的了；然而识别人才的办法，连圣贤也感到困难。所以只好求助于舆论的毁谤或赞誉，于是个人爱憎争相掺杂进来，使善良和邪恶混淆；用档案进行考核，于是机巧伪诈横生而真假不明。总之，识别人才的根本在于主上的极公正极明察而已。居上位的人极公正极明察，那么属下有能无能就会清清楚楚地反映在眼中，无所遁形。如果不公正不明察，那么考绩之法，恰好能够成为徇私欺骗的资本。

为什么这样说呢？所谓公正明察，是要出自内心，所谓档案，反映的是外在表现。自己的内心都不能理正，而要去考察别人的表现，不是很难的吗？居上位的人，如果真能做到不以亲疏贵贱改变心思，不因喜怒好恶改变意志，那么，想要了解谁是擅长经学的人，只要看他博学强识，讲解精辟通达，那他就是饱学之士了；想要了解谁是执法人才，只要看他断案穷尽真相，不使人含

〔1〕《资治通鉴》卷第七十三《魏纪五》，第2329页。

冤受屈，那他就是善于执法了；想要了解谁是理财专家，只要看他能使仓库盈实，百姓富足，那他就是善于理财了；想要了解治军的将领，只要看他战必胜、攻必取，能使敌人畏惧屈服，那他就是善于治军了。至于文武百官，莫不如此。虽然要听取别人的意见，但决断在于自己；虽然考核要看实际表现，但审察却在自己内心。探讨实情而斟酌是否适宜，最为精密最为细微，不可以口述，也不可以笔录，怎么可以预先定出法规而全部委派给有关部门办理呢？

【评述】

选贤任能是治国之道，而任官是建立在选官基础之上的，这也是司马光吏治思想的重要一环，也是最难的一个环节。司马光指出，考绩人才之法不在于舆论毁誉、档案记录，而在于识人者的内心是否公正明察。先理正君心，再明察人才的绩效，不以好恶亲疏为任人的依据，公正决断，才能明辨善恶，明晓是非，确认各种有用之才。

用人者，惟贤、不肖之为察

【原文】

臣闻用人者，无亲疏、新故之殊，惟贤、不肖之为察。其人未必贤也，以亲故而取之，固非公也；苟贤矣，以亲故而舍之，亦非公也。夫天下之贤，固非一人所能尽也，若必待素识熟其才行而用之，所遗亦多矣。古之为相者则不然，举之以众，取之以公。众曰贤矣，己虽不知其详，姑用之，待其无功，然后退之，有功则进之；所举得其人则赏之，非其人则罚之。进退赏罚，皆众人所共然也，己不置豪发之私于其间。苟推是心以行之，又何遗贤旷官之足病哉！[1]

【译文】

我听说用人者，没有亲疏、新老之别，只考察贤能和不贤。有的人未必是贤人，如果以亲朋故友的关系而被录用，这当然是不公道的；假如是贤人，因为亲朋故友的关系被舍去，也是不公道的。天下的贤人，当然不是一个人所能收罗净尽的，如果一定等到平素认识，熟知他的才干德行之后再录用，那么所遗漏的贤人也就很多了。古代担任宰相的人就不是这样。他让公众来推举，以公正的态度来录用。大家都说这是贤人，自己虽然不了解详细情况，但暂时任用他，等到他没有功绩再将他辞退，有功绩就提拔。所推举的是贤人就奖赏推举者，不是贤人就惩罚推举者。晋升和辞退，奖赏和惩罚，都是大家所公认的，自己在中间没有丝毫的私心。假如以这样的用心付诸行动，又有什么遗漏贤人和官职空缺的毛病呢！

【评述】

司马光强调选官要任人唯贤，不以亲疏为凭，同时亦应举贤不避亲，只要是有才德之士，便可录用。所以，应“博选在位之士”，依其实际业绩来奖赏、升贬，按照其才能任职。基于这一任人原则，不但能够使有才之士得以施展才能，也让无才之人无法

---

〔1〕《资治通鉴》卷第二百二十五《唐纪四十一》，第7258页。

滥竽充数，从而消除“冗官”之弊，澄清吏治。

选举之法，先贤才而后门第

【原文】

选举之法，先门地①而后贤才，此魏、晋之深弊，而历代相因，莫之能改也。夫君子、小人，不在于世禄与侧微②，以今日视之，愚智所同知也；当是之时，虽魏孝文之贤，犹不免斯蔽。故夫明辩③是非而不惑于世俗者诚鲜矣。[1]

【注释】

①门地：犹门第。

②侧微：卑贱。孔颖达：“不在朝庭谓之侧，其人贫贱谓之微。”

③辩：通“辨”。

【译文】

选拔举荐人才的制度，先考虑门第出身如何再探究是不是贤才，这是魏晋时期的一大弊端，然而历代相因袭，没能改变。君子与小人的区别，不在于出身世禄之家与布衣贫贱的不同，以今天的眼光来看，这是愚者和智者都能认识到的；然而，在当时，即使像北魏孝文帝那样贤明的君主，尚且不能免于这一偏见。所

〔1〕《资治通鉴》卷第一百四十《齐纪六》，第4396页。

以，能明辨是非而不受世俗之见影响的人实在是稀少啊！

【评述】

司马光不但提出选才不论亲疏，还提出要剔除门第之见，不拘一格，唯才是举。他批评魏晋以来注重门第的不良风气，指出君子与小人之分并不在于他们是出身于世禄之家还是出身于平民，世俗偏见往往阻碍朝廷任用真正的贤良，故而必须加以改正。

才者德之资　德者才之帅

【原文】

智伯[①]之亡也，才胜德也。夫才与德异，而世俗莫之能辨，通谓之贤，此其所以失人也。夫聪察强毅之谓才，正直中和之谓德。才者，德之资也；德者，才之帅也。云梦之竹，天下之劲也；然而不矫揉，不羽括，则不能以入坚。棠溪之金，天下之利也；然而不镕范[②]，不砥砺，则不能以击强。是故才德全尽谓之"圣人"，才德兼亡谓之"愚人"；德胜才谓之"君子"，才胜德谓之"小人"。凡取人之术，苟不得圣人、君子而与之，与其得小人，不若得愚人。何则？君子挟才以为善，小人挟才以为恶。挟才以为善者，善无不至矣；挟才以为恶者，恶亦无不至矣。愚者虽欲为不善，智不能周，力不能胜，譬如乳狗搏人，人得而制之。小人智足以遂其奸，勇足以决其暴，是虎而翼者也，其为害岂不多哉！夫德者人之所严，而才者人之所爱；爱者易亲，严者易疏，是以察者多蔽于才而遗于德。自古昔以来，国之乱臣，家之败子，才有余而德不足，以至于颠覆者多矣，岂特智伯哉！故为国为家者苟能审于才德之分而知所先后，又何失人之足患哉！[1]

【注释】

①智伯：春秋战国之际晋国四卿之一。晋出公十七年（前458年），他与赵、韩、魏三卿四分范氏、中行氏之地为邑。后又向三卿索地，赵氏拒绝，他率韩、魏军围攻赵之晋阳。公元前453年，他决水灌晋阳城。赵臣张孟谈说服韩魏倒戈，三卿联合决水灌其军，他战败被杀，其地被三卿瓜分。

②镕范：熔铸的模具，引申为熔铸。

【译文】

智伯的灭亡，在于才胜过德。才与德是不同的两回事，而世俗之人往往分不清，一概而论之曰贤人，这就是他们看错人的原因。所谓才，是指聪明、明察、坚强、刚毅；所谓德，是指正直、公道、中庸、平和。才是德的辅助，德是才的统帅。云梦地方的竹子，天下都称为刚劲，然而如果不矫正其曲，不配上羽毛，就不能成为利箭穿透坚物。棠溪地方出产的铜材，天下都称为精利，然而如果不经熔烧铸造，不锻打出锋，就不能成为兵器击穿硬甲。所以，德才兼备叫做圣人，无德无才叫做愚人，德胜过才叫做君子，才胜过德叫做小人。挑选人才的方法，如果找不到圣人、君子而委任的话，那么，与其得到小人，还不如得到愚人。原因何在？因为君子持有才干把它用到善事上，而小人持有才干用来作

〔1〕 司马光：《资治通鉴》卷第一《周纪一》，第2页。

恶。持有才干做善事，能处处行善；而凭借才干作恶，就无恶不作了。愚人尽管想作恶，因为智慧不济，气力不胜任，好像小狗扑人，人还能制伏它。而小人既有足够的阴谋诡计来发挥邪恶，又有足够的力量来逞凶施暴，就如恶虎生翼，他的危害难道不大吗！有德的人令人尊敬，有才的人使人喜爱；对喜爱的人容易宠信专任，对尊敬的人容易疏远，所以察选人才者经常被人的才干所蒙蔽而忘记了考察他的品德。自古至今，国家的乱臣奸佞，家族的败家浪子，因为才有余而德不足，导致家国覆亡的多了，又何止智伯一个人呢！所以治国治家者如果能审察才与德两种不同的标准，知道选择的先后，又何必担心失去人才呢！

【评述】

一般而言，识人用人要坚持德才兼备；倘若德才无法兼备，那么在德与才之间，应以德为重。依据司马光的“德才观”，取士之道，当以德为先。在他看来，德与才不同：德是人的内在品质，才是人的外在能力；德是才之帅，才是德之辅。因此，他根据具备德、才的状况，将人才分为“圣人”、“愚人”、“君子”和“小人”四类。圣人和君子自然是国之所求，但倘若两者均不可得，宁可任用无才无德的“愚人”，也不能任用“小人”，否则遗祸无穷。所以，考察人才，一定不能只看他的才干，而要看他是否有德，方能决定是否任用。

取其道不取其人，务其实不务其名

【原文】

古之君子，邦有道则仕，邦无道则隐。隐非君子之所欲也。人莫己知而道不得行，群邪共处而害将及身，故深藏以避之。王者举逸民，扬仄陋，固为其有益于国家，非以徇世俗之耳目也。是故有道德足以尊主，智能足以庇民，被褐怀玉，深藏不市，则王者当尽礼而致之，屈己以访之，克己以从之，然后能利泽施于四表，功烈格于上下。盖取其道不取其人，务其实不务其名也。〔1〕

【译文】

古代的君子，当国家政治清明时，他就出来做官，国家政治暴虐时，他就隐退为民。隐退为民，本来不是君子所愿意的。但他们深知，没有人真正了解自己，自己的政治主张不能得到推行，而和一群奸佞之辈共事，终将危害自己，所以才深藏自己，远远躲开。圣明的君王之所以选用避世隐居的逸民和提拔出身卑微的人，原本是因为他们对国家有益，并不是以此来迎合世俗的视听。所以，在道德上足以使君主尊敬，在智慧和才能上足以庇护百姓的人，就犹如身穿粗布衣而怀有美玉一样，深藏不售。那么，圣明的君王应该竭尽礼节，将他征聘到手；委屈自己的身份，向他请教；虚下心来，前去拜访他；克制自己，听从他的意见。这样

〔1〕《资治通鉴》卷第五十一《汉纪四十三》，第1648—1649页。

做了以后才能使恩泽普施于四方，功业流传千古。因为圣明的君王所用的是隐士逸民的治国方法，而不是隐士逸民本身，因此，必须注重实际效果，而不是徒求虚名。

【评述】

司马光主张在用人方面应该不拘名声而讲究实际，无论是声名显赫的大儒，还是家世寒微的士子，只要是贤德之才，朝廷就应该任用。为了说明这个问题，司马光特意说到了隐士。一般说来，为了表示与世隔绝，并且不为世用，真正的隐士往往会尽量避免自己的名字被别人知道，因此，隐士可以说是士人中最没有名声的一个群体。但与此相应，隐士又常常身怀异能，如同诸葛孔明一般有经天纬地之才、安邦定国之策，即便说隐士中藏龙卧虎、能人辈出，也并不过分。因而，司马光建议朝廷在用人时，一定要注意像隐士一样不为世人所知的那些贤能之士，不要由于他们默默无名就忽视了对于他们的任用；而且不仅要探访出他们的名字，还要用最诚挚的礼仪去邀请他们，只有这样，这些原本不想做官的贤能之士才会为国家所用，而国家也能够做到野无遗贤，并在这些贤才的共同努力下，达到社稷的稳固、富足和安定。

政之大本，在于刑赏

【原文】

政之大本，在于刑赏，刑赏不明，政何以成！晋武帝赦山涛而褒李熹，其于刑赏两失之。使熹所言为是，则涛不可赦；所言为非，则熹不足褒。褒之使言，言而不用，怨结于下，威玩于上，将安用之！且四臣同罪，刘友伏诛而涛等不问，避贵施贱，可谓政乎！创业之初而政本不立，将以垂统后世，不亦难乎！[1]

……

夫有功不赏，有罪不诛，虽尧、舜不能为治，况他人乎！秦王坚每得反者辄宥之，使其臣狃于为逆，行险徼幸，虽力屈被擒，犹不忧死，乱何自而息哉！《书》曰："威克厥爱，允济；爱克厥威，允罔功。"《诗》云："毋纵诡随，以谨罔极；式遏寇虐，无俾作慝。"今坚违之，能无亡乎！[2]

……

夫爵禄废置，杀生予夺，人君所以驭臣之大柄也。是故先王之制，虽有亲、故、贤、能、功、贵、勤、宾，苟有其罪，不直赦也；必议于槐棘之下，可赦则赦，可宥则宥，可刑则刑，可杀则杀；轻重视情，宽猛随时。故君得以施恩而不失其威，臣得以免罪而不敢自恃。及魏则不然，勋贵之臣，往往豫许之以不死；彼骄而触罪，又从而杀之。是以不信之令诱之使陷于死地也。刑政之失，无此为大焉！[3]

……

赏有功，诛有罪，此人君之任也。高遵奉使异国，漏泄大谋，斯叛臣也；周高祖不自行戮，乃以赐谦，使之复怨，失政刑矣！孔子谓以德报怨者何以报德。为谦者，宜辞而不受，归诸有司，以正典刑。乃请而赦之以成其私名，美则美矣，亦非公义也。[4]

---

〔1〕《资治通鉴》卷第七十九《晋纪一》，第2503页。
〔2〕《资治通鉴》卷第一百四《晋纪二十六》，第3295页。
〔3〕《资治通鉴》卷第一百四十一《齐纪七》，第4409页。
〔4〕《资治通鉴》卷第一百七十二《陈纪六》，第5365页。

【译文】

政治的根本在于刑罚与赏赐，刑罚与赏赐不分明，政治如何能成就！晋武帝赦免山涛而褒奖李憙，在刑罚与赏赐两方面都丧失了。如果李憙所说的是正确的，那么山涛就不可以赦免；所说的是错误的，那么李憙就不值得褒奖。褒奖李憙让他说话，他说了却又不采用，结果在下属中结下怨恨，在上则使权威被轻慢，这样又将如何使用李憙？况且四位大臣罪行相同，但刘友被处死而对山涛等人却不问罪，避开权贵而施法于轻贱，这能说是治政之道吗？正处于创业之初却不能树立治理国家的根本，要想把基业传给后世，不是很难的事吗？

……

有功不奖赏，有罪不诛罚，就是尧、舜也不能实现大治，何况是其他人呢！前秦王苻坚每次擒获了反叛作乱的人就宽赦他们，从而使他的臣下对叛逆作乱习以为常，干险恶的勾当还心存侥幸，即便是力量不足被擒获，也不用担心被杀，这样祸乱怎能停息呢！《尚书》上说："以威胜爱，必定成功；以爱胜威，必定失败。"《诗经》上说："别放纵狡诈与虚伪，警惕其无所不用其极；制止劫掠与暴虐，不让其作恶。"如今苻坚违背了这些话，怎能不灭亡呢！

……

给予或剥夺爵位、俸禄，掌管生杀予夺之权力，这是皇帝驾驭臣下的重要手段，所以先王们裁定的制度，虽然有亲、故、贤、能、功、贵、勤、宾等所谓"八议"，但是如果臣下犯有罪行，并不直接赦免，而一定要通过刑法部门来商议，可以赦免则赦免，可以宽大则宽大，可以判刑则判刑，可以诛死则诛死，惩罚的轻与重根据实情而定，处理的宽与严随时机而有所不同。因此，国君得以施行仁恩而又不失其威严，臣子们既可以得到免罪而又不敢以此自恃。到了北魏却不是这样了，对于功勋显贵的大臣，往往预先许诺以终身不被处死，但是其人因此而自骄，触法犯罪，则又被处死。这正是以言而无信的允诺诱惑其人，使他陷于死地。刑法政治的失误过错，没有比这更大的了。

……

奖赏有功的人，诛罚有罪的人，这是君主的责任。高遵奉命出使异国，泄漏重大的机密，这就是叛臣；北周高祖不自己把他处死，却把他送给伊娄谦，使他报复怨恨，有失刑赏的教化！孔子所说的以德报怨者用什么来报德，作为伊娄谦，应当推掉而不接受，把高遵送交官府，明正典刑。他却请求君主对高遵赦免以取得个人的好名声，美倒是美了，但并不符合公义。

【评述】

司马光主张治国要礼、法结合，以德为主，以刑为辅，即刑与赏辩证结合。爵禄废置，杀生予夺，是皇帝驾驭臣下的重要手段。有功不赏，有罪不诛，则刑赏两失，君主便无以为政。所以，君主应赏善诛恶，赏不加于无功，罚不放过有罪，政治才能清明。以礼治国、以德教民，是儒家的政治理想，但也需要动用刑罚来维持纲纪，恩威并施，赏功罚罪，才能确保国家的长治久安。

第九节　张载

【人物简介】

张载（1020—1077），北宋哲学家。字子厚，大梁（今河南开封）人，徙家凤翔郿县（今陕西眉县）横渠镇，世称横渠先生，理学创始人之一。讲学关中，故其学派被称为“关学”。著有《崇文集》十卷（已佚），《正蒙》、《横渠易说》、《经学理窟》、《张子语录》等，明嘉靖间吕柟编有《张子钞释》，清乾隆间刊有《张子全书》，后世编为《张载集》。

民吾同胞，物吾与也

【原文】

乾称父，坤称母；予兹藐焉，乃混然中处。故天地之塞，吾其体；天地之帅，吾其性。民，吾同胞；物，吾与也。

大君者，吾父母宗子；其大臣，宗子之家相也。尊高年，所以长其长；慈孤弱，所以幼其幼；圣其合德；贤其秀也。凡天下疲癃[①]残疾、茕独鳏寡，皆吾兄弟之颠连[②]而无告者也。

于时保之，子之翼也；乐且不忧，纯乎孝者也。违曰悖德，害仁曰贼，济恶者不才，其践形惟肖者也。

知化则善述其事，穷神则善继其志。不愧屋漏为无忝，存心养性为匪懈。恶旨酒，崇伯子之顾养；育英才，颍封人之锡类。不弛劳而底豫[③]，舜其功也；无所逃而待烹，申生其恭也。体其受而归全者，参乎！勇于从而顺令者，伯奇也。

富贵福泽，将厚吾之生也；贫贱忧戚，庸玉女于成也。存，吾顺事；没，吾宁也。[1]

【注释】

①疲癃：曲腰高背之疾。泛指年老多病或年老多病之人。癃，衰老病弱。

②颠连：困顿不堪，困苦。

③底豫：底，致；豫，乐。得以欢乐。

【译文】

乾为天，所以称父；坤为地，所以称母。我如此藐小，却混有天地之道于一身，而处于天地之间。这样看来，充塞于天地之间的，就是我的形色之体；而引领统率天地万物以成其变化的，就是我的天然本性。人民是我同胞，而万物都和我是同类。

天子是我乾坤父母的嫡长子，而大臣则是嫡长子的管家。尊敬高寿的人，乃是为了礼敬同胞中年长的人；慈爱孤苦弱小的人，乃是为了保育同胞中的幼弱之属。圣人，是同胞中与天地之德相合的人；而贤人则是其中优异秀出之辈。天底下无论是衰老龙钟或是有残疾的人、孤苦无依的人或鳏夫寡妇，都是我的兄弟中的困苦不堪而无处诉说的人。

及时地保育他们，是子女对乾坤父母应有的协助。如此地乐于保育颠连无告的兄弟而不为己忧，是对乾坤父母最纯粹的孝顺。

〔1〕 张载：《张横渠集·西铭》，商务印书馆1936年版。

若是违背了乾坤父母这样的意旨，就叫做悖德，如此地伤害仁德就叫做贼。助长凶恶的人是乾坤父母不成才之子，而那些能够将天性表现于形色之身的人就是肖似乾坤父母的孝子。

能知晓造物者化育万物的功业，才算是善于继述乾坤父母的事迹；能洞彻造化不可知、不可测之奥秘，才算是善于继承乾坤父母的志愿。即便在屋漏隐僻独处之地也能对得起天地神明、无愧无怍，才算无辱于乾坤父母；时时存仁心、养天性，才算是侍奉天地无所懈怠。崇伯之子大禹，是透过厌恶美酒来照顾赡养乾坤父母的；颍谷守疆界的颍考叔，是经由点化英才、培育英才，而将恩德施与其同类。不松懈、继续努力，以使父母达到欢悦，这便是舜对天地父母所贡献的功劳；顺从父命，不逃他处，以待烹戮，这是太子申生所以被谥为“恭”的缘故。临终时，将从父母那里得来的身体完整地归还给乾坤父母的是曾参；勇于听从以顺父命的是伯奇。

富贵福禄的恩泽，是乾坤父母所赐，用以丰厚我的生活；贫贱忧戚，是乾坤父母用以珍惜你的方式，使你在艰苦锻炼中获得成功。活着的时候，我顺从（乾坤父母所要求的）事理；死的时候，心安理得，我安宁而逝。

【评述】

张载在《西铭》中提出了著名的“民胞物与”思想，认为天地是父母，天下万民都是同胞，宇宙万物则是我们的朋友，社会是一个大家庭，君主、臣子和庶民均如家庭中的兄弟，所以应“以爱己之心爱人”，提出“爱必兼爱”，社会一体，从而实现和谐美好的社会秩序。

入治朝则德日进，入乱朝则德日退

【原文】

婢仆始至者，本怀勉勉敬心，若到所提掇更谨则加谨，慢则弃其本心，便习以成性。故仕者入治朝则德日进，入乱朝则德日退，只观在上者有可学无可学尔。[1]

【译文】

奴婢仆人刚到主人家的时候，原本想着要勤勉劳动，心怀敬意。如果所到的人家对其严加管束，他们就会更加严格要求自己，如果放宽对他们的要求，他们就会放弃最初的想法，时间一长不免养成疏懒的习惯。所以在政治清明的朝廷做官，德行就会日益长进，在政治混乱的朝廷做官，德行就会日渐退步，就要看上级官员有没有值得学习的地方。

【评述】

张载此句强调为政者应先正自身，才能对臣下严格要求，上下一体，以正朝纲。孔子亦曾说过："政者，正也。子帅以正，孰敢不正？"（《论语·颜渊》）意思是政既是正，当政者带头端正自身，谁敢不正呢？所以，张载主张为政以德，"上位者"身正德端，管理得当，朝中百官自会恪守本分，增长德行，吏治便会清廉端正。

---

〔1〕 陈荣捷：《近思录详注集评》卷之六《家道》，华东师范大学出版社2007年版（下同），第202页。

长廉远利，以似述世风

【原文】

世禄之荣，王者所以录有功，尊有德，爱之厚之，示恩遇之不穷也。为人后者，所宜乐职劝功，以服勤事任。长廉远利，以似述世风。而近代公卿子孙，方且下比布衣，工声病，售有司。不知求仕非义，而反羞循理为无能。不知荫袭为荣，而反以虚名为善继。诚何心哉？〔1〕

【译文】

世代享受爵位俸禄的荣耀，是由于君主奖励有功之臣，尊敬有德之人，爱护并厚待他们，以表明朝廷会长久地给予他们的子孙后代优待恩遇。作为后代子孙，应该乐于职守，努力建功立业，勤奋地处理政事，始终保持廉洁，不营私利，以仿效先人的风范。然而，如今的公卿子孙，却自比于平民百姓，投身于诗赋之学，以参加科考求取功名。不知道走仕途求官做是不义之举，反将安于本职勤于政事视为没有才能。不知道承受祖荫是一种光荣，反而认为求取虚名是对门楣的光大。他们是怎么想的呢？

【评述】

让功臣子孙世代享有官职，是当时的朝廷对于有功之臣的一种优待。张载认为，这种优待不仅显现了祖辈的功绩，而且是朝

〔1〕《近思录详注集评》卷之七《出处》，第217页。

廷恩赏的一种重要形式，功臣的子孙应该感到荣耀，并珍惜这种荣誉。但有些功臣子弟却看不起祖上留下的世袭官职，要像其他普通百姓一样要去追求更为显赫的官位。张载觉得，这是不安于本分的行为，对于其祖辈，也是一种有欠尊重的做法。实际上，对于这一问题，要换一个角度来看，世家子弟不满足于祖辈的荫庇，当然是有进取心的表现，但这种进取心却不应当仅仅用于对于官位的博取上，而应当运用在学识、道德、品性、操守等其他方面，所谓的“世家风范”，或许应该指的是这些，而不是对于官职以及私利的无休止的追求。

知义理之乐于利欲，则安于贫贱

【原文】

人多言安于贫贱，其实只是计穷力屈，才短不能营画耳。若稍动得，恐未肯安之。须是诚知义理之乐于利欲也，乃能。[1]

【译文】

人们常说要安于贫贱，其实只是因为其人计谋不足、没有能力、缺乏才干而无法获得富贵的缘故。如果稍有机会得到富贵，恐怕他们就未必会安于贫贱了。只有真正知道义理比利欲更能让人快乐的人，才能安于贫贱。

---

〔1〕《近思录详注集评》卷之七《出处》，第218页。

【评述】

张载主张“循礼致乐”，即遵循义理，以成内在之德，而德有所成，便可忧乐合一，从而安于贫贱。

节用而爱人，使民以时

【原文】

道千乘之国，不及礼乐刑政，而云“节用而爱人，使民以时”。言能如是则法行，不能如是则法不徒行。礼乐刑政，亦制数而已耳。[1]

【译文】

孔子谈到治理拥有千辆马车的国家，不提礼乐刑政，却说“节约开支，关爱臣民，在农闲时征用民力”。这句话说的是如果能这样做，那么法律制度就能施行；如果不能这样做，那么法律制度也只能是一纸空文。礼乐刑政，也不过是制度层面的东西而已。

【评述】

张载引孔子的“节用而爱人，使民以时”，来说明礼乐刑政仅是外在规范，要想成就善政，必须以仁爱为本，这才是法令制度得以实施的根本保障。这反映了张载以民为本的思想。

〔1〕《近思录详注集评》卷之八《治体》，第230页。

推父母之心于百姓，谓之王道

【原文】

横渠先生答范巽之书曰："朝廷以道学政术为二事，此正自古之可忧者。巽之谓孔孟可作，将推其所得而施诸天下耶？将以其所不为而强施之于天下欤？大都君相以父母天下为王道，不能推父母之心于百姓，谓之王道可乎？所谓父母之心，非徒见于言，必须视四海之民如己之子。设使四海之内皆为己之子，则讲治之术，必不为秦汉之少恩，必不为五伯①之假名。巽之为朝廷言：'人不足与适，政不足与间'②。能使吾君爱天下之人如赤子，则治德必日新，人之进者必良士。帝王之道，不必改途而成；学与政，不殊心③而得矣。"[1]

【注释】

①五伯：即五霸。一般指春秋时期的齐桓公、晋文公、秦穆公、楚庄王和宋襄公。

②"人不足"句：出自《孟子·离娄上》。适，同"谪(zhé)"。间（jiàn），非议。

③殊心：异心。不同的志趣、认识和思想感情。

【译文】

张载答范巽之的来信时说："朝廷把道学与政术分割开来作为

---

〔1〕《近思录详注集评》卷之七《出处》，第231页。

两件不同的事情，这正是自古以来就让人担忧的。巽之说孔子、孟子这样的圣人是可以做的，是把他们的思想学问推导出来从而施行于天下呢，还是把他们所不赞同所反对的东西强加于天下呢？我们大概可以说，君臣应该对待天下百姓像对待父母那样才能成就王道。如果不能把父母心推及百姓，难道可以说体现了王道吗？所谓父母心，不是单单地体现在言辞上，必须把四海百姓看成自己的子女。若能真正做到把天下百姓看成自己的子女，那么，讲求治理国家的手段，就绝不会像秦汉时期那样刻薄寡恩，也不会像春秋五霸那样假借仁义之名而行霸道之实。范巽之向朝廷进言："那些当政的小人不值得去谴责，他们的政治也不值得去非议。"只要使皇上爱民如子，那么，社会秩序就会一天比一天好，选拔出来的人一定是贤良之士。因此，帝王的治国理想，不必改弦易辙就可以实现，道学与政术，无须改换不同的认识就都可以得到了。"

【评述】

张载提出"道政不二"的思想，指出"道学"与"政术"分离的弊端，认为应"躬行礼教"，尊礼而立教，推父母之心于百姓，视民为子，爱惜民力，顾及民生，把"道学"之体施与"政术"之用，实施王道，从而使道学与政术统一起来，经世治国，成就有道善政。

第十节 王安石

【人物简介】

王安石（1021—1086），字介甫，号半山，抚州临川（今属江西）人。北宋政治家、文学家、思想家。文学史上的“散文唐宋八大家”之一。北宋中期，官场黑暗，财力困乏，国力衰微，王安石认为“方今所急”是“变风俗，立法度”。在仁宗嘉祐三年（1058 年）时便上万言书要求变法，未被采纳。神宗即位，他被召为翰林学士，熙宁二年（1069 年），为参知政事，后两度任宰相，推行新法。设立制置三司（度支、户部、盐铁）条例司，整军理财，以求“富国强兵”。在财政方面，推行方田均税法、青苗法、农田水利法和募役法；在军事上有置将法、保甲法、保马法及设置军器监等。他还主张众建贤才，改革教育体制，陶冶人才，选拔良吏，如立太学三舍法，改革贡举法，废明经、存进士，进士殿试罢诗、赋、论三题而改试时务策，另设明法科。在廉政方面，王安石提出德、礼、刑、政并用。王安石变法遭到保守派的强烈反对，为此，他被迫两次辞去相位。哲宗即位后，新法全部被废。遗世著作主要有《临川先生文集》、《王文公文集》等。

吏不良则有法而莫守

【原文】

夫合天下之众者财，理天下之财者法，守天下之法者吏也。

吏不良，则有法而莫守，法不善，则有财而莫理。有财而莫理，则阡陌闾巷之贱人，皆能私取予之势，擅万物之利，以与人主争黔首，而放其无穷之欲，非必贵强桀大而后能。如是而天子犹为不失其民者，盖特号而已耳。虽欲食蔬衣弊，憔悴其身，愁思其心，以幸天下之给足，而安吾政，吾知其犹不行也。然则善吾法，而择吏以守之，以理天下之财，虽上古尧、舜犹不能毋以此为先急，而况于后世之纷纷乎？〔1〕

【译文】

能够聚合天下众生的是财物，打理天下财物的是法律，捍卫天下的法律的是官吏。官吏不良，便有法律却不能遵守；法律不完善，便有财物却无法打理。有财物却不能打理，那么田间街巷中的卑贱小人，都可以私自巧取豪夺，占有万物的利益，并以此来与皇帝争夺百姓，而放纵他们无穷的贪欲，不一定非得是高贵强大杰出的人才能够称雄的。这样的话，天子还能够不失去他的子民，大概就仅仅是一个徒有其表的名号而已。天子就算想要有蔬菜吃，有破衣服穿，劳累得身体憔悴，操心得愁思满腹，来使天下苍生有幸有足够的供给，而使我们政治安定，我知道那是不可能的。但是如果完善我们的法律，选择官吏来捍卫法律，这样来治理天下的财物，就是上古的尧、舜也不能不以此作为首要的任务，更何况是纷纷扰扰的后世呢？

〔1〕 王安石：《王安石全集》卷第三十四《度支副使厅壁题名记》，上海古籍出版社1999年版（下同），第309页。

【评述】

北宋时期，王安石为了扭转当时积贫积弱、官员冗滥、土地兼并严重的社会颓势，提出了诸多革新措施，促成“熙宁变法”，使之成为中国封建社会一次重要的政治革新运动。王安石分析了宋朝内忧外患、财政困乏、风俗败坏的原因，提出以义理财、推行善法、选用良吏等措施。为了改革当时北宋的财政状况，他推出了市易法、农田水利法、均输法等。要想有效地推行这些改革措施，就需要法律保障，即通过善法理财，才能富国强民。但即便有善法，若无良吏，法律也是一纸空文。所以，王安石极力主张“众建贤才”，培养良吏，以保障善法的贯彻实施。

国以任贤使能而兴，弃贤专己而衰

【原文】

国以任贤使能而兴，弃贤专己而衰。此二者必然之势，古今之通义，流俗所共知耳。何治安之世有之而能兴，昏乱之世虽有之亦不兴？盖用之与不用之谓矣。有贤而用，国之福也，有之而不用，犹无有也。商之兴也，有仲虺、伊尹，其衰也，亦有三仁。周之兴也同心者十人，其衰也亦有祭公谋父、内史过。两汉之兴也有萧、曹、寇、邓之徒，其衰也亦有王嘉、傅喜、陈蕃、李固之众。魏、晋而下，至于李唐，不可遍举，然其间兴衰之世，亦皆同也。由此观之，有贤而用之者，国之福也，有之而不用，犹无有也，可不慎欤？

今犹古也，今之天下亦古之天下，今之士民亦古之士民。古虽扰攘之际，犹有贤能若是之众，况今太宁，岂曰无之？在君上用之而已。博询众庶，则才能者进矣；不有忌讳，则谠直之路开矣；不迩小人，则谗谀者自远矣；不拘文牵俗，则守职者辨治矣；不责人以细过，则能吏之志得以尽其效矣。苟行此道，则何虑不跨两汉轶三代，然后践五帝、三皇之涂哉。[1]

【译文】

国家都是因为任用贤能的人才能兴盛，因为不用贤能之人而专凭君主一己之见而衰败。这两点是社会发展的必然规律，古往今来都是这样，也是一般人所都知道的。可为什么和平安定的时代有了贤能之人就能够兴盛，混乱动荡的年代即使有这样的人也不能兴盛呢？这就在于是否任用这些贤能之人了。有了贤能的人并加以任用，这是国家的福气；有了贤能的人却不用，就像没有一样。商朝的兴起，有仲虺、伊尹这样的贤臣；等到衰败时，也有三仁（微子、箕子、比干）这样的贤人。周朝兴起时，有与武王同心同德的十位贤臣；等到衰败时，也有祭公谋父、内史过这样的贤臣。两汉兴起时，有萧何、曹参、寇恂、邓禹这样的人；等到衰败时，也有王嘉、傅喜、陈蕃、李固这样众多的贤人。从魏晋以后，一直到唐朝，这样的贤人很多，不能全部列举，而这其中有的出现在兴盛的时代，有的出现在衰败的时代，也和上面所说的相同。由此看来，有贤能之人并加以任用，是国家的福气；有了贤能的人却不用，就像没有一样。对于这种情况，怎能不慎重地对待呢？

现今的情况和古代是相通的，现今的天下就如同古代的天下，

〔1〕《王安石全集》卷第三十二《杂著·兴贤》，第282页。

现今的士人和民众也如同古代的士人和民众。古代即使在扰动不安的时代，还有像以上所说的那么多的贤能之人，何况现今太平安宁，怎么能说没有贤人呢？这就在于君主和处于上位的人如何任用了。广泛地征求众人的意见，有才能的人就能进用了；没有忌讳的事情，直言进谏的道路就敞开了；不亲近小人，那些进谗阿谀之人就被疏远了；不斤斤计较于文牍细节，受制于世俗之见，主管相关部门的人就能够区分不同情况处理事务了；不挑别人的小毛病，有办事能力的人就可以按照自己的设想以达到相应的效果了。如果能够这样做，还怕不会超越两汉，胜过夏、商、周三代而达到五帝三皇那样的盛世吗？

【评述】

王安石所处的北宋时期，吏治腐败，官吏冗滥，缺乏贤才。王安石认为，澄清吏治的关键是选拔良才，任用贤能，并作《兴贤》一文阐发自己的这一观点。他把能否选贤任能提到国家兴亡的高度，强调"兴贤"的重要性，并历数各代贤良，强调善用良才在安邦定国中的核心作用。在确定这一论点之后，王安石提出了"兴贤"之策，如"博询众庶"、"不有忌讳"、"不迩小人"、"不拘文牵俗"、"不责人以细过"等，以期通过"兴贤"而达到五帝三皇那样的盛世局面。

教之之道：严选学官，经世实务

【原文】

所谓教之之道何也？古者天子诸侯，自国至于乡党皆有学，博置教道之官而严其选。朝廷礼乐、刑政之事，皆在于学，学士所观而习者，皆先王之法言德行、治天下之意，其材亦可以为天下国家之用。苟不可以为天下国家之用，则不教也；苟可以为天下国家之用者，则无不在于学。此教之之道也。[1]

【译文】

所谓教育的方法是什么呢？古代的天子诸侯，从国都到乡村都有学校，广泛设置传道授业的学官并严格挑选他们。朝廷的礼乐、刑法、政事等，都在学校进行教育，学士们所学到的和练习的，都是先王的言论、德行和治理天下的精神，这些才能也可以为国家所运用。如果不是可以为国家所用的东西，就不传授；如果能为国家所用的，就没有不在学校传授的。这就是教育人才的方法。

【评述】

王安石在变法中明确提出了培养官员的措施。首先，国家要建立完善的人才培养制度，从普遍设学，严选学官，到改革课程设置，经世致用，以确保国家能够培养出真正的人才，这就是他所提出的“教之之道”。普遍设学，从中央到地方，都要设立学校，建立完整的教育体系；博置教导之官，教授朝廷礼乐刑政之事，教导可为天下所用之才。

〔1〕《王安石全集》卷第一《上皇帝万言书》，第3页。

养廉之道：饶之以财，约之以礼，裁之以法

【原文】

所谓养之之道何也？饶之以财，约之以礼，裁之以法也。何谓饶之以财？人之情，不足于财，则贪鄙苟得，无所不至。先王知其如此，故其制禄，自庶人之在官者，其禄已足以代其耕矣。由此等而上之，每有加焉，使其足以养廉耻而离于贪鄙之行。犹以为未也，又推其禄以及其子孙，谓之世禄。使其生也，既于父子、兄弟、妻子之养，婚姻、朋友之接，皆无憾矣；其死也，又于子孙无不足之忧焉。何谓约之以礼？人情足于财而无礼以节之，则又放僻邪侈，无所不至。先王知其如此，故为之制度。婚丧、祭养、燕享之事，服食、器用之物，皆以命数为之节，而齐之以律度量衡之法。其命可以为之，而财不足以具，则弗具也；其财可以具，而命不得为之者，不使有铢两分寸之加焉。何谓裁之以法？先王于天下之士，教之以道艺矣，不帅教而待之以屏弃远方、终身不齿之法。约之以礼矣，不循礼则待之以流、杀之法。《王制》曰："变衣服者，其君流"，《酒诰》曰："厥或诰曰：'群饮，汝勿佚。尽拘执以归于周，予其杀！'"夫群饮、变衣服，小罪也；流、杀，大刑也。加小罪以大刑，先王所以忍而不疑者，以为不如是，不足以一天下之俗而成吾治。夫约之以礼，裁之以法，天下所以服从无抵冒者，又非独其禁严而治察之所能致也。盖亦以吾至诚恳恻之心，力行而为之倡。凡在左右通贵之人，皆顺上之欲而服行之，有一不帅者，法之加必自此始。夫上以至诚行之，而贵者知避上之所恶矣，则天下之不罚而止者众矣。故曰：此养

之之道也。[1]

【译文】

所谓养廉的方法是什么呢？就是让他们资财丰饶，以礼义来约束他们，用法度来规范他们。什么是让他资财丰饶呢？人之常情，财用不足时就会贪婪地获取不义之财，没有什么事做不出来的。先王了解这些，所以在制定俸禄时，凡由平民而做官的，其俸禄足以代替他耕田所得。从这一等往上推，每高一级便有所增加，使他们生活富足而养成廉洁知耻的品行，从而远离贪婪粗鄙的行为。先王认为这还不够，又将官员的俸禄推及其子孙，称之为世禄。让官员在世时，无论是供养父母、兄弟、妻子、儿女，还是与姻亲、朋友的来往，都不感到遗憾。他们死时，又不为子孙财物不足而忧虑。什么是用礼仪来约束他们呢？人之常情，如有丰足的资财而没有礼义来节制，人们就会放纵、怪僻、邪恶、奢侈，没有什么事做不出来。先王了解这些，因此专门制定了制度。凡婚礼、丧礼、祭祀、奉养、祭神供享等事务，衣服、食品、器用等物品，都按其身份地位加以限制，而且用法规制度、计量标准来使之整齐划一。如果他们的身份地位可以拥有，但财物缺乏使之不能全部具有，那就不必全部具有；如果他们的财力能够使他们具备，但其身份地位不允许其具备时，就不能让他们增加丝毫的额外排场。什么是用法度来规范呢？先王对天下的士人已经用道义和技艺教化过了，如果不遵奉教化，就用把他们贬斥到远方而终身不予录用的法律对付他们。已经用礼仪约束了，如果

[1] 《王安石全集》卷第一《上皇帝万言书》，第3页。

不遵循礼仪，就用流放、杀头的法律对付他们。《王制》说："穿衣着服不合规定者，其君王要流放他们。"《酒诰》说："我警告你说：'如果商民群聚酗酒，你不能不管。可以将他们全部押送回周，我或许会杀了他们！'"群聚酗酒、穿着不合规定，都是小罪；而流放、杀头，却是重刑。用重刑来判小罪，先王所以忍心这样做而毫不迟疑的原因，是认为不如此则不能统一天下风俗而完成治国大业。用礼仪约束，用法律制裁，天下臣民都服从而不去冒犯的原因，又不只是法禁森严、治理明察所能做到的，也是我们以非常诚恳悲悯之心全力推行并提倡的结果。凡在君王周围的显达之人，都顺从君王的愿望而服从、执行他的命令，有一个不遵从的，法律的处罚一定从他开始。如果皇上以最大的诚心去推行，而权贵也知道不做皇上所厌恶的事，那么天下不用刑罚就知道节制的人就会多起来了。所以说，这是养廉的方法。

【评述】

王安石认为，如果没有起码的生活保障，一般人很难做到知廉耻，守清节。所以制定俸禄时要确保为官者衣食无忧，足以养家糊口，使之不至于为生活窘迫而毁廉耻丧道德。这就是他的"饶之以财"观点，即高薪养廉。在保障官员正常生活水准的同时，还要以"礼"约束他们，树立"以俭为荣、以奢为耻"的廉政观，杜绝贪念。倘若"礼"尚不足以起到制约作用，就需用刑罚加以制裁，甚至施加严刑峻法，不惜以"大刑"治"小罪"，来使众官"离于贪鄙之行"，不再贪赃枉法。可见，王安石整顿吏治思想涵盖财政、道德和法律三个层面，即"足之以财"、"约之以礼"、"裁之以法"，以期从各个角度杜绝奢靡之风。

取之之道：考试其行能而进退之

【原文】

所谓取之之道者，何也？先王之取人也，必于乡党，必于庠序，使众人推其所谓贤能，出之以告于上而察之。诚贤能也，然后随其德之大小、才之高下而官使之。所谓察之者，非专用耳目之聪明而听私于一人之口也。欲审知其德，问以行；欲审知其才，问以言。得其言行，则试之以事。所谓察之者，试之以事是也。虽尧之用舜，亦不过如此而已，又况其下乎？若夫九州之大，四海之远，百官亿丑之贱，所须士大夫之才则众矣，有天下者，又不可以一二自察之也，又不可以偏属于一人，而使之于一日二日之间，考试其行能而进退之也。盖吾已能察其才行之大者，以为大官矣，因使之取其类以持久试之，而考其能者以告于上，而后以爵命、禄秩予之而已。此取之之道也。[1]

【译文】

所谓选择人才的方法是什么呢？先王选用人才时，一定是在乡里，一定是在学校，让大家推举其中的贤能之士，选出来上报朝廷来考察他们，果真是贤能之士，就根据其德行的大小、才能的高低授予他官职。所谓考察，不是仅靠耳聪和目明，只听一个人的评说。想要审知他的德行，就要了解其行为；想要审知他的才能，就要了解其言论。知道了他的言行，就用具体的事务来测试他。所谓

〔1〕《王安石全集》卷第一《上皇帝万言书》，第3页。

考察，就是用具体的事务来测试他。即使是尧试用舜时，也不过如此而已，更何况不如他们的人呢？像我们这么国土广大，疆域辽远，文武官员数目很多，所需的有才能的士大夫就更多了，统治天下的君主，又不可能一一亲自考察他们，也不可能单单委任于一个人，让他在一两天内考察试用士大夫的行为能力并做出是否任用的决定。凡是已经考察出才能作为很大并任用为高官的人，便让他选取和他类似的人，经过长期考验，从中考察出贤能者上报朝廷，然后授予其爵位、俸禄而已。这就是选用人才的方法。

【评述】

王安石提出，整顿吏治，重在取才选官，然后加以任用，而其中关键在于考察，看其是否德才兼备，具有实际工作能力。即先“博询众庶”，依靠“众人推其所谓贤能”，即举荐，再“出之以告于上而察之”，由上级对其加以考察。既要“得其言行”，还要“试之以事”，待“考试其行能”之后，再“随其德之大小、才之高下而官使之”，即量才录用。

任之之道：以才论职，任人以专，任事以久

【原文】

所谓任之之道者，何也？人之才德，高下厚薄不同，其所任有宜有不宜。先王知其如此，故知农者以为后稷[①]，知工者以为共工[②]。其德厚而才高者以为之长，德薄而才下者以为之佐属。又以久于其职，则上狃习而知其事，下服驯而安其教，贤者则其功可以至于成，不肖者则其罪可以至于著，故久其任而待之以考绩之

法。夫如此，故智能才力之士，则得尽其智以赴功，而不患其事之不终、其功之不就也。偷惰苟且之人，虽欲取容于一时，而顾僇辱在其后，安敢不勉乎？若夫无能之人，固知辞避而去矣。居职任事之日久，不胜任之罪，不可以幸而免故也。彼且不敢冒而知辞避矣，尚何有比周、谗谄、争进之人乎？取之既已详，使之既已当，处之既已久，至其任之也又专焉，而不一二以法束缚之，而使之得行其意，尧、舜之所以理百官而熙众工者，以此而已。《书》曰："三载考绩，三考，黜陟幽明。"此之谓也。然尧、舜之时，其所黜者则闻之矣，盖四凶是也。其所陟者，则皋陶、稷、契皆终身一官而不徙，盖其所谓陟者，特加之爵命、禄赐而已耳。此任之之道也。[1]

【注释】

①后稷：古代农官名。西周时设置，主管农事。

②共（gōng）工：古代工官名。本谓供百工之职，后为官名。共，通"供"。

【译文】

所谓任用人才的方法是什么呢？人的才能和德行，有高低厚薄的不同，他们所任官职有称职不称职之分。先王了解这些，所以就让懂得农业的人做后稷农官，让懂得百工的人任共工之职。那些德厚而才高者任命为长官，德薄而才低者做长官的僚属。如果长久地担任一个职务，那么上级就熟悉了解其政绩，部下也服

[1]《王安石全集》卷第一《上皇帝万言书》，第3页。

从而安心听他的指挥，所以贤达者其功业可以成功，不贤明者其过失可以暴露无遗，因此要让他们久居一职并以考核政绩的方法进行官吏管理。只有这样，有智慧和才干的士人，才能竭尽其智能来争取成功，而不用担心他的事业没有结果、他的功业不能完成。偷闲懒惰、得过且过的人，虽然想取得一时的信任和任用，但顾及侮辱将随后而至，怎么敢不努力上进呢？像那些无能之辈，也就知道辞官避职而去了。这是因为他们知道做官任职的时日很长，不可能侥幸免除不胜任的罪过。这些人尚且知道辞官避职，怎么还会有结党营私、谗言献媚、争功冒进之类的人呢？选择人才的方法既然已经详尽，使用人才的方法既然已经得当，规定任职时间既然也很长久，担任官职也很专一，也就不必用法令处处束缚他，可以让他能够按照自己的意志行事，尧、舜之所以治理百官而使众业兴盛，也不过用这些方法而已。《尚书》说："三年考绩之法，考察三次，便可降罚愚恶者，升奖智善者。"讲的就是这个意思。然而在尧、舜的时代，所降罚的人我们已经知道了，就是驩兜、共工、三苗、鲧这四大凶人；所升迁的人，是皋陶、后稷、契，他们都终身任一官职而没有调职，他们所谓的提升，只是提升爵位、增加俸禄而已。这是任用人才的方法。

【评述】

王安石指出，"任之之道"在于知人善用，赏罚分明。他强调对于成绩卓著者破格提拔，对无所作为者或降或免。他建议朝廷任人以专、以才论职，按照人才的资质特长加以任用，"知农者以为后稷，知工者以为共工"，"德厚而才高者以为之长，德薄而才下者以为之佐属"，从而任人唯能，人尽其才。再者，应"用人以久”，使之长期任职，不宜频繁迁调，从而令其恪尽其职，调动其积极性，激发其责任心，以避免有人短期敷衍，应付了事。同时，亦可根据官员的长期政绩确认其才能，并实施赏罚升降，重用有才之人，裁撤无能之辈。可见，王安石极为重视用人之道，并将之作为澄清吏治的根本。

行淳朴之风，抑贪饕之行

【原文】

且山林不能给①野火，江海不能实漏卮。淳朴之风散，则贪饕之行成，贪饕之行成，则上下之力匮。[1]

【注释】

①给（jǐ）：使丰足、满足。

【译文】

山林虽大，却经不住野火的焚烧，江海虽阔，却灌不满一只有漏洞的酒杯。敦厚朴实之风散失，贪婪饕餮之风盛行，那国家上下的实力便会匮竭。

【评述】

再大的山林也经不住野火的焚烧，再辽阔的江海也无法灌满漏杯。王安石以此形象地说明奢侈之风可以毁家灭国的巨大危害。

〔1〕《王安石全集》卷第三十二《杂著·风俗》，第286页。

所以他呼吁节俭淳朴的风气。

闵仁百姓，此礼义廉耻之所兴

【原文】

夫闵仁百姓而无夺其时，无侵其财，无耗其力，使其无憾于衣食，而有以养生丧死，此礼义廉耻之所兴，而二帝①、三王②诫敕百工诸侯之所先，后世不可以忽者也。[1]

【注释】

①二帝：指唐尧和虞舜。

②三王：指夏禹、商汤和周文王、武王这三代君王。

【译文】

怜恤爱护百姓，不占用他们的农时，不侵夺他们的财物，不损耗他们的体力，让他们衣食无忧，拥有养家糊口殡仪丧葬的财力，这样，礼、义、廉、耻之心会因此而勃兴。这是二帝三王早已规劝告诫过诸侯百官的，后代不可以忽略这一点。

【评述】

王安石继承了孟子以来的民本思想，指出君主要“爱民”，体恤百姓，珍惜民力，让人民生活得到应有的保障，以“礼义”取信于民，从而使百姓忠君爱国，上下一统，天下大同。

---

〔1〕《王安石全集》卷第九《宣诏·诫励诸道转运使经画财利宽恤民力》，第81页。

第十一节　程颢

【人物简介】

程颢（1032—1085），北宋哲学家、教育家。字伯淳，世称明道先生，河南洛阳人。二十五岁时考中进士，随后连续做了几任地方官，神宗时为太子中允监察御史里行。反对王安石新政。与其弟程颐师承周敦颐，发挥了孟子至周敦颐的心性命理之学，开创“洛学”，建立了以“天理”为核心的唯心主义理学体系，从而共同成为北宋理学的奠基者，世称“二程”。朱熹继承和发展了“二程”学说，形成程朱学派。他坚持儒家“仁者爱人”的理念，提倡“以民为本”，并潜心教育研究，形成一套教育思想体系。程颢一生没有专门的学术著作，他的讲学语录及一些书信、诗文，被后人与程颐的著作合编在一起，辑为《二程全书》。

王道如砥，霸者崎岖

【原文】

明道先生言于神宗曰：“得天理之正，极人伦之至者，尧舜之道也。用其私心，依仁义之偏者，霸者之事也。‘王道如砥’，本乎人情，出乎礼义，若履大路而行，无复回曲。霸者崎岖反侧于曲径之中，而卒不可与入尧舜之道。故诚心而王则王矣，假之而霸则霸矣。二者其道不同，在审其初而已。《易》所谓‘差若毫厘，谬以千里’者，其初不可不审也。惟陛下稽先圣之言，察人

事之理，知尧舜之道备于己，反身而诚之，推之以及四海，则万世幸甚。”〔1〕

【译文】

程颢曾对宋神宗说：“取得天理的正道，使人伦达到尽善尽美程度的，是尧舜的王道；滥用私心，偏离仁义，是施行霸道的帝王的行为。王道像细的磨刀石一样平坦，它本于人的天性，源于礼义。遵循王道这条大路行走，就不会碰到曲折；而施行霸道，就好像惴惴不安地爬行在曲折蜿蜒的小道上，最终也与尧舜之道沾不上边。因此诚心遵循王道就能称王天下，假借王道之名而施行霸道无非是霸占天下。二者的区别，在于出发点不同。《易经》的‘差若毫厘，谬以千里’，说的就是刚刚起步时就必须谨慎地加以注意。希望陛下考察先圣的教诲，洞察人事的道理，知道尧舜的王道精神就在自己身上，反躬自问，心悦诚服，然后再把这种精神推及四海，那么，千秋万代都会吉祥幸运。”

【评述】

二程理学最重要的命题是“万物皆只是一个天理”，“理”或“天理”被认为是哲学的最高范畴，世界的本体、人类的社会制度是“天理”的具体表现形态。理欲之辨便是天理与人欲之间的博弈。当其投射到统治阶级的政治制度时，理欲之间的关系便转化为王道与霸道的统治方式上的区别。因此，程颢指出王道依天理，行礼义，为百姓谋求福利；而霸道违背天理，屈从私欲，偏离仁

---

〔1〕《近思录详注集评》卷之八《治体》，第220页。

义，百姓难免深受其害。他劝谏神宗要遵天理，行王道，把尧、舜、禹之政作为为政的理想境界。

治道之本，格君心之非

【原文】

治道亦有从本而言，亦有从事而言。从本而言，惟从格君心之非，“正心以正朝廷，正朝廷以正百官”①。若从事而言，不救则已。若须救之，必须变。大变则大益，小变则小益。[1]

【注释】

①“正心”句：出自《汉书》卷五十六《董仲舒传》。

【译文】

治理国家的办法有从根本着眼的，也有就事论事的。就根本而言，只有涤除君主心中的错误，“君主端正心意，才能使朝廷端正，朝廷端正，才能使百官端正”。如果就事论事，那么事情无可挽回也就算了；如果一定要予以救治，那就必须进行变革。进行大的变革就会获得大的收益，进行小的变革就会有小的收益。

【评述】

程颢忧国忧民，主张社会变革。但改革的根本，程颢认为应是“格正君心”，奉劝君主革去私心，以正百官，实行廉政。在此

〔1〕《近思录详注集评》卷之八《治体》，第228页。

基础上，再施行具体的改革措施，以补救制度上的缺失。

君心既正，事可从而理也

【原文】

“君仁莫不仁，君义莫不义。”① 天下之治乱，系乎人君仁不仁耳。离是而非则“生于其心，必害于其政”②，岂待乎作之于外哉？昔者孟子三见齐王而不言事，门人疑之。孟子曰：“我先攻其邪心。”③ 心既正，然后天下之事可从而理也。夫政事之失，用人之非，知者能更之，直者能谏之。然非心存焉，则一事之失，救而正之，后之失者，将不胜救矣。“格其非心”④，使无不正，非大人其孰能之？[1]

【注释】

①“君仁”句：语出《孟子·离娄上》。

②“生于”句：语出《孟子·公孙丑上》。

③“我先”句：语出《荀子·大略篇》。

④“格其非心”：语出《尚书·周书·冏命》。

【译文】

“君主仁慈，臣民莫不仁慈，君主重义，臣民莫不重义。”天下是安定还是混乱，全在于君主的仁慈与否。君主背离了仁，那么错误就会“滋生于其心，必然会损害政治”。难道非要等到错误

〔1〕《近思录详注集评》卷之八《治体》，第229—230页。

外显吗？从前孟子三次拜见齐王却不谈论政事，他的门下弟子表示不理解。孟子回答说：“我先攻破他不正当的念头。”端正心意之后，天下的事情才能得到治理。政事上的失败，用人上的错误，聪明的人可以更改，正直的人能够劝谏。但是如果心意不端，一件事错了，尚且可以进行补救纠正，后面接下来的错误，就会来不及补救了。“纠正君主的不端之心”，使其所思所想无不端正，除了贤德之人，谁能做得到这一点呢？

【评述】

二程理学的形成，主要是面临宋代以来封建统治政治、经济、文化等方面的问题，力图为统治阶级指出解决社会问题的出路。其中，“为君之道”是二程理学的一个重要内容，旨在为人君治国提供理论指导。程颢主张以义理正人君，强调人君要正心诚意，明尧舜之道，复三代之治，是一种“内圣外王”的圣王观。程颢明确指出，君心不正，则害其政，君心既正，天下便可得到妥善治理。

治天下，以得贤才为本

【原文】

治天下，以正风俗得贤才为本。宜先礼命近侍贤儒及百执事，悉心推访有德业充备足为师表者，其次有笃志好学材良行修者，延聘敦遣萃于京师，俾朝夕相与讲明正学。其道必本于人伦，明乎物理。其教自小学洒扫应对以往，修其孝弟忠信，周旋礼乐。其所以诱掖激厉渐摩成就之之道，皆有节序。其要在于择善修身，至于化成天下。自乡人而可至于圣人之道。其学行皆中于是者为成德。取材识明达可进于善者，使日受其业。择其学明德尊者为太学之师，次以分教天下之学。择士入学，县升之州，州宾兴于太学，太学聚而教之，岁论其贤者能者于朝。凡选士之法，皆以性行端洁，居家孝悌，有廉耻礼逊，通明学业，晓达治道者。[1]

【译文】

治理天下，以端正风俗得到贤才为根本原则。君主应该礼聘任命身边的贤儒和百官，悉心查访那些道德高尚、学识渊博、足可为人师表的人，以及立志向学、素质优良、行为端正的人，把他们聘请过来汇聚于京师，让他们朝夕在一起讲述圣贤学问。所讲之道，必须以人伦为根本，明白事物之理。其教学内容，应从小学的洒扫应对等日常礼仪开始，培养孝、悌、忠、信的道德素养，然后学习礼乐之道。这一过程，通过引导扶持，激励感化，循序渐进的不断磨炼，最终成就理想人格的方法，都有一定的次序。而其关键在于择取善端修养自身，以达到化成天下的目的。普通的乡民通过修习，也可以获得圣人之道。其人的学识与行事都符合圣人之道的便是成就了道德人格。选拔识见通达一心向善的可塑之材，让他们每天接受学业。选拔学问高明道德高尚的人担任太学的老师，稍差的人担任天下府、州、县学校的教师。选拔士人入校学习，择其优者，先从郡县的学校升入州府的学校，再由州府的学校举荐到太学，集中进行教育。每年挑选贤能的人才进入朝廷为官。选拔士人的方法，要挑选那些品性端正、行为

〔1〕《近思录详注集评》卷之九《治法》，第233页。

高洁、在家里躬行孝悌、有廉耻之心、谦逊守礼、学业优异、通晓治国之道的人才。

【评述】

程颢强调德教是改造人性、提高人民素质的重要手段，以此来求得社会安定，固本安邦。而德教的前提，是要求贤施教，先要礼贤下士，以尽得贤才，并以之为师，因才授任，充分发挥师资潜能。在育人方面，要因材施教，循序渐进，先晓之以人伦事理，使之修习孝悌之行、忠信之义，从而令其正心养性，择善修身，以获得“天理之性”，达到理想人格。

第十二节　程颐

【人物简介】

程颐（1033—1107），北宋哲学家、教育家。字正叔，世称伊川先生，河南府（今河南洛阳）人。为程颢胞弟，均师承周敦颐。二十六岁时，举试不第，从此专以讲学传道为任，安贫乐道，不尚仕途。至知天命之年，被召为崇政殿说书，为宋哲宗讲授经学。后两度主管西京国子监，晚年回到河南府讲学。二程政治、学术思想基本一致，共创“洛学”，为北宋理学奠定了基础，后经朱熹继承和发展形成程朱学派。著有《易传》、《颜子所好何学论》等。

正其心，养其性，学以至圣人之道

【原文】

或问：“圣人之门，其徒三千，独称颜子为好学。夫《诗》《书》六艺，三千子非不习而通也，然则颜子所独好者，何学也？”伊川先生曰：“学以至圣人之道也。”“圣人可学而至欤？”曰：“然。”“学之道如何？”曰：“天地储精，得五行之秀者为人。其本也真而静，其未发也五性具焉，曰仁义礼智信。形既生矣，外物触其形而动其中矣。其中动而七情出焉，曰喜怒哀乐爱恶欲。情既炽而益荡，其性凿矣。是故觉者约其情，使合于中，正其心，养其性；愚者则不知制之，纵其情而至于邪僻，梏其性而亡之。然学之道，必先明诸心，知所养，然后力行以求至，所谓‘自明而诚’[①]也。诚之之道，在乎信道笃。信道笃则行之果，行之果则守之固。仁义忠信，不离乎心。‘造次必于是，颠沛必于是。’[②]出处语默必于是。久而弗失，则居之安。动容周旋中礼，而邪僻之心无自生矣。故颜子所事，则曰：‘非礼勿视，非礼勿听，非礼勿言，非礼勿动。’[③]仲尼称之，则曰：‘得一善则拳拳服膺而弗失之矣。’[④]又曰：‘不迁怒，不贰过。’[⑤]‘有不善未尝不知，知之未尝复行’[⑥]也。此其好之笃，学之道也。然圣人则‘不思而得，不勉而中’[⑦]。颜子则必思而后得，必勉而后中。其与圣人相去一息，所未至者，守之也，非化之也。以其好学之心，假之以年，则不日而化矣。后人不达，以谓圣本生知，非学可至，而为学之道遂失。不求诸己而求诸外，以博闻强记巧文丽辞为工，荣华其言，

鲜有至于道者。则今之学与颜子所好异矣。”〔1〕

【注释】

①“自明而诚”：出自《中庸》第二十一章。原文为：“自诚明谓之性，自明诚谓之教。诚则明矣，明则诚矣。”

②“造次”句：出自《论语·里仁第四》。

③“非礼”句：出自《论语·颜渊第十二》。

④“得一善”句：出自《中庸》第八章。

⑤“不迁怒”句：出自《论语·雍也第六》。

⑥“有不善”句：出自《易·系辞传下》。

⑦“不思”句：出自《中庸》第二十章。原文为：“诚者天之道也，诚之者人之道也。诚者不勉而中，不思而得。”

【译文】

有人问：“圣人的门下，有弟子三千，孔子唯独称许颜回好学。《诗》《书》六艺，三千弟子并非不学习并精通它们，然而颜回一人所喜欢的，是哪种学问呢？”程颐回答说：“颜回所学的是达至圣人之道。”“圣人能够通过学习而达成吗？”程颐回答：“是的。”“应该如何学习呢？”程颐说：“天地之间充满了精气，得到五行之灵秀的乃是人。人的本质真淳清静，未出生时就已经具备了五性，即仁、义、礼、智、信。出生之后，外在事物触动人的形体会引起心灵的摇荡。心灵摇荡就会产生七情，即喜、怒、哀、乐、爱、恶、欲。情感炽烈而更加动荡，就会损害

---

〔1〕《近思录详注集评》卷之二《为学》，第40—41页。

人的本性。因此觉悟的人会约束其情感，使其处于中和状态，端正他的心思，涵养他的本性。愚蠢的人却不知道节制，放纵自己的情感，以致走上邪路，导致本性的沦丧。学习的方法，必须首先心中澄明，知道涵养怎样的性情，然后努力向学以达成目标，这就是所谓的‘自明而诚’。自己做到‘诚’的办法，在于笃信圣道。笃信圣道就会行为果断，行为果断就会坚固操守。仁义忠信，不离于人的本心。‘匆忙仓促的时候是这样，颠沛流离的时候是这样。’无论出世还是入世，说话还是沉默，都是这样。长久如此而不丧失，仁义忠信就会铭刻于心中。言行举止合于礼节，那么歪心邪念就不会滋生了。颜回所奉行的事情，就是孔子说的：‘不合于礼的不看，不合于礼的不听，不合于礼的不说，不合于礼的不动。’孔子称赞他，说：‘得到一条好的道理，就会谨记在心而不会忘掉。’又称赞他：‘不迁怒于别人，不重复犯同一种错误。’‘所犯的错误全都知道，知道之后再也不会重犯。’这就是颜回笃好圣道学习圣道的方法。然而圣人‘不用思考就可以达到圣道，不用努力就合于圣道’。颜回则必须通过思考才能获得圣道，必须通过努力才能合于圣道。他与孔子的差距只在一息之间，之所以没有成为圣人，就在于他是守持圣道，而非与圣道化而为一。以颜回的好学，如果给他一些时间，他很快就会与圣道化而为一的。后人不明此理，就说圣人本是生而知之，不是通过学习达成的，由此造成了为学之道丧失。那些不要求自己学道反而通过外部方式，追求博闻强记、词藻华美，巧言令色的人，极少有达于圣道的。如此看来，今人所学的与颜回所追求的很不一样啊。”

【评述】

二程理学以“理”为核心，“理”与“诚”、“道”为同一个范畴，而人性是天理的表现，即“性道同一”。程颐更进一步地认为，人天生就有禀性差异，有上贤下愚之别。凡人有利欲之弊，与天理不合，但后天的养成至关重要，即需要通过德教，达到“正心诚意”，“修身去欲”，即“存天理，灭人欲”，便可变化气质，向圣贤发展。所以，只要肯学习和努力，自然有变化气质的可能，以成“内圣外王”之道。

至诚一心，以道自任

【原文】

伊川先生曰：“当世之务，所尤先者有三：一曰立志，二曰责任，三曰求贤。今虽纳嘉谋，陈善算，非君志先立，其能听而用之乎？君欲用之，非责任宰辅，其孰承而行之乎？君相协心，非贤者任职，其能施于天下乎？此三者本也，制于事者用也。三者之中，复以立志为本。所谓立志者，至诚一心，以道自任，以圣人之训为可必信，先王之治为可必行，不狃滞于近规，不迁惑于众口，必期致天下如三代之世也。”〔1〕

【译文】

程颐说：“当今国家的事务，最需考虑的有三件事：一是树立志向，二是承担责任，三是求取贤才。如今即使进献好的政策，

〔1〕《近思录详注集评》卷之八《治体》，第220页。

上陈好的规划，如果君主不先树立志向，他能听取并采用吗？即使君主想采用，如果没有承担责任的宰相，谁能承担并执行呢？即使君主和宰相同心协力，如果没有贤才担任官职，难道就能施行于天下吗？这三个方面是本，将其落实到具体事务是用。三者之中，又以立志为根本。所谓的立志，就是怀着至诚之心，以行道为自己的使命，绝对信奉圣人的训导，绝对执行先王的治国方略，不受近臣规谏的拘滞，不受众人议论的迷惑。做到这样，就一定会使天下治理得像夏、商、周三代一样美好。

【评述】

程颐谈论政道，将君主志诚、宰相负责和贤者任职列为根本。其中，君主立志是基础，而立志就是守“诚”。在二程理学中，“理”与“诚”同属一个范畴，“诚”是哲学的最高境界，伦理道德的核心，“诚即天道”，“理之实然”，是仁、义、礼、智、信、真、善、忠、孝等封建道德的根本。所以，君主恪守内心之“诚”，做到纯正无私，负责任的宰相与之协心，再加上贤者任职，便可上下一体，公正廉洁，天下大治。

诚意以待物，恕己以及人

【原文】

《比》之九五曰：“显比。王用三驱，失前禽。”《传》曰：“人君比天下之道，当显明其比道而已。如诚意以待物，恕己以及人，发政施仁，使天下蒙其惠泽，是人君亲比天下之道也。如是天下孰不亲比于上？若乃暴其小仁，违道干誉，欲以求下之比，其道亦已狭矣，其能得天下之比乎？王者显明其比道，天下自然来比。来者抚之，固不煦煦然求比于物，若田之三驱，禽之去者从而不追，来者则取之也。此王道之大，所以其民皞皞，而莫知为之者也。非惟人君比天下之道如此，大率人之相比莫不然。以臣于君言之，竭其忠诚，致其才力，乃显其比君之道也，用之与否，在君而已；不可阿谀逢迎，求其比己也。在朋友亦然，修身诚意以待之，亲己与否，在人而已；不可巧言令色，曲从苟合，以求人之比己也。于乡党亲戚，于众人，莫不皆然。'三驱，失前禽'之义也。"〔1〕

【译文】

《易经》《比》卦的九五爻辞说："比卦功用显著。君主采用三面围捕的方式狩猎，有意失去前方捕捉禽兽的机会。"程颐的《易传》说："君主亲附天道，就应该彰显他的亲附方式。如能真诚地对待事物，宽恕自己而能推及他人，施行仁政，让天下万物蒙受其恩泽，这便是君主亲附天道的方法。做到这样，天下谁人不亲附于君主？如果君主施点儿小恩小惠，违背仁道而邀名取誉，希望以此获得臣民的亲附，这种办法已经很是偏狭了。他怎能得到天下人的亲附呢？君主彰显他的亲附方式，天下之人自然来依附。对前来归顺的人要加以安抚，却不一定非要做出和善的样子以求得他们的亲附，就像三面围猎而网开一面，跑掉的禽兽就任其跑掉不再追赶，跑进捕猎范围的才猎取它。这体现了君王之道的博大，所以百姓们和谐愉悦，却不知道是谁造成了这种局面。不仅君主亲附天道是这样，其实人们之间的相互亲附亦是如此。

〔1〕《近思录详注集评》卷之八《治体》，第221页。

就大臣对君主来说，大臣应当竭尽忠诚，发挥自己的才干为国效力，这才是体现他们亲附君主的方式，至于能否得到君主的重用，就看君主的了；不能阿谀奉迎，乞求君主亲近自己。朋友之间也是这样，要修养自身，以真诚的态度对待朋友，至于朋友是否亲近自己，就看他的了，不能巧言令色，曲从苟合，用这种方式要求别人亲近自己。推及开来，邻里之间，亲戚之间，百姓之间，莫不如此。这就是‘三驱，失前禽’的真实含义。”

【评述】

在二程看来，“天有是理，圣人循而行之，所谓道也。”也就是说，圣人遵循天理行事，便成“仁道”，而“仁道”的准则是“诚以待物，恕己及人”。当君主以“仁道”治理国家时，天下受惠，百姓欢乐和睦，自然会忠诚地辅佐仁君，天下就会形成和谐美好的社会秩序。所以，“诚”和“仁”不但是人君辅佐天道、治理国家的基本准则，也是人际之间坦诚相待的原则。倘若做到上下同一于“诚”，就可“明天理”，“安百姓”，天下和乐。

不尚威刑，而修政教

【原文】

《大畜》之六五曰：“豮[①]豕之牙，吉。”《传》曰：“物有总摄，事有机会。圣人操得其要，则视亿兆之心犹一心，道之斯行，止之则戢[②]，故不劳而治。其用若豮豕之牙也。豕，刚躁之物。若强制其牙，则用力劳而不能止；若豮去其势，则牙虽存而刚躁自止。君子法豮豕之义，知天下之恶不可以力制也，则察其机，持其要，塞绝其本原，故不假刑法严峻，而恶自止也。且如止盗，民有欲心，见利而动，苟不知教，而迫于饥寒，虽刑杀日施，其能胜亿兆利欲之心乎？圣人则知所以止之之道，不尚威刑，而修政教，使之有农桑之业，知廉耻之道，'虽赏之不窃'③矣。"[1]

【注释】

①豮（fén）：去势的猪，即阉割过的猪。

②戢（jí）：收敛。

③"虽赏之不窃"：出自《论语·颜渊第十二》。

【译文】

《易经》《大畜》卦的六五爻辞说："阉猪的牙齿，吉利。"程颐的《易传》说："事物可以在总体上加以统领，同时又各有趋向和目标。圣人把握住了事物的要领，能把全天下的人心看成一人之心，引导人们如何做人们就跟着做，让人们停止人们就会停止，所以能够不费力气就把天下治理好。其功用就像阉猪的牙齿。野猪，是刚烈暴躁之物。如果强行去拔它的牙齿，花费很大气力也不能拔掉；如果把它阉割了，牙齿还在，它却不再刚烈暴躁了。君子取法阉猪的道理，知道不可以用强力制止天下的恶行，而是观察其动机，掌握其关键，杜绝其本原，因此能够不用严峻的刑法，恶行自然会停止。这就像制止盗窃行为，百姓有贪欲之心，见到利益就会有所行动。如果平日缺乏道德教化，并且受饥寒所迫，很难不沦为盗贼。即使每天都施加刑法杀戮，又怎能制服天

[1] 《近思录详注集评》卷之八《治体》，第223页。

下人的利欲之心呢？圣人知道如何制止盗贼，不重视严刑峻法，而是推行政治教化，使他们从事农耕蚕桑生产，懂得廉耻的道理，这样，即使给他们奖赏，他们也不会偷盗了。”

【评述】

二程是宋代著名的思想家、教育家，非常重视道德教育，强调德治和德教是治理国家的主要手段。只有通过德教，才能实施德治，从而上下有别，尊卑有序，民心稳定，天下才能得到妥善治理。关于“刑”与“教”的关系，程颐认为两者虽然都是治理国家不可或缺的手段，但应以教化人为主，以刑止恶为辅，因为“刑杀”不足以阻塞利欲之心，只有通过政教让百姓懂得廉耻之道，恶自然会终止。程颐“不尚威刑，而修政教”的主张体现了儒家“德主刑辅”的仁政思想。

养民之道，在爱其力

【原文】

为民立君，所以养之也。养民之道，在爱其力。民力足则生养遂，生养遂则教化行而风俗美，故为政以民力为重也。《春秋》凡用民力必书。其所兴作，不时害义，固为罪也；虽时且义必书，见劳民为重事也。后之人君知此义，则知慎重于用民力矣。然有用民力之大而不书者，为教之意深矣。僖公修泮宫，复闷宫，非不用民力也，然而不书。二者复古兴废之大事，为国之先务，如是而用民力，乃所当用也。人君知此义，知为政之先后轻重矣。[1]

【译文】

为民众设立君主，是为了让他养育民众。养育民众的原则，在于爱惜民力。民力充足就会生养不息，生养不息就会使教化施行而风俗淳美，所以治理国家要以民力为重。《春秋》一书，凡是鲁国君主使用民力的地方必然会记载下来。君主调用民力，如果不考虑农时且损害道义，理所当然是罪恶；即使用当其时并且符合道义，也一定要记载下来，意在表明征用民力是一件重大的事。后代君主明白其中的道理，就会知道慎重地征用民力。不过，也有大规模征用民力而没有记载下来的，其中蕴含着深刻的教育意义。鲁僖公修建学校和修复閟宫，不是没有征用民力，却没有记载下来。这是因为二者都是复兴古礼，关乎国家兴亡的大事，是国家首先需要做的，这样征用民力，乃是用当其事。君主明白这个道理，也就明白了治理国家的先后轻重了。

【评述】

“民惟邦本，本固而邦宁”是儒家的传统命题，程颐亦承此观念并加以发挥。他指出君主的存在就是为了养民，养民之道在于爱护民力，民力足，才能加以教化，使之上下有别，尊卑有序，从而实现稳定的社会秩序，所以君主应该仁民爱物，博施济众。程颐还在《代吕公著应诏上神宗皇帝》中指出：“为政之道，以顺民心为本，以厚民生为本，以安而不扰为本。”所以，程颐强调

---

〔1〕《近思录详注集评》卷之八《治体》，第244页。

爱惜民力是国治民安的基础，劝谏君主慎用民力，维护民生，体现了儒家的民本思想。

民可明不可愚，可教不可威

【原文】

民可明也，不可愚也；民可教也，不可威也；民可顺也，不可强也；民可使也，不可欺也。[1]

【译文】

应当使民众明白事理，不应使之愚昧；应当对民众进行教化，不应对之威压。要顺乎民情，不可强迫民意；民力可以运用，不可欺压。

【评述】

程颐反对愚民政策，提出对人民不可威慑欺压，要顺乎民情，不违民意，通过道德教化，使人民明白事理，从而实现长治久安。

第十三节 苏轼

【人物简介】

苏轼（1037—1101），字子瞻，号东坡居士，眉州眉山（今属

---

〔1〕 程颢、程颐：《二程遗书》卷第二十五《伊川先生语十一》，上海古籍出版社2000年版，第376页。

四川）人。北宋文学家、书画家。嘉祐进士。与父苏洵、弟苏辙皆以文学名世，世称“三苏”，同入散文“唐宋八大家”之列。作品有《东坡七集》、《东坡乐府》等。

苏轼身处北宋变革之年，在政治上属于旧党。神宗时曾任祠部员外郎，因反对王安石新法而求外职，任杭州通判，知密州、徐州、湖州。元丰二年（1079 年），因“乌台诗案”，以作诗“谤讪朝廷”罪被捕入狱。出狱后贬为黄州团练副使。哲宗元祐元年（1086 年）司马光执掌政权，尽废新法，苏轼被召回京，任翰林学士，官至礼部尚书。然因主张对新法“参用其是”，反对全盘否定而再次被贬。宋徽宗继位，大赦天下，他才得以从儋州北还，但第二年即病死于常州。南宋时追谥文忠。

苏轼屡遭贬谪，政治抱负难以施展。其政论对当时的北宋社会现实作了较为深刻的分析，揭露了政治上的一些弊端，提出“课百官”、“历法禁”、“抑侥幸”、“决壅蔽”、“厚财货”、“省费用”、“谢兵旅”、“练军实”等政治主张和治国之策，讲求爱民、利民，以德治国，表现出忧国忧民的知识分子情怀和政治家的韬略。

厉精莫如自上率之，则壅蔽决

【原文】

所贵乎朝廷清明而天下治平者，何也？天下不诉而无冤，不谒而得其所欲，此尧舜之盛也。其次不能无诉，诉而必见察；不能无谒，谒而必见省。使远方之贱吏不知朝廷之高，而一介之小民不识官府之难。而后天下治。

今夫一人之身，有一心两手而已。疾痛苛痒，动于百体之中，虽其甚微不足以为患，而手随至。夫手之至，岂其一一而听之心哉？心之所以素爱其身者深，而手之所以素听于心者熟，是故不待使令而卒然以自至。圣人之治天下，亦如此而已。百官之众，四海之广，使其关节脉理，相通为一。叩之而必闻，触之而必应。夫是以天下可使为一身。天子之贵，士民之贱，可使相爱；忧患可使同，缓急可使救。

今也不然。天下有不幸而诉其冤，如诉之于天；有不得已而谒其所欲，如谒之于鬼神。公卿大臣不能究其详悉，而付之于胥吏。故凡贿赂先至者，朝请而夕得；徒手而来者，终年而不获。至于故常之事，人之所当得而无疑者，莫不务为留滞，以待请属。举天下一毫之事，非金钱无以行之。

昔者汉唐之弊，患法不明，而用之不密，使吏得以空虚无据之法而绳天下，故小人以无法为奸。今也法令明具，而用之至密，举天下惟法之知。所欲排者，有小不如法，而可指以为瑕；所欲与者，虽有所乖戾，而可借法以为解，故小人以法为奸。今天下所为多事者，岂事之诚多耶？吏欲有所鬻而未得，则新故相仍，纷然而不决，此王化之所以壅遏而不行也。

昔桓文之霸，百官承职，不待教令而办，四方之宾至，不求有司。王猛之治秦，事至纤悉，莫不尽举，而人不以为烦。盖史之所记：麻思还冀州，请于猛。猛曰："速装，行矣。"至暮而符下。及出关，郡县皆已被符。其令行禁止而无留事者，至于纤悉，莫不皆然。苻坚以戎狄之种，至为霸王，兵强国富，垂及升平者，猛之所为，固宜其然也。

今天下治安，大吏奉法，不敢顾私；而府史之属招权鬻法，长吏心知而不问，以为当然。此其弊有二而已：事繁而官不勤，故权在胥吏。欲去其弊也，莫如省事而厉精。省事莫如任人，厉精莫如自上率之。

今之所谓至繁，天下之事，关于其中，诉之者多而谒之者众，莫如中书与三司。天下之事，分于百官，而中书听其治要；郡县之钱币，制于转运使，而三司受其会计，此宜若不至于繁多。然中书不待奏课以定其黜涉而关预其事，则是不任有司也；三司之吏，推析赢虚至于毫毛以绳郡县，则是不任转运使也。故曰：省事莫如任人。

古之圣王，爱日以求治，辨色而视朝，苟少安焉而至于日出，则终日为之不给。以少而言之，一日而废一事，一月则可知也，一岁则事之积者不可胜数矣。欲事之无繁，则必劳于始而逸于终，晨兴而晏罢。天子未退，则宰相不敢归安于私第；宰相日昃而不退，则百官莫不震悚尽力于王事而不敢宴游。如此，则纤悉隐微莫不举矣。天子求治之勤，过于先王，而议者不称王季之晏朝而称舜之无为，不论文王之日昃而论始皇之量书：此何以率天下之怠耶？臣故曰：厉精莫如自上率之，则壅蔽决矣。[1]

【译文】

朝廷清明、天下太平，最可贵的是什么？首先是天下没有诉讼没有冤情，人们不用拜谒（上级）就能得到自己想要的，这是尧舜时期的盛世。其次是有诉讼，诉讼后一定能得到公平的审理；要拜谒（上级），拜谒后一定能得到关怀。让远方的小官吏不认为

---

〔1〕 孔凡礼点校：《苏轼文集》卷八《策别课百官三》，中华书局 1986 年版（下同），第 245—247 页。

朝廷是高高在上的，让普通的百姓不认为官府是很难打交道的。这样天下就安定了。

比如一个人的身体，有一颗心两只手而已。病痛奇痒，在身体的各处，虽然非常微小不足以成为大患，而随手就能达到。手能达到，难道不都是听从心的指挥吗？心一直深爱着身体，而手又一直熟练地听从心的指挥，所以不用命令，手就自然地一下子够到（不舒服的地方）。圣人治理天下，也不过如此罢了。众多的官员，广阔的四海，梳理它们的关节、脉络，使之相通成为一个整体。一叩击就能听到，一接触就能反应。这样天下就好像成为一体。高贵的天子，卑下的士民，都能让他们相互关爱，能够同忧患，相互救援急难。

现在不同了。天下有不幸的人诉讼冤情，就像对着天诉讼一样难；有不得已而要拜谒（上级）来达到自己目的，就像参见鬼神一样不易。公卿大臣不能了解详尽的内情，就交给属下的官吏，所以先送上贿赂的，早上的请求，晚上就能得到满足，空手而来的，一年到头什么也得不到。对于平常的事情，人人都能理解无疑的，（官吏们）没有一件不是拖延不办，来等着事主请托贿赂。全天下的一丝一毫的小事，没有金钱便一概行不通。

从前汉朝、唐朝的弊端，在于法律不明，又不严格实施，使得官吏们得以用虚无的法令来约束天下，所以小人借用虚无的法令作恶。现今法令严明完备，又非常细密地实施，全天下的人都懂得法律。对于自己想要排挤的人，一旦有细微之处没有依法，就可以指责此人有瑕疵。对于自己想要交结的，就算不合情理，也可以借助法律来为他开脱。所以现在小人因为有法律而作恶。

现今天下都说多事，难道是事务真的多吗？官员们有所徇私贩私而没有达到目的，自然，新老案子叠压在一起，纷纭杂乱不加处理，这就是帝王之道之所以被堵塞遏止而没有实现的原因。

从前齐桓公、晋文公称霸，百官各司其职，不用等到下令就把事情办好了，四方的宾客到了，不用求助于有关机构。王猛治理前秦，再小的事情都要过问，而人们不认为麻烦。就像史书上记载的：麻思要回冀州，向王猛请示。王猛说："赶快收拾，走吧。"到了傍晚（禁止出关的）令符发了下来。麻思刚刚出了关，郡县都已经受到了命令。他的令行禁止、办事不拖延，非常细致，都是如此。苻坚以戎狄的身份，成为霸王，国富兵强，天下升平，靠的是王猛的决定性作用，达到这样的程度，是本该如此的。

现在天下太平，社会安定，大官都遵奉法律，不敢徇私，而他们属下的官吏却弄权卖法，大官明知而不过问，认为这是理所当然的。这样做有两个弊端：事务繁多，官员不勤政，所以权力都掌握在下级小吏手里。要革除这两个弊端，不如简省事务，激励官员。简省事务，没有比任命有才能的人更重要的了；激励官员，没有比上级做好表率更重要的了。

现今所说的最繁多的事务，天下之事，都在其中，诉讼的人最多的，拜谒的人也最多的，当属中书省和三司（度支、户部、盐铁）。天下的事务，分给百官处理，而中书省要了解事务的要点。郡县的钱币由转运使制造，而三司要计算核清。这方面不应该如此复杂。但是如果中书省不等考核以后就决定奖励、惩罚而干涉其具体事务，就是用不着各部门了。三司的官吏，苛细地核查、规定郡县的用度，就是用不着转运使了。所以说：简省事务没有比任用能人更重要的了。

古代的圣王，为了追求天下安定，天不亮就趁着夜色来升朝理事，如果稍微贪图一点儿安逸等到太阳出来，则整天的时间就不够用了。就按少了算，一天荒废一件事，一个月荒废的事算一下就可以得知了，一年则积压的事务就不可胜数了。要让事务不繁杂，必然要以勤劳开始，以安逸结束，早早动手，晚一点儿结束。天子还没有退朝，宰相就不敢回到自家休息。宰相到太阳偏西了还没有回去，则百官都战战兢兢尽力做事而不敢宴饮游玩。如此，则细小的事情都能够处理了。天子追求安定，比先王还要勤奋，议论的人就会不讨论王季不上朝，而讨论舜帝没有作为，不讨论周文王太阳偏西了还不吃饭，而讨论秦始皇的焚书坑儒。这如何让天下人不懈怠呢？所以我说：激励官员不如从上面做出表率。如此则堵塞和蒙蔽都消除了。

【评述】

苏轼于仁宗嘉祐六年（1061 年）应制科考试时，曾奏《进策》二十五篇。《进策》共分《策略》、《策别》、《策断》三部分，《决壅蔽》是《策别》中讨论有关“课百官”问题中的第三篇。在《决壅蔽》中，作者提出应该决除壅蔽，使下情及时上达，从而做到天下没有冤案，人民无须诉讼，即使有了诉讼，也一定会得到详察和公正的审理，从而使上下一体，去除人情壅塞，避免奸佞缘法为奸，革除官僚弊端，同时还敦促君主勤政，以便上行下效，使政治清明。

立法贵严，责人贵宽，忠厚之至也

【原文】

尧、舜、禹、汤、文、武、成、康之际，何其爱民之深，忧民之切，而待天下之以君子长者之道也。有一善，从而赏之，又从而咏歌嗟叹之，所以乐其始而勉其终；有一不善，从而罚之，又从而哀矜惩创之，所以弃其旧而开其新。故其吁俞之声，欢休惨戚，见于《虞》、《夏》、《商》、《周》之书。成、康既没，穆王立，而周道始衰，然犹命其臣吕侯而告之以祥刑。其言忧而不伤，威而不怒，慈爱而能断，恻然有哀怜无辜之心，故孔子犹取焉。

《传》曰："赏疑从与"，所以广恩也；"罚疑从去"，所以慎刑也。当尧之时，皋陶为士，将杀人，皋陶曰"杀之"三，尧曰"宥之"三，故天下畏皋陶执法之坚，而乐尧用刑之宽。四岳曰："鲧可用。"尧曰："不可，鲧方命圮族。"既而曰："试之。"何尧之不听皋陶之杀人，而从四岳之用鲧也？然则圣人之意，盖亦可见矣。《书》曰："罪疑惟轻，功疑惟重。与其杀不辜，宁失不经。"呜呼，尽之矣！可以赏，可以无赏，赏之过乎仁；可以罚，可以无罚，罚之过乎义。过乎仁，不失为君子；过乎义，则流而入于忍人。故仁可过也，义不可过也。

古者赏不以爵禄，刑不以刀锯。赏以爵禄，是赏之道行于爵禄之所加，而不行于爵禄之所不加也。刑以刀锯，是刑之威施于刀锯之所及，而不施于刀锯之所不及也。先王知天下之善不胜赏，而爵禄不足以劝也，知天下之恶不胜刑，而刀锯不足以裁也，是故疑则举而归之于仁。以君子长者之道待天下，使天下相率而归于君子长者之道，故曰忠厚之至也。

《诗》曰："君子如祉，乱庶遄已；君子如怒，乱庶遄沮。"夫君子之已乱，岂有异术哉？制其喜怒而无失乎仁而已矣。《春秋》之义，立法贵严，而责人贵宽。因其褒贬之义以制赏罚，亦忠厚之至也。[1]

【译文】

唐尧、虞舜、夏禹、商汤、周文王、周武王、周成王、周康王的时候，他们是多么深挚地爱着百姓、深切地替百姓担忧，而且用君子长者的态度来对待天下人。有人做了一件好事，就奖赏他，接着又歌咏赞美他，为他有一个好的开端而高兴，并勉励他坚持到底；有人做了一件不好的事，处罚他之余，又哀怜惩诫他，希望他抛弃旧的错误而开始新生。同意和不同意的声音，欢喜和忧伤的感情，见于《虞书》、《夏书》、《商书》、《周书》之中。成王、康王死后，穆王继承王位，周朝的王道便开始衰落。然而穆王还是吩咐大臣吕侯，指导他善于用刑之道。他说的话忧愁却不悲伤，威严却不愤怒，慈爱而能决断，有哀怜无罪者的好心肠。因此，孔子把这篇《吕刑》选进《尚书》里。

《尚书》孔安国传说："奖赏时如有可疑者，应该照样留在应赏之列"，为的是推广恩泽；"处罚时遇有可疑者则从应罚之列除去"，为的是谨慎地使用刑法。尧当政时，皋陶是掌管刑法的官。要处死一个人，皋陶三次说当杀，尧帝却一连三次说应当宽恕。所以天下人都害怕皋陶执法坚决，而赞美帝尧用刑宽大。

〔1〕《苏轼文集》卷二《省试刑赏忠厚之至论》，第33—34页。

四岳建议："鲧可以任用。"尧说："不可！鲧违抗命令，毁谤同族。"过后，他还是说："试用一下吧。"为什么尧不听从皋陶处死犯人的主张，却听从四岳任用鲧的建议呢？那么圣人的心意，从这里可以看出来了。《尚书》说："罪行轻重有可疑时，宁可从轻处置；功劳大小有疑处，宁可从重奖赏。与其错杀无辜的人，宁可犯执法不合常规的过失。"唉！这句话完全表现出忠厚之意。可以赏也可以不赏时，赏就过于仁慈了；可以罚也可以不罚时，罚就超出义的范围了。过于仁慈，还不失为一个君子；超出义的范围，就流为残忍的人了。所以，仁慈可以超过，义的范围是不可超过的。

古人奖赏不用爵位和俸禄，刑罚不用刀锯。用爵位、俸禄行赏，只对能得到爵位、俸禄的人起作用，不能影响不能得到爵位和俸禄的人。用刀锯作刑具，只对受这种刑的人起作用，对不受这种刑的人不起作用。古代君主知道天下的善行是赏不完的，不能都用爵位俸禄来奖赏，也知道天下的罪恶是罚不完的，不能都用刀锯来制裁，所以当赏罚有疑问时，就用仁爱之心对待。用君子长者的宽厚仁慈对待天下人，使天下人都相继回到君子长者的忠厚仁爱之道上来，所以说这就是忠厚到了极点哪！

《诗经》说："君子如果高兴纳谏，祸乱大概就会快速止息；君子如果怒斥谗言，祸乱大概也会快速止息。"君子止息祸乱，难道有特殊巧妙的方法吗？他不过是适时地控制自己的喜怒情绪，不偏离仁慈宽大的原则罢了。《春秋》的大义是，订立法规时贵在严厉，而责罚人贵在宽缓。根据它的褒贬原则来制定赏罚制度，这也是忠厚到了极点哪！

【评述】

此文为苏轼嘉祐二年（1057 年）应礼部进士考试时作的《刑赏忠厚之至论》，体现了苏轼的赏罚观。在他看来，赏罚亦是立国治世的重要手段。为了体现儒家的仁政思想，他主张赏功罚过应以“忠厚”为本，虽须从严立法，但执法时要宽大为怀，宁可过于仁厚，不可失于严苛，从而推广恩泽，促使百姓自愿遵从忠厚仁爱之道，完善自身德行，以形成良好的社会风气，进而维护社会安定，巩固统治者的政权，促使国运兴隆，社稷稳固。

结人心，厚风俗，存纪纲

【原文】

臣之所欲言者，三言而已。愿陛下结人心，厚风俗，存纪纲。人主之所恃者人心而已，如木之有根，灯之有膏，鱼之有水，农夫之有田，商贾之有财。失之则亡，此理之必然也。……国家之所以存亡者，在道德之浅深，不在乎强与弱；历数之所以长短者，在风俗之薄厚，不在乎富与贫。人主知此，则知所轻重矣。故臣愿陛下务崇道德而厚风俗，不愿陛下急于有功而贪富强。爱惜风俗，如护元气。圣人非不知深刻之法可以齐众，勇悍之夫可以集事，忠厚近于迂阔，老成初若迟钝，然终不肯以彼易此者，知其所得小，而所丧大也。仁祖持法至宽，用人有叙，专务掩覆过失，未尝轻改旧章。考其成功，则曰未至。以言乎用兵，则十出而九败；以言乎府库，则仅足而无余。徒以德泽在人，风俗知义，故升遐之日，天下归仁焉。议者见其末年吏多因循，事不振举，乃欲矫之以苛察，齐之以智能，招来新进勇锐之人，以图一切速成之效。未享其利，浇风已成。多开骤进之门，使有意外之得，公卿侍从跬步可图，俾常调之人举生非望，欲望风俗之厚，岂可得哉？近岁朴拙之人愈少，巧进之士益多。惟陛下哀之救之，以简易为法，以清净为心，而民德归厚。臣之所愿陛下厚风俗者，此也。[1]

【译文】

我想说的，也就三句话。希望陛下能够笼聚人心、敦厚风俗、保存纲纪。作为君主所依靠的只是人心罢了，就像树之有根，灯烛之有膏油，鱼之有水，农夫之有耕田，商贾之有钱财。失去了就会灭亡，这是必然之理。……国家的存亡，在于道德的深浅，不在于强弱；王朝维系的长短，在于风俗的厚薄，不在于贫富。君主懂得了这个道理，就懂得了轻重缓急。所以我希望陛下一定要推崇道德、敦厚风俗，不希望陛下急于事功、贪图富强。爱惜风俗就像守护元气一样。圣人不是不知道严刑峻法可以统御民众，勇猛强悍的人能够取得成功，忠厚的人接近于迂阔，老成的人初看似乎迟钝，然而终究不肯以彼代此，是知道那样做的话，得到的东西少而失去的东西多。仁宗执法极为宽大，选拔人才条理清楚，一心想着掩盖臣下的过错，从不轻易改动旧的法规。考察他的功绩，可以说不够卓著。谈到他的用兵，十次出征有九次失败；说到府库，只能满足开支而没有盈余。只是由于恩泽施于百姓，风俗敦厚，民众都懂得礼义，所以去世的时候，天下百姓都感念他的仁德。有人看到在仁宗晚年，官吏大都因循守旧，政事萎靡

---

〔1〕《宋史》卷三百三十八《列传》第九十七《苏轼》，第 10804 页，第 10806—10807 页。

不振，便想着用严苛的考察加以纠正，用智能之术加以整顿，招募一批入仕不久而勇猛精锐的人，希望能够迅速改变局面取得功效。这样做还没获得什么好处，而浇薄的风俗却已养成。一下子打开了骤然升迁的门路，使人有意外的收益，公卿和侍臣的位子举步可得，使那些按照常规晋升的人却终生无望。这样做还想要风俗敦厚，怎么可能呢？近年来朴素厚拙的人越来越少，争巧竞进的人越来越多。希望陛下对此心怀哀怜并加以补救，使用简易之法，清净之心，民众的道德就会归于敦厚。我之所以希望陛下敦厚风俗，正是为此。

【评述】

苏轼虽也想改变宋朝当时的社会现状，但希望以较为缓和的方式逐步进行，反对王安石变法的急功近利，导致社会动荡，并向神宗谏言："陛下求治太急，听言太广，进人太锐。愿陛下安静以待物之来，然后应之。"[1] 在其长达七千字的疏文《上神宗皇帝书》中，他归结三点："结人心，厚风俗，存纪纲。"认为国家存亡在于道德的深浅，风俗的厚薄，纲纪的正误，建议君主清廉施政，敦厚待民，简易为法，纠察权臣，在不引起社会急剧变动的前提下逐步改革吏治，通过善政引导社会民众自行调整，改变衰败的社会局势。所以，苏轼的政见是立足长远，通过道德建设来完善社会秩序。

---

〔1〕 见苏辙所撰《东坡先生墓志铭》，《苏东坡全集》，中国书店1986年3月第1版，第31页。

安万民，敦教化

【原文】

安万民者，其别有六。一曰敦教化。夫圣人之于天下，所恃以为牢固不拔者，在乎天下之民可与为善，而不可与为恶也。昔者三代之民，见危而授命，见利而不忘义。此非必有爵赏劝乎其前，而刑罚驱乎其后也。其心安于为善，而忸怩于不义，是故有所不为。夫民知有所不为，则天下不可以敌，甲兵不可以威，利禄不可以诱，可杀可辱、可饥可寒而不可与叛，此三代之所以享国长久而不拔也。……臣愚以为宜先其实而后其名，择其近于人情者而先之。今夫民不知信，则不可与久居于安。民不知义，则不可与同处于危。平居则欺其吏，而有急则叛其君。此教化之实不至，天下之所以无变者，幸也。欲民之知信，则莫若务实其言。欲民之知义，则莫若务去其贪。[1]

【译文】

要安抚百姓，有六个策略。其一是重视教育感化。古代圣人的天下，之所以牢固不动摇，是在于天下的百姓可以让他们干善事，而不可以让他们干坏事。当初夏、商、周三代圣君的子民，见到危难便承担使命，见到利益却不忘记信义。这并不是有爵位和奖赏在前面鼓励他们，也不是有刑罚在后面驱使他们。他们的心安于从善，愧于不义，所以才有所不为。而百姓知道有所不为，

〔1〕《苏轼文集》卷八《策别安万民一》，第253—254页，第255页。

那么就能天下无敌，军队威慑不了他们，利禄无法诱惑他们，可以被杀，可以被辱，可以忍饥，可以受寒，但不可能让他们叛国，这就是夏、商、周三代的国家得以长久存在而不被动摇的原因。……我认为应该以先重实际，后讲名分，先选择合乎人情的事情来做。现今老百姓不懂得信义，便不会安居乐业。人民不懂得道义，便不会共赴危难。平日里欺诈他们的官吏，而一旦国家有急难就会背叛他们的君主。这是教育感化的实际效果未到，天下之所以没有改变，是侥幸罢了。要想让人民懂得信义，最好让他们言而有信。要让人民懂得道义，最好去除他们的贪婪。

【评述】

苏轼重视安民利民，具有强烈的民本意识。他提出要通过“敦教化”来安民，即用仁、义、礼、智、信来教育感化百姓，让他们懂得信义，恪守本分，忠君爱国，从而使社会安定，国家长治久安。“敦教化”是苏轼以民为本、以德治国理念的一个体现，认为其社会效果远非“赏以爵禄”和“施以刑罚”等手段可及。

第十四节　朱熹

【人物简介】

朱熹（1130—1200），南宋哲学家、教育家。字元晦，后改仲晦，号晦庵。别号紫阳。徽州婺源（今属江西），侨寓建阳（今属福建）。绍兴十八年（1148 年）中进士，历仕高宗、孝宗、光宗、宁宗四朝，曾任秘阁修撰等职。师事李侗，是程颢、程颐的四传弟子。博极群书，广注典籍，著有《四书章句集注》、《周易本义》、《诗集传》、《楚辞集注》。发展了二程关于理气关系的学说，集理学之大成，世称程朱学派。朱熹身处民族矛盾尖锐、社会动荡不安、阶级矛盾尖锐的南宋时期。他一心报国，以救世济民为己任，继承了孔孟儒学，以义理论时势，提出“存天理，灭人欲”和“德礼政刑论”，主张抑制皇帝私欲，整顿封建纪纲。朱熹忠君爱国，廉洁奉公，忧国忧民，仗义执言，强调以民为本的思想。

格正君心

【原文】

且以天下之大本与今日之急务，为陛下言之：大本者，陛下之心；急务则辅翼太子，选任大臣，振举纲纪，变化风俗，爱养民力，修明军政，六者是也。……凡此六事，皆不可缓，而本在于陛下之一心。一心正则六事无不正，一有人心私欲以介乎其间，则虽欲惫精劳力，以求正夫六事者，亦将徒为文具，而天下之事愈至于不可为矣。〔1〕

【译文】

我向陛下说说天下最大的根本和当今的紧急事务：最大的根本是陛下的心；紧急事务则包括辅佐和翼护太子、选拔任用大臣、振奋纲纪、移风易俗、爱惜并养护民力和整饬军政这六点。……

〔1〕《宋史》卷四百二十九《列传》一百八十八《道学三》，第12758、12762页。

这六件事，都不能延缓不办，而其根本取决于陛下的一颗心。只要心思端正了，那么六件事无不端正，一旦有私心杂欲介入其中，那么即使耗费心力，想让这六件事端正，也将是白费力气，天下事最终会变得越来越没法办了。

【评述】

朱熹主张“格正君心”，建议君主要修德养性，明确为政之道，探求治国的根本路径。在他看来，治国的根本是君主能够遵循义理，公正明达，有效地管理天下事务。朱熹强调当时的六件要务：辅佐翼护太子、选拔任用大臣、兴立纲纪，移风易俗，爱惜养护民力，整饬军政，均认“格正君心”为其根本。而格正君心的目的，是令人民安居乐业、丰衣足食。这是“正君”与“安民”的辩证联系。君主只有戒除“奢欲”和“贪欲”，崇尚节俭，“为政以德”，使人民自然感化，才可以在天下形成优良的风气，从而推动社会持续进步，求得长治久安。

恤民之本，在人君正心术以立纪纲

【原文】

天下之务，莫大于恤民，而恤民之本，在人君正心术以立纪纲。盖天下之纪纲，不能以自立，必人主之心术公平正大，无偏党反侧之私，然后有所系立。君心不能以自正，必亲贤臣，远小人，讲明义理之归，闭塞私邪之路，然后乃可得而正。[1]

---

〔1〕 周俊旗等：《历代名臣奏议选译·论去邪疏》，中国青年出版社1998年版，第187页。

【译文】

天下的事务，没有比抚恤民众更重要的了，而抚恤民众的根本，在于君主端正自己的心思以确立治国的大纲。治理天下的大纲，不会自己确立起来，一定要求君主公平无私、正大光明，没有偏袒私情，不反复无常，然后才能有所确立。君主之心不能自我端正，那就一定要亲近贤臣，疏远小人，讲明义理的旨趣，堵住私邪的道路，然后才能得到端正。

【评述】

朱熹继承并发展了儒家传统的仁政哲学、民本思想，认为反腐倡廉的切入点是皇帝本人。他敦促君主戒除个人私欲，促使君主崇俭节欲，做到正大光明，从而任用贤能，整肃纲纪，进而抚恤百姓，以保政治昌明。所以，他强调君主的表率作用，认为这是吏治清明的首要条件。这也是儒家民本主义的基础，即“敬德保民”、以德治国的传统。

存天理，灭人欲

【原文】

臣闻人主所以制天下之事者本乎一心，而心之所主，又有天理人欲之异，二者一分，而公私邪正之涂判矣。盖天理者，此心之本然，循之则其心公而且正；人欲者，此心之疾疢①，循之则其心私且邪。〔1〕

---

〔1〕 朱熹:《朱文公文集》卷十三《辛丑延和奏礼二》,《四部丛刊初编》,商务印书馆1922年版，第640页。

【注释】

①疢（chèn）：热病。也泛指疾病。

【译文】

我听说君主治理天下事务的根本在于一颗心，而主导人心的，又有天理和人欲的区别，二者一旦分开，公与私、邪与正就会判然分明了。天理，是心的本来面目，遵循天理，人心就会公平而正直；人欲，是心的疾病，遵循人欲，人心就会偏私而邪僻。

【评述】

朱熹认为天理和人欲是对立的，天理是心的本性，人欲是心的疾患，心存天理，就不会有私欲；但如果心存私欲，就会泯灭天理。凡属人基本的物质需求即合天理，而超越人基本物质需求的欲望则为人欲。所以，天理和人欲是不会相融共存的。君主尤其应该遵循天理，以公正清明之心廉洁为政，从而实现天下大治。

天理也，敬以充之；人欲也，敬以克之

【原文】

陛下即位二十七年，因循荏苒，无尺寸之效可以仰酬圣志。尝反覆思之，无乃燕闲蠖濩[①]之中，虚明应物之地，天理有所未纯，人欲有所未尽，是以为善不能充其量，除恶不能去其根，一念之顷，公私邪正、是非得失之机，交战于其中。故体貌大臣非不厚，而便嬖[②]侧媚得以深被腹心之寄；寤寐英豪非不切，而柔邪庸缪得以久窃廊庙之权。非不乐闻公议正论，而有时不容；非不

欲塈[3]谗说殄行[4]，而未免误听；非不欲报复陵庙仇耻，而未免畏怯苟安；非不爱养生灵财力，而未免叹息愁怨。愿陛下自今以往，一念之顷必谨而察之：此为天理耶，人欲耶？果天理也，则敬以充之，而不使其少有壅阏；果人欲也，则敬以克之，而不使其少有凝滞。推而至于言语动作之间，用人处事之际，无不以是裁之，则圣心洞然，中外融澈，无一毫之私欲得以介乎其间，而天下之事将惟陛下所欲为，无不如志矣。[1]

【注释】

①蠖濩（huò huò）：指宫殿中的刻镂装饰。这里代称宫殿。

②便（pián）嬖：邪佞的大臣。

③塈（jì）：息，止息。

④殄（tiǎn）行：暴行。殄，灭绝。

【译文】

陛下即位二十七年来，因循旧制，岁月飞驰，没有取得哪怕尺寸大小的功绩以实现圣上的志向。我曾经反复思量这件事，难道不是由于安逸地居住在华丽的宫殿之中，虚空澄明应对万物的心中，天理还不够纯粹，人欲还有所滞留，所以做好事不能做得最好，除恶行不能斩草除根。一念之间，公私邪正、是非得失的种种想法，都涌上心头互相缠绕。所以陛下礼遇大臣不是不优厚，然而身旁那些献媚求荣的侍臣却深受依赖成为心腹；求取英才俊士的心情不是不迫切，然而那些奸邪庸碌的人却长久地把握着朝

〔1〕《宋史》卷四百二十九《列传》第一百八十八《道学三》，第12757页。

廷大权。不是不想听到公正的谏言议论，有时却不能容忍；不是不想杜绝谗言暴行，却又不免误听偏信；不是不想报社稷灭亡之仇、二帝被掳之耻，却又不免胆怯而苟且偷安；不是不爱惜养护百姓的财力，却又不免叹息发愁，怨天尤人。希望陛下从今以后，对于每一个念头都要谨慎地察究：这是天理呢，还是人欲呢？如果是天理，就要心怀恭敬地使其充盈，不要让它受到一点儿阻碍；如果是人欲，就要心怀恭肃地加以克制，不要让它有一点儿滞留。将此推而广之，至于一言一行，一举一动，乃至为人处事之时，无不按照这个标准来判断。做到这样，那么圣上的心就会洞然朗彻，内外融通，一丝一毫的私欲也不能掺杂到其中，陛下就会完全按照自己的想法处理天下事务，没有不如意的了。

【评述】

朱熹规诫君王“存天理，灭人欲”，是出于“格正君心”的政治诉求。在以君主为中心的政治体制之下，朱熹只能把君主置于天理的约束之下，以“限制君权”。他主张“为政者”应明了天理，自我约束，依据天理治国，节制私欲，减轻人民的负担，即“节用而爱民”，力行仁政。朱熹认为君主是否有德，关系国家的兴衰、人民的祸福。

格物致知，即物穷理，以应天下之务

【原文】

圣躬虽未有过失，而帝王之学不可以不熟讲。朝政虽未有阙遗，而修攘之计不可以不早定。利害休戚虽不可遍举，而本原之地不可以不加意。陛下毓德①之初，亲御简策，不过风诵文辞，吟咏情性，又颇留意于老子、释氏之书。夫记诵词藻，非所以探渊源而出治道；虚无寂灭，非所以贯本末而立大中。帝王之学，必先格物致知，以极夫事物之变，使义理所存，纤悉毕照，则自然意诚心正，而可以应天下之务。〔1〕

【注释】

①毓德：修养德性。孔颖达："毓，古育字。"

【译文】

陛下您虽然没有什么过失，但关于帝王的学问却不能不经常讲求。朝政虽然没有什么遗漏，但内修政教抵御外敌的大计却不能不早日确定。事务的利害与福祸虽不能一一列出，但关于治国的本原却不能不加以留意。陛下在修养德性的初期，亲自拿着简策，不过是讽诵文辞，涵咏情性，又很留意于老子和佛教的书籍。记诵文辞，玩弄词藻，不是探求渊源并从中得到治国之道的方式；道佛两家所讲的虚无寂灭，不是贯穿本末并确立中庸之道的方式。帝王的学问，一定要先穷究事物的原理从而获得知识，以穷尽地了解事物的变化，使其中所存在的义理，无论多么细微，全都照鉴出来，这样就自然使得意诚心正，然后就能应对天下的事务了。

【评述】

在儒家以修身齐家为根本的政治伦理哲学中，"格物致知"极

〔1〕《宋史》卷四百二十九《列传》第一百八十八《道学三》，第12752页。

其重要。朱熹谈到，“天下之物莫不有理”，“理”是万物之源，“格物”就是要穷极事物之理，探求事物本源，才能“致知”，即通晓事物之理，从而照见“义理”，以致“意诚心正”，才能应对天下的事务。朱熹提倡通过“格物致知”、“通晓义理”，来“格正君心”，使君心不丧失生而具有的善性，以保政治清明。

广求贤者，杜绝群小

【原文】

陛下即政之初，盖尝选建英豪，任以政事，不幸其间不能尽得其人，是以不复广求贤哲，而姑取软熟①易制之人以充其位。于是左右私亵使令之贱，始得以奉燕闲，备驱使，而宰相之权日轻。又虑其势有所偏，而因重以壅己也，则时听外廷之论，将以阴察此辈之负犯而操切之。陛下既未能循天理、公圣心，以正朝廷之大体，则固已失其本矣，而又欲兼听士大夫之言，以为驾驭之术，则士大夫之进见有时，而近习之从容无间。士大夫之礼貌既庄而难亲，其议论又苦而难入，近习便辟侧媚之态既足以蛊心志，其胥史狡狯之术又足以眩聪明。是以虽欲微抑此辈，而此辈之势日重，虽欲兼采公论，而士大夫之势日轻。重者既挟其重，以窃陛下之权，轻者又借力于所重，以为窃位固宠之计。日往月来，浸淫耗蚀，使陛下之德业日隳，纲纪日坏，邪佞充塞，货赂公行，兵愁民怨，盗贼间作，灾异数见，饥馑荐臻。群小相挻②，人人皆得满其所欲，惟有陛下了无所得，而顾乃独受其弊。〔1〕

---

〔1〕《宋史》卷四百二十九《列传》第一百八十三《道学三》，第12755页。

【注释】

①软熟：谓性情柔和圆熟。

②挻（shān）：篡取，夺取。

【译文】

陛下即位之初，大概也曾选拔英才豪士，并委以政事，不幸所选人才并非全都合适，所以也不再广泛求取贤才，而是姑且选用那些性情柔和圆熟，容易控制的人充任职位。于是陛下身边侍应杂使的那些亲近小人，开始在陛下闲暇时进行供奉，听任陛下的驱使，而宰相的权力日渐削弱。陛下又担心势力有所偏重，倚重得过多而闭塞自己，于是不时地倾听朝廷外的一些议论，借此来暗中查访这些人所犯的错误而钳制他们。陛下既然未能遵循天理、公正地秉持圣心，以此来端正朝廷的大体统，那么本来就丧失根本了，却又想同时听取士大夫的言论，以之作为驾驭之术。然而士大夫的进谏是时或为之，近侧的人却天天围在身边。士大夫仪容端庄难以亲近，其言论又良药苦口而难以让人接受，近侧的人善于献媚，足以蛊惑人心，他们具有小吏的狡诈之术，又足以淆乱视听。因此尽管想稍微压制一下这些人，这些人的权势却越来越大，再想同时采纳公众的言论，士大夫的权势却越来越小。权势重的人挟其重权，窃夺陛下的权柄，权势轻的人又向权势重的人借力，以便窃取禄位加固恩宠。天长日久，逐渐损耗，使得陛下的德业日益衰堕，国家纲纪日益败坏，奸佞之人充斥朝廷，贿赂之风公然兴起，士兵愁困，民众怨恨，盗贼时起，灾异屡屡出现，饥荒一再发生。众小人互相争夺，人人都能满足自己的欲望，只有陛下一无所获，反而独自遭受其祸害。

【原文】

至于选任大臣，则以陛下之聪明，岂不知天下之事，必得刚明公正之人而后可任哉？其所以常不得如此之人，而反容鄙夫之窃位者，直以一念之间，未能彻其私邪之蔽，而燕私之好，便嬖之流，不能尽由于法度，若用刚明公正之人以为辅相，则恐其有以妨吾之事，害吾之人，而不得肆。是以选择之际，常先排摈此等，而后取凡疲懦软熟、平日不敢直言正色之人而揣摩之，又于其中得其至庸极陋、决可保其不至于有所妨者，然后举而加之于位。是以除书未出，而物色先定，姓名未显，而中外已逆知其决非天下第一流矣。〔1〕

【译文】

至于选拔任用大臣，凭陛下的睿智聪明，怎会不知天下之事，非要得到刚直贤明公正的人才能加以任用呢？之所以常常得不到这样的人，反而容忍那些平庸鄙陋的人窃居朝位，只是因为在一念之间，没能看透其人的偏私邪曲，反受其蒙蔽。而陛下所宠幸的近侍，其行为不会全都合于法度，如果选用刚直贤明公正的人为宰辅，那么他们就会担心这样的人会妨碍他们的行动，危害他们自身，从而无法肆意妄为。因此在选拔官吏的时候，他们常常首先排挤掉这些人，然后选用那些性情柔和圆熟、平日里不敢直言正色的人，对他们进行考察，再从中挑出那极其平庸鄙陋、绝对保证不会对自己有所妨害的人，然后再把他们推举至高位。由此，任命官员的文件还没有发出，人选就已经事先确定

〔1〕《宋史》卷四百二十九《列传》第一百八十八《道学三》，第12760页。

了，姓名还没公布，朝廷内外就已知道其人绝非天下第一流的人了。

【原文】

四海利病，系斯民之休戚，斯民休戚，系守令之贤否。监司者守令之纲，朝廷者监司之本也。欲斯民之得其所，本原之地亦在朝廷而已。今之监司，奸赃狼籍、肆虐以病民者，莫非宰执、台谏之亲旧宾客。其已失势者，既按见其交私之状而斥去之；尚在势者，岂无其人，顾陛下无自而知之耳。[1]

【译文】

天下是安定还是混乱，在于百姓是幸福还是忧伤，百姓是幸福还是忧伤，取决于郡守县令的贤能与否。监司是郡守县令的纲纪，朝廷是监司的本源。要使百姓各得其所，其根源也在朝廷。如今那些贪赃枉法、肆意施虐以侵害百姓的监司，无一不是宰执、台谏的亲旧好友。那些已经失去权势的，已按其交私的情形斥退了；依然得势的，又怎能无人呢，只是陛下您无法知道罢了。

【评述】

朱熹主张贤者治国，而君主修身正心，才能辨识贤能，任用才俊来辅佐朝政，国家才能安定兴旺。这是中国传统德治思想的关键环节，也是民本思想的体现。所以，朱熹在指出官场诸多积弊之后，建议皇上广求贤者，杜绝群小，亲近忠良，远离奸佞，

---

〔1〕《宋史》卷四百二十九《列传》第一百八十八《道学三》，第12752页。

整肃朝纲，确保政治清廉，以求长治久安。

整肃纪纲，变化风俗

【原文】

至于振肃纪纲，变化风俗，则今日宫省①之间，禁密之地，而天下不公之道，不正之人，顾乃得以窟穴盘据②于其间。而陛下目见耳闻，无非不公不正之事，则其所以熏烝销铄，使陛下好善之心不著，疾恶之意不深，其害已有不可胜言者矣。及其作奸犯法，则陛下又未能深割私爱，而付诸外廷之议，论以有司之法，是以纪纲不正于上，风俗颓弊于下，其为患之日久矣。[1]

【注释】

①宫省：犹宫禁。指皇宫。

②盘据：同“盘踞”。现在规范词形写作“盘踞”。

【译文】

至于振举、整肃纪纲，移风易俗，那么今天朝廷之中，本来是宫禁严密之地，可是天下不公平的东西，不正派的人，竟然能在这里营造窟穴盘踞下来。而陛下看到的听到的都是不公平不正派的事，那么他们的熏染侵蚀，使得陛下向善的心思不鲜明，疾恶之意愿不深切，其危害已经是说也说不完了。等到他们做了坏事，触犯了法律，陛下又不能痛下决心割断私情所爱，而把他们

---

〔1〕《宋史》卷四百二十九《列传》第一百八十八《道学三》，第12760—12761页。

交付给外廷审议，让主管部门依法论罪，所以在上面朝廷的纪纲得不到端正，在下面则社会风气颓坏破败，这种状况为害的时间已经很长了。

【评述】

朱熹经常上书，揭露官场腐败、官员贪赃，敦促君主整肃纲纪，杜绝“不公之道”，制裁“不正之人”，他认为，不如此便会阻遏君主的“好善之心”和“疾恶之意”，甚至祸乱朝纲，败坏社会风气。所以，他力劝君主不能徇私，而应惩贪治奸，扭转颓败风气。

为政以德，刑以辅之

【原文】

政者，为治之具，刑者，辅治之法；德、礼，则所以出治之本，而德又礼之本也。此其相为终始，虽不可以偏废，然政、刑能使民远罪而已，德、礼之效，则有以使民日迁善而不自知，故治民者，不可徒恃其末，又当深探其本也。[1]

【译文】

政令，是治理国家的工具，刑罚，是辅助治理的方法；德和礼，则是用来治理国家的根本，而德又是礼的根本。在此它们互为终始，虽然不能有所偏重或荒废，然而政令和刑罚只能使人民

〔1〕 朱熹：《四书集注·论语卷之一·为政第二》，岳麓书社1985年3月第1版，第77页。

远离罪恶，而德和礼的功效，则可以使人民不知不觉地日益改过向善，所以治理民众不可以只依靠其末，而应深度地探求其根本。

【评述】

这是正统的儒家思想的德主刑辅观。朱熹认为德治为治国之本，但他并未忽视法律及刑罚的作用，将之作为辅政的手段。他指出，圣人治国，应主要通过教化，让民众明了德、礼而自觉向善，这是根本，而刑罚只是下策，故强调“明刑弼教”，即“教之不从”，再“刑以督之”。因为“法度非刑不立”，没有刑罚作为后盾，政令也就无法贯彻执行。特别是在社会矛盾尖锐、道德伦常混乱的情况下，用刑就在所难免。所以，朱熹的德刑观便是德礼优于政刑，先教化，后惩治，以确保政通人和，稳定统治秩序。

第十五节　陈亮

【人物简介】

陈亮（1143—1194），南宋思想家、文学家。字同甫，学者称龙川先生。婺州永康（今属浙江）人。光宗绍熙四年（1193 年）进士，擢为第一。孝宗时作《中兴五论》，力主抗金。遭当权者嫉恨，屡次被捕入狱。光宗时授建康府判官，未到任卒。赞成变法，但反对不利于富民、商贾的青苗、均输之法。提倡注重事业功利、有利于国计民生的“事功之学”。指出物欲是人的自然本性，“天理人欲可以并行”，但欲须由礼节制。批评理学家只讲主观动机而空谈“道德性命”。著有《龙川文集》、《龙川词》。

勉强行道大有功

【原文】

天下岂有道外之事哉，而人心之危不可一息而不操也。不操其心，而从容乎声、色、货、利之境，以泛应乎一日万几之繁，而责事之不效，亦可谓失其本矣。此儒者之所甚惧也。

夫道，非出于形气之表，而常行于事物之间者也。人主以一身而据崇高之势，其于声、色、货、利，必用吾力焉，而不敢安也；其于一日万几，必尽吾心焉，而不敢忽也。惟理之徇，惟是之从，以求尽天下贤者之心，遂一世人物之生，其功非不大，而不假于外求，天下固无道外之事也，不恃吾天资之高，而勉强于其所当行而已。汉武帝好大喜功，而董仲舒言之曰：“勉强行道大有功。”可谓责难于君者矣。请试申之。

昔者尧、舜、禹、汤、文、武汲汲，仲尼皇皇。彼皆大圣人也，安行利行，何所不可，又复何求于天地之间而若此其切哉？盖人心之危，道心之微，出此入彼，间不容发，是不可一息而但已也。夫喜、怒、哀、乐、爱、恶，所以受形于天地而被色而生者也，六者得其正则为道，失其正则为欲。而况人君居得致之位，操可致之势，目与物接，心与事俱，其所以取吾之喜、怒、哀、乐、爱、恶者不一端也，安能保事事物物之得其正哉！一息不操则其心放矣。放而不知求，则惟圣罔念之势也。夫道岂有他物哉，喜、怒、哀、乐、爱、恶得其正而已；行道岂有他事哉，审喜、怒、哀、乐、爱、恶之端而已。不敢以一息而不用吾力，不尽吾心，则强勉之实也。贤者在位，能者在职，而无一民之不安，无一物之不养，则大有功之验也。天佑下民而作之君，岂使之自纵其欲哉，虽圣人不敢不念，固其理也。

武帝雄材大略，杰视前古，其天资非不高也；上嘉唐虞，下乐商周，其立志非不大也。念典礼之漂坠，伤“六经”之散落，其意亦非止于求功夷狄以快吾心而已，固将求功于圣人之典，以与三代比隆，而为不世出之主也。而不知喜、怒、哀、乐、爱、恶一失其正，则天下之盛举皆一人之欲心也，而去道远矣，有功亦止于美观耳。尧舜之“都”“俞”①，尧舜之喜也，一喜而天下之贤智悉用也。汤武之《诰》《誓》，汤武之怒也，一怒而天下之暴乱悉除矣。此其所以为行道之功也。经典之悉上送官，非武帝之私喜也；用为私喜，则真伪混淆，徒为虚文耳。夷狄之侵侮汉家，非武帝之私怒也；用为私怒，则人不聊生，徒为世戒耳。使武帝知强勉行道，以正用之，则表章②而圣人之道明，必非为虚文也；诛讨而夷、夏之势定，必不为世戒也。其功岂可胜计哉！武帝奋其雄材大略，而从容于声、色、货、利之境，以泛应乎一日万几之繁，而不知警惧焉，何往而非患也！说者以为：武帝好大喜功，而不知强勉学问、正心诚意以从事乎形器之表，溥博渊泉而后出之。故仲舒欲以渊源正大之理而易其胶胶扰扰之心，如枘凿③之不相入，此武帝所以终弃之诸侯也。

夫渊源正大之理，不于事物而达之，则孔孟之学真迂阔矣，非时君不用之罪也。齐宣王之好色、好货、好勇，皆害道之事也，孟子乃欲进而扩充之：好色人心之所同，达之于民无怨旷，则强勉行道以达其同心，而好色必不至于溺，而非道之害也；好货人心之所同，而达之于民无冻馁，则强勉行道以达其同心，而好货必不至于陷，而非道之害也；人谁不好勇，而独患其不大耳。人心之所无，虽孟子亦不能以顺而诱之也。不忍一牛之心，孟子欲其扩充之，以至于五十之食肉，六十之衣帛，八口之无饥，而谓之王道。孟子之言王道．岂为不切于事情？梁惠王问利国，未为戾于道也；移民移粟，未为无意于民也。孟子皆不然之，而力以仁义为言。盖计较利害，非本心之所宜有，其极可以至于忘亲后君，而无可达于事物之理，非好货好色之比，而况不忍一牛之心乎！圣贤之所谓道，非后世之所谓道也。为人上者，知声、色、货、利之易溺而一日万几之可畏，强勉于其所当行，则庶几仲舒之意矣。夫天下岂有道外之事哉！[1]

【注释】

①“都”“俞”：均为叹词。都，赞美；俞，同意。出自《书·益稷》：“禹曰：‘都！帝，慎乃在位。’帝曰：‘俞！’”后用为君臣论政时问答之词，以为可，则曰都、俞。

②表章：表扬，显扬。

③枘（ruì）凿：枘，榫头。凿，卯眼。枘圆凿方或凿圆枘方，难相容合。

【译文】

天下哪有道之外的事呢！人的利欲要求是危险的，不能片刻放松控制。帝王不控制自己的利欲要求，沉湎于奢侈华靡的生活，敷衍了事地处理纷繁复杂的国家事务，办事不讲成效，这可以说

---

〔1〕 陈亮：《陈亮集·勉强行道大有功》，中华书局 1987 年版（下同），第 100—102 页。

是丢掉了为君的根本。这是读书人最害怕的事情。

任何道都不能在事物的表面独立存在，而永远运行在事物之中。帝王居于至高无上的地位，容易生活奢侈，应该悉心政事，而不该贪图安逸。国家事务千头万绪，应该尽心处理，而不该马虎疏忽。只要是有理的就信服，只要是对的就听从，这样便能使天下所有的贤者心服，使当世的杰出人物尽其才能。这种功劳非同小可，而且用不着外求，帝王自己就可以办得到。天下本来就没有道外的事物，因此办事并不依靠自己天资聪明，只要努力去完成自己应当做的事情就行了。汉武帝好大喜功，而董仲舒对他说："努力行道就功德无量了。"可以说他对君主加以责难了。请让我试着说明一下。

当初的尧、舜、禹、汤、文、武和仲尼，他们都是大圣人，如果从容行事，有什么不可以的？为什么他们如此急切地到处奔走，寻求治理国家的方法呢！因为人欲危险，道心式微，变道心为人欲，时刻都会发生，所以防止这种变化，不可以片刻疏忽大意。喜、怒、哀、乐、爱和恶，这些情感是天地赋予而假借外物产生的。这六种感情用得正当就符合道德要求，用得不正当就成为私欲。何况帝王处于至高无上的地位，据有至高无上的权势，眼睛看到很多事物，心中考虑很多问题，如果喜、怒、哀、乐、爱、恶没有一定的标准，那怎能确保每件事情都做得正确呢！如果放松控制，那么道心就会消失，消失了又不去寻找，那么即使是圣人，也会变得粗暴愚蠢的。道哪有什么别的要求，不过是喜、怒、哀、乐、爱、恶用得正当罢了；行道哪里用得着做些额外的事情，不过是注意喜、怒、哀、乐、爱、恶的正当运用罢了。尽心尽力，不敢有一点儿疏忽，那就是勉强行道。贤人各在其位，能者各尽其才，人人安居乐业，万物休养生息，那就是努力行道功德无量的成效。上天既然为了帮助老百姓才立了君主，难道是让君主随心所欲吗！道理本来如此，所以即使是圣人也不敢不考虑这一点。

汉武帝的雄才大略是前所未有，他的天资并非不高；他赞美唐尧、虞舜的治国方法，又喜欢商周两朝的管理制度，他的志向并非不大。汉武帝看到周朝典礼的凋零败落，痛心“六经”的漂流散失，本意不只是为了征服匈奴让他自己畅快而已，而是为了从圣人的经典中求取治国的经验，来同三代媲美，以成为非凡的帝王。

帝王的喜、怒、哀、乐、爱、恶如果运用失当，那么所谓天下功业不过出自一个人的私欲，离开道也就远了，即使有了功绩，也不过外表好看而已。尧、舜的赞美和首肯，是尧舜之喜，他们一高兴，天下的贤能之士就全部被任用了。商汤和周武王发布《诰》、《誓》，是愤怒的表示，他们一发怒，天下的暴乱就全部消除了。这就是他们行道的功绩。把前代经典全部集中到官府，不是出于汉武帝个人的喜好；如果这只是出于个人的爱好，便只是一堆真假混淆、徒成虚文的东西。匈奴侵犯欺侮汉朝，汉武帝起而抵抗，也不是出于他个人的愤怒；如果这是出于个人愤怒的话，那么这种战争会使民不聊生，只不过成为天下的教训而已。假使汉武帝懂得努力行道，为政得当，那么就能显扬圣人之道，而不是徒成虚文的东西了；出兵征伐，就能使国家局势稳定，这样他的功绩就不可胜计了，也不会成为世代的警戒了。汉武帝发挥他的雄才大略，如果沉湎于声色货利，对国家事务敷衍了事，不知戒惧，那就无处不是祸患了。

道学家们认为汉武帝好大喜功，不懂得努力行道，不知正心诚意而从事实际的事功、积蓄高深的道德学问然后行动。所以董仲舒想用儒家深奥正大的道理去改变汉武帝奋发图强、锐意进取的心思，就像不相合的榫头与卯眼一样格格不入，这就是汉武帝最后把董仲舒赶到诸侯王刘非那里去的原因。

深奥正大的道理，不能结合具体的事物表出，那么孔孟之道不过是迂阔不切实际的学问，这不能怪当时的君主不采用它。齐宣王好色、贪财又喜欢称勇，这些都是有害于道的事情，但是孟轲却还想把它扩而大之。喜欢女色是人们生活中的常规，把它从帝王那里推广到老百姓的婚嫁上就不会有怨女、旷夫了。把人们的这种共同要求加以引导，纳入正轨，那么好色就不会沉湎到无节制的地步，也不会成为道德的祸患。喜欢财物是每个人都相同的，把它从帝王那里推广到老百姓身上，他们有了财物就不会受饥挨冻，那么努力这样做以达到同心的地步，喜欢财物也就不会成为一种缺陷，也就不会成为道德的祸患。哪个人不喜欢称勇，唯恐他称不上大勇。人的欲望中所没有的东西，即使孟轲也无法顺势而加以诱导。齐宣王连一头牛也不舍得杀掉，孟轲还想近一步扩而大之，以至于要使五十岁的人有肉吃，六十岁的人有丝绸穿，八口人的家庭不挨饿，说这就是王道。孟轲说的这种王道，难道是不切合实际？梁惠王问孟轲富国强兵的方法，不能算违背道吧；移民移粮，不能说对老百姓没有情意吧。孟轲却不以为然，而竭力提倡仁义。因为计较利害得失，不是人的本心所应有的，发展下去甚至会到不忠不孝的地步，以至于完全同事物的正理背道而驰，这同贪财好色不能相比，更何况同不忍杀一头牛之心相比呢！

圣贤所说的道，并非后世所说的道。做帝王的人，知道奢侈华靡的生活容易使人沉湎不悟，而处理纷繁复杂的国家事务关系到国家的命运，所以应该努力地去做这些应做的事，也许这就是董仲舒的意思吧。天下哪有道之外的事呢！

【评述】

陈亮的天道观为其“事功伦理”和“理欲统一”思想提供了理论根据。他强调“道”不是存在于事物之外，而是存在于具体事物之中，运行于事物之间，且“昭昭焉可察而知”。相反，世界上的一切事物也都存在于道之中，并无道外之事。他首先肯定了人的自然本性，认为人的本性不可抗拒。既然人生不能无欲，那么满足百姓基本的物质欲求也就成了上天为民立君的原因，所以君主的职责是满足老百姓的正当欲求。所以，正当的欲求可以满足，但不正当的欲求须加以控制引导。陈亮尤其强调君主需有正己之心，控制自己的私欲，拒奢靡，勤国政，治国以道，化民以德，表率天下。心中存道，各种欲求才能被导入正途，从而上下一体，“贤者在位，能者在职，而无一民之不安，无一物之不养”，最大多数人的正当欲求就得到满足，这样，也就成就了善政。

论开诚之道

【原文】

臣尝观自古大有为之君，慷慨果敢而示之以必为之意，明白洞达而开之以无隐之诚，故天下雄伟英豪之士，声从响应，云蒸雾集，争以其所长自效而不敢萌欺罔之心，截然各职其职而不敢生不满之念。故所欲而获，所为而成，而卓乎其不可及也。仰惟陛下英睿神武，出于天纵[①]，嗣承大统，于今八年，天下咸知其为真英主矣。而所欲未获，所为未成，虽臣亦为陛下疑之也。夫慷慨果敢，陛下固示之以必为之意矣，而天下之气索然而不吾应，或者明白洞达、开之以无隐之诚者容有未至乎？

夫任人之道，非必每事疑之而后非无隐之诚也。心知其不足任，而姑使之以充吾位；使之既久，而姑迁之以慰其心。身尊位大，而大责或不必任；职亲地密，而密议或不得闻。听其言，与之以位而不责其实；责其实，迫之以目前而不待其成。陛下自度任人之际颇有近于此者乎？如或近之，则非所谓明白洞达、开之以无隐之诚也。故天下懦庸委琐之人，得以自容而无嫌；而狂斐妄诞之流，得以肆言而无忌。中实无能而外为欺罔，位实非称而意辄不满。平居则何官不可为，缓急则何人不退缩！是宜陛下当宁而叹天下人才无一之可用，而谓书生诚不足以有为，则非陛下之过也，天下之士有以致之耳。虽然，何世不生才，何才不资世！天下雄伟英豪之士，未尝不延颈待用，而每视人主之心为如何。使人主虚心以待之，推诚以用之，虽不必高爵厚禄而可使之死，况于其中之计谋乎！人主而有矜天下之心，则虽高爵厚禄日陈于前，而雄伟英豪之士有穷饿而死尔，义有所不屑于此也。夫天下之可以爵位诱者，皆非所谓雄伟英豪之士也。陛下勿以其可以爵位诱，奴使而婢呼之。天下固有雄伟英豪之士，惧陛下诚心之不至而未来也。

臣愿陛下虚怀易虑，开心见诚，疑则勿用，用则勿疑。与其位，勿夺其职；任其事，勿间其言。大臣必使之当大责，迩臣必使之与密议。才不堪此，不以其易制而姑留；才止于此，不以其久次而姑迁。言必责其实，实必要其成。君臣之间，相与如一体，明白洞达，豁然无隐，而犹不得雄伟英豪之士以共济大业，则陛下可以斥天下之士而不与之共斯世矣。不然，臣恐孤陛下必为之心，沮天下愿为之志，两相求而不相值也。以陛下英睿神武之资，视古之贤主，无所不及而有过之者，而其效乃尔，此臣所以区区爱君之心不能自已，而辄献其愚忠，惟陛下财②幸！[1]

【注释】

①天纵：天所放任。意谓上天赋予。

②财：通“裁”。裁度，量情采纳。

【译文】

我曾经观察自古以来大有作为的君王，都是慷慨果敢并都有要干一番事业的雄图大略，明白洞达，开诚布公，没有私心，所以天下的英雄豪杰，听到号召就积极响应，纷纷投奔而来，争着贡献自己的才智而不敢萌发欺瞒的念头，各尽其职而不敢存在不满的情绪。因此目的都能达到，做事都能成功，这种卓越的才能是人家比不上的。陛下英明睿智、神勇英武出于天赋，继承大统至今已有八年，天下百姓都知道您是真正英明的君主。但是您想要的没能获得，想做的没有成功，就是我也替您感到疑惑了。您虽然表示了要干抗金中兴这桩大事业，但是天下寂然无应，或许是您在明白洞达、开诚布公、没有私心方面恐怕还有不到之处吧！

使用人才之道，不要对他所做的事都怀疑，否则就是不相信。明知这个人不能胜任，却姑且让他充任官职；任用久了又随意提升，以宽慰他的心。对于身份尊贵、职位高的大臣，不把重大的

[1] 《陈亮集·论开诚之道》，第25—27页。

职责交给他；对于职掌机密的亲近官员，不让他知道机密。听了他的话，给他一定的官职却不责成他去完成任务；责成他完成一件任务，却又不给时间，不待完成就加以催逼。陛下自己估计一下，在用人方面是不是也有类似这样的情况呢？如果有类似这样的情况，那么就不能说是明白通达，开诚布公，完全信任臣下了。所以天下那些怯弱无能、胸无大志的人，得以心安理得、逍遥自在；那些轻狂放荡之徒，得以放纵乱说而毫无顾忌。实际上并没有才学，却要欺骗人，不能胜任给他的职务，却动不动闹情绪。平常都想钻营做官，国家有事便纷纷逃避畏缩！这样陛下自然只能叹息天下人才没有一个顶用，那些读书人实在是无所作为，这不是陛下的过错，是天下的士人自己造成的。虽然如此，但哪个时代没有人才，哪位才智之士不为社稷出力！天下的英雄豪杰没有不迫切等待任用的，但往往要看君主的心意怎么样。假使君主能虚心地对待他们，真诚地信用他们，即使不用高官厚禄，他们也甘愿献出生命，更何况献出聪明才智呢！如果君主看不起人，那么即使把高官厚禄天天摆在他们面前，他们宁愿受穷挨饿而死，也不在乎这些东西。天下可以被高官厚禄引诱的人，绝不是所谓的英雄豪杰。你不要认为他们可以用高官厚禄来引诱，而把他们当成奴婢一样使唤。天下有的是英雄豪杰，只是他们怕你没有诚心，所以才没有来。

我希望陛下虚怀若谷，去掉疑虑，与臣下坦诚相见，怀疑人家就不要任用，任用了就不要怀疑。授予人家官位，就不要侵夺他的职权；让人家担任了工作，就不要乱出主意去干涉他。位尊职重的大臣，一定让他们担负重大的责任；与陛下亲近的大臣，就一定要让他们参与机要。不称职的，不要因为他容易控制而姑且留任；才能平平的，不因为他任职长久而勉强提升他。提出任务责成他们去做，而且一定要做成功。君臣能相处得如同一个整体，心胸开阔，毫无隐瞒，如果这样还得不到英雄豪杰来共图抗金中兴的大业，那么陛下完全可以斥责他们，而不与他们共处共事。不然的话，我恐怕会辜负陛下坚决有所作为的心愿，会阻止天下英豪济世志向的实现，虽然两方面都有共同抗金中兴的愿望，却碰不到一块。陛下比起古代的贤明君主，没有赶不上的地方，却有越过他们的地方，然而成就却不过如此，这是我所以不能抑制自己的爱君之心，而献上我的忠诚的原因，只待陛下量情采纳为幸！

【评述】

陈亮提醒君主，要成就大业，必须发掘人才、尊重人才、信任人才。要诚心对待那些贤能之才并委以重任，对那些名不副实的庸才要加以摒弃。要善于选拔、任用和考核人才，以使君臣如一体，共济大业。“唯才是用”的前提在于发现人才，并善于辨别人才的真伪。他提出要“任贤使能”，对旧的官吏进行清理整顿。他强调用人要遵循“疑则勿用，用则勿疑”的原则，“与其位，勿夺其职；任其事，勿间其言”，对人才坦诚相待，放手任用，以使人尽其才，发挥各级官吏的作用，从而改变保守无为的政治局面。

论执要之道

【原文】

臣窃惟陛下自践祚以来，亲事法宫[①]之中，明见万里之外；发一政，用一人，无非出于独断；下至朝廷之小臣，郡县之琐政，一切上劳圣虑。虽陛下聪明天纵，不惮劳苦，而臣窃以为人主之职本在于辨邪正，专委任，明政之大体，总权之大纲；而屑屑焉一事之必亲，臣恐天下有以妄议陛下之好详也。

自祖宗以来，军国大事，三省议定面奏，获旨差除，即以熟状进入，获可，始下中书造命，门下审读。有未当者，在中书则舍人封缴之，在门下则给事封驳之，始过尚书奉行。有未当者，侍从论思之，台谏劾举之。此所以立政之大体，总权之大纲，端拱于上而天下自治，用此道也。今朝廷有一政事而多出于御批，有一委任而多出于特旨。使政事而皆善，委任而皆当，固足以彰陛下之圣德，而犹不免好详之名；万一不然，而徒使宰辅之避事者得用以借口，此臣爱君之心所不能以自已也。臣愿陛下操其要于上，而分其详于下。凡一政事，一委任，必使三省审议取旨，不降御批，不出特旨，一切用祖宗上下相维之法。使权固在我，不蹈曩日专权之患；而怨有所归，无代大臣受怨之失。此臣所以为陛下愿之也。

臣闻之故老言，仁宗朝，有劝仁宗以收揽权柄，凡事皆从中出，勿令人臣弄威福。仁宗曰："卿言固善，然措置天下事，正不欲专从朕出。若自朕出，皆是则可，有一不然，难以遽改。不若付之公议，令宰相行之，行之而天下不以为便，则台谏公言其失，政之为易。”大哉王言！此百世人主之所当法，而况于圣子神孙乎！

史之称光武曰：“明谨政体，总揽权纲。”政体者，政之大体也；权纲者，权之大纲也。臣愿陛下立政之大体，总权之大纲，辨邪正，专委任，以幸天下。得操要之实而鉴好详之弊，则天下雄伟英豪之士，必有能奋然出力以办今日之事者矣。臣不胜大愿。[1]

【注释】

①法宫：宫室的正殿，古代帝王处理政事之处。

【译文】

陛下自从登位以来，亲自在宫室的正殿内处理政务，明察全国各地的情况，发布一道旨令，任用一位官员，无不亲自决断；甚至任用一个朝廷小官，处理地方上的细小政事，都要亲自考虑。虽然陛下天赋聪明睿智，不怕劳累辛苦，但我认为皇帝的职责应该是辨别正确与错误，任用贤人，确定治国大纲，掌握最高权力；如果每件小事都亲自办理，我怕天下有人会妄自议论陛下好管琐事。

自从祖宗开国以来，国家的军政大事，由三省讨论，草拟办法，然后当面奏请皇帝决定，派遣官员、授职等事要先写成报告，得到皇帝许可，才下达到中书省，写成正式命令，由门下省审核发布。如果决定不当，在中书省由中书舍人封还并加以纠正，在门下省的由门下给事中封还并加以纠正，然后才转到尚书省执行。

〔1〕《陈亮集·论执要之道》，第27—28页。

执行中如果又发现不当，侍从官还可以评议考虑，台官、谏官还可以检举弹劾：这样（层层负责，多方把关，集中控制），才是确立治国大纲、总揽大权。拱手端坐于上，天下自然大治，就是运用这个方法。现在朝廷一有政事，多出于皇帝的批示；一有委任，多出于特别降旨任命。即使政事都办得很好，委任的人员都很适当，这固然能够显出你的才德，但仍然免不了好管琐事的名声；万一处置不当，就会被大臣们当做逃避责任的借口，这是臣下爱君之心所不能容忍的。我希望陛下在上面掌握要政，而将具体事情分给下面各个机构去办。凡有政事、委任，一定要让三省先审查计议，然后取得您的同意，陛下不必亲下御批，也不要特降圣旨，一切用祖宗所制定的上下相互维系的办法去办理。这样大权不致旁落，而又可避免过去权力过分集中的缺点；出了事情具体责任有人承当，您不必代大臣受过。我希望陛下能这样做。

我听到老臣讲过，仁宗皇帝在位时，有人劝他独揽大权，一切事情都由皇帝做出决定，不要让大臣弄权作威作福。仁宗说："你的话固然不错，然而处理天下大事，恰恰不能专门由我一个人做出决定。假如由我一个人做决定，都是正确的话还可以，万一有个错处，就难以一下子改正。不如交给大家议论，命令宰相执行。执行后如果天下人认为不适宜，那么由台谏官公开地讲出它错在哪里，改起来也容易。"仁宗皇帝的话多么有道理呀！这是历代帝王都应效法的，何况仁宗皇帝神圣的子孙呢？

史书上称赞光武帝："政体严明，总掌权纲。"政体，是政事的大体；权纲，是权力的总纲。我希望陛下树立政事的大体，总揽权力的大纲，辨清正邪，专门委任，以统治天下。取得了掌握关键的实效，又能鉴戒"好详"的弊病，那么天下的英雄豪杰，一定会奋然出力来办抗金救国的大事。这是我最大的愿望。

【评述】

陈亮认为，君主治理国家，不应不分巨细，事必躬亲，更不应专权独裁。他提出，君主应秉枢执要，总揽权纲，而具体政务则由各级官吏去处理。君主的职责为“辨邪正，专委任”，“立政之大体，总权之大纲”。所谓“辨邪正”，就是要分清是非邪正，把握正确的施政方向。“专委任”，即任用贤能，明确其职，责其事功，使官吏各司其职。“立政之大体，总权之大纲”，就是颁布制度，从总体上确保国家总的运行机制，全面统筹，而不是越俎代庖、包办代替。这便是“君执要，臣主详”的施政思想。

赏以劝善，刑以惩恶，圣人所以御天下之大权者

【原文】

义利之分，孟子辨之详矣。而赏以劝善，刑以惩恶，圣人所以御天下之大权者，犹未离于利乎？有所利而为善，有所畏而不为恶，则其入人也亦浅矣。尧舜之治天下，不赏而民劝，不怒而民威。故罪疑惟轻，功疑惟重。岂亦知其效入人也浅乎？然皋陶之陈谟，以典礼赏罚同出于天，而非有轻重之别也。[①]苟无所事乎其用，则赏罚亦自外来耳，安在其为天乎？三代之用赏罚，大概犹法唐虞，而记礼者载其先后之用甚详，又以为至周而穷。岂世变之极，而赏罚之用始重乎？抑其出于天，而三代始赖其用也？《春秋》圣人经世之志，而独以代天子之赏罚，则圣人起而治天下，必不能以易此矣，亦何怪于汉宣帝之专恃赏罚以为治乎？“惟

辟②作福，惟辟作威”，《洛书》之所明载，而儒者终以为治天下者不取必于赏罚，亦知夫劝惩之效浅也。谓赏罚不取必于劝惩，则无以御天下；谓其为惩劝而设，则赏罚亦利耳。利者，人道之末也，则皋陶之所谓天者岂诬乎？

耳之于声也，目之于色也，鼻之于臭也，口之于味也，四肢之于安佚也，性也，有命焉。出于性，则人之所同欲也；委于命，则必有制之者而不可违也。富贵尊荣，则耳目口鼻之与肢体皆得其欲；危亡困辱则反是。故天下不得自徇其欲也，一切惟君长之为听。君长非能自制其柄也，因其欲恶而为之节而已。叙五典，秩五礼，以与天下共之。其能行之者，则富贵尊荣之所集也；其违之者，则危亡困辱之所并也。君制其权，谓之赏罚；人受其报，谓之劝惩。使为善者得其所同欲，岂以利而诱之哉！为恶者受其所同恶，岂以威而惧之哉！得其性而有以自勉，失其性而有以自戒。此典礼刑赏所以同出于天，而车服刀锯非人君之所自为也。天下以其欲恶而听之人君，人君乃以其喜怒之私而制天下，则是以刑赏为吾所自有，纵横颠倒而天下皆莫吾违。善恶易位，而人失其性，犹欲执区区之名位以自尊，而不知天下非名位之所可制也。孔子之作《春秋》，公赏罚以复人性而已。后世之用赏罚，执为己有以驱天下之人而已。非赏罚入人之浅，而用之者其效浅也。故私喜怒者，亡国之赏罚也；公欲恶者，王者之赏罚也。外赏罚以求君道者，迂儒之论也；执赏罚以驱天下者，霸者之术也。[1]

〔1〕《陈亮集·问答下》，第41—42页。

【注释】

①“皋陶（yáo）”句：出自《书·虞书·皋陶谟》。皋陶在向禹进献治民的谋略时说道：“天叙有典……天秩有礼……天命有德……天讨有罪……”陈，陈述，这里有进献的意思。谟，计谋，谋略。

②辟（bì）：君主。

【译文】

义和利的区别，孟轲已分辨得很详尽了。用奖赏劝导人们做好事，用刑罚惩办做坏事的人，圣人用这个办法统治天下，还没有离开利吧？有利可图就去做好事，惧怕惩罚就不敢干坏事，可见赏罚对百姓的影响还是不深刻的。尧舜治理天下，不赏，老百姓也做好事，不罚，老百姓也不做坏事。所以判罪可疑的时候从轻发落，赏功可疑的时候从重赏赐。难道这也是因为赏罚对人的作用不大吗？皋陶在向禹进献谋略时，认为典礼和赏罚都是出于天命，并没有重要和次要的区别。如果天下尽善尽美，用不着赏罚，那么说明赏罚本是外加的东西，怎么能说它是天意决定的呢？夏、商、周三代用的赏罚方法大概是效法唐尧、虞舜，记礼者把当时赏罚的情况记载得很详细，有人认为到了周朝就置之不用了。是因为天下出现了极大的变乱，因而才开始注重赏罚的运用，还是由于典礼赏罚出于天命，所以三代才得以大治？《春秋》这本书记述了圣人治理天下的准则，成为帝王的赏罚书，就是圣人起来治理天下，也一定不会舍弃《春秋》这部赏罚书，那又怎能怪汉宣帝专门依靠赏罚治理国家呢？《洛书》上明确写着“只有国君才能执行赏罚，独揽权威”，但是道学家认为治理天下的人不必采用赏罚手段，大概他们是觉得劝善和惩恶的功效不大吧。说不必用赏罚劝善惩恶，那就无法统治天下；说赏罚是为劝善惩恶而设，那么赏罚就是利。而利这个东西，你们说是人道中微不足道的，那么皋陶关于“典礼赏罚，同出于天”的说法岂不是在骗人吗？

耳朵喜欢听悠扬的音乐，眼睛喜欢看美丽的颜色，鼻子喜欢闻芬芳的香气，嘴巴喜欢吃鲜美的食品，四肢习惯于安逸舒适，这些都是人的本性，是由命运决定的。出于人的本性，那么人们的欲望都是相同的；听凭命运的摆布，那么欲望就必然受到节制而不可抗命。在富贵尊荣的时候，一切享受都能获得，而在危亡困辱的时候，这一切就没有了。所以人们不能够为所欲为，而要听从帝王的安排。帝王的权力也不是自封的，他只是随着人们的好恶加以节制罢了。制定五典、五礼，是为了让天下人共同遵守照办的。能够照着五典、五礼办事的人，富贵尊荣就能集中到他身上；违背它的人，危亡困辱就交加并至。帝王行使权力，称为赏罚；人们受到报应，称为劝惩。让做好事的人得到利益，难道是用赏赐来引诱他吗！使做坏事的人受到应得的惩罚，难道是用刑罚来吓唬他吗！得到奖赏就应该自我勉励，受到惩罚就应该自我警戒。这才是皋陶所谓“典礼刑赏同出于天”这一说法的含意，因而赏赐和处罚并不是帝王自己随意定出来的。人们由于趋善避恶而听从帝王的命令，帝王如以自己的喜怒统治天下，那是把刑赏当成私事，随心所欲，颠倒是非，强迫天下人遵守。善恶颠倒，使人性乱了套，这样，帝王还想靠小小的名位维护其统治，他哪里知道天下并不是靠名位能够控制得了的。孔子作《春秋》一书，是想用公正合理的赏罚来恢复人的本性。而后世的人运用赏罚，不过是把赏罚权据为己有，用来驱使天下人。不是赏罚的作用不大，是因为运用不当才见效不大。所以凭个人的喜怒行使赏罚，那是亡国的赏罚；顺应人们共同的趋善避恶的要求行使赏罚，那是王者的赏罚。抛弃赏罚手段去寻求做帝王的方法，那是迂腐的书生之见；把赏罚作为驱使天下的手段，那是称霸者使用的方法。

【评述】

陈亮主张德治，但也认为刑法是德治的有益补充，即以德化为本，辅之以刑法，刑赏与典礼一样，“同出于天”，“刑者圣人爱民之具，而非以戕民也”。他从人性论的角度论证了人的物欲的合理性，提出了“自然人性论”。在论述义利之分、赏罚之辨时，他认为“赏以劝善，刑以惩恶”，均“未离于利”，都是“圣人所以御天下之大权者”。陈亮还从人性与赏罚之间的关系出发，探及赏功罚罪的本质，符合人们趋利避害的本性，只是赏罚的公正与否便是区分亡国之法与王者之法的根本所在。如果君主以一己喜怒之私运用君权，导致“善恶易位而人失其性”，便是霸道；而以天下欲恶之公运用君权，“使为善者得其所同欲”而“为恶者受其所同恶”，才是王道。即所谓“私喜怒者，亡国之赏罚也；公欲恶者，王者之赏罚也”，最终实现“不赏而民劝，不怒而民威”的尧舜之治。

参考文献：

李焘：《续资治通鉴长编》，中华书局1979年版。

欧阳修等：《唐宋八大家散文大典》，北京出版社2008年版。

司马光主编：《资治通鉴》，中华书局2001年版。

陈亮：《陈亮集》，中华书局1987年版。

范仲淹：《范文正公文集》，商务印书馆1937年版。

欧阳修：《新五代史》，中华书局1974年版。

苏洵：《嘉祐集笺注》，曾枣庄等笺注，上海古籍出版社1993年版。

苏轼：《苏轼集》，山西古籍出版社2006年版。

朱熹：《朱文公文集》，商务印书1922年版。

包拯：《包拯集校注》，黄山书社1999年版。

李觏：《李觏集》，中华书局1981年版。

阴法鲁主编：《古文观止译注》，北京大学出版社2002年版。

朱熹等撰集、于民雄译注：《近思录全译》，贵州人民出版社2009年版。

吕晴飞等主编：《唐宋八大家散文赏析》，中国妇女出版社2007年版。

刘复生：《中国古代思想史》，广西人民出版社2006年版。

周俊旗：《历代名臣奏议选译》，中国青年出版社1998年版。

张锡勤等主编：《中国伦理思想通史》，黑龙江教育出版社1992年版。

王石主编：《中国廉政文化读本》，人民出版社2007年版。

何忠礼：《宋代政治史》，浙江大学出版社2007年版。

史式：《我是宋朝人》，陕西师范大学出版社2008年版。

陆学艺等主编：《中国社会思想史资料选辑》，广西人民出版社2005年版。

马小红：《中国古代法律思想史》，法律出版社2003年版。

王同道等编著：《中国历代廉政思想教育读本》，中国方正出版社2007年版。

余华青主编：《中国古代廉政制度史》上海人民出版社 2007 年版。

周卫东：《廉政理论研究》，中央编译出版社 2004 年版。

周天：《中国历代廉政监察制度史》，上海文艺出版总社 2007 年版。

夏赞忠：《中国廉政法律制度研究》，中国方正出版社 2006 年版。

邓广铭等：《宋史专题课》，北京大学出版社 2007 年版。

万江红：《中国历代社会思想》，社会科学文献出版社 2005 年版。

汉语大词典编撰处：《中国历代廉政勤政箴言辞典》，汉语大词典出版社 2006 年版。

欧阳修：《欧阳修散文全集》，中国书店 1989 年版。

周敦颐：《周敦颐集》，岳麓书社 2002 年版。

张载：《张横渠集》，商务印书馆 1936 年版。

王安石：《王安石全集》，上海古籍出版社 1999 年版。

程颢、程颐：《二程遗书》，上海古籍出版社 2000 版。

苏轼：《苏轼文集》，中华书局 2004 年版。

朱熹：《四书集注》，江苏古籍出版社 2005 年版。

本章执笔：潘　源